Landesrecht
Nordrhein-Westfalen

Klausurenbuch Öffentliches Recht in Nordrhein-Westfalen

Verfassungsrecht
Kommunalrecht
Polizei- und Sicherheitsrecht
Öffentliches Baurecht

Von

Univ.-Prof. Dr. Johannes Dietlein
Heinrich-Heine-Universität Düsseldorf

Univ.-Prof. Dr. Johannes Hellermann
Universität Bielefeld

2. Auflage 2014

C.H.BECK

www.beck.de

ISBN 978 3 406 66613 1

Wilhelmstraße 9, 80801 München
Druck: Nomos Verlagsgesellschaft
In den Lissen 12, 76547 Sinzheim

Satz: jürgen ullrich typosatz, Nördlingen

Gedruckt auf säurefreiem, alterungsbeständigem Papier
(hergestellt aus chlorfrei gebleichtem Zellstoff)

Vorwort

Die öffentlich-rechtliche Klausur wird, gleichviel ob in Übung, Zwischen-, Schwerpunkt- oder staatlicher Prüfung, nicht selten als unberechenbar und schwierig empfunden. Vielfach wird dabei übersehen, dass sich die jeweiligen Aufgabenstellungen, selbst wenn sie weniger bekannte Regelungsbereiche betreffen, zumeist auf allgemeine Grundfragen des öffentlichen Rechts zurückführen lassen. Der „Durchblick" auf fallrelevante Fragestellungen kombiniert mit einer eingeübten Technik der Fallbearbeitung gewähren insoweit regelmäßig die berechtigte Aussicht auf eine erfolgreiche Bearbeitung.

In diesem Sinne lag es nahe, dem zwischenzeitlich in der fünften Auflage erschienenen Lehrbuch *„Öffentliches Recht in Nordrhein-Westfalen"* ein *Klausurenbuch* an die Seite zu stellen, das die handwerklichen Aspekte der Fallbearbeitung mit der Wiederholung und Vertiefung des Rechtsstoffes verbindet. Die im Jahre 2009 erschienene Erstauflage dieses Werk hat unter den Studierenden sowie den Rechtsreferendarinnen und Rechtsreferendaren im Lande eine erfreuliche Aufnahme gefunden, so dass nunmehr die zweite, grundlegend überarbeitete Auflage vorgelegt werden kann.

Um die Übersichtlichkeit weiter zu verbessern, wurde jedem Fall eine Kurzgliederung vorangestellt. Ferner wurden die Fälle mit der Angabe des Schwierigkeitsgrades versehen und bieten so auch eine Orientierung hinsichtlich des Anforderungsniveaus. Mit der Abdeckung aller Pflichtbereiche des nordrhein-westfälischen Staats- und Verwaltungsrechts eignet sich das *Klausurenbuch* zur Vorbereitung und Begleitung der universitären Übungen ebenso wie zur Vorbereitung auf die erste und zweite juristische Prüfung.

Aufgrund seiner Berufung an die Universität München ist Herr Prof. Dr. *Martin Burgi* aus dem Autorenteam ausgeschieden. Ihm sei an dieser Stelle ganz herzlich für seine engagierte Mitwirkung an der erfolgreichen Umsetzung des Gesamtprojektes gedankt. Die von ihm entworfenen Fälle 4–7 zum Kommunalrecht wurden beibehalten und teilweise fortgeschrieben.

Ein besonderer Dank gilt neben Herrn wiss. Mit. *Sascha Peters* schließlich Herrn wiss. Mit. *Christoph Smets* von der Heinrich-Heine-Universität Düsseldorf, der die inhaltliche und redaktionelle Betreuung der Neuauflage in sicheren Händen hielt.

Für Hinweise und Anregungen zur Neuauflage bleiben die Verfasser immer dankbar.

Düsseldorf/Bielefeld im Juli 2014

Johannes Dietlein
Johannes Hellermann

Inhaltsverzeichnis

(* durchschnittlicher Schwierigkeitsgrad, ** leicht erhöhter Schwierigkeitsgrad, *** schwieriger Fall)

§ 4. Öffentliches Baurecht

§ 1. Verfassungsrecht

1. Klausur: „Videoüberwachung" **

Sachverhalt

Die P-Fraktion ist seit der letzten Landtagswahl mit einer Stärke von gut 25 Prozent der Gesamtsitze im nordrhein-westfälischen Landtag vertreten. Selbsterklärtes Hauptanliegen der die Fraktion tragenden P-Partei ist die Stärkung der Bürgerrechte; insbesondere kämpft sie gegen die – ihrer Ansicht nach zwischenzeitlich übermäßig gewordene – staatliche Überwachung der Bürgerinnen und Bürger.

Als eine Ausprägung dieser staatlichen Überwachung sieht die Fraktion die Regelung des § 15a PolG NRW an, wonach die Polizei öffentliche Orte und Plätze unter dort näher geregelten Voraussetzungen mit Videokameras überwachen und die Bilder aufzeichnen darf. Auch wenn die Vorschrift schon vor rund zehn Jahren in das PolG NRW aufgenommen worden ist, möchte die P-Fraktion diese Vorschrift vom Verfassungsgerichtshof für das Land Nordrhein-Westfalen (VerfGH NRW) überprüfen lassen. Hierzu sichert sie sich die Unterstützung der G-Fraktion, die schon seit mehreren Legislaturperioden durchgängig und auch jetzt mit rund 10 Prozent der Sitze im Landtag vertreten ist; sie hatte damals gegen die Aufnahme des § 15a PolG gestimmt und war stets von der Verfassungswidrigkeit der Norm überzeugt.

Nun stellen beide Fraktionen zusammen einen Antrag beim VerfGH NRW, mit dem sie die Verfassungswidrigkeit und Nichtigkeit des § 15a PolG NRW feststellen lassen möchten. Zur Begründung führen sie aus, dass die Norm schon aus formellen Gründen keinen Bestand haben könne: Sie diene ihrem Wortlaut nach der vorbeugenden Bekämpfung von Straftaten und damit nicht der Gefahrenabwehr, sondern dem Strafverfahren; daher unterfalle eine solche Regelung der Gesetzgebungskompetenz des Bundes, der von dieser durch den Erlass der StPO abschließend Gebrauch gemacht habe, was sich insbesondere aus § 6 EGStPO ergebe. Materiellrechtlich verstoße die Ermächtigung zu Videoaufnahmen und -aufzeichnungen in § 15a Abs. 1 Satz 1, Abs. 2 PolG NRW außerdem gegen den grundrechtlichen Datenschutz, da durch die Videoüberwachung jeder Bürger, unabhängig davon, ob er sich etwas zu Schulden habe kommen lassen oder nicht, aufgezeichnet werde. Dies sei rechtsstaatlich gesehen nicht in Ordnung. Jedenfalls solange von einem Bürger keine Gefahr ausgehe, müsse dieser sich im gesamten öffentlichen Raum bewegen können, ohne Grundrechtseingriffe durch Videoaufnahmen fürchten zu müssen.

Die Landesregierung und die Mehrheit des Landtages treten dem Antrag entgegen: Dieser sei schon deshalb nicht zulässig, weil zwischenzeitlich zehn Jahre seit dem Erlass des § 15a PolG NRW vergangen seien; es könne schon aus Gründen der Rechtssicherheit nicht sein, dass ein Gesetz auch noch Jahre nach seinem Inkrafttreten für verfassungswidrig erklärt werde. Weiterhin überzeugten die Ausführungen zur formellen Verfassungsmäßigkeit nicht: Der VerfGH NRW sei nicht zur Prüfung der grundgesetzlichen Gesetzgebungskompetenzen befugt, da diese kein Teil des Landesverfassungsrechts seien; nur weil die Landesverfassung das Land als einen Teil des Gesamtstaates beschreibe, könne man daraus nicht schließen, dass die Landesverfassung die Bundesverfassung als einen ungeschriebenen Bestandteil in sich aufnehme. Schließlich sei es für den deutschen Bundesstaat kennzeichnend, dass die Länder aus sich heraus Eigenstaatlichkeit besitzen und diese nicht vom Bundesstaat ableiten; das offenbare sich nicht zuletzt in ihren Verfassungen, die sie – abgesehen von den Vorgaben des Art. 28 Abs. 1 GG – unabhängig vom Bund ausgestalten könnten. Schließlich sei § 15a PolG NRW auch mit dem grundrechtlichen Datenschutz vereinbar.

Erstatten Sie ein Gutachten zu den Erfolgsaussichten des Antrags der P- und der G-Fraktion, das alle aufgeworfenen Rechtsfragen – erforderlichenfalls hilfsgutachtlich – erörtert!

Gliederung

A. Zulässigkeit
- I. Zuständigkeit des VerfGH NRW
- II. Antragsberechtigung
- III. Antragsgegenstand
- IV. Antragsbefugnis
- V. Frist
- VI. Form
- VII. Ergebnis

B. Begründetheit
- I. Formelle Verfassungsmäßigkeit
  - 1. Verstoß gegen die Landesverfassung wegen mangelnder Gesetzgebungskompetenz?
    - a) Prüfungskompetenz des VerfGH
      - aa) Art. 70 ff. GG als Bestandteil der Landesverfassung
      - bb) Landesverfassungsrechtliche Inkorporation der Art. 70 ff. GG
    - b) Gesetzgebungskompetenz für die Videoüberwachung
  - 2. Gesetzgebungsverfahren
- II. Materielle Verfassungsmäßigkeit
  - 1. Vereinbarkeit mit Art. 4 Abs. 2 LV NRW
    - a) Eingriff in den Schutzbereich
    - b) Verfassungsrechtliche Rechtfertigung
      - aa) Bestimmtheitsgebot
      - bb) Verhältnismäßigkeit
  - 2. Vereinbarkeit mit dem Recht auf informationelle Selbstbestimmung

C. Endergebnis

Lösungsvorschlag

Der gemeinsame Antrag von P- und G-Fraktion hat Aussicht auf Erfolg, soweit er zulässig und begründet ist.

A. Zulässigkeit

I. Zuständigkeit des VerfGH NRW

Bei dem von den Fraktionen angestrebten Verfahren könnte es sich um eine abstrakte Normenkontrolle handeln, für die der VerfGH NRW gemäß Art. 75 Nr. 3 LV NRW, §§ 12 Nr. 6, 47 ff. VGHG NRW zuständig ist.

II. Antragsberechtigung

Antragsberechtigt sind gemäß Art. 75 Nr. 3 LV NRW die Landesregierung oder ein Drittel der Mitglieder des Landtages. Damit sind einzelne Fraktionen selbst nicht erfasst, also auch nicht die P- und die G-Fraktion. Antragsberechtigt könnten jedoch die einzelnen Abgeordneten beider Fraktionen sein, wenn sie zusammen ein Drittel der Mitglieder des Landtages stellen. Da die beiden Fraktionen zusammen 35 Prozent der Mitglieder des Landtages stellen, sind die einzelnen Abgeordneten der beiden Fraktionen daher antragsberechtigt.

III. Antragsgegenstand

Antragsgegenstand kann nach Art. 75 Nr. 3 LV NRW lediglich Landesrecht sein. Bei § 15a PolG NRW handelt es sich um ein formelles Landesgesetz und damit um einen tauglichen Antragsgegenstand.

IV. Antragsbefugnis

Die Antragsbefugnis setzt nach § 47 lit. a) VGHG NRW voraus, dass der Antragssteller die zu überprüfende Norm wegen ihrer Unvereinbarkeit mit der Landesverfassung für nichtig hält. Dies ist hier laut Sachverhalt der Fall. Daher kann dahinstehen, ob auch bloße Zweifel an der Vereinbarkeit einer Norm mit der Landesverfassung ausreichen würden, wie es Art. 75 Nr. 3 LV NRW vorsieht.[1]

V. Frist

Für das Verfahren der abstrakten Normenkontrolle ist eine Antragsfrist nicht vorgesehen. Die von der Landesregierung erhobenen Bedenken greifen daher insofern nicht durch.

---

[1] Zu dem parallelen Problem bzgl. Art. 93 Abs. 1 Nr. 2 GG, § 76 Abs. 1 Nr. 1 BVerfGG vgl. *Schlaich/Korioth*, Das Bundesverfassungsgericht, 9. Aufl. 2012, Rn. 130.

Allenfalls denkbar wäre eine Verwirkung des Antragsrechts.[2] Für deren Vorliegen sind hier aber keine Anhaltspunkte gegeben, zumal die Abgeordneten der P-Fraktion gerade erstmalig im Landtag eingezogen sind und die G-Fraktion bisher nie die für eine Antragstellung im Verfahren der abstrakten Normenkontrolle erforderliche Anzahl an Abgeordneten gestellt hat.

Klausurtipp: Ebenso gut vertretbar wäre auch, eine etwaige Verwirkung unter dem dann zu besonders auszuweisenden Punkt des Rechtsschutzbedürfnisses zu thematisieren.

VI. Form

Von einem die Vorgaben des § 18 Abs. 1 VGHG NRW einhaltenden Antrag, der schriftlich gestellt und begründet ist und die entsprechenden Beweismittel angibt, ist auszugehen.

VII. Ergebnis

Damit ist der Antrag der Mitglieder der P- und G-Fraktion als Normenkontrollantrag vor dem VerfGH NRW zulässig.

B. Begründetheit

Der Antrag ist begründet, soweit § 15a PolG NRW mit der Verfassung des Landes Nordrhein-Westfalen förmlich oder sachlich unvereinbar ist. Der anzuwendende Prüfungsmaßstab ist allein die Landesverfassung (§ 49 Satz 1 VGHG).

I. Formelle Verfassungsmäßigkeit

1. Verstoß gegen die Landesverfassung wegen mangelnder Gesetzgebungskompetenz?

Fraglich ist zunächst, ob § 15a PolG NRW wegen mangelnder Gesetzgebungskompetenz des Landes gegen die Landesverfassung verstößt. Die Landesverfassung selbst enthält jedoch keine Regelung darüber, ob für bestimmte Materien eine Landesgesetzgebungskompetenz besteht oder nicht besteht. Eine solche Regelung findet sich allein in Art. 70ff. GG. Ein vom VerfGH NRW festzustellender Verstoß könnte sich allenfalls daraus ergeben, dass der Landesgesetzgeber die in Art. 70ff. GG vorgenommene Aufteilung der Gesetzgebungszuständigkeiten zwischen Bund und Ländern nicht beachtet hat.

---

[2] *Pestalozza*, Verfassungsprozeßrecht, 3. Aufl. 1991, § 8 Rn. 14.

a) Prüfungskompetenz des VerfGH

Hierfür wäre jedoch zunächst erforderlich, dass der VerfGH NRW überhaupt befugt ist, die Einhaltung von Normen des Grundgesetzes, insbesondere der Art. 70ff. GG durch den Landesgesetzgeber zu überprüfen. Da nach Art. 75 Nr. 3 LV NRW, § 47 lit. a) VGHG NRW als Maßstab der landesverfassungsgerichtlichen Überprüfung allein Landesverfassungsrecht herangezogen werden darf, genügt dafür nicht, dass der Landesgesetzgeber – was selbstverständlich der Fall ist – die Art. 70ff. GG als bundesverfassungsrechtliche Vorgabe zu beachten hat. Vielmehr ist erforderlich, dass die Regelungen der Art. 70ff. GG zugleich als landesverfassungsrechtliche Normen anzusehen sind.

aa) Art. 70ff. GG als Bestandteil der Landesverfassung

Das Bundesverfassungsgericht hat in einer frühen Entscheidung angenommen, dass die Verfassungen der Bundesländer nicht allein in den (Landes-)Verfassungsurkunden enthalten seien, sondern dass auch Bestimmungen der Bundesverfassung in sie hineinwirkten und Bestandteil auch der Landesverfassung seien; erst beide Elemente zusammen machten die Verfassung eines Gliedstaates aus (sog. „Bestandteilstheorie").[3] Dafür könnte u.a. auch die Vorschrift des Art. 100 Abs. 3 GG sprechen, die geradezu voraussetzt, dass die Auslegung des Grundgesetzes auch Gegenstand der landesverfassungsgerichtlichen Prüfung sein kann.[4] In der Folge sind etwa Art. 5 Abs. 1 Satz 2 GG und Art. 21 GG als solche Bestandteilsnormen anerkannt worden.[5]

Die Konstruktion solcher Bestandteilsnormen steht jedoch mit der grundsätzlichen Annahme in Konflikt, dass im Bundesstaat des Grundgesetzes Bund und Länder jeweils Eigenstaatlichkeit genießen und ihre Verfassungsräume grundsätzlich selbständig nebeneinander stehen.[6] Auch den Ländern kommt grundsätzlich Verfassungsautonomie zu; sie können – in dem von Art. 28 Abs. 1 GG vorgegebenen Rahmen – ihr Verfassungsrecht nach eigenem Ermessen ausgestalten.[7] Dass Art. 28 Abs. 1 GG diese Autonomie durch Homogenitätsvorgaben einschränkt, bekräftigt eher den Einwand gegen die Bestandteilstheorie; denn Art. 28 Abs. 1 GG wird allgemein als eine sog. Normativbestimmung verstanden, die den Ländern normative Vorgaben für ihre Verfassungs- und Rechtsordnung macht und insofern für die Länder, aber gerade nicht in den Ländern wirkt, so dass die dort genannten Grundsätze kein unmittelbares Landes(verfassungs)recht sind.[8]

---

[3] BVerfGE 1, 208 (232); krit. hierzu *Dietlein* in: Bertrams (Hrsg.), Verfassungsgerichtsbarkeit in Nordrhein-Westfalen. Festschrift zum 50-jährigen Bestehen des Verfassungsgerichtshofs für das Land Nordrhein-Westfalen, 2002, S. 203 (S. 216f.).

[4] BVerfGE 1, 208 (232).

[5] Vgl. BVerfGE 1, 208 (227); 13, 54 (79f.); 85, 353 (359).

[6] Vgl. BVerfGE 6, 376 (381f.); 36, 342 (361); 60, 175 (209).

[7] Vgl. BVerfGE 4, 178 (189); 9, 268 (279); 60, 175 (209); 64, 301 (317); BVerfG, DVBl. 2008, 236 (238).

[8] *Hellermann*, in: BeckOK-GG 21 Ed. (Stand: Juni 2014), Art. 28 Rn. 3. Aus diesem Grund krit. zur Bestandteilstheorie etwa *Dreier*, in: Dreier, GG, 2. Aufl. 2006, Art. 28 Rn. 54; *Pieroth*, in: Jarass/Pieroth, GG, 12. Aufl. 2012, Art. 28 Rn. 1.

bb) Landesverfassungsrechtliche Inkorporation der Art. 70 ff. GG

Die grundgesetzlichen Bestimmungen zur Verteilung der Gesetzgebungskompetenzen in den Art. 70 ff. GG können deshalb nur dann zu einem Bestandteil der Landesverfassungen geworden sein, wenn die Landesverfassung selbst sie inkorporiert hat. Eine landesverfassungsrechtliche Rezeptionsnorm, die die Art. 70 ff. GG ausdrücklich in die Landesverfassung aufnähme, findet sich jedoch nicht. Als eine solche Öffnungsklausel kommt allein Art. 1 Abs. 1 Satz 1 LV NRW, der Nordrhein-Westfalen als einen Gliedstaat der Bundesrepublik definiert, in Betracht.

Einzelne Landesverfassungsgerichte[9] und auch das Bundesverfassungsgericht in einer frühen Entscheidung[10] haben angenommen, dass solche landesverfassungsrechtlichen Gliedstaatsklauseln eine hinreichende Grundlage für die Annahme einer Inkorporation der grundgesetzlichen Gesetzgebungskompetenzverteilungsregelungen abgeben. Auch der VerfGH NRW hat diese Regelungen, gestützt auf Art. 1 Abs. 1 Satz 1 LV NRW, zu einem Teil des materiellen Landesverfassungsrechts erklärt.[11] Zur Begründung wird darauf verwiesen, dass nur so sichergestellt sei, dass die Gesetzgebungsbefugnisse eines Landes mit dessen Grundstruktur als Land der Bundesrepublik Deutschland in Einklang stehen.[12] Die Gesetzgebungskompetenzen seien wesensnotwendig mitzudenkender, ihre Grenzen festlegender Inhalt der Landesverfassungen. Sie steckten ganz wesentlich den Raum ab, der einem Bundesland für seine Gesetzgebung zur Verfügung steht[13] und seien damit „Grenzrecht für beide Teilrechtsordnungen"[14]. Auch wäre andernfalls eine sinnvolle Anwendung der landesverfassungsgerichtlichen Verfahrensart der Normenkontrolle nicht möglich, da zur Prüfung in diesem Verfahren ganz wesentlich die Reichweite der Gesetzgebungskompetenzen gehöre.[15]

Dem steht jedoch entgegen, dass durch Art. 70 ff. GG sowohl Bund als auch die Länder unmittelbar kraft Bundesverfassungsrecht berechtigt und verpflichtet sind, sodass es keiner Transformation in die Landesverfassung bedarf; die Normen der Art. 70 ff. GG sind also – selbstverständlich – auch von der Landesstaatsgewalt als Bundesverfassungsrecht zu beachten. Für die Kontrolle der Einhaltung stehen die bundesverfassungsgerichtlichen Verfahren zur Verfügung. Damit können die Gesetzgebungskompetenzen ihre Funktion als „Scharnier der bundesstaatlichen Ordnung"[16] erfüllen, ohne dass es der Inkorporation in die Landesverfassung bedürfte. Wollte man gleichwohl eine solche Inkorporation herleiten, bedürfte es dafür – vor dem Hintergrund der Annahme, dass die Verfassungsräume von Bund und Ländern getrennt sind und den Ländern Verfassungsautonomie zukommt – einer klaren Anordnung der Landesverfassung. Dass die Gliedstaatsklauseln in ihrer Allgemeinheit und Unbestimmtheit dafür keine hinreichende Grundlage abgeben, haben in der jüngeren Vergangenheit – teils in

---

[9] HessStGH, DÖV 1982, 320 (320); VerfGH Sachsen, Urt. v. 10.7.2003, Vf. 43-II-00, Rn. 182, zitiert nach juris.

[10] BVerfGE 60, 175 (206).

[11] VerfGH NRW, NVwZ 1993, 57 (59).

[12] VerfGH Sachsen, Urt. v. 10.7.2003, Vf. 43-II-00, Rn. 182, zitiert nach juris.

[13] HessStGH, DÖV 1982, 320 (320).

[14] *Löwer*, NdsVBl. 2010, 138 (143).

[15] *Caspar*, NordÖR 2008, 193 (195).

[16] StGH Bremen, NordÖR 2013, 357 (359).

Abkehr von früherer Rechtsprechung – auch das Bundesverfassungsgericht[17] und verschiedene Landesverfassungsgerichte[18] angenommen. Die deutlich besseren Gründe sprechen somit – entgegen der Auffassung des VerfGH NRW – gegen eine Inkorporation der Gesetzgebungskompetenzen in die Landesverfassung.

Vertiefung: Wenn der VerfGH NRW zu der Einschätzung käme, die Gesetzgebungskompetenzen seien kein Bestandteil der Landesverfassung NRW und daher auch nicht von ihm zu prüfen, es fehle jedoch nach Art. 70 ff. GG an der Gesetzgebungskompetenz, müsste der VerfGH NRW den Antrag zurückweisen. Auch eine Aussetzung des Verfahrens und eine Vorlage an das Bundesverfassungsgericht nach Art. 100 Abs. 1 GG käme in diesem Fall nicht in Betracht. Dies wäre nur zulässig, wenn die Vorlagefrage für das zu entscheidende Verfahren vor dem VerfGH entscheidungserheblich wäre. Dies ist hier jedoch nicht der Fall, da die Gesetzgebungskompetenzen nicht als Bestandteil der Landesverfassung anzusehen sind und damit für die Entscheidung des VerfGH NRW, also die Frage der Vereinbarkeit des § 15a PolG NRW mit der Landesverfassung, keine Rolle spielt. Die verfassungsgerichtliche Klärung der Kompetenzfrage könnte nur mit einem entsprechenden Antrag an das BVerfG erreicht werden.

Die Art. 70 ff. GG sind somit kein Bestandteil der Landesverfassung, so dass dem VerfGH NRW insoweit keine Prüfungsbefugnis zusteht.

Klausurtipp: Hat man eine Prüfungskompetenz des VerfGH NRW hinsichtlich der Gesetzgebungskompetenz des Landesgesetzgebers abgelehnt, ist (allein!) der nachfolgende Abschnitt im Wege eines Hilfsgutachtens zu prüfen. Die formellen Fragen des Gesetzgebungsverfahrens und die materielle Vereinbarkeit von § 15a PolG NRW mit der LV NRW bleibt in jedem Fall vom VerfGH NRW zu prüfen und ist deshalb auch hier nicht hilfsgutachtlich zu erörtern.

b) Gesetzgebungskompetenz für die Videoüberwachung

Hilfsgutachtlich bleibt zu prüfen, ob nach den Art. 70 ff. GG dem Land oder dem Bund die Gesetzgebungskompetenz für die hier fragliche Regelung der Videoüberwachung öffentlicher Orte zusteht. Grundsätzlich sind nach Art. 70 GG die Länder für die Gesetzgebung zuständig, soweit das Grundgesetz nicht dem Bund die Gesetzgebungsbefugnisse verleiht. Hier könnte die Gesetzgebungszuständigkeit des Landes gemäß Art. 74 Abs. 1 Nr. 1 i.V.m. Art. 72 Abs. 1 GG ausgeschlossen sein. Das ist dann der Fall, wenn die in § 15a PolG NRW getroffene Regelung der konkurrierenden Gesetzgebungszuständigkeit des Bundes für das gerichtliche Verfahren, wozu auch das Strafverfolgungsverfahren als das unmittelbare Vorfeld des (straf-)gerichtlichen Verfahrens zählt, unterfällt, und der Bund von dieser insoweit auch Gebrauch gemacht hat.

---

[17] BVerfGE 103, 332 (357 f.).
[18] Vgl. HessStGH, DVBl. 2004, 1022 (1031); BremStGH, NordÖR 2013, 357 (360).

Gegen die Annahme einer hierauf gestützten konkurrierenden Bundesgesetzgebungszuständigkeit spricht zunächst, dass der Hauptzweck der Videoüberwachung in der Gefahrenabwehr und damit in einem Rechtsgebiet zu sehen ist, das zu den ureigenen der Landesgesetzgebungskompetenzen gehört. Zwar werden durch die Kameras keine konkreten Gefahren abgewehrt, gleichwohl wird aber davon auszugehen sein, dass eine Videoüberwachung an „gefährlichen Orten" zumindest dazu beitragen kann, Gefahren an diesen Orten abzuwehren – z.B. dadurch, dass einzelne Straftaten nun nicht mehr vor den (Video-)Augen der Polizei begangen werden. Zudem normiert § 15a Abs. 1 PolG NRW ausdrücklich, dass die Videoüberwachung nur zur Verhütung von Straftaten und damit zur Gefahrenvorsorge zulässig ist. „Das Tatbestandsmerkmal der Verhütung von Straftaten erfasst Maßnahmen, die drohende Rechtsgutverletzungen von vornherein und in einem Stadium verhindern sollen, in dem es noch nicht zu strafwürdigem Unrecht gekommen ist."[19] Auch diese Gefahrenvorsorge wird vom Begriff der Gefahrenabwehr erfasst[20] und ist damit zumindest insoweit der Landesgesetzgebungskompetenz zuzuschreiben.[21]

Wie sich insbesondere § 15a Abs. 2 PolG NRW entnehmen lässt, der die längere Speicherung der Bilder vorsieht, wenn sie für Zwecke der Strafverfolgung benötigt werden, ist die Regelung jedoch nicht auf das Gefahrenabwehrziel beschränkt, Straftaten zu verhüten und deren Abwehr vorzubereiten, sondern sie soll auch dazu dienen, die künftige Verfolgung von Straftaten zu ermöglichen. Insofern ist sie zwar keine Regelung eines konkreten Strafverfolgungsverfahrens; sie dient damit jedoch auch der sog. Strafverfolgungsvorsorge, d.h. der zukünftigen Durchführung der Strafverfolgung in Bezug auf mögliche spätere bzw. später bekannt werdende Straftaten.[22] Auch diese Strafverfolgungsvorsorge wird nach h.M. und Rspr. kompetenzmäßig dem gerichtlichen Verfahren des Art. 74 Abs. 1 Nr. 1 GG zugerechnet.[23] Hierauf gestützt hat der Bundesgesetzgeber z.B. mit §§ 81b Alt. 2, 81g StPO Normen geschaffen, die – zumindest auch – der Strafverfolgungsvorsorge dienen. Hiervon ausgehend sind die Länder jedoch gemäß Art. 72 Abs. 1 GG nur insoweit von der Gesetzgebung ausgeschlossen, wie der Bund von seiner konkurrierenden Gesetzgebungszuständigkeit abschließend Gebrauch gemacht hat.

Wenn der Bund – wie hier für den Bereich der Strafverfolgungsvorsorge – von seiner Kompetenz teilweise Gebrauch gemacht hat, ist aus der bundesgesetzlichen Regelung selbst zu ermitteln, ob diese erschöpfend ist oder den Ländern noch Raum für eigene Regelungen lässt; wobei auch die absichtsvolle Nicht-Regelung eines Sachverhaltes im Gesetz die Sperrwirkung des Art. 72 Abs. 1 GG auslösen kann.[24] In diesem Sinne ist zu erwägen, ob §§ 81b Alt. 2 oder 81g StPO eine solche Sperrwirkung intendieren; dies könnte insbesondere aus § 81b Alt. 2 StPO folgen, der eine bundesgesetzliche Ermächtigung zur Anfertigung von Lichtbildaufnahmen zu erkennungsdienstlichen Zwecken, also für künftige

---

[19] BVerfGE 113, 348 (369).

[20] BVerwGE 141, 329 (335).

[21] *Holtwisch*, RuP 2003, 34 (34f.).

[22] BVerwGE 141, 329 (336).

[23] BVerfGE 113, 348 (369); BVerwGE 141, 329 (336f.). Ablehnend etwa *Pieroth*, in: Jarass/Pieroth, GG, 12. Aufl. 2012, Art. 74 Rn. 8.

[24] So bereits BVerfGE 32, 319 (327).

Strafverfahren, enthält. § 81b StPO erfasst jedoch keine verdachtsunabhängigen Videoaufnahmen,[25] wie § 15a PolG NRW sie regelt, so dass insoweit eine anschließende bundesgesetzliche Regelung hier nicht vorliegt. Den Strafverfolgungsvorsorgeregelungen der StPO, insbesondere § 81b Alt. 2 GG kommt danach jedenfalls keine abschließende Wirkung zu.[26] Weiterhin könnte sich eine abschließende Bundesregelung aus § 6 EGStPO i.V.m. der StPO ergeben, wonach alle (straf-)prozessrechtlichen Vorschriften in den Ländern mit dem Inkrafttreten der StPO außer Kraft treten. Dies dürfte jedoch nur für prozessrechtliche Vorschriften über Maßnahmen in der konkreten, auf einen bestimmten Anfangsverdacht gestützten Strafverfolgung gelten; nicht von § 6 EGStPO erfasst sind hingegen die hier einschlägigen Maßnahmen der Strafverfolgungsvorsorge.[27] Die bundesgesetzlichen Regelungen der Strafverfolgungsvorsorge entfalten danach mit Blick auf die landesgesetzliche Regelung des § 15a PolG NRW keine Sperrwirkung nach Art. 72 Abs. 1 GG.

Auch soweit die Regelung des § 15a PolG NRW nicht dem Zweck der Gefahrenvorsorge, sondern dem der Strafverfolgungsvorsorge dient, steht dem Land somit die Gesetzgebungskompetenz zu.

2. Gesetzgebungsverfahren

Es ist davon auszugehen, dass sowohl das Gesetzgebungsverfahren wie auch die Verkündung des Gesetzes ordnungsgemäß erfolgt sind.

II. Materielle Verfassungsmäßigkeit

In materiell-verfassungsrechtlicher Hinsicht könnte § 15a PolG NRW gegen Grundrechte der Landesverfassung verstoßen.

Hintergrund: Wie Art. 142 GG widerspiegelt, geht das Grundgesetz davon aus, dass Grundrechte sowohl durch das Grundgesetz wie auch durch die Landesverfassungen gewährleistet werden (vgl. ÖffR NRW, § 1 Rn. 21). In NRW ist die maßgebliche Norm Art. 4 LV: Art. 4 I LV übernimmt die Grundrechte des GG als unmittelbar geltendes Landesrecht in die LV (vgl. dazu näher ÖffR NRW, § 1 Rn. 23ff.), und der später eingefügte Art. 4 II LV garantiert explizit den Grundrechtsschutz personenbezogener Daten. Die Landesstaatsgewalt ist also grundsätzlich sowohl Bundes- wie auch Landesgrundrechten unterworfen. Für das Verhältnis von Bundes- und Landesgrundrechten ordnet Art. 142 GG an, dass mit den Art. 1 bis 18 GG übereinstimmende landesgrundrechtliche Bestimmungen – ungeachtet des Art. 31 GG – in Kraft bleiben (vgl. näher zu Art. 31, 142 GG ÖffR NRW, § 1 Rn. 22). Prüfungsmaßstab im landesverfassungsgerichtlichen Verfahren sind allein die landesverfassungrechtlich gewährleisteten Grundrechte.

---

[25] Vgl. *Ritzert*, in: Graf, Beck-OK StPO (Edition 18, Juni 2014), § 81b Rn. 3.1.
[26] BVerwGE 141, 329 (339).
[27] BVerwGE 141, 329 (339).

1. Vereinbarkeit mit Art. 4 Abs. 2 LV NRW

In Betracht kommt ein Verstoß gegen das in Art. 4 Abs. 2 LV NRW ausdrücklich gewährleistete Grundrecht zum Schutz personenbezogener Daten in Betracht. Dieses Datenschutz-Grundrecht des Art. 4 Abs. 2 LV NRW ist nach Art. 142 GG grundsätzlich auch neben den grundgesetzlichen Grundrechten anwendbar. § 15a PolG NRW verstößt dagegen, wenn die Norm einen Eingriff in den Schutzbereich des Grundrechtes darstellt, der verfassungsrechtlich nicht gerechtfertigt ist.

Klausurtipp: Da das in Art. 4 Abs. 2 LV NRW enthaltene Datenschutz-Grundrecht speziell in der Landesverfassung geregelt ist, erscheint es sinnvoll, dieses vor dem – gemäß Art. 4 Abs. 1 LV NRW aus Art. 2 Abs. 1 GG übernommenen, dort nicht explizit geregelten – Recht auf informationelle Selbstbestimmung (dazu anschließend) zu prüfen.

a) Eingriff in den Schutzbereich

Zunächst müsste der Schutzbereich des Datenschutz-Grundrechts eröffnet sein. Geschützt sind nach dem Wortlaut personenbezogene Daten. Dieser Begriff ist weit zu verstehen, daher kommt es auch nicht auf die Sensibilität der Daten an. Erfasst ist insbesondere die Erfassung von Alltagsdaten, aber auch deren weitere Speicherung, Verarbeitung, Nutzung etc.[28] Durch die Aufzeichnung und Speicherung von Videoaufnahmen einzelner natürlicher Personen an öffentlichen Orten werden Informationen über diese (nämlich zu welchem Zeitpunkt sie sich an welchem öffentlichen Ort aufgehalten haben) erfasst. Insoweit sind personenbezogene Daten betroffen. Dem steht auch nicht entgegen, dass die Daten an öffentlich zugänglichen Orten aufgezeichnet werden, da auch solche Alltagsdaten vom Schutzbereich erfasst sind.

Ein Eingriff in diesen Schutzbereich kann durch die Erhebung, Speicherung, Verwendung oder Weitergabe personenbezogener Daten erfolgen.[29] Die von § 15a PolG NRW ausgesprochene Ermächtigung zur Aufzeichnung sowie zur daran anschließenden Speicherung von Bildaufnahmen, die sich nicht auf Übersichtsaufnahmen von Plätzen mit einer Vielzahl von Personen beschränkt, sondern auch Nahaufnahmen von Einzelpersonen und deshalb fraglos personenbezogene Daten erfasst, stellt deshalb einen Eingriff dar. Die früher streitige Frage, ob die *offene* Videoüberwachung überhaupt einen Grundrechtseingriff darstellen kann, ist eindeutig zu bejahen.[30] Auch die Annahme eines Grundrechtsverzichts der von der offenen Videoüberwachung betroffenen Personen durch das bewusste Betreten der überwachten Bereiche überzeugt nicht, da ein solcher Verzicht dessen Freiwilligkeit voraussetzen würde; dies aber ist zumindest hinsichtlich wichtiger Orte und Plätze einer Stadt wohl nicht anzunehmen.[31]

---

[28] *Menzel,* in: Löwer/Tettinger, Kommentar zur Verfassung des Landes NRW, 2002, Art. 4 Rn. 26.

[29] Vgl. BVerfGE 65, 1 (43); 84, 239 (279).

[30] *Waldhoff,* JuS 2013, 94 (95).

[31] *Röger/Stephan,* NWVBl. 2001, 201 (207).

b) Verfassungsrechtliche Rechtfertigung

Der Eingriff in das Grundrecht könnte jedoch gerechtfertigt sein. Der in Art. 4 Abs. 2 Satz 1 LV NRW ausdrücklich formulierte Vorbehalt des Gesetzes ist durch § 15a PolG NRW, der ein formelles Landesgesetz ist, gewahrt. Näher zu untersuchen ist, ob § 15a PolG NRW die weiteren verfassungsrechtlichen Anforderungen (die sog. Schranken-Schranken) einhält.

aa) Bestimmtheitsgebot

Zunächst müsste das Bestimmtheitsgebot, das sicherstellen soll, dass der betroffene Bürger sich auf belastende Maßnahmen einstellen kann, die gesetzesausführende Verwaltung für ihr Verhalten steuernde und begrenzende Handlungsmaßstäbe vorfindet und die Gerichte die Rechtskontrolle durchführen können,[32] beachtet sein. Der Gesetzgeber hat insbesondere Anlass, Zweck und Grenzen des Eingriffs hinreichend bereichsspezifisch, präzise und normenklar festzulegen.[33] Für Eingriffe in das (grundgesetzliche) Recht auf informationelle Selbstbestimmung hat das Bestimmtheitsgebot zudem die Funktion, insbesondere auch den möglichen Verwendungszweck der betroffenen Information sicherzustellen.[34] § 15a PolG NRW regelt sowohl die Reichweite des Eingriff, indem die Norm die Überwachung auf Orte beschränkt, an denen wiederholt Straftaten begangen wurden, als auch die zulässige Zweckbestimmung, indem die Datenerhebung und -speicherung zur Verhütung von Straftaten und – wie Abs. 2 zum Ausdruck bringt – auch zur Strafverfolgungsvorsorge zugelassen wird. Daher ergeben sich mit Blick auf das Bestimmtheitsgebot keine verfassungsrechtlichen Bedenken.

bb) Verhältnismäßigkeit

Es bleibt die Einhaltung des Verhältnismäßigkeitsgrundsatzes zu untersuchen.

Dieser setzt zunächst einen legitimen Zweck voraus, wobei Art. 4 Abs. 2 Satz 2 LV NRW verschärfend einen im überwiegenden Interesse der Allgemeinheit liegenden Zweck verlangt. Als solcher ist hier jedoch der Zweck der Verhütung von Straftaten, also der Gefahrenabwehr sowie der Strafverfolgungsvorsorge anzusehen. Damit dient § 15a PolG NRW einem legitimen, im überwiegenden Interesse der Allgemeinheit liegenden Zweck.

Dass die Videoüberwachung geeignet ist, die Erreichung dieses legitimen Zwecks zu befördern, ist nicht zweifelhaft. Durch das aufgezeichnete Videomaterial können potentielle Straftäter erkannt und ermittelt werden. Zudem können einzelne Straftäter durch die Überwachung von der Begehung von Straftaten an den überwachten Orten abgeschreckt werden. Dass die Videoüberwachung wohl nicht zu einem dauerhaften Rückgang der Kriminalität führt, sondern eher zu einer Verdrängung in Bereiche, die nicht überwacht sind, stellt die Geeignetheit nicht in Frage, da § 15a PolG NRW nicht auf eine flächendeckende Reduzierung der Kriminalität ausgelegt ist.[35]

Im Rahmen der Erforderlichkeit ist nach einem milderen, gleich wirksamen Mittel zu fragen. Als ein solches ist an die Aufstockung der vor Ort tätigen Poli-

---

[32] BVerwGE 141, 329 (341).

[33] BVerfG NJW 2008, 1505 (1509).

[34] BVerfGE 115, 320 (365); NJW 2008, 1505 (1509).

[35] *Röger/Stephan*, NWVBl. 2001, 201 (207).

zeibeamten zu denken, die eine Videoüberwachung ggf. entbehrlich machen würden. Allerdings sind einem solchen erhöhten Personalbedarf finanzielle Grenzen gesetzt. Außerdem können Kameras, jedenfalls wenn sie erhöht angebracht und mit einer Zoomfunktion ausgestattet sind, zu einer besseren Übersicht führen, als sie der Polizeibeamte vor Ort hätte. Auch die Erforderlichkeit ist demnach zu bejahen.

Fraglich ist schließlich, ob die Norm auch angemessen ist. Hierzu dürfen das beeinträchtigte Rechtsgut und das zu schützende nicht außer Verhältnis stehen. Es stehen sich einerseits das Recht auf Schutz der personenbezogenen Daten einzelner natürlicher Personen und andererseits das Allgemeininteresse an der Gefahrenabwehr sowie der Strafverfolgungsvorsorge gegenüber. Aufgabe des Gesetzgebers ist es, zwischen diesem Individual- und dem Allgemeininteresse einen angemessenen Ausgleich herzustellen.[36] Zwar stellt die anlasslose Überwachung des öffentlichen Straßenraums einen erheblichen Grundrechtseingriff dar, insbesondere für Menschen, die gezwungen sind, sich aus persönlichen oder beruflichen Gründen der Überwachung häufig auszusetzen. Der verfolgte Zweck, nämlich die Gefahrenabwehr sowie der Strafverfolgungsvorsorge dient jedoch in ebenso großem Maße nicht nur dem öffentlichen Interesse an der Sicherheit, sondern auch dem Individualrechtsschutz, insofern damit Eingriffe in hochwertige Rechtsgüter wie Leben und körperliche Unversehrtheit abgewehrt werden sollen.[37] Zudem droht nach § 15a PolG NRW keine grenzenlose Überwachung des öffentlichen Straßenraumes, da die Ermächtigung auf solche Orte beschränkt ist, an denen in der Vergangenheit wiederholt Straftaten begangen worden sind und die dies auch künftig begünstigen, und zudem voraussetzt, dass Tatsachen die Annahme rechtfertigen, dass dort auch künftig Straftaten begangen werden. Der Videoüberwachung kommt damit ein Ausnahmecharakter zu. Die Eingriffsintensität wird zudem dadurch gemindert, dass die Überwachung offen erfolgen muss (§ 15a Abs. 1 Satz 2 PolG NRW). Schließlich ist auch die Regelung zur Speicherung der Videodaten über einen Zeitraum von 14 Tagen oder – wenn sie zur Verfolgung von Straftaten benötigt werden – auch darüber hinaus als angemessen zu betrachten. Außer Betracht bleiben muss hier zunächst die sich an die Speicherung anschließende konkrete Verwendung, beispielsweise in einem Strafverfahren, da es sich hierbei um einen weiteren eigenständigen Grundrechtseingriff handelt, der eigenständig zu bewerten wäre.[38] Vor dem Hintergrund, dass begangene Straftaten häufig erst verspätet angezeigt werden und auch die Ermittlungen häufig einige Zeit benötigen, ist es noch als angemessen zu sehen, die Aufnahmen zunächst pauschal 14 Tage zu speichern.[39] Auch die unbefristete Speicherung der Daten, soweit sie zur Strafverfolgung benötigt werden, ist nicht zu beanstanden, da bei Vorliegen eines entsprechenden (konkreten) Tatverdachtes das staatliche Verfolgungsinteresse das Interesse der Betroffenen an einer zeitnahen Löschung überwiegt.[40]

---

[36] BVerwGE 141, 329 (344).
[37] BVerwGE 141, 329 (344).
[38] BVerwGE 141, 329 (345).
[39] BVerwGE 141, 329 (345), hat eine Regelung zur pauschalen Speicherung von einem Monat als noch mit dem Verhältnismäßigkeitsgrundsatz vereinbar erklärt.
[40] BVerwGE 141, 329 (346).

Damit ist der in § 15a PolG NRW liegende Eingriff in den Schutzbereich des Datenschutz-Grundrechts aus Art. 4 Abs. 2 LV NRW gerechtfertigt.[41]

2. Vereinbarkeit mit dem Recht auf informationelle Selbstbestimmung

§ 15a PolG NRW könnte weiterhin gegen das grundrechtlich geschützte Recht auf informationelle Selbstbestimmung verstoßen, das in Art. 2 Abs. 1 i.V.m. Art. 1 Abs. 1 GG *grundgesetzlich* gewährleistet ist, gemäß Art. 4 Abs. 1 LV NRW jedoch zugleich auch Bestandteil der Landesverfassung und unmittelbar geltendes Landesrecht ist, so dass es im vorliegenden landesverfassungsgerichtlichen Verfahren tauglicher Prüfungsmaßstab ist. Da dieses Grundrecht dem Grundrecht aus Art. 4 Abs. 2 LV NRW im Wesentlichen vergleichbare, nicht darüber hinausgehende Anforderungen an die grundrechtliche Rechtfertigung des § 15a PolG NRW stellt, liegt jedoch auch insoweit kein Grundrechtsverstoß vor.

C. Endergebnis

§ 15a PolG NRW ist weder formell noch materiell unvereinbar mit der Landesverfassung, so dass der Antrag der Abgeordneten der P- und G-Fraktion zwar zulässig, aber unbegründet ist.

---

[41] A.A. *Holtwisch*, RuP 2003, 34 (36f.).

2. Klausur: „Kleine Anfrage" **

Sachverhalt

In Wahrnehmung ihres gesetzlichen Auftrags zur Mittelstandsförderung hat die NRW.Bank sich in den zurückliegenden Jahren an mehreren bis dahin in rein privatem Eigentum stehenden, mittelständischen Unternehmen mit Sitz in NRW beteiligt; darunter befindet sich auch die A-AG. Vor einem Vierteljahr hat sie einen Großteil ihrer Anteile an der A-AG außerbörslich wieder veräußert; in diesem Zusammenhang gab es Zeitungsartikel, die der NRW.Bank auf der Grundlage von Spekulationen über den erzielten Preis ein wirtschaftliches Fehlverhalten bei den Aktienverkäufen vorwarfen.

Im Landtag von NRW hat die kleine oppositionelle O-Fraktion, die in diesem Fall ein zumindest wirtschaftliches Fehlverhalten der NRW.Bank wittert, diese Gerüchte aufgegriffen. Sie richtet deshalb an die Landesregierung eine „Kleine Anfrage" mit folgender Frage:

> „Ist die Landesregierung der Auffassung, dass die NRW.Bank eine wirtschaftlich angemessene Gegenleistung für die Veräußerung ihrer Anteile an der A-AG erhalten hat?"

In ihrer fristgerechten schriftlichen Antwort auf die „Kleine Anfrage" hat die Landesregierung auf diese Frage hin über die allgemein bekannten Tatschen hinaus eine sachliche Auskunft verweigert. Die wirtschaftliche Beurteilung dieses Veräußerungsgeschäfts liege – wie aus dem Gesetz über die NRW.Bank (NRW.BankG), insbesondere aus §§ 1, 9 Abs. 1, 11 Abs. 1 NRW.BankG folge – außerhalb ihres Verantwortungsbereichs und ihrer Auskunftspflicht. Außerdem stehe der gewünschten Auskunft der Schutz von Betriebs- und Geschäftsgeheimnissen der NRW.Bank entgegen.

Die O-Fraktion hält die Antwort der Landesregierung für unzureichend. Sie stellt deshalb form- und fristgerecht einen gegen die Landesregierung gerichteten Antrag beim Verfassungsgerichtshof des Landes. Sie begründet diesen Antrag wie folgt: Ihr stehe nach der Geschäftsordnung des Landtags, aber auch nach der Landesverfassung ein Recht auf sachliche Beantwortung der Frage zu. Das Gericht sei aufgerufen, die von der Regierung in ihrer Antwort geltend gemachten Verweigerungsgründe – und nur diese, denn nur mit diesen könne sie, die O-Fraktion, sich auseinandersetzen – zu prüfen. Diese aber seien unzureichend. Für die Geschäftspolitik der NRW.Bank müsse die Landesregierung Verantwortung übernehmen und deshalb auch dem Landtag gegenüber Auskunft geben; die Berufung auf einen Schutz von Betriebs- und Geschäftsgeheimnissen der NRW.Bank komme nicht in Betracht.

Die Landesregierung bestreitet den Anspruch der O-Fraktion schon nach der Geschäftsordnung, erst recht nach der Landesverfassung. Diese sehe ausdrücklich bestimmte Kontrollinstrumente des Parlaments gegenüber der Landesregierung vor, namentlich das dem Parlament insgesamt zustehende sog. Zitierrecht; einen Informationsanspruch einer jeden Fraktion kenne die Verfassung nicht. Im Übrigen bekräftigt sie ihre ursprünglich mitgeteilten Verweigerungsgründe, fordert aber auch das Gericht auf, von Amts wegen eventuelle weitere Verweigerungsgründe zu erwägen.

Hat der Antrag der O-Fraktion Aussicht auf Erfolg?

Auszug aus der Geschäftsordnung des Landtags Nordrhein-Westfalen (GO LT NRW)

§ 65 (Anwesenheit der Mitglieder der Landesregierung)

(1) Der Landtag und seine Ausschüsse können die Anwesenheit jedes Mitgliedes der Landesregierung verlangen.

(2) Jedes Mitglied des Landtags kann die Anwesenheit von Mitgliedern der Landesregierung an den Beratungen des Landtags beantragen. Vor der Abstimmung über diesen Antrag ist die Beratung nur zu eröffnen, wenn eine Fraktion oder ein Viertel der Mitglieder des Landtags es verlangen.

§ 89 (Einbringung von Großen Anfragen)

(1) Große Anfragen an die Landesregierung sind der Präsidentin bzw. dem Präsidenten schriftlich einzureichen. Sie müssen kurz, sachlich und bestimmt gefasst sein und können mit einer kurzen Begründung versehen werden.

(2) Frageberechtigt sind eine Fraktion oder sieben Mitglieder des Landtags.

§ 92 (Kleine Anfragen)

(1) Jedes Mitglied des Landtags kann von der Landesregierung durch Kleine Anfragen Auskünfte verlangen.

(2) …

(3) Die Anfragen werden gedruckt und verteilt. Die Präsidentin bzw. der Präsident übermittelt sie unverzüglich der Landesregierung zur schriftlichen Beantwortung binnen einer Frist von vier Wochen.

(4) Auch die schriftlichen Antworten werden gedruckt und verteilt. Eine Beratung findet nicht statt.

Gliederung

A. Zulässigkeit
   I. Statthafte Verfahrensart
   II. Parteifähigkeit
   III. Antragsgegenstand
   IV. Antragsbefugnis
   V. Form und Frist
B. Begründetheit
   I. Grundsätzliches Bestehen eines verfassungsmäßigen Fragerechts der Fraktion
      1. Fragerecht des einzelnen Abgeordneten
      2. Fragerecht der Fraktionen
   II. Grenzen des Frage- und Informationsrechts
      1. Beschränkung auf von der Regierung geltend gemachte Gründe
      2. Tragfähigkeit der von der Regierung geltend gemachten Gründe
         a) Sachliche Reichweite des Frage- und Informationsrechts
         b) Schutz der Betriebs- und Geschäftsgeheimnisse der NRW.Bank

aa) Art. 4 Abs. 2 LV NRW, Art. 4 Abs. 1 LV NRW i.V.m. Art. 2 Abs. 1 GG/Art. 2 Abs. 1 GG
bb) Art. 4 Abs. 1 LV NRW i.V.m. Art. 12 Abs. 1 GG/Art. 12 Abs. 1 GG
cc) Art. 4 Abs. 1 LV NRW i.V.m. Art. 14 GG/Art. 14 GG

C. Ergebnis

Lösungsvorschlag

Der Antrag der O-Fraktion an den Verfassungsgerichtshof für das Land NRW hat Erfolg, wenn er zulässig und begründet ist.

A. Zulässigkeit

I. Statthafte Verfahrensart

Da für den Zugang zum Verfassungsgerichtshof – wie auch zum Bundesverfassungsgericht – das Enumerationsprinzip gilt,[42] ist der Antrag nur zulässig, wenn eine statthafte Antragsart in Betracht kommt. Die statthaften Verfahrensarten ergeben sich aus Art. 75 LV NRW, § 12 VGHG NRW. Nach dem Begehren der O-Fraktion kommt hier allein ein Organstreitverfahren nach Art. 75 Nr. 2 LV NRW, §§ 12 Nr. 5, 43 ff. VGHG NRW in Betracht.

Klausurtipp: Das Organstreitverfahren vor dem Verfassungsgerichtshof gemäß Art. 75 Nr. 2 LV NRW, § 43 ff. VGHG NRW ist eng an das Organstreitverfahren vor dem Bundesverfassungsgericht gemäß Art. 93 Abs. 1 Nr. 1 GG, §§ 63 ff. BVerfGG angelehnt, so dass dessen Zulässigkeitsvoraussetzungen im Wesentlichen nur zu übertragen sind (vgl. *Pestalozza,* Verfassungsprozeßrecht, 1991, § 29 Rn. 23).

II. Parteifähigkeit

Sowohl Antragsteller wie auch Antragsgegner müssen gemäß Art. 75 Nr. 2 LV NRW, § 43 VGHG NRW parteifähig sein. Parteifähig sind danach oberste Landesorgane sowie andere Beteiligte, die durch die Landesverfassung oder in der Geschäftsordnung eines obersten Verfassungsorgans mit eigenen Rechten ausgestattet sind. Die antragstellende O-Fraktion könnte als ein solcher anderer Beteiligter, namentlich als mit eigenen Rechten ausgestatteter Teil eines obersten Landesorgans (vgl. § 43 VGHG NRW), nämlich des Landtags parteifähig sein. Ob der Landtagsfraktion eigene Rechte aus der Landesverfassung zustehen, erscheint, da ihr jedenfalls explizit keine Rechte verliehen werden, fraglich; sie ist jedoch jedenfalls durch die GO LT NRW mit zahlreichen eigenen Rechten, z.B. in § 89 Abs. 2 GO LT NRW, ausgestattet und daher parteifähig.[43] Die Parteifä-

---

[42] ÖffR NRW, § 1 Rn. 215.
[43] VerfGH NRW; OVGE 24, 296 (305).

higkeit der Landesregierung als Antragsgegner folgt aus ihrer Stellung als oberstes Landesorgan.

III. Antragsgegenstand

Gegenstand des Antrags muss eine – rechtserhebliche – Maßnahme oder auch Unterlassung des Antragsgegners sein (§ 44 Abs. 1 VGHG NRW). Als solche kommt hier die Antwort der Landesregierung auf die Kleine Anfrage in Betracht. Zwar kommt einer solchen Auskunft ihrem Gehalt als solchem nach keine Rechtserheblichkeit zu.[44] Mit Blick auf die – umstrittene – hinreichende Erfüllung eines verfassungsrechtlichen Informationsanspruchs der O-Fraktion ist die Rechtserheblichkeit der Antwort der Landesregierung jedoch zu bejahen. Sie ist daher tauglicher Antragsgegenstand.

IV. Antragsbefugnis

Weiter müsste die O-Fraktion antragsbefugt sein, d.h. geltend machen können, dass sie oder das Organ, dem sie angehört, durch die beanstandete Maßnahme des Antragsgegners in durch die Verfassung übertragenen Rechten oder Pflichten verletzt oder unmittelbar gefährdet sind (§ 44 Abs. 1 VGHG NRW), was die Möglichkeit einer Rechtsverletzung voraussetzt. Fraglich ist hier, ob eine Verletzung der O-Fraktion in eigenen Rechten möglich erscheint.

Die O-Fraktion will sich insoweit zunächst auf ihr zustehende Rechte aus der GO LT NRW, namentlich auf § 92 GO LT NRW berufen. Da Art. 75 Nr. 2 LV NRW, § 44 Abs. 1 VGHG NRW jedoch auf verfassungsrechtliche Rechte und Pflichten verweisen, kommen durch eine Geschäftsordnung verliehene Rechte jedenfalls nicht als solche für die Begründung der Antragsbefugnis in Betracht, sondern allenfalls insoweit, wie sie landesverfassungsrechtliche Rechte konkretisieren.[45]

Voraussetzung ist also, dass ein aus der Landesverfassung ableitbares Recht der Fraktion auf Beantwortung ihrer Frage verletzt sein kann. Explizit verleiht die Landesverfassung den Fraktionen ein solches Recht nicht. Erwägenswert erscheint zunächst die Herleitung eines solchen – möglicherweise verletzten – Rechts der Fraktion aus Art. 45 Abs. 2 LV NRW. Das dort normierte Zitierrecht umfasst nach vorherrschender Auffassung nicht nur einen Anspruch auf Erscheinen der Regierungsmitglieder, sondern auch einen Anspruch darauf, in der parlamentarischen Debatte Rede und Antwort zu stehen;[46] das lässt sich der Sache nach möglicherweise auch noch auf die schriftliche Beantwortung von parlamentarischen Fragen erstrecken. Träger dieses Rechts sind jedoch allein der Landtag insgesamt und seine Ausschüsse, nicht aber die einzelnen Fraktionen, die lediglich einen entsprechenden Antrag stellen können, wie auch § 65 GO LT NRW verdeutlicht. Art. 45 Abs. 2 LV NRW scheidet aus diesem Grunde für die

---

[44] Vgl. BVerfGE 13, 123 (125).

[45] Vgl. ÖffR NRW, § 1 Rn. 220; *Pestalozza*, Verfassungsprozeßrecht, 1991, § 29 Rn. 27.

[46] VerfGH NRW, NVwZ 1994, 678 (678).

Begründung der Antragsbefugnis aus. Das möglicherweise verletzte eigene Recht der O-Fraktion könnte jedoch ableitbar sein aus den Rechten, die Art. 30 Abs. 2 LV NRW, der das freie Mandat gewährt,[47] den einzelnen Abgeordneten verleiht; hierzu zählen insbesondere auch die sog. parlamentarischen Mitwirkungsrechte, zu denen auch ein Fragerecht und ein korrespondierender Informationsanspruch gegenüber der Landesregierung gehören.[48] Es erscheint weiter auch möglich, dass ein solches den einzelnen Abgeordneten verfassungsmäßig zustehendes Fragerecht von Verfassungs wegen auch den Fraktionen als einem Zusammenschluss von Abgeordneten zuzusprechen ist.[49] Schließlich erscheint auch eine Verletzung eines solchen verfassungsmäßigen Rechts der O-Fraktion durch die unvollständige Beantwortung seitens der Landesregierung nicht ausgeschlossen.

Klausurtipp: Die Prüfung einer möglichen Verletzung eigener verfassungsmäßiger Rechte der O-Fraktion ist hier nur unvollständig durchgeführt und damit im Übrigen auf die Begründetheitsprüfung verwiesen. Es erschiene auch vertretbar, das Bestehen eines verfassungsmäßigen Rechts bereits hier abschließend rechtlich zu untersuchen und der Begründetheitsprüfung nur die Untersuchung einer *Verletzung* dieses Rechts im vorliegenden Fall vorzubehalten.
Es erübrigt sich hier die Untersuchung einer möglichen Verletzung von verfassungsmäßigen Rechten des Landtags, die die O-Fraktion nach § 44 Abs. 1 VGHG NRW prozessstandschaftlich wahrnehmen könnte (vgl. VerfGH NRW, OVGE 24, 296 [306]). Eine solche Geltendmachung von Rechten des Landtags als des obersten Landesorgans, dem die Fraktion angehört, kommt hier nicht in Betracht, ist aber zur Begründung der Antragsbefugnis auch nicht erforderlich.

V. Form und Frist

Laut Sachverhalt genügt der Antrag der O-Fraktion den Form- und Begründungserfordernissen der §§ 18 Abs. 1, 44 Abs. 2 VGHG NRW und ist die Frist von sechs Monaten nach Bekanntwerden der beanstandeten Maßnahme (§ 44 Abs. 3 VGHG NRW) gewahrt worden.

Damit ist der Antrag der O-Fraktion zulässig.

B. Begründetheit

Der Antrag ist begründet, wenn und soweit die beanstandete Maßnahme des Antragsgegners, hier die Antwort der Landesregierung auf die Kleine Anfrage, verfassungsmäßige Rechte der antragstellenden O-Fraktion verletzt.

---

[47] VerfGH NRW, NVwZ 1994, 678 (678); ÖffR NRW, § 1 Rn. 93.
[48] VerfGH NRW, NVwZ 1994, 678 (679); BVerfGE 70, 324 (355); vgl. ÖffR NRW, § 1 Rn. 103.
[49] Vgl. BayVerfGH, NVwZ 2007, 204 (205).

I. Grundsätzliches Bestehen eines verfassungsmäßigen Fragerechts der Fraktion

Das setzt zunächst voraus, dass überhaupt ein verfassungsmäßiges Fragerecht der Fraktion mit einem korrespondierenden Informationsanspruch gegen die Landesregierung besteht. Die Landesverfassung begründet – wie bereits gesehen – einen solchen Anspruch der Landtagsfraktionen nicht explizit. Er könnte sich jedoch aus der Gewährleistung des sog. freien Mandats des einzelnen Abgeordneten in Art. 30 Abs. 2 LV NRW herleiten lassen.

1. Fragerecht des einzelnen Abgeordneten

Dann müsste aus Art. 30 Abs. 2 LV NRW zunächst zugunsten des einzelnen Abgeordneten auch ein Fragerecht gegenüber der Landesregierung folgen.

Dass die verfassungsrechtliche Gewährleistung des freien Mandats des Landtagsabgeordneten auch die einzelnen nicht ausdrücklich benannten parlamentarischen Mitwirkungsbefugnisse mitumschließt, deren er zur effektiven Ausübung des Mandats bedarf, ist anerkannt.[50] Abgeordnete bedürfen aber auch einer umfassenden Information, um ihre Aufgaben angemessen erfüllen zu können. Folgerichtig ist aus dem Status des Abgeordneten auch ein Fragerecht gegenüber der Regierung mit einem korrespondierenden Informationsanspruch abzuleiten.[51]

Dieser Zuerkennung eines Fragerechts des einzelnen Abgeordneten ist entgegengehalten worden, dass die Verfassung nur dem Parlament ein Fragerecht zuspreche.[52] Dieses lässt sich für das Parlament aus dem Zitierrecht des Art. 45 Abs. 2 LV NRW, der Art. 43 Abs. 1 GG entspricht, ableiten.[53] Die Annahme, dass deshalb allein dem Parlament ein Fragerecht zustehe, trägt jedoch schon der Angewiesenheit jedes einzelnen Abgeordneten auf die nötigen Informationen nicht hinreichend Rechnung; zudem verkennt sie die Bedeutung des Fragerechts des einzelnen Abgeordneten für den Schutz der parlamentarischen Minderheit und das Recht auf Ausübung parlamentarischer Opposition und damit für die Ausübung der Kontrollfunktion des Parlaments gegenüber der Regierung.[54] Deshalb schließt der für das Parlament bestehende Informationsanspruch das aus dem Status des einzelnen Abgeordneten folgende Fragerecht nicht aus.

2. Fragerecht der Fraktionen

Fraglich ist, ob aus dem danach anzunehmenden verfassungsrechtlichen Fragerecht des einzelnen Abgeordneten auch ein verfassungsrechtliches Recht der einzelnen Fraktion abzuleiten ist. Dafür spricht, dass die Fraktion als Zusammenschluss einzelner Abgeordneter (vgl. § 1 Abs. 2 FraktG) der effektiven Wahr-

---

[50] Vgl. BVerfGE 80, 188 (217ff.); 84, 304 (321); VerfGH NRW, NVwZ 1994, 678 (678); vgl. ÖffR NRW, § 1 Rn. 103.

[51] Vgl. VerfGH NRW, NVwZ 1994, 678 (679); BVerfGE 80, 188 (218); ÖffR NRW, § 1 Rn. 103.

[52] *Vogelgesang*, ZRP 1988, 5.

[53] VerfGH, NVwZ 1994, 678 (678); *Menzel*, in: Löwer/Tettinger, Kommentar zur Verfassung des Landes NRW, 2002, Art. 45 Rn. 20.

[54] Vgl. VerfGH NRW, NVwZ 1994, 678 (679).

nehmung des Mandats durch die Abgeordneten dienen soll.[55] Folgerichtig wird angenommen, dass ihr ebenso wie dem einzelnen Abgeordneten im Organstreitverfahren geltend zu machende, aus der verfassungsrechtlichen Gewährleistung des freien Mandats abzuleitende eigene Rechte zustehen können.[56] Der Fraktion ist danach auch ein aus Art. 30 Abs. 2 LV NRW abzuleitendes Fragerecht zuzuerkennen.[57]

Fraglich könnte sein, ob dieses Recht durch die Regelungen in §§ 89 Abs. 2, 92 Abs. 1 GO LT NRW beschränkt wird. Dagegen steht jedoch schon die erkennbare Regelungsabsicht dieser Geschäftsordnungsregelungen, die nicht auf eine Einschränkung der Fraktionsrechte, sondern auf eine Einschränkung der Rechte des einzelnen Abgeordneten abzielen, indem sie ihm das Instrument der Großen Anfrage vorenthalten wollen. Im Übrigen muss die Geschäftsordnung ihrerseits die verfassungsrechtlichen Vorgaben beachten und kann nicht aus sich heraus verfassungsrechtliche Rechte beseitigen.

Ein verfassungsrechtliches Fragerecht der O-Fraktion ist demnach, hergeleitet aus Art. 30 Abs. 2 LV NRW, grundsätzlich anzuerkennen.

II. Grenzen des Frage- und Informationsrechts

Fraglich ist aber, ob es gegenüber diesem verfassungsmäßigen Frage- und Informationsrecht zureichende Gründe für eine Auskunftsverweigerung der Landesregierung gibt.

Klausurtipp: Nach der Verfassungsrechtsprechung (vgl. VerfGH NRW, NVwZ-RR 2009, 41 [43]) stehen Antwortpflicht und Antwortverweigerung in einem verfassungsrechtlichen Regel-Ausnahme-Verhältnis. Eine Ausnahme soll im Einzelfall gerechtfertigt sein können
- im Hinblick auf die Funktion des parlamentarischen Fragerechts, das durch die wahrgenomme Parlamentsaufgabe und deshalb im Bereich der Regierungskontrolle auf den Verantwortungsbereich der Landesregierung begrenzt ist;
- durch das Gebot der Rücksichtnahme gegenüber den anderen Verfassungsorganen, hier namentlich die Landesregierung,
- durch die Verpflichtung zur Beachtung entgegenstehender Grundrechte (privater) Dritter.

1. Beschränkung auf von der Regierung geltend gemachte Gründe

Zu untersuchen ist zunächst, ob die in Betracht kommenden Verweigerungsgründe von vornherein – wie die O-Fraktion im Gegensatz zur Landesregierung

---

[55] Vgl. BVerfGE 80, 188 (218); 84, 304 (322), dazu, dass deshalb aus Art. 38 Abs. 1 Satz 2 GG ein Recht der einzelnen Abgeordneten zum Zusammenschluss in einer Fraktion abgeleitet wird.

[56] Vgl. BVerfGE 124, 161 (187); *Maurer*, Staatsrecht I, 5. Aufl. 2007, § 13 Rn. 108, mit Blick auf Art. 38 Abs. 1 Satz 2 GG.

[57] Vgl. BayVerfGHE 54, 62 (72f.); BayVerfGH, NVwZ 2007, 204 (205).

annimmt – auf die von der Landesregierung in ihrer Antwort geltend gemachten Gründe beschränkt sind. Eine solche Beschränkung könnte sich aus dem verfassungsrechtlichen Regel-Ausnahme-Verhältnis, in dem das prinzipiell gegebene parlamentarische Fragerecht und die Antwortverweigerung stehen, als verfahrensmäßige Sicherung ableiten lassen; denn nur die Offenlegung der Gründe für die Ablehnung macht diese für den Fragesteller nachvollziehbar und macht es ihm möglich, gegebenenfalls in eine politische Auseinandersetzung über die Ablehnung einzutreten. Aus diesem Grund wird in der Tat angenommen, dass nur die von der Regierung in ihrer Antwort geltend gemachten Gründe Grundlage der richterlichen Beurteilung sein können.[58]

2. Tragfähigkeit der von der Regierung geltend gemachten Gründe

Zu untersuchen ist somit, ob die von der Landesregierung geltend gemachten Gründe eine Verweigerung weitergehender Auskünfte rechtfertigen können.

a) Sachliche Reichweite des Frage- und Informationsrechts

In der Sache könnte hier zunächst der Einwand der Landesregierung entgegenstehen, dass sich das verfassungsrechtliche Frage- und Informationsrecht seiner sachlichen Reichweite nach nicht auf die erbetene Auskunft erstrecke, weil das fragliche Verhalten der NRW.Bank außerhalb des Verantwortungsbereichs der Landesregierung liege.

Dieser Einwand ist zum einen nur dann erheblich, wenn das verfassungsmäßige Fragerecht der Fraktion gegenüber der Regierung an deren Verantwortungsbereich zugleich auch seine Grenze findet. Eine solche sachliche Beschränkung der Reichweite des Fragerechts könnte sich aus seiner Funktion, die seiner Herleitung aus Art. 30 Abs. 2 LV NRW zugrunde liegt, ergeben. Das Fragerecht erfüllt danach keinen Selbstzweck, sondern hat das Ziel, die Arbeit der Abgeordneten zu erleichtern.[59] Da es als Minderheitenrecht in erster Linie der Informationsgewinnung zum Zweck der Kontrolle der Regierung dient, kann es sich nur auf Bereiche erstrecken, für die die Regierung verantwortlich ist.[60]

Damit ist zum anderen zu klären, ob die geforderte Auskunft noch vom Verantwortungsbereich der Landesregierung umfasst ist. Dies wäre nicht der Fall, wenn eine solche Verantwortlichkeit gegenüber dem Parlament überhaupt nur für das Regierungshandeln im engeren Sinne bestünde. Die parlamentarische Verantwortlichkeit der Regierung erstreckt sich darüber hinaus auch auf Regierungsverantwortung mit Blick auf jeden politischen Bereich, in dem die Staatsregierung oder eines ihrer Mitglieder in seinem Aufgabenbereich tätig geworden ist oder sich geäußert hat, sowie auf jeden Bereich, in dem die Regierung oder eines ihrer Mitglieder kraft rechtlicher Vorschriften tätig werden kann.[61] Daraus folgt, dass eine umfassende Regierungsverantwortlichkeit wegen der mit dem Hierarchieprinzip verbundenen Möglichkeiten der Aufsicht, von Weisungen und

[58] VerfGH NRW, NVwZ 1994, 678 (681); NVwZ-RR 2009, 41 (43); BayVerfGH, NVwZ 2007, 204 (205).

[59] VerfGH NRW, NVwZ 1994, 678 (679).

[60] BayVerfGHE 54, 62 (74); NVwZ 2007, 204 (205); SachsAnhVerfG, NVwZ 2000, 671 (672).

[61] BayVerfGH, NVwZ 2007, 204 (205).

Eintrittsrechten auch für nachgeordnete Behörden besteht, so dass insoweit auch eine umfassende, die Recht-, aber auch Zweckmäßigkeit umfassende Auskunftspflicht der Regierung besteht.[62] Hier könnte jedoch anderes gelten, weil die NRW.Bank keine nachgeordnete Behörde, sondern Körperschaft des öffentlichen Rechts ist (§ 1 NRW.BankG). Im Verhältnis der Landesregierung zu den Körperschaften des öffentlichen Rechts bestehen nicht die mit dem Hierarchieprinzip verbundenen umfassenden Kontroll- und Einwirkungsmöglichkeiten; vielmehr hängen die Kontroll- und Einwirkungsmöglichkeiten insoweit von den bestehenden rechtlichen Vorgaben ab. Eine Verantwortlichkeit der Landesregierung könnte danach durch § 11 Abs. 1 NRW.BankG, der eine vom Innenministerium zu führende staatliche Aufsicht über die NRW.Bank vorsieht, begründet sein. Diese staatliche Aufsicht ist jedoch ausdrücklich auf eine Rechtsaufsicht beschränkt. Dies wird dadurch weiter verdeutlicht, dass § 9 Abs. 1 NRW.BankG die Überwachung der Geschäftsführung des Vorstands der Bank ausdrücklich deren Verwaltungsrat zuweist. Der darin liegenden Beschränkung des staatlichen Aufsichtsrechts steht auch nicht entgegen, dass § 11 Abs. 3 NRW.BankG der Landesregierung ein umfassendes jederzeitiges Auskunftsrecht gegenüber der NRW.Bank gewährt, da dieses Auskunftsrecht nur im Rahmen der Rechtsaufsicht besteht. Demnach ist die Landesregierung in Bezug auf die NRW.Bank nur verantwortlich und auf eine parlamentarische Anfrage hin auskunftspflichtig, soweit die Handhabung der Rechtsaufsicht durch das Innenministerium bzw. ein rechtsaufsichtlich relevantes Verhalten der NRW.Bank Gegenstand der Frage ist.[63] Die Frage nach der wirtschaftlichen Angemessenheit des bei den Aktienverkäufen erzielten Preises zielt aber nicht auf einen möglichen Rechtsverstoß der NRW.Bank, sondern allein auf ein möglicherweise wirtschaftlich unvorteilhaftes Handeln. Die Überwachung einzelner Bankgeschäfte auf solche möglichen geschäftspolitischen Fehlentscheidungen ist jedoch allein Sache des Verwaltungsrats, nicht aber der staatlichen Aufsicht. Diese Frage liegt daher jenseits des Bereichs der Regierungsverantwortung und damit auch außerhalb der Auskunftspflicht der Landesregierung.

b) Schutz der Betriebs- und Geschäftsgeheimnisse der NRW.Bank

Weiterhin könnte der Schutz von Betriebs- und Geschäftsgeheimnissen der NRW.Bank einem Auskunftsanspruch entgegenstehen. Das würde, da das Fragerecht der O-Fraktion verfassungsrechtlich begründet ist und deshalb auch nur auf verfassungsrechtlicher Ebene Beschränkungen erfahren kann,[64] voraussetzen, dass insoweit ein verfassungsrechtlicher, d.h. grundrechtlicher Schutz greift. Begrenzungen des Auskunftsanspruchs können sich dabei sowohl aus landes- wie aus bundesverfassungsrechtlichen Grundrechtsgewährleistungen ergeben.

aa) Art. 4 Abs. 2 LV NRW, Art. 4 Abs. 1 LV NRW i.V.m. Art. 2 Abs. 1 GG/ Art. 2 Abs. 1 GG

Das Datenschutz-Grundrecht des Art. 4 Abs. 2 LV NRW sowie das Grundrecht auf informationelle Selbstbestimmung aus Art. 4 Abs. 2 LV NRW, Art. 2

---

[62] BayVerfGH, NVwZ 2007, 204 (206).
[63] Vgl. BayVerfGH, NVwZ 2007, 204 (207).
[64] Vgl. VerfGH NRW, NVwZ-RR 2009, 41 (43); BayVerfGH, NVwZ 2007, 204 (208).

Abs. 1 i.V.m. Art. 1 Abs. 1 GG bzw. unmittelbar aus Art. 2 Abs. 1 i.V.m. Art. 1 Abs. 1 GG scheiden insoweit aus, da nur persönliche Daten,[65] nicht aber Betriebs- und Geschäftsgeheimnisse geschützt werden.

bb) Art. 4 Abs. 1 LV NRW i.V.m. Art. 12 Abs. 1 GG/Art. 12 Abs. 1 GG

In Betracht kommt jedoch ein Schutz durch das Grundrecht der Berufsfreiheit, das in Art. 4 Abs. 1 LV NRW i.V.m. Art. 12 Abs. 1 GG bzw. unmittelbar in Art. 12 Abs. 1 GG gewährleistet ist.

Tatbestandlich umfasst es den Schutz von Betriebs- und Geschäftsgeheimnissen.[66]

Fraglich ist jedoch, ob die NRW.Bank Träger dieses Grundrechts ist. Das beurteilt sich, da die NRW.Bank eine juristische Person ist, nach Art. 19 Abs. 3 GG, und zwar auch mit Blick auf die landesverfassungsrechtliche Gewährleistung nach Art. 4 Abs. 1 LV NRW i.V.m. Art. 12 Abs. 1 GG, da nach Art. 4 Abs. 1 LV NRW Art. 19 Abs. 3 GG auch landesverfassungsrechtlich maßgeblich ist.[67] Danach ist die Grundrechtsträgerschaft zweifelhaft, weil die NRW.Bank eine juristische Person des öffentlichen Rechts ist. Einer der – für öffentlich-rechtlich verfasste Religionsgemeinschaften, Rundfunkanstalten und Hochschulen – allgemein anerkannten Ausnahmefälle der Grundrechtsträgerschaft[68] liegt insoweit nicht vor. Eine weitergehende Grundrechtsträgerschaft juristischer Personen des öffentlichen Rechts will eine Mindermeinung insoweit anerkennen, wie eine juristische Person des öffentlichen Rechts sich in einer sog. grundrechtstypischen Gefährdungslage befindet, d.h. wo sie der Hoheitsgewalt eines anderen Trägers hoheitlicher Gewalt in gleicher Weise wie auch ein Privater unterworfen ist.[69] Ob das hier der Fall ist, ist nicht einfach zu entscheiden.[70] Einerseits ist die NRW.Bank Kreditinstitut (vgl. § 1 NRW.BankG) und nimmt als solches wie private Kreditinstitute und in Konkurrenz mit ihnen am wirtschaftlichen Verkehr teil; die offenzulegenden Daten entstammen auch dieser Beteiligung am Finanzdienstleistungsverkehr und können für das weitere Tätigwerden dort relevant sein. Andererseits ist die NRW.Bank aber Körperschaft des öffentlichen Rechts und unterliegt als solche einer besonderen staatlichen Aufsicht, die die Grundlage dafür ist, dass grundsätzlich auch der Informationsanspruch einer Landtagsfraktion sich auf diese Daten erstrecken kann. Das spricht dafür, dass die NRW.Bank hier nicht in gleicher Weise wie private Bankinstitute, sondern in spezifischer Weise der Landesstaatsgewalt unterworfen ist. Nach vorherrschender Auffassung in Rechtsprechung und Literatur[71] entfällt ohnehin jenseits der anerkannten Ausnahmefälle eine Grundrechtsträgerschaft juristischer Personen des öffentlichen Rechts.[72] Danach ist die NRW.Bank nicht Trä-

---

[65] BVerfGE 113, 29 (46).

[66] BVerfG, NVwZ 2006, 1041 (1042).

[67] *Menzel*, in: Löwer/Tettinger, Kommentar zur Verfassung des Landes NRW, 2002, Art. 4 Rn. 17 (Stichwort: Art. 19 GG).

[68] Vgl. *Jarass*, in: Jarass/Pieroth, GG, 12. Aufl. 2012, Art. 19 Rn. 26f.

[69] Vgl. *Dreier*, in: Dreier, GG, Bd. 1, 2. Aufl. 2004, Art. 19 III Rn. 33, 55.

[70] Vgl. BayVerfGH, NVwZ 2007, 204 [208], wo dies offen gelassen wird.

[71] Vgl. BVerfGE 45, 63 (78ff.); 61, 82 (101ff.); 89, 17 (47); *Sachs*, in: Sachs, GG, 6. Aufl. 2011, Art. 19 Rn. 92.

[72] Vgl. BVerfGE 75, 192 (200), zu den Sparkassen.

gerin des Grundrechts aus Art. 4 Abs. 1 LV NRW i. V. m. Art. 12 Abs. 1 GG bzw. unmittelbar aus Art. 12 Abs. 1 GG.

cc) **Art. 4 Abs. 1 LV NRW i. V. m. Art. 14 GG/Art. 14 GG**

Weiter könnte auch das durch Art. 4 Abs. 1 LV NRW i. V. m. Art. 14 GG bzw. durch Art. 14 GG garantierte Eigentumsgrundrecht Anwendung finden, das grundsätzlich auch den Schutz von Betriebs- und Geschäftsgeheimnissen einschließen soll.[73] Ob hier ein danach geschütztes Geschäftsgeheimnis vorliegt, kann aber offen bleiben, da jedenfalls auch insoweit an einer Grundrechtsträgerschaft der NRW.Bank fehlt.

Eine Beschränkung des Fragerechts der O-Fraktion mit Rücksicht auf grundrechtlich geschützte Interessen der NRW.Bank kommt danach nicht in Betracht.

Klausurtipp: Wollte man – nicht unvertretbar – die Grundrechtsträgerschaft der NRW.Bank hier gleichwohl anerkennen, würde schließlich jedenfalls ein Überwiegen des parlamentarischen Informationsinteresses gegenüber dem grundrechtlichen Geheimnisschutz anzunehmen sein (vgl. BayVerfGH, NVwZ 2007, 204 [208]).

C. Ergebnis

Damit ist der Antrag der O-Fraktion im Organstreitverfahren vor dem Verfassungsgerichtshof NRW zulässig, jedoch unbegründet; zwar steht der begehrten Auskunft kein Grundrechtsschutz von Betriebs- und Geschäftsgeheimnissen der NRW.Bank entgegen, doch liegt sie außerhalb der sachlichen Reichweite des Frage- und Informationsrechts, so dass die Landesregierung die Auskunft verweigern durfte.

---

[73] Vgl. *Jarass*, in: Jarass/Pieroth, GG, 12. Aufl. 2012, Art. 14 Rn. 9a.

3. Klausur: „Kommunale Neugliederung" ***

Sachverhalt

Um die zunehmende Verschuldung der Kommunen einzudämmen, hält es die Landesregierung für notwendig, eine landesweite Gemeindereform in Nordrhein-Westfalen durchzuführen. Nach dem politischen Konzept der Landesregierung sollen kleinere Gemeinden zur dauerhaften Sicherung ihrer Leistungsfähigkeit zusammengeschlossen werden. Die abstrakten Leitbilder und Leitlinien der Neugliederung werden in einem mit einem Vorlauf von drei Jahren beschlossenen „Grundsätze-Gesetz" (GrG) festgelegt, das später im Rahmen der konkreten Neugliederungsgesetze umgesetzt werden sollen. Das GrG schreibt die Zusammenlegung von Gemeinden vor, die weniger als 15.000 Einwohner haben. Angaben dazu, wie es zur Festlegung dieser Mindesteinwohnerzahl kam, enthält das Gesetz bzw. dessen Begründung nicht. Immerhin schreibt das GrG zugleich vor, von einer Zusammenlegung abzusehen, wenn besondere – im Gesetz näher ausgeführte – Gründe entgegenstehen oder die Leistungsfähigkeit der betroffenen Gemeinden aus anderen Gründen als gesichert anzusehen ist. Als gesichert gilt die Leistungsfähigkeit, wenn die Pro-Kopf-Verschuldung der Einwohner im Mittel der letzten 25 Jahre unter 1000 Euro lag. Soweit zur Sicherung der Leistungsfähigkeit der Gemeinden Zwangszusammenschlüsse notwendig sind, soll für die Auswahl der zusammen zu legenden Gemeinden den jeweiligen Pendlerverflechtungen maßgebliche Bedeutung zukommen. Das Gesetz bietet den Gemeinden, die weniger als 15.000 Einwohner aufweisen, zudem eine zweijährige „Schonfrist", um freiwillige Zusammenschlüsse mit Nachbargemeinden zu erwirken.

Die Gemeinde G weist eine Einwohnerzahl von 12.000 auf. Gespräche mit den Nachbargemeinden N und O, die jeweils um die 20.000 Einwohner aufweisen, verlaufen ergebnislos. Beide Nachbargemeinden stehen auf dem Standpunkt, dass sie als leistungsfähige Gemeinden mit mehr als 15.000 Einwohnern ohnehin nicht zu einem Zusammenschluss verpflichtet werden könnten. Ein freiwilliges Zusammengehen mit leistungsschwachen Gemeinden komme für sie nicht in Betracht. Nach Ablauf der „Freiwilligkeitsphase" erlässt der Landtag ein erstes Neugliederungsgesetz, das die zwangsweise Fusion der Gemeinden G und O zur Gemeinde „Groß-O" vorsieht. In der amtlichen Begründung findet sich der Hinweis, dass der Zusammenschluss den beiden betroffenen Gemeinden „ausschließlich Vorteile" bringe und daher als Pilotprojekt vorgezogen werden soll. Hinsichtlich der übrigen Kommunen des Landes sollen geeignete Neugliederungsentscheidungen „in den Folgejahren" getroffen werden. Bezüglich der von den betroffenen Gemeinden vergeblich eingeforderten parlamentarischen Anhörung verweist der Landtag auf eine von der Landesregierung zuvor durchgeführte Anhörung der Gemeinden G und O, deren Ergebnisse im Gesetzgebungsverfahren berücksichtigt worden seien.

G ist empört und will sich gerichtlich zur Wehr setzen. Sie betrachtet ihre „Vorab-Auflösung" als eklatanten Verstoß gegen das Gebot kommunaler Gleichbehandlung. Das Vorpreschen des Gesetzgebers hindere zudem ein landesweit koordiniertes Vorgehen, zumal – was zutrifft – die Gemeinde O auch an anderer Stelle Grenzberührungen mit Gemeinden unterhalb der 15.000 Einwohnergrenze aufgewiesen habe, so dass eine Gesamtlösung geboten gewesen sei. Ohnehin seien die Parameter des GrG offenkundig sachwidrig und habe eine ordnungsgemäße Abwägungsentscheidung im konkreten Fall nicht stattgefunden. Zudem weist G darauf hin, dass die Pendlerverflechtungen zwischen den Gemeinden G und N – was zutrifft – deutlich intensiver ausfallen als die Pendlerverflechtungen zwischen den Gemeinden G und O. In jedem Fall aber sei der Zusammenschluss schon deshalb unverhältnismäßig, weil es zur Sicherung der Leistungsfähigkeit ausgereicht hätte, die beiden Gemeinden in geeigneten Bereichen zur Kooperation zu verpflichten. G verweist nicht zuletzt auf die Europäische Charta der kommunalen Selbstverwaltung vom 15. Oktober 1985.

Kann die Gemeinde G das Fusionsgesetz vor dem VerfGH NRW erfolgreich angreifen?

Gliederung

A. Zulässigkeit
- I. Statthafte Verfahrensart
- II. Antragsberechtigung/Beteiligtenfähigkeit
- III. Prozessfähigkeit
- IV. Postulationsfähigkeit
- V. Beschwerdegegenstand
- VI. Beschwerdebefugnis
- VII. Rechtswegerschöpfung/Subsidiarität
- VIII. Form/Antragsfrist

B. Begründetheit
- I. Institutionelle Rechtssubjektgarantie
- II. Objektive Rechtsinstitutionsgarantie
- III. Aufgabengarantie
- IV. Beschränkt subjektive Rechtsstellungsgarantie
  - 1. Formelle Verfassungsmäßigkeit: Anhörungserfordernis
  - 2. Materielle Verfassungsmäßigkeit: Gemeinwohlkonkretisierung
    - a) Prüfungsstufe 1: Gesetzgeberische Motivation
    - b) Prüfungsstufe 2: Die Leitbilder und Leitlinien der Reform
      - aa) Präklusion von Angriffen gegen die Leitbilder?
      - bb) Verfassungsmäßigkeit der Leitlinie „Stärkung durch räumliche Vergrößerung“
      - cc) Verfassungsmäßigkeit von Mindesteinwohnerzahlen
      - dd) Maßstab der Pro-Kopf-Verschuldung
    - c) Prüfungsstufe 3: Die konkrete Fusionsentscheidung
      - aa) Abwägung der Gemeinwohlaspekte
      - bb) Verhältnismäßigkeitsfragen
      - cc) Bindung an die Leitlinien und Leitbilder

C. Ergebnis

Lösungsvorschlag

A. Zulässigkeit

I. Statthafte Verfahrensart

Verfahren vor dem Verfassungsgerichtshof unterliegen – wie oben (Fall 1) dargestellt – dem sog. Enumerationsprinzip, sind also nicht generell eröffnet, sondern nur dort, wo ein statthafter Rechtsbehelf zur Verfügung steht. Für die Prüfung von Gesetzen auf Antrag einer kommunalen Gebietskörperschaft steht das Verfahren der kommunalen Verfassungsbeschwerde nach Art. 75 Nr. 4 LV i. V. m. § 12 Nr. 8, § 52 VerfGHG NRW zur Verfügung, dessen Zulässigkeit zu prüfen ist.

Hintergrund: Parallel hierzu kennt Art. 93 Abs. 1 Nr. 4b GG die kommunale Verfassungsbeschwerde zum BVerfG, die allerdings – obgleich Prüfungsmaßstab dort das Grundgesetz, hier die Landesverfassung NRW ist – nur statthaft ist, soweit nicht Beschwerde beim Landesverfassungsgericht erhoben werden kann. Letzteres ist in NRW nur insoweit denkbar, als es um Eingriffe durch Bundesrecht geht, da Bundesrecht einer Kontrolle am Maßstab des Landesverfassungsrechts nicht zugänglich ist (arg. e Art. 31 GG).

II. Antragsberechtigung/Beteiligtenfähigkeit

Die Gemeinde G müsste zunächst antragsberechtigt sein. Das Antragsrecht zur Erhebung einer kommunalen Verfassungsbeschwerde kommt nach Art. 52 VerfGHG NRW den Gemeinden und Gemeindeverbänden zu. Die Gemeinde G ist damit grundsätzlich antragsberechtigt.

Vertiefung: Der Begriff des Gemeindeverbands in Art. 52 VerfGHG weicht im Einzelfall vom verwaltungsrechtlichen Sprachgebrauch ab. Der VerfGH verlangt – in Anlehnung an Art. 78 Abs. 2 LV („alleinige Träger der öffentlichen Verwaltung in ihrem Gebiet“) – die Ausstattung mit einem gewissen Mindestmaß an Sachaufgaben. Eine solche Aufgabenausstattung wird für die Kreise und Landschaftsverbände angenommen (VerfGH NRW, NVwZ-RR 2001, 617), nicht aber für die zur Wahrnehmung einzelner Aufgaben gegründeten Zweckverbände, auch wenn diese in § 5 Abs. 2 GKG NRW als Gemeindeverbände bezeichnet werden.

Der Antragsberechtigung der G könnte allerdings entgegenstehen, dass die Gemeinde G mit Inkrafttreten des umstrittenen Fusionsgesetzes untergegangen ist und damit ihre rechtliche Existenz verloren hat. So impliziert der Begriff der Fusion – anders etwa als der Begriff der „Eingliederung“ oder „Eingemeindung“ – den Untergang aller fusionierten Rechtspersonen und die Schaffung einer neuen Rechtsperson. Würde man ein Antragsrecht der G aus diesem Grunde verneinen, besäße G allerdings keine Möglichkeit, sich gegen eine womöglich verfassungswidrige Auflösung zur Wehr zu setzen. Dieses Ergebnis wäre mit der Verfassungsgarantie der kommunalen Selbstverwaltung nicht vereinbar. Folgerichtig muss die Fortexistenz der betreffenden Gemeinde zur Geltendmachung ihrer Verteidigungsrechte auch nach Inkrafttreten des Fusionsgesetzes als gegeben unterstellt werden.[74] Aufgelöste Gemeinden bleiben also antragsbefugt, soweit es um die Klärung der Verfassungsmäßigkeit ihrer Auflösung geht.

---

[74] Vgl. VerfGH NW, OVGE 26, 270 (271); eingehend hierzu etwa *Heusch*, in: Heusch/Schönenbroicher, Landesverfassung NRW, 2010, Art. 75 Rn. 45 m.w.N.

III. Prozessfähigkeit

Fraglich könnte sein, ob die Gemeinde G prozessfähig, also in der Lage ist, die erforderlichen Prozesshandlungen vorzunehmen. Im Lichte der verfassungsrechtlichen Rechtsschutzmöglichkeiten ist ungeachtet der erfolgten Fusionierung davon auszugehen, dass die kommunalrechtlichen Außenvertretungsbefugnisse (ebenso die sonstigen Vorgaben für die interne Willensbildung innerhalb einer Gemeinde) im Grundsatz fortgelten, so dass die notwendigen Prozesshandlung grundsätzlich von dem nach geltendem Recht vertretungsberechtigten Organ durchzuführen sind. Dementsprechend ist primär an eine Vertretung der Gemeinde durch den Bürgermeister zu denken (§ 63 Abs. 1 Satz 1 GO NRW).

Vertiefung: Probleme ergeben sich, wenn der Bürgermeister als (Wahl-)Beamter auf Zeit in den Dienst der fusionierten oder aufnehmenden Körperschaft übergetreten ist (s. auch § 16 Abs. 4 BeamtenstatusG). Denn da das vertretungsbefugte Organ in diesem Falle die Existenzberechtigung seines neuen Dienstherrn in Zweifel ziehen müsste, wird hier idR ein Fall der Interessenkollision vorliegen, der zu einer Verhinderung des Organs führt. In einem derartigen Falle wäre zunächst an eine Vertretungsbefugnis durch den zuständigen Stellvertreter, widrigenfalls an eine Vertretung unmittelbar durch die kommunale Vertretungskörperschaft selbst zu denken. Zu beachten ist schließlich, dass die Entscheidung über ein verfassungsgerichtliches Vorgehen regelmäßig nicht mehr als Geschäft der „laufenden Verwaltung" angesehen werden kann, so dass diese durch eine Ratsentscheidung legitimiert werden muss.

IV. Postulationsfähigkeit

Während des Verfahrens kann (in der mündlichen Verhandlung muss) sich die Gemeinde durch einen Rechtsanwalt oder einen Rechtslehrer an einer deutschen Hochschule vertreten lassen (§ 17 Abs. 1 Satz 1 VerfGHG NRW). Alternativ steht den Gemeinden gemäß § 17 Abs. 2 Satz 2 VerfGHG NRW auch das Recht zu, sich durch einen ihrer Beamten vertreten zu lassen, soweit dieser die Befähigung zum Richteramt oder für die Laufbahn des höheren allgemeinen Verwaltungsdienstes besitzt.

V. Beschwerdegegenstand

Gemäß § 52 Abs. 1 VerfGHG ist die kommunale Verfassungsbeschwerde gegen sämtliche (materiellen) Landesgesetze (mit Ausnahme der Landesverfassung) zulässig. Das Neugliederungsgesetz ist als formelles Gesetz ergangen und somit ein zulässiger Beschwerdegegenstand.

Hintergrund: Theoretisch denkbar, wenngleich vom konkreten Begehren nicht erfasst, wäre auch eine eigenständige kommunale Verfassungsbeschwerde gegen das vorab erlassene Grundsätze-Gesetz, das ebenfalls den

Rang einfachen Landesrechts einnimmt. Die Landesverfassungsgerichte haben insoweit eine Beschwerdebefugnis der abstrakt betroffenen Gemeinden durchaus anerkannt (VerfGH Brabg., LKV 2002, 573 [575]). Zum Zeitpunkt der (umsetzenden) Neugliederungsgesetze wird allerdings die Beschwerdefrist des VerfGHG (§ 52 Abs. 2: ein Jahr) regelmäßig verstrichen sein, so dass ein zeitlich paralleles Vorgehen auch gegen das Grundsätze-Gesetz nach Erlass eines konkreten Fusionsgesetzes regelmäßig nicht möglich sein wird.

VI. Beschwerdebefugnis

Als „Normenkontrolle mit beschränkter Antragsbefugnis" knüpft § 52 Abs. 1 VerfGHG NRW das Antragsrecht einer Gemeinde an die Möglichkeit, durch das Gesetz in dem verfassungsmäßigen „Recht der Selbstverwaltung" nach Art. 78 f. LV verletzt zu sein. Nach tradiertem Verständnis muss die Gemeinde durch die angefochtene Regelung selbst, unmittelbar und gegenwärtig betroffen sein. Für den Fall der gesetzlichen Auflösung einer Gemeinde ist die „Möglichkeit" einer eigenen, gegenwärtigen und unmittelbaren Verletzung der durch Art. 78 f. LV NRW eingeräumten kommunalen Selbstverwaltungsrechte regelmäßig zu bejahen. Insbesondere gilt auch insoweit die im Rahmen der Antragsberechtigung dargestellte Fortbestandsfiktion.[75]

Klausurtipp: Das Erfordernis der „Unmittelbarkeit" der Betroffenheit ist im Rahmen der kommunalen Verfassungsbeschwerde zurückhaltend zu handhaben. Denn dient das Unmittelbarkeitserfordernis bei der Individualverfassungsbeschwerde dazu, soweit möglich zunächst eine fachgerichtliche Entscheidung zu erwirken, die anschließend im Rahmen einer Urteilsverfassungsbeschwerde angegriffen werden kann, entfällt diese Möglichkeit bei der kommunalen Verfassungsbeschwerde, die ein bloßes Normenkontrollverfahren ist und keine Prüfung von Gerichtsentscheidungen ermöglicht. Eine unmittelbare Betroffenheit entfällt insofern nicht bereits dann, wenn weitere Vollzugsakte notwendig sind, sondern nur dann, wenn ein Vollzug durch Normsetzung erfolgt und diese normativen Vollzugsakte ihrerseits im Wege der kommunalen Verfassungsbeschwerde angreifbar sind. In dem hier maßgeblichen Neugliederungsstreit bleibt schließlich prozessrechtlich zu beachten, dass es den Gemeinden obliegt, in ihrem Antrag diejenigen Tatsachen vorzutragen, die eine Verletzung eigener Rechte als zumindest möglich erscheinen lassen.[76] Allein die Behauptung der Verfassungswidrigkeit eines Gesetzes reicht danach nicht aus.

Nicht abgeleitet werden kann eine Beschwerdebefugnis aus der Europäischen Charta der kommunalen Selbstverwaltung vom 15. Oktober 1985[77], da die

---

[75] Vgl. statt aller *Tettinger*, in: Löwer/Tettinger, Kommentar zur Verfassung NRW, 2002, Art. 75 Rn. 33.

[76] Vgl. *Tettinger*, a. a. O., Rn. 32.

[77] Im Internet abrufbar unter http://conventions.coe.int/Treaty/ger/Treaties/Html/122.htm, Abruf am 11.7.2014.

Charta – ungeachtet der Frage, ob ihr überhaupt subjektive Rechte zu Gunsten der Gemeinden entnommen werden können – jedenfalls nicht (unmittelbarer) Prüfungsmaßstab der nationalen Verfassungsgerichte ist.[78]

VII. Rechtswegerschöpfung/Subsidiarität

Anders als die Kommunalverfassungsbeschwerde zum BVerfG unterliegt die Kommunalverfassungsbeschwerde zum VerfGH NRW nicht dem Erfordernis der Rechtswegerschöpfung, wobei ein Rechtsweg gegen formelle Gesetze ohnehin nicht bestünde. Auch eine sonstige Subsidiarität[79] des verfassungsgerichtlichen Rechtsschutzes besteht nicht.

VIII. Form/Antragsfrist

Das Verfahren ist schriftlich mit Begründung zu beantragen, § 18 Abs. 1 VerfGHG. Die Antragsfrist beträgt ein Jahr ab Inkrafttreten der Vorschrift (§ 52 Abs. 2 VerfGHG). Beide Voraussetzungen sind hier erfüllt.

Vertiefung: Soweit im Schrifttum teilweise die Auffassung vertreten wird, dass die Fristvorgaben bei territorialen Neugliederungen dann nicht zur Anwendung kommen könnten, wenn sich erst später herausstellt, dass die Gebietsreformregelungen den Gemeinwohlzwecken zuwider läuft (*Grupp*, in: Festschrift Stern, 1997, S. 1099 [1111 f.]), kann dies nicht überzeugen. Denn da es sich bei Neugliederungsentscheidungen um Prognoseentscheidungen handelt, kommt es hinsichtlich der Verfassungsmäßigkeit des Gesetzes allein auf die Tragfähigkeit der Prognose „ex ante" an. Eine nachträglich abweichende Entwicklung führt nicht zur Verfassungswidrigkeit der Prognose bzw. des Gesetzes. Eine Notwendigkeit, die Fristen zu verändern besteht daher nicht. Wie hier i. Erg. auch SaarlVerfGH, Urt. v. 22.3.1993, NVwZ 1994, 481 f.: „Dem Sinn der Fortbestehensfiktion ist Genüge getan, wenn der aufgelösten Gemeinde die Möglichkeit gegeben wird, innerhalb der vom Gesetz vorgesehenen Frist ihre Auflösung mit der Verfassungsbeschwerde anzugreifen."

B. Begründetheit

Die Kommunalverfassungsbeschwerde ist begründet, wenn und soweit das Fusionsgesetz gegen „die Vorschriften der Landesverfassung über das Recht der Selbstverwaltung" verstößt. Über den Wortlaut des § 52 Abs. 1 VerfGHG hinaus

---

[78] Vgl. zu einen entsprechenden – erfolglosen – Vorbringen vgl. LVerfG SAnh., Urt. v. 21.4.2009, BeckRS 2009, 33217. Zu beachten bleibt freilich die sog. „Völkerrechtsfreundlichkeit" der Verfassungsordnung des Grundgesetzes, die es durchaus gebietet, völkerrechtliche Pflichten bei der Auslegung und Anwendung nationaler Normen – einschließlich solcher des Verfassungsrechts – zu berücksichtigen.

[79] Vgl. hierzu im Kontext von Individualverfassungsbeschwerden *Benda/Klein*, Verfassungsprozessrecht, 2. Aufl. 2001, Rn. 523 ff.

(„Recht der Selbstverwaltung") dienen dem Landesverfassungsgericht als Prüfungsmaßstab neben der verfassungsrechtlichen Selbstverwaltungsgarantie aus Art. 78 f. LV und dem ihr immanenten Gebot interkommunaler Gleichbehandlung auch diejenigen Verfassungsvorschriften, die ihrem Inhalt nach das verfassungsrechtliche Bild der Selbstverwaltung mitzubestimmen geeignet sind.[80] Damit können auch allgemeine Verfassungsgrundsätze wie das aus dem Rechtsstaatsprinzip resultierende Willkürverbot oder das Demokratieprinzip als Prüfungsmaßstab herangezogen werden.[81]

I. Institutionelle Rechtssubjektgarantie

Rückt man die verschiedenen Garantieebenen des Art. 78 II LV ins Blickfeld,[82] stellt sich zunächst die Frage der Vereinbarkeit des Fusionsgesetzes mit der institutionellen Rechtssubjektgarantie des Art. 78 LV.

Die institutionelle Rechtssubjektgarantie[83] sichert die Existenz der Gemeinden (und Gemeindeverbände) als notwendigen Baustein des staatlichen Organisationsgefüges. Der Gesetzgeber ist danach verfassungsrechtlich verpflichtet, Gemeinden und Gemeindeverbände als kommunale Gebietskörperschaften vorzusehen und aufrecht zu erhalten. Freilich werden die Gemeinden durch diese institutionelle Rechtssubjektgarantie nur „institutionell", also lediglich „der Gattung nach" geschützt. Nicht geschützt ist demgegenüber der Bestand jeder einzelnen Gemeinde. Die Auflösung einzelner Gemeinde bleibt damit solange ohne Relevanz, wie es den Typus „Gemeinde" als Gebietskörperschaft mit originärer Zuständigkeit zur autonomen Regelung aller Angelegenheiten der örtlichen Gemeinschaft gibt.

Die fusionsbedingte Auflösung der Gemeinde G beeinträchtigt daher die aus Art. 78 II LV abzuleitende institutionelle Rechtssubjektgarantie nicht.

II. Objektive Rechtsinstitutionsgarantie

Durch das Neugliederungsgesetz nicht betroffen ist auch die sog. objektive Rechtsinstitutionsgarantie[84] aus Art. 78, 79 LV. Diese Garantie ist von vornherein nicht auf die physische Existenz der Gemeinden bezogen, sondern schützt die Funktionsfähigkeit des den Gemeinden durch die Verfassung zuerkannten Selbstverwaltungsrechts. Mit der Auflösung einer einzelnen Gemeinde wird das Recht der (jeweils existierenden) Gemeinden, die Angelegenheiten des örtlichen Wirkungskreises in eigener Verantwortung zu regeln, nicht tangiert.

III. Aufgabengarantie

Erkennbar ebenfalls nicht betroffen ist weiter die verfassungsrechtliche Aufgabengarantie[85] des Art. 78 Abs. 2 LV NRW, mit der die Gemeinden für ihr Gebiet zum alleinigen Träger der öffentlichen Verwaltung erklärt werden. Diese mit

[80] St. Rspr. seit BVerfGE 1, 161 (181).
[81] VerfGH NRW, OVGE 39, 292 (293 ff.); 39, 315 (317).
[82] ÖffR NRW, § 1 Rn. 175 ff.
[83] ÖffR NRW, § 1 Rn. 175 f.
[84] ÖffR NRW, § 1 Rn. 178.
[85] ÖffR NRW, § 1 Rn. 181 ff.

Art. 28 Abs. 2 Satz 1 GG inhaltsgleiche verfassungsunmittelbare zugewiesene Wahrnehmungszuständigkeit für alle „Angelegenheiten der örtlichen Gemeinschaft" wird durch die Auflösung einer einzelnen Gemeinde nicht in Frage gestellt.

IV. Beschränkt subjektive Rechtsstellungsgarantie

Es könnte allerdings eine Verletzung der beschränkt subjektiven Rechtsstellungsgarantie der G vorliegen. So haben Rechtsprechung und Literatur den Gemeinden jenseits der institutionellen Rechtssubjektgarantie sowie der objektiven Rechtsinstitutionsgarantie, die beide ohnehin als vorrangig objektive Staatsaufbauprinzipien interpretiert werden, mit der Verfassungsgarantie der kommunalen Selbstverwaltung seit jeher auch individuelle verfassungsrechtliche Abwehrrechte in Bezug auf Interventionen des Gesetzgebers in den Bestand einzelner Gemeinden zuerkannt; dies auch und zumal für den Fall der vollständigen Auflösung einer einzelnen Gemeinde.[86]

Die Verfassungsmäßigkeit der gesetzlichen Auflösung einer Gemeinde wird dabei von der Rechtsprechung davon abhängig gemacht, dass die einzelne Gemeinde vorab ergebnisoffen angehört wurde sowie das auflösende Gesetz der Gemeinwohlverwirklichung dient.[87]

Vertiefung: Die hiermit angesprochene Problematik ist von der in der Rastede-Entscheidung (BVerfGE 79, 127) behandelten Thematik der Hochzonung örtlicher Angelegenheiten strikt zu trennen. Soweit hiernach für die Hochzonung örtlicher Angelegenheiten auf höhere (kommunale) Einheiten besonders strenge Anforderungen zu stellen sind, insbesondere Ziele der Verwaltungseffizienz und der Kostenersparnis nicht für legitim erachtet werden und bei der Verhältnismäßigkeitsprüfung überdies ein Überwiegen der Gemeinwohlgründe verlangt wird, finden diese Parameter auf die Abschaffung bzw. Fusionierung von Gemeinden nach h. M. keine Anwendung. Soweit dies darauf gegründet wird, dass die Dezentralität der Aufgabenwahrnehmung durch Neugliederungsmaßnahmen nicht tangiert wird, kann dies bei materieller Betrachtung der Interessenlage freilich nicht uneingeschränkt überzeugen. Denn die „örtliche Überschaubarkeit" als Lebenselexier der kommunalen Selbstverwaltung wird nicht nur durch die vertikale Hochzonung einzelner Aufgaben in Frage gestellt, sondern auch und erst recht durch die horizonale „Zusammenführung" vormals eigenständiger Gemeinden zu Groß- oder Megagemeinden. Insofern dürfte die bisherige Rechtsprechung den gemeindlichen Schutzbedürfnissen gegenüber gesetzlichen Neugliederungsmaßnahmen nur eingeschränkt gerecht werden (s. *Dietlein u. a.*, Zwangsfusion von Gemeinden, 2013, S. 34).

1. Formelle Verfassungsmäßigkeit: Anhörungserfordernis

Zu prüfen ist damit zunächst, ob hier die erforderliche Anhörung durchgeführt wurde.

---

[86] Stern, BK-GG, Art. 78 (Zweitbearb.), Rn. 174 ff.

[87] Vgl. etwa VerfGH NRW, OVGE 31, 284; 28, 291 f. – st. Rspr.; ÖffR NRW, § 1 Rn. 176.

Ein Anhörungsmangel könnte darin liegen, dass der Landtag die Anhörung nicht selbst durchgeführt hat, sondern lediglich die Ergebnisse einer von der Landesregierung durchgeführten Anhörung berücksichtigt hat. Ob ein solcher Rückgriff auf eine von der Regierung durchgeführte Anhörung hinreichen kann, erscheint fraglich.

Zur Lösung dieser Frage sind Sinn und Zweck der Anhörung zu ermitteln: Die Anhörung durch den Gesetzgeber dient zunächst dem Zweck, dem Gesetzgeber eine möglichst breite Informationsgrundlage für eine sachgerechte Entscheidung zu verschaffen. Insoweit könnte überlegt werden, die Art und Weise der Anhörung ganz der Entscheidung des Gesetzgebers zu überlassen, der ggf. selbst klären muss, ob und inwieweit ein Informationsbedürfnis besteht.[88] Allerdings soll die Anhörung zugleich die in der Praxis regelmäßig dominierende Stellung der Gubernative kompensieren, von der de facto die wesentlichen Entscheidungen für eine kommunale Gebietsreform vorab getroffen werden. Schließlich geht es bei der Anhörung darum, den fusionsbedrohten Gemeinden die Möglichkeit einräumen, vor der Entscheidung des Neugliederungsgesetzgebers „ihre Meinungen und ihre etwaigen Einwendungen gegen die geplante Gebietsänderung darzulegen und so auf den weiteren Verlauf des Gesetzgebungsverfahrens sowie seinen Ausgang Einfluss nehmen zu können“.[89] Mit dieser prozeduralen Einbindung der Gemeinden soll verhindert werden, dass die Gemeinden „zum bloßen Objekt staatlichen Handelns“ werden.[90] Gerade die letztgenannten Aspekte – Sicherung eines eigenen „ungefilterten“ Eindrucks des Landesgesetzgebers sowie die Sicherung einer Kooperation zwischen Gemeinde und Parlament – sprechen dafür, eine Anhörung unmittelbar durch den Landtag für unabdingbar zu erachten.

Das hier gewählte Verfahren der bloßen Berücksichtigung früherer Anhörungsergebnisse genügt damit dem Zweck des Anhörungserfordernisses nicht. Das Fusionsgesetz ist damit bereits wegen Verletzung des Anhörungserfordernisses als verfassungswidrig einzustufen.

2. Materielle Verfassungsmäßigkeit: Gemeinwohlkonkretisierung

Unabhängig von dem festzustellenden Anhörungsdefizit ist weiter zu prüfen, ob das Fusionsgesetz den materiellen Rechtfertigungserfordernissen genügt, also durch Gründe des öffentlichen Wohls legitimiert wird.

Hierzu ist zunächst zu klären, wann eine Rechtfertigung durch Gemeinwohlgründe vorliegt. Probleme ergeben sich dabei insoweit, als der Landesverfassung ein abschließendes „Gemeinwohlprogramm“ nicht entnommen werden kann. Zwar enthält die Landesverfassung durchaus beachtliche Grundaussagen zur Gemeinwohlidee, letztlich aber wird die Konkretisierung des Gemeinwohls in weitem Umfange dem demokratischen Prozess überlassen, namentlich also dem Gesetzgeber selbst. Auch wenn der Gemeinwohlbegriff damit keineswegs einer rein politischen Dezision überlassen ist, weist er gleichwohl eine nicht unerheb-

---

[88] In diesem Sinne etwa VerfGH RLP, DÖV 1969, 560, 568.

[89] VerfGH RLP, DÖV 1969, 568.

[90] BVerfGE 107, 1 (24); 59, 216 (227f.); 50, 159 (202). Ebenso etwa LVerfG SAnh., SächsVBl. 1994, 238 (239).

liche dynamische und situationsbezogene Komponente auf, womit neben den verfassungsrechtlichen Steuerungsvorgaben zugleich Raum für politische Gestaltung eröffnet wird. Für die vorliegende Fragestellung ergibt sich aus dieser „Offenheit des Gemeinwohlbegriffes“ die Konsequenz, dass „die Festlegung von Gründen des öffentlichen Wohls vorrangig Sache des demokratisch legitimierten Parlaments (ist). Dem Gesetzgeber obliegt es, die für ihn maßgeblichen Gemeinwohlgründe im Rahmen der verfassungsrechtlichen Vorgaben zu bestimmen und an ihnen die konkrete Neugliederung auszurichten“.[91] Allerdings kommt dem Gesetzgeber hierbei keine unkontrollierte Freiheit zu. Entsprechend den einzelnen Konkretisierungsstufen der Gemeinwohlverwirklichung haben die Landesverfassungsgerichte vielmehr ein korrespondierendes Prüfungsprogramm entwickelt, das umso konkreter wird, je mehr sich die Neugliederungsentscheidung weg von der Festlegung abstrakter Parameter hin zu einer konkreten Neugliederungsmaßnahme verlagert. Die neuere Rechtsprechung differenziert hierbei zwischen drei Konkretisierungsstufen des Gemeinwohls:[92]

Konkretisierungsstufe 1 bezieht sich auf den Entschluss des Gesetzgebers, überhaupt in eine grundlegende Umgestaltung der kommunalen Ebene einzutreten. Sie umfasst hierbei einerseits die gesetzgeberische Motivation andererseits die Einschätzung des Gesetzgebers, dass eine Kommunalreform notwendig ist. Eine gerichtliche Beanstandung kommt hier (nur) dann in Betracht, wenn dem Entschluss zur Neugliederung sachfremde Zwecke oder offensichtlich fehlsame Einschätzungen zugrunde liegen.

Konkretisierungsstufe 2 betrifft die Festlegung der Leitbilder und Leitlinien im GrG, die bei der nachfolgenden Umsetzung der Neugliederung die künftige Struktur der Selbstverwaltungskörperschaften festlegen und deren Umgestaltung im Einzelfall dirigieren sollen. Auch auf dieser zweiten Ebene billigt die Verfassungsjudikatur dem Gesetzgeber einen breiten Spielraum zu. Die Kontrolle beschränkt sich im Ergebnis darauf festzustellen, „ob das Leitbild und die Leitlinien mit der Verfassung vereinbar sind, ob der Gesetzgeber bei der Bestimmung des Leitbildes und der Leitlinien sich aufdrängende Gemeinwohlaspekte übersehen hat, ob die dem Leitbild oder den Leitlinien zugrundliegenden Erkenntnisse nicht unzutreffend und die Leitlinien nicht offensichtlich ungeeignet sind und ob sie der Verwirklichung des gesetzgeberischen Reformzieles dienen“.[93]

Eine „intensivere verfassungsgerichtliche Kontrolle“[94] setzt damit erst auf der dritten und letzten Konkretisierungsstufe ein, also bei dem konkreten Umsetzung- bzw. Fusionsgesetz. Hier ist insbesondere zu prüfen, ob

- der Gesetzgeber den maßgeblichen Sachverhalt zutreffend und vollständig ermittelt hat,
- der Gesetzgeber im Rahmen seiner Prognosen die zur Verfügung stehenden Erkenntnisquellen ausgeschöpft hat,
- er den ermittelten Sachverhalt seiner gesetzlichen Entscheidung zugrunde gelegt hat und die Vor- und Nachteile der Neugliederungsentscheidung in die Abwägung eingestellt hat,

---

[91] ThürVerfGH, NVwZ-RR 1997, 639 (641), s. auch VerfGH NW, OVGE 28, 291 (292).

[92] Hierzu und zum Folgenden ThürVerfGH, NVwZ-RR 1997, 639 (642).

[93] ThürVerfGH, a. a. O., S. 643.

[94] So der ThürVerfGH, a. a. O.

- die Gewichtungen im Rahmen der Abwägung vertretbar und insbesondere mit den Gewichtungen in den Leitbildern und Leitlinien sowie verfassungsrechtlichen Vorgaben kompatibel ist,
- die Maßnahme dem durch die Leitbilder und Leitlinien konfigurierten System entspricht und
- die Neugliederungsmaßnahme geeignet, erforderlich und zumutbar ist.

Vertiefung: Auch im Kontext dieser letzten Ebene der Gemeinwohlkonkretisierung bleiben freilich begrenzte Einschätzungsspielräume des Gesetzgebers. So etwa hinsichtlich der Gewichtung einzelner Belange[95] oder hinsichtlich der – womöglich unsicheren – Eignung einer gewählten Neugliederungsmaßnahme.[96] Gleichwohl ergeben sich zugleich sehr präzise und gerichtlich voll nachkontrollierbare Handlungsaufträge an den Neugliederungsgesetzgeber, die im Hinblick auf jede einzelne Neugliederungsmaßnahme sorgsam wahrgenommen werden müssen und deren unzureichende Erfüllung zur gerichtlichen Aufhebung einer von der betroffenen Gemeinde gerügten Neugliederungsmaßnahme führen muss.

Nachfolgend ist daher zu prüfen, ob die gesetzliche Gemeinwohlkonkretisierung den dargestellten verfassungsrechtlichen Anforderungen genügt.

a) Prüfungsstufe 1: Gesetzgeberische Motivation

Nach dem oben dargestellten Prüfungsschema ist zunächst die gesetzgeberische Motivation für die Kommunalreform zu untersuchen, wobei es hier lediglich darum geht, sachfremden Zielsetzungen oder offensichtlich fehlsamen Einschätzungen entgegen zu treten. Diesbezügliche Bedenken ergeben sich hier nicht: Das Ziel, den demographischen und finanziellen Herausforderungen zu begegnen, ist als solches nicht zu beanstanden.

b) Prüfungsstufe 2: Die Leitbilder und Leitlinien der Reform

Weniger eindeutig ist indes bereits, ob die dem Fusionsgesetz zugrunde liegenden Leitbilder und Leitlinien der Reform den verfassungsrechtlichen Anforderungen an die Gemeinwohlkonkretisierung genügen können.

aa) Präklusion von Angriffen gegen die Leitbilder?

Insoweit stellt sich allerdings verfahrensrechtlich die Frage, ob im Rahmen der Prüfung des konkreten Fusionsgesetzes die allgemeinen Parameter des GrG überhaupt noch einer verfassungsgerichtlichen Kontrolle zugänglich sind. Hiergegen könnte sprechen, dass die Leitbilder und Leitlinien in einem eigenständigen Gesetz ergangen sind, das – wie dargelegt – für sich genommen nicht Gegenstand der kommunalen Verfassungsbeschwerde ist und aufgrund Fristablaufes (s. § 52 Abs. 2 VerfGHG) auch nicht (mehr) sein kann. Mit dieser – jedenfalls aus Sicht der Gemeinden eingetretenen – „Unanfechtbarkeit“ des GrG

---

[95] Vgl. SächsVerfGH, SächsVBl. 1994, 226 (229f.); 1995, 131 (134f.); ThürVerfGH, a.a.O., S. 645.

[96] Vgl. BVerfGE 83, 130 (140ff.); 90, 145 (182ff.); ThürVerfGH, a.a.O., S. 644.

könnten auch sämtlich aus dem GrG abgeleiteten Einwände gegen das konkrete Neugliederungsgesetz „präkludiert“ sein, mit der Folge, dass sich die Gemeinde auf Mängel der Leitbilder und Leitlinien nicht mehr berufen könnte.[97]

Gegen eine derartige Auslegung ergeben sich freilich erhebliche Bedenken: Zunächst ist festzustellen, dass eine materielle Präklusion aufgrund des damit verbundenen Eingriffs in die Rechtssphäre der Gemeinde einer (formal-)gesetzlichen Grundlage bedürfte. An einer solchen Grundlage fehlt es hier. Weiter ist zu bemerken, dass das GrG nicht in einem dem Verwaltungsakt vergleichbare „Bestandskraft“ erwächst, sondern auch weiterhin im Wege der abstrakten oder konkreten Normenkontrolle einer gerichtlichen Kontrolle zugänglich bleibt. Insofern liefe die Idee einer „Unanfechtbarkeit“ bzw. „Bestandskraft“ des GrG ins Leere. Hinzu kommt der Umstand, dass die Festlegung von Leitbildern und Leitlinien regelmäßig noch nicht den „Verdichtungs“- bzw. „Individualisierungsgrad“ aufweisen wird, der gerichtliche Schritte durch einzelne Kommunen angezeigt und womöglich sogar zulässig erscheinen ließe. Offenkundig ist auch das Missbrauchspotenzial einer unterstellten Präklusion, die hiermit Wege eröffnete, durch eine formale Abschichtung gesetzgeberischer Entscheidungen den verfassungsmäßigen Rechtsschutz der Gemeinden und Gemeindeverbände zumindest faktisch auszuhöhlen. Nicht zuletzt führt die Idee einer Präklusion zu dem auch unter prozessökonomischen Aspekten wenig sinnvollen Ergebnis, dass sämtliche potenziell fusionsbedrohten Kommunen zur Vermeidung einer möglichen Präklusion eigener Rechte gehalten wären, rein vorsorglich und „ins Blaue hinein“ alle zur Verfügung stehenden verfassungsgerichtlichen Rechtsbehelfe bereits in einer Phase des Neugliederungsverfahrens in Anspruch zu nehmen, in der die eigene Betroffenheit von konkreten Neugliederungsmaßnahmen völlig offen ist.

Dieses Ergebnis kann nicht überzeugen. Vielmehr ist im Gegenteil davon auszugehen, dass ein Gesetz (hier das Fusionsgesetz), welches verfassungswidrige (Leit-)Ziele umsetzt, nicht dadurch verfassungsgemäß wird, dass die mit ihm verwirklichten Ziele zuvor abstrakt in einem anderen Gesetz niedergelegt wurden. Bei etwaigen verfassungswidrigen Defiziten des GrG handelt es sich somit letztlich um „weiterfressende Mängel“, die sich notwendig in den konkreten Umsetzungsgesetzen fortsetzen und diese ebenfalls verfassungswidrig machten.

Vertiefung: Diese Bewertung wird auch nicht durch die prozessrechtliche Tatsache in Frage gestellt, dass die Verfassungsgerichte in neuerer Zeit vielfach bereits die potenzielle Bedrohung durch Zwangsfusionen ausreichen lassen, um eine „unmittelbare“ gemeindliche Beschwerdebefugnis auch gegen die abstrakte Festlegung von Leitbildern und Leitlinien einer Reform zu bejahen.[98] Denn die Annahme einer diesbezüglichen Beschwerdebefugnis gründet sich nicht auf die Idee einer formalrechtlichen „Durchgriffswirkung“ abstrakter Reform-Leitbilder und Leitlinien, wie dies zudem mit der Verneinung korrespondierender Anhörungsrechte unvereinbar wäre, sondern auf die praktische Erwägung, dass potenziell fusionsbedrohte Gemeinden im Einzelfall bereits durch die politische Wirkung der Grundsätze-Ge-

---

[97] So LVerfG SAnh, BeckRS 2009, 33217, Abs. 2.1.2. unter Verweis auf LVerfG SAnh, Urt. v. 22.10.2008, LVG 7/07.

[98] Vgl. etwa VerfG Bbg, LKV 2002, 573 (575).

setzgebung in der Ausübung ihrer Selbstverwaltungsrechte beeinträchtigt und genötigt werden könnten, ihre Rechtsposition – z.B. durch die Einleitung freiwilliger Fusionsverhandlungen – zu schmälern oder – mit der Einwilligung in eine freiwillige Fusion – gar vollständig aufzugeben.[99]

Als Ergebnis bleibt damit festzustellen, dass als formaler Beschwerdegegenstand der kommunalen Verfassungsbeschwerde einer aufgelösten Gemeinde das konkrete Fusionsgesetz in Betracht kommt, etwaige verfassungsrechtliche Mängel des vorgeschalteten Grundsätze-Gesetzes aber – losgelöst von einer möglichen isolierten Anfechtung dieses Gesetzes – stets und notwendig auf die Verfassungsmäßigkeit des konkreten Neugliederungsgesetzes durchschlagen und dieses gleichsam „infizieren“. Folgerichtig werden die Gemeinden im Rahmen etwaiger Normenkontrollklagen gegen ihre Auflösung zugleich die oben gegen das KomVwRGrG RLP geltend gemachten Bedenken zur Geltung bringen können.

bb) Verfassungsmäßigkeit der Leitlinie „Stärkung durch räumliche Vergrößerung“

Sind somit im Rahmen der Prüfung des konkreten Neugliederungsgesetzes auch die hiermit umgesetzten Leitbilder des GrG einer Prüfung zugänglich, stellt sich zunächst die Frage, ob die Grundidee des GrG, die Leistungsfähigkeit von Gemeinden durch deren räumliche Vergrößerung zu steigern, allgemeinen Rationalitätsanforderungen genügen kann. So ist darauf hinzuweisen, dass die zugrunde liegende ökonomische Theorie in der Wissenschaft durchaus beachtliche Kritik erfahren hat.[100] Danach sind die Kosten der Gemeindeverwaltung zu einem erheblichen Teil bedingt etwa durch die jeweilige Siedlungsstruktur, durch die Ordnung der Betriebsaufläufe, aber auch durch sonstige exogene Faktoren. Die bislang h.M. geht gleichwohl von einer hinreichenden Rationalität dieser These aus, die daher auch verfassungsgerichtlich bislang nicht beanstandet wurde.[101]

Hintergrund: Vor dem Hintergrund der dargestellten Diskussion erscheint hier unter ökonomischen Aspekten auch eine entgegengesetzte Bewertung vertretbar, wenn nicht gar vorzugswürdig.

cc) Verfassungsmäßigkeit von Mindesteinwohnerzahlen

Unabhängig von der Frage nach der allgemeinen Korrelation von Größe und Wirtschaftlichkeit könnte aber die Frage aufgeworfen werden, ob die Festlegung der Mindesteinwohnerzahl von 15.000 als rationaler Maßstab der Gemeinwohlkonkretisierung anzuerkennen ist. Soweit es hierbei zunächst um die allgemeine Zwecktauglichkeit von Mindesteinwohnerzahlen geht, ist diese von der Rechtsprechung grundsätzlich gebilligt worden. Dies allerdings mit der Ein-

---

[99] VerfG Bbg, a.a.O., wonach sich derartige Regelungen „gegenwärtig und unmittelbar auf den kommunalpolitischen (!) Bewegungsspielraum“ potenziell betroffener Gemeinden auswirken.

[100] Vgl. *Dietlein u.a.*, Zwangsfusion von Gemeinden, S. 42ff.; *Haug*, Wirtschaft im Wandel, Heft 10/2011, S. 347.

[101] Vgl. etwa VerfGH Bbg., LKV 2002, 573 (575).

schränkung, dass der statische Ansatz von Mindesteinwohnerzahlen durch „dynamische“ Regulative, insbesondere durch einzelfallbezogene Ausnahmetatbestände, abgefedert bzw. ausgeglichen werden muss.[102] Diesem Erfordernis wird das vorliegende Grundsätze-Gesetz durchaus gerecht, so dass die Grundentscheidung zugunsten bestimmter Regel-Mindesteinwohnerzahlen insoweit verfassungsgerichtlich Bestand haben würde.

Fraglich bleibt aber, ob die konkrete Festlegung der Mindesteinwohnerzahl auf 15.000 Einwohner eine hinreichende sachlich-rationale Grundlage findet.[103] Da sich das Gesetz mitsamt der gesetzlichen Begründung hinsichtlich der Festlegung „ausschweigen“, ist davon auszugehen, dass es sich um eine rein „gegriffene“ Zahl handelt. Die willkürliche Fixierung einer Mindesteinwohnerzahl kann aber den verfassungsrechtlichen Anforderungen an eine rationale Gemeinwohlkonkretisierung nicht genügen.

Die Leitbildfixierung ist insoweit als verfassungswidrig einzustufen und schlägt ohne Weiteres auch auf das konkrete Neugliederungsgesetz durch.

dd) Maßstab der Pro-Kopf-Verschuldung

Nach Maßgabe der oben dargestellten Prüfungskriterien stellt sich weiter die Frage nach der Rationalität und Zwecktauglichkeit des im Maßstäbe-Gesetz vorgegebenen Pro-Kopf-Verschuldensmaßstabes. Denn die dort vorgegebene Leitlinie, dass die Frage der finanziellen Leistungskraft von einer Pro-Kopf-Verschuldensrate im Mittel der vergangenen 25 Jahre zu bemessen ist, dürfte kaum geeignet erscheinen, einen plausiblen Maßstab für die finanzielle Leistungsfähigkeit einer Gemeinde zu liefern. In Wahrheit handelt es sich um einen allein vergangenheitsbezogenen Maßstab, der letztlich keinerlei Öffnung in Gegenwart und Zukunft vorsieht. So würde etwa die Leistungsfähigkeit einer Gemeinde, die nach 20 defizitären Jahren ihren Haushalt konsolidiert hat und nunmehr nachhaltig günstige pro-Kopf-Raten entwickelt hat, ungünstiger bewertet als die Leistungsfähigkeit einer Gemeinde, die sich nach 20 „guten“ Jahren seit fünf Jahren in einer defizitären Situation ohne Verbesserungsoption befindet. Hinsichtlich des Ziels der Sicherung von Leistungsfähigkeit kann ein solcher Maßstab nur als „evident ungeeignet“ angesehen werden, so dass auch hier eine Verletzung der Anforderungen an einer verfassungsmäßige Gemeinwohlkonkretisierung festzustellen ist, die auf das Umsetzungsgesetz durchschlägt.

c) Prüfungsstufe 3: Die konkrete Fusionsentscheidung

Losgelöst von der Prüfung der Leitlinien und Leitbilder ist schließlich auf der dritten Stufe eine intensive Prüfung der konkreten Fusionsentscheidung vorzunehmen. Zu prüfen ist hierbei neben einer ordnungsgemäßen Abwägung aller maßgeblichen Gemeinwohlaspekte sowie der Wahrung der Verhältnismäßigkeit insbesondere, ob der Gesetzgeber im Rahmen der von ihm selbst entwickelten Leitbilder und Leitlinien geblieben oder von diesen ohne sachlichen Grund abgewichen ist. Auch insoweit ergeben sich in Ansehung der konkreten Fallkonstellation nicht unerhebliche Bedenken:

---

[102] S. VerfGH Bbg., LKV 2002, 573 (576).

[103] Zu diesem Rationalitätserfordernis etwa VerfGH SAnh., Urt. v. 21.4.2009, LVG 12/08, Rn. 46.

aa) Abwägung der Gemeinwohlaspekte

Wie oben dargestellt, kommt dem Gesetzgeber bei der Konkretisierung des Gemeinwohls ein nicht unerheblicher, gerichtlich nur einschränkbar nachprüfbarer Einschätzungsspielraum zu, der freilich an die Beachtung grundlegender prozeduraler Voraussetzungen geknüpft ist. Zu den prozeduralen Anforderungen an eine ordnungsgemäßen Gemeinwohlkonkretisierung gehört nach den oben dargelegten Grundsätzen vor allem, dass der Gesetzgeber den Sachverhalt umfassend ermittelt und hieran anschließend die Vor- und Nachteile der Neugliederungsentscheidung in die Abwägung einstellt. Ob der Gesetzgeber diesen Anforderungen im vorliegenden Fall in der gebotenen Weise Rechnung getragen hat, erscheint fraglich. Als kritisch erweist sich insoweit namentlich der Hinweis in der amtlichen Begründung, wonach die Fusionsentscheidung „ausschließlich Vorteile“ bringe. Dieser Hinweis lässt den Schluss zu, dass der Gesetzgeber etwaige Nachteile infolge einer Fusion nicht zu erkennen vermochte. Sollten derartige Nachteile in Wahrheit aber vorliegen, müsste von einer defizitären Abwägungsentscheidung ausgegangen werden, die damit den prozeduralen Anforderungen an die Gemeinwohlkonkretisierung nicht genügte.[104]

Ein solcher, vom Gesetzgeber augenscheinlich nicht beachteter Nachteil liegt hier aber darin, dass mit der Zusammenlegung des Gebietes der Gemeinden N und O notwendig eine „Verdünnung“ des örtlichen Substrates einhergeht. So reduzieren sich aufgrund der erheblichen flächenmäßigen bzw. einwohnermäßigen Erweiterung der Gemeinde zugleich die Möglichkeiten der bürgerschaftlichen Partizipation in der neu fusionierten Gemeinde, zugleich verringert sich die „Überschaubarkeit“ des Raumes als eigentlichem „Lebenselexier“ der gemeindlichen Selbstverwaltung. Hierbei handelt es sich um einen potentiellen Nachteil für die kommunale Selbstverwaltung, der als solcher erkannt und in die Abwägung eingestellt werden muss.[105] Indem der Gesetzgeber diesen Aspekt hier explizit außer Acht gelassen hat, ist seine Abwägungsentscheidung offenkundig fehlerhaft.

Aufgrund der fehlerhaften Gemeinwohlkonkretisierung ist das Fusionsgesetz damit auch „für sich genommen“ als verfassungswidrig anzusehen.

bb) Verhältnismäßigkeitsfragen

Die Auflösung der Gemeinde G könnte zudem unverhältnismäßig sein. So fehlte es namentlich an der Erforderlichkeit der Zusammenlegung, wenn sich die vom Gesetzgeber mit der Zusammenlegung angestrebten Kostenvorteile – wie von den Gemeinden G und O vorgebracht – bereits durch bloße Kooperationen hätten realisieren lassen. Ob die Gemeinden mit diesem – nicht näher substantiierten – Vortrag durchdringen können, erscheint allerdings fraglich. So geht es hier um Prognoseentscheidungen hinsichtlich der künftigen Kostenentwicklung, hinsichtlich derer die Verfassungsgerichte dem Gesetzgeber einen nur begrenzt nachprüfbaren Prognosespielraum einräumen. Konkrete Ansatzpunkte, aufgrund derer die gesetzgeberische Prognoseentscheidung hier erschüttert werden könnte, hat G nicht vorgetragen. Vor diesem Hintergrund wird die allgemeine Aussage, die vom Gesetzgeber anvisierten Kostenersparnisse könnten

---

[104] Vgl. zu einer solchen Konstellation etwa VerfGH MV, LKV 2007, 457ff.
[105] Zutreffend für Kreisgebietsreformen VerfGH MV, LKV 2007, 457ff.

auch durch Kooperationen realisiert werden, nicht hinreichen, um die Verfassungsmäßigkeit des Neugliederungsgesetzes in Zweifel zu ziehen.

cc) **Bindung an die Leitlinien und Leitbilder**

Die mit dem Fusionsgesetz vorgenommene Gemeinwohlkonkretisierung könnte die verfassungsrechtlichen Anforderungen schließlich auch dadurch verfehlen, dass der Gesetzgeber ohne sachlichen Grund von den von ihm selbst festgelegten Leitbildern und Leitlinien für die anstehende Gesamtreform abgewichen ist. In dieser Hinsicht liefert der Sachverhalt zahlreichen Ansatzpunkte für eine vertiefte Prüfung.

(1) So ist etwa nach den tatsächlichen Feststellungen des vorliegenden Falles davon auszugehen, dass nachhaltige Pendlerverflechtungen zwischen den zu fusionierenden Gemeinden G und O nicht bestehen. Die Fusionierung beider Gemeinden steht damit in offenem Gegensatz zu dem mit dem Grundsätze-Gesetz verfolgten Ziel, die Fusionen an Pendlerverflechtungen zu orientieren. Indem der Gesetzgeber die von ihm selbst gesetzten Leitlinien ohne sachlich nachvollziehbaren Grund verlassen hat, ist von der Verfassungswidrigkeit der Gemeinwohlkonkretisierungen sowie der auf dieser Basis vorgenommenen Zusammenlegung der Gemeinden G und O auszugehen.[106]

(2) Ferner könnte die Auflösung der Gemeinden G auch insoweit im Gegensatz zu den im Grundsätze-Gesetz festgelegten Leitlinien stehen, als dort eine Zusammenlegung nur für Gemeinden vorgesehen ist, die weniger als 15.000 Einwohner aufweisen, während es sich bei O um eine Gemeinde mit deutlich mehr als 15.000 Einwohnern handelt. Es stellt sich daher die Frage, ob das Maßstäbe-Gesetz ein Unterschreiten der 15.000 Einwohner-Grenze jeweils für beide zusammen zu legenden Gemeinden vorschreibt, oder ob es ausreicht, wenn bereits eine Gemeinde diese Grenze unterschreitet. Letzteres wird mitunter mit der Theorie der sog. „passiven Fusionspflicht"[107] unterstellt. Maßgeblich kann freilich allein die konkrete Regelung des einschlägigen Maßstäbe-Gesetzes sein, das hier seiner Formulierung nach so zu verstehen ist, dass nur solche Gemeinden unter die Fusionspflicht fallen, die beide unterhalb der Einwohner-Mindestzahl liegen (a.A. vertretbar). Die vom Gesetzgeber unterstellte „passive" Fusionspflicht steht insoweit in Widerspruch zu den Vorgaben des Grundsätze-Gesetzes und führt ebenfalls zur Verfassungswidrigkeit der Gemeinwohlkonkretisierung.

(3) Schließlich könnte das Fusionsgesetz auch insoweit von den Leitlinien des Grundsätze-Gesetzes abweichen, als dieses von einer landesweit abgestimmten Neugliederung ausgeht, wohingegen das zeitliche Vorpreschen des Landesgesetzgebers in Bezug auf die Gemeinden G und O dazu führt, dass ein geschlossenes Konzept nicht mehr realisierbar ist. Denn wenn man davon ausgeht, dass im Rahmen einer landesweiten Neugliederung jede örtliche Neugliederungsmaßnahme in den überregionalen Kontext eingepasst sein muss, bedarf es vor der Umsetzung einzelner Maßnahmen eines geschlossenen Gesamtkonzeptes.[108]

---

[106] Zu einer vergleichbaren Konstellation (Stärkung von Unterzentren als Leitbild) SächsVerfGH, LKV 2000, 21.

[107] Hierzu VerfGH RLP, AS 12, 239 (251).

[108] *Salzwedel*, DÖV 1969, 546 (547); *Dietlein*, LKRZ 2013, 313 (317).

Indem der Gesetzgeber hinsichtlich der Gemeinden G und O von der vorherigen Entwicklung eines überregionalen Gesamtkonzeptes abgesehen und damit eine überregional abgestimmte Lösung von vornherein blockiert hat, stellt er sich in Widerspruch zu dem auf die Erarbeitung einer Gesamtlösung zugeschnittenen Grundsätze-Gesetz. Auch insoweit ist daher von der Verfassungswidrigkeit der Gemeinwohlkonkretisierung auszugehen. Dieser Mangel des Gesetzes dürfte zugleich eine Verletzung des Gebotes der interkommunalen Gleichbehandlung beinhalten, wie er gelegentlich als eigenständiger Prüfungsmaßstab angesehen wird.

C. Ergebnis

Als Gesamtergebnis ist festzuhalten, dass der Gesetzgeber sowohl die verfassungsrechtlichen Anhörungserfordernisse missachtet als auch die Gemeinwohlkonkretisierung nicht in verfassungskonformer Weise durchgeführt hat. Damit wird die Gemeinde G in ihrer subjektiven Rechtsstellungsgarantie aus Art. 78 f. LV NRW verletzt. Die kommunale Verfassungsbeschwerde der Gemeinde G gegen das Neugliederungsgesetz ist zulässig und begründet.

§ 2. Kommunalrecht

4. Klausur: „Verhältnis zum Staat: Aufgabenüberbürdung und Weisungsrechte" ***

Sachverhalt

Der nordrhein-westfälische Landesgesetzgeber möchte im Rahmen einer breit angelegten Verwaltungsreform bestimmte Aufgaben auf dem Gebiet des Umweltschutzes nicht mehr durch landesunmittelbare Behörden erledigen lassen, sondern sich zur Effizienzsteigerung und Kostenersparnis bei der Aufgabenerfüllung „die besondere Sach- und Ortskenntnis" der Kommunen nutzbar machen. Zu diesem Zweck werden durch Gesetz mit Wirkung zum 1.1.2014 den Kreisen und kreisfreien Städten u.a. die vormals von den staatlichen Umweltämtern wahrgenommenen Aufgaben als sog. Pflichtaufgaben nach Weisung i.S.v. § 3 Abs. 2 Satz 1 GO NRW übertragen. Dies schließt auch die Aufgabe ein, Einzelfallanordnungen auf Grundlage des § 24 Satz 1 Fall 1 BImSchG zu erlassen, wenn der Betreiber einer nicht genehmigungspflichtigen Anlage seine Pflichten aus § 22 BImSchG nicht erfüllt. Die dabei entstehenden Sach- und Personalmehrkosten werden vom Land unter Beachtung des in Art. 78 Abs. 3 VerfNRW normierten Konnexitätsprinzips ersetzt (was unumstritten ist).

Die kreisfreie Stadt X ist dennoch nicht einverstanden und sieht sich durch die „Aufgabenüberbürdung" in ihren verfassungsrechtlich garantierten Selbstverwaltungsaufgaben und „Spielräumen" beschränkt. Sie ist der Auffassung, eine Gemeinde sei vorrangig für örtliche Angelegenheiten zuständig und nicht auch für den „bis ins Detail geregelten Vollzug" von staatlichen „Fremdaufgaben", die vorrangig im überörtlichen Interesse lägen. Deshalb beauftragt der Oberbürgermeister am 1.2.2014 die Leiterin des Rechtsamtes Frau *Dr. Kraftvoll* damit, „geeignete Rechtsschutzmöglichkeiten" aufzuzeigen, wie und im Falle einer Zulässigkeit ob das Landesgesetz „vor den Verfassungsgerichten zu Fall" gebracht werden kann.

Frage 1:

Fertigen Sie für Frau *Dr. Kraftvoll* das gewünschte Rechtsgutachten an!

Fortan bleibt die Stadt X bei der Überwachung der Betreiberpflichten aus § 22 Abs. 1 Satz 1 BImSchG wiederholt untätig, obwohl ein Einschreiten eigentlich geboten wäre. Dies wird auch im Landesumweltministerium bekannt, das deshalb nach Anhörung der X eine „Weisung" mit der Pflicht zum Erlass einer geeigneten, auf § 24 Satz 1 Fall 1 BImSchG gestützten Anordnung gegenüber einem Betrieb mit 1000 Mastschweineplätzen verfügt. Das Landesumweltministerium begründet die „Weisung" zutreffend damit, dass von diesem Betrieb schädliche Umwelteinwirkungen ausgingen, die nach dem Stand der Technik vermieden werden könnten und die sich bereits nachteilig auf die Gesundheit der Nachbarschaft auswirkten. X hält es jedoch „für unzweckmäßig" dem Betrieb eine mit enormen Kosten verbundene Anordnung zu erteilen. Es sei ihre Sache, wie sie die Vorschriften, für deren Vollzug sie zuständig sei, auslege und anwende. Deshalb erwägt sie, die Weisung der Bezirksregierung im Klagewege vor dem zuständigen Verwaltungsgericht anzugreifen.

Frage 2:

Welche Klageart steht X gegen die „Weisung" zur Verfügung und wie ist die Begründetheit zu beurteilen?

Auszug aus dem Umweltaufgabenübertragungsgesetz (UAÜG):

§ 7 Weisungsrecht. (1) Das Landesumweltministerium (Aufsichtsbehörde) kann den Kreisen und kreisfreien Städten Weisungen erteilen, um die gesetzmäßige Erfüllung der Umweltschutzangelegenheiten zu sichern.

§ 8 Befugnisse der Kommunalaufsichtsbehörden. Die Behörden der allgemeinen Aufsicht haben über die Gemeinden und Kreise auch in Umweltschutzangelegenheiten die Befugnisse der §§ 121 bis 125 der Gemeindeordnung.

Gliederung

Frage 1: Rechtsschutz gegen das Gesetz
A. Zulässigkeit einer Kommunalverfassungsbeschwerde vor dem VerfGH NRW
 I. Beteiligte
 II. Beschwerdegegenstand
 III. Beschwerdebefugnis
  1. Möglichkeit einer Verletzung von Art. 78 VerfNRW
  2. Betroffenheit der Beschwerdeführerin X
 IV. Weitere Voraussetzungen
 V. Zwischenergbnis
B. Zulässigkeit einer Kommunalverfassungsbeschwerde vor dem BVerfG
 I. Zuständigkeit des BVerfG
 II. Beteiligungsfähigkeit/Beschwerdegegenstand/Beschwerdebefugnis
 III. Subsidiarität
C. Zulässigkeit einer Individualverfassungsbeschwerde vor dem BVerfG
 I. Zuständigkeit des BVerfG
 II. Beschwerdegegenstand
 III. Beteiligungsfähigkeit/Beschwerdebefugnis
D. Begründetheit der Kommunalverfassungsbeschwerde vor dem VerfGH NRW
 I. Eingriff in den „Gewährleistungsbereich" durch Delegation der „Fremdaufgaben"?
  1. „Gewährleistungsbereich"
   Prüfe: Rechtsinstitutionsgarantie
  2. Eingriff
   Prüfe: Aufgabenzuweisung als Eingriff
 II. Verfassungsrechtliche Rechtfertigung des Eingriffs?
  1. Gesetzesvorbehalt
   a) Rügemöglichkeit/Prüfungsbefugnis
    Prüfe: Gesetzgebungskompetenzfrage
   b) Gesetzgebungskompetenz
    Prüfe: Kompetenzverstoß

2. Kernbereichsschutz
3. Randbereichsschutz
a) Vorüberlegungen
b) Gemeinwohlorientierte Zielsetzung
c) Art. 78 Abs. 3 VerfNRW
d) Weitere Rechtfertigungsanforderungen?

Frage 2: Statthafte Klageart und Begründetheit der Klage
A. Statthafte Klageart
I. Regelung
II. Außenwirkung
1. Auftragsangelegenheit?
2. Selbstverwaltungsangelegenheit im Sinne des Landesrechts
B. Begründetheit
I. Ermächtigungsgrundlage
II. Formelle Rechtmäßigkeit
III. Materielle Rechtmäßigkeit
1. Tatbestand
2. Rechtsfolge

Lösungsvorschlag

Frage 1: Rechtsschutz gegen das Gesetz

Klausurtipp: X möchte eine Rechtsnorm prozessual angreifen und diese im Ergebnis für nichtig erklärt wissen. Als Verfahrensarten kommen deshalb die sog. Kommunalverfassungsbeschwerden vor dem Verfassungsgerichtshof NRW (VerfGH NRW) und/oder dem BVerfG (systematisch korrekter handelt es sich bei einer Kommunalverfassungsbeschwerde um eine Normenkontrolle mit gegenständlich begrenzter Beschwerdebefugnis, vgl. ÖffR NRW, § 1 Rn. 242; *Burgi,* Kommunalrecht, 4. Aufl. 2012, § 9 Rn. 3) sowie eine Rechtssatz-Individualverfassungsbeschwerde vor dem BVerfG in Betracht.

A. Zulässigkeit einer Kommunalverfassungsbeschwerde vor dem VerfGH NRW

Die Rechtsgrundlagen einer kommunalen Verfassungsbeschwerde vor dem VerfGH NRW ergeben sich aus Art. 75 Nr. 4 VerfNRW i.V.m. §§ 12 Nr. 8, 52 VerfGHG NRW.[109]

I. Beteiligte

Die kreisfreie Stadt X ist als Gemeinde nach § 52 Abs. 1 VerfGHG NRW fähig, die Kommunalverfassungsbeschwerde zu erheben. Da es sich bei diesem Verfahren eigentlich um eine besondere Form der (abstrakten) Normenkontrolle und mithin nicht um ein kontradiktorisches Verfahren handelt, gibt es keinen „Verfahrensgegner“.

---

[109] Der nachfolgende Aufbau ist orientiert an ÖffR NRW, § 1 Rn. 242 ff.

II. Beschwerdegegenstand

Zum Verfahrensgegenstand kann gemäß § 52 Abs. 1 VerfGHG NRW „Landesrecht" gemacht werden. Unstreitig lassen sich hierunter formelle Gesetze, Rechtsverordnungen und Satzungen (also Gesetze im materiellen Sinne) fassen.[110] Bei dem zur Überprüfung zu stellenden UAÜG handelt es sich um ein formelles Gesetz und damit um einen tauglichen Beschwerdegegenstand i. S. v. § 52 Abs. 1 VerfGHG NRW.

III. Beschwerdebefugnis

§ 52 Abs. 1 VerfGHG NRW erfordert die Behauptung von Seiten des Beschwerdeführers, dass das angegriffene Landesrecht die Vorschriften der Landesverfassung über das Recht der Selbstverwaltung verletze. Erforderlich ist deshalb ein Vorbringen des Beschwerdeführers dahingehend, dass eine Verletzung von Art. 78 VerfNRW oder etwaiger die Garantie der kommunalen Selbstverwaltung prägender Verfassungsgrundsätze[111] durch die angegriffene Rechtsnorm zumindest möglich erscheint (1). Dabei muss die Gemeinde oder der Gemeindeverband – ebenso wie ein Beschwerdeführer im Rahmen einer Individualverfassungsbeschwerde vor dem BVerfG – eine eigene, gegenwärtige und unmittelbare Betroffenheit durch die Norm darlegen (2).

Klausurtipp/Vertiefung: Obwohl selbst der VerfGH NRW dazu übergeht, neben Art. 78 VerfNRW auch Art. 28 Abs. 2 GG als Grundlage des Selbstverwaltungsrechts zu zitieren (vgl. *Tettinger,* in: Präsident des VerfGH NRW, (Hrsg.), FS-VerfGH NRW, 2002, S. 461, 463 m. w. N. aus der Rechtsprechung des VerfGH NRW), darf nicht vergessen werden, dass im vorliegenden Verfahren bereits aus kompetenziellen Gründen alleiniger Prüfungsmaßstab die Vorschrift des Art. 78 VerfNRW sein kann. Dies ergibt sich zum einen aus der Funktion des VerfGH als „Hüter der Landesverfassung" (vgl. ÖffR NRW, § 1 Rn. 210) und zum anderen – insoweit deklaratorisch – aus dem Wortlaut des § 52 Abs. 1 VerfGHG NRW. Weiterführend zum Verhältnis von Art. 28 Abs. 2 GG zu Art. 78 VerfNRW ÖffR NRW, § 2 Rn. 56 ff.

1. Möglichkeit einer Verletzung von Art. 78 VerfNRW

Art. 78 VerfNRW beinhaltet in Absatz 1 einerseits die Garantie des Selbstverwaltungsrechts (wie Art. 28 Abs. 2 GG) und geht in seinem Schutzumfang andererseits durch die Formulierung „durch ihre gewählten Organe" und die Erklärung der Gemeinden und Gemeindeverbänden zu alleinigen Trägern der Verwaltung auf ihrem Gebiet (Absatz 2) noch darüber hinaus.[112] Daraus er-

---

[110] Weitere Beschwerdegegenstände bei *M. Dietlein,* in: FS VerfGH NRW, 2002, S. 117 (119 f).
[111] Vgl. dazu ÖffR NRW, § 1 Rn. 250 m. w. N.
[112] So bereits VerfGH NRW, OVGE 9, 74 (75).

gibt sich, dass Art. 78 VerfNRW jedenfalls die Berechtigung der Gemeinden zur eigenverantwortlichen Wahrnehmung und Erledigung aller „Angelegenheiten der örtlichen Gemeinschaft" schützt. Eine Verletzung der Selbstverwaltungsgarantie wäre also in erster Linie dann möglich, wenn der Gesetzgeber die Modalitäten der Wahrnehmung dieser Aufgaben (etwa durch die gesetzliche Qualifizierung einer bislang freiwilligen als fortan pflichtige Selbstverwaltungsangelegenheit) verändert hätte.[113] Bei den neu übertragenen Aufgaben – wie etwa dem anlagenbezogenen Immissionsschutz (vgl. § 2 Abs. 1 BImSchG) – handelt es sich jedoch, weil schädliche Umwelteinwirkungen nicht an den Stadtgrenzen „halt machen", diese mithin keinen spezifischen Bezug zur Einwohnerschaft aufweisen und damit nicht (ausschließlich) das politische Zusammenleben der Einwohner tangieren, nicht um solche „örtlichen Angelegenheiten", sondern vielmehr aus kommunaler Sicht um staatliche „Fremdaufgaben", die nicht dem von Art. 78 VerfNRW geschützten Aufgabenbereich subsumiert werden können.[114]

Es erscheint jedoch möglich, dass generell durch die Übertragung einer staatlichen Pflichtaufgabe (nach Weisung) eine Verschlechterung des Zustandes des verfassungsrechtlich verbürgten gemeindlichen Aufgabenbestandes, welcher der sog. Rechtsinstitutionsgarantie des Selbstverwaltungsrechts entnommen werden kann, bewirkt wird und damit ein rechtfertigungsbedürftiger Eingriff in die Garantie kommunaler Selbstverwaltung aus Art. 78 VerfNRW vorliegt.[115] Des Weiteren kann nicht von vornherein ausgeschlossen werden, dass die Pflicht zur Erledigung der „Fremdaufgaben" sich in negativer, also beschränkender Weise auf die ebenfalls im Rahmen der Rechtsinstitutionsgarantie geschützte Eigenverantwortlichkeit der Wahrnehmung der „örtlichen Angelegenheiten" auswirkt, etwa weil finanzielle, personelle und infrastrukturelle gemeindliche Ressourcen anderweitig gebunden und damit Handlungsspielräume eingeengt werden. Im Ergebnis besteht daher die Möglichkeit, dass das UAÜG die Vorschriften der Landesverfassung über das Recht der Selbstverwaltung verletzt.

2. Betroffenheit der Beschwerdeführerin X

X als kreisfreie Stadt ist als Adressatin des UAÜG im jetzigen Zeitpunkt zur Übernahme der entsprechenden Aufgaben verpflichtet und folglich durch das Gesetz selbst und gegenwärtig betroffen. An eine unmittelbare Betroffenheit sind, weil das Verfahren der Kommunalverfassungsbeschwerde nur als Rechtssatzverfassungsbeschwerde zulässig ist,[116] weniger strenge Anforderungen zu stellen als bei einer Individualverfassungsbeschwerde i. S. v. Art. 93 Abs. 1 Nr. 4a GG; es kommt mithin nicht entscheidend darauf an, ob sich die Betroffenheit direkt aus dem sich selbst vollziehenden Gesetz ergibt oder nicht. Damit ist die Voraussetzung der unmittelbaren Betroffenheit zum Schutze der Träger des Selbstverwaltungsrechts nur dann zu verneinen, wenn das angegriffene Gesetz seinerseits der Konkretisierung durch eine untergesetzliche Rechtsnorm, die

---

[113] Vgl. *Burgi*, Kommunalrecht, 4. Aufl. 2012, § 6 Rn. 31 ff.
[114] Dazu *Burgi*, a. a. O., § 6 Rn. 32.
[115] Vgl. *Burgi*, a. a. O., § 6 Rn. 30 m. w. N. und Rn. 34.
[116] *Rennert*, JuS 2008, 29 (31).

ihrerseits mit der Kommunalverfassungsbeschwerde angegriffen werden kann, bedarf.[117] Grds. wird gemäß § 5 Abs. 3 Satz 1 LOG NRW, wenn das Land Bundesrecht wie das BImSchG durchzuführen hat, die zuständige Behörde durch Rechtsverordnung bestimmt. Bedürfte es also noch einer solchen Rechtsverordnung, um die Zuständigkeit von X zu begründen, so wäre ihre unmittelbare Betroffenheit zu verneinen. Der Landesgesetzgeber (zur Gesetzgebungskompetenz siehe noch unten) hat die Zuständigkeit der kreisfreien Städte und Kreise jedoch bereits direkt im angegriffenen Aufgabenübertragungsgesetz angeordnet und damit im Verhältnis zur Vorschrift des § 5 Abs. 3 Satz 1 LOG NRW vorrangiges *lex specialis* geschaffen. Es ist somit zu konstatieren, dass das UAÜG keiner weiteren Konkretisierung mehr bedarf, um die Zuständigkeit von X zu konstituieren. Folglich ist X durch das Gesetz auch unmittelbar betroffen und damit beschwerdebefugt.

IV. Weitere Voraussetzungen

Die Erschöpfung des Rechtsweges ist im Verfahren der Kommunalverfassungsbeschwerde nicht erforderlich; es sind auch gar keine Alternativen ersichtlich. Schließlich gilt es noch die gesetzlichen Form- (§ 18 Abs. 1 VerfGHG NRW) und Fristerfordernisse (§ 52 Abs. 2VerfGHG NRW: „binnen eines Jahres seit dem Inkrafttreten“) zu wahren.

V. Zwischenergebnis

Die Stadt X könnte zulässigerweise eine Kommunalverfassungsbeschwerde vor dem VerfGH NRW erheben.

B. Zulässigkeit einer Kommunalverfassungsbeschwerde vor dem BVerfG

I. Zuständigkeit des BVerfG

Die Rechtsgrundlagen und die Zuständigkeit des BVerfG ergeben sich aus Art. 93 Abs. 1 Nr. 4b GG, §§ 13 Nr. 8a, 91 BVerfGG.

II. Beteiligungsfähigkeit/Beschwerdegegenstand/Beschwerdebefugnis

Mit Blick auf die Frage der Beteiligungsfähigkeit, des Beschwerdegegenstandes und der Beschwerdebefugnis ergeben sich keine Abweichungen zur Prüfung der Zulässigkeit der Kommunalverfassungsbeschwerde vor dem VerfGH NRW; insb. sei darauf hingewiesen, dass gemäß Art. 93 Abs. 1 Nr. 4b Var. 2 GG i. V. m. § 90 Satz 1 Fall 2 BVerfGG im Einzelfall auch Vorschriften des Landesrechts,

---

[117] ÖffR NRW, § 1 Rn. 247 m. w. N.

wie hier, taugliche Beschwerdegegenstände einer Kommunalverfassungsbeschwerde vor dem BVerfG sein können.

III. Subsidiarität

Das BVerfG kann von den Kommunen nur dann angerufen werden, wenn sie ihr Recht auf Selbstverwaltung nicht vor einem Landesverfassungsgericht geltend machen können (sog. Subsidiarität der Kommunalverfassungsbeschwerde). Andernfalls ist die Kommunalverfassungsbeschwerde nach Art. 93 Abs. 1 Nr. 4b Hs. 2 GG, § 91 Satz 2 BVerfGG ausgeschlossen. Da aus Sicht von X, wie gesehen, die Kommunalverfassungsbeschwerde vor dem VerfGH NRW zulässig ist, könnte sie vor dem BVerfG das Verfahren nach Art. 93 Abs. 1 Nr. 4b GG, §§ 13 Nr. 8a, 91 BVerfGG nicht in zulässiger Weise betreiben.

C. Zulässigkeit einer Individualverfassungsbeschwerde vor dem BVerfG

I. Zuständigkeit des BVerfG

Einschlägige, das Verfahren und die Zuständigkeit des BVerfG regelnde Vorschriften sind die Art. 93 Abs. 1 Nr. 4a GG, §§ 13 Nr. 8a, 90ff. BVerfGG.

II. Beschwerdegegenstand

Zum Beschwerdegegenstand kann jeder Akt der öffentlichen Gewalt gemacht werden. Damit sind sämtliche Maßnahmen der Exekutive, der Judikative und der Legislative gemeint. Bei dem UAÜG handelt es sich um einen Akt der Legislative und damit auch um einen tauglichen Beschwerdegegenstand (Rechtssatzverfassungsbeschwerde).

III. Beteiligungsfähigkeit/Beschwerdebefugnis

Im Verfahren der Individualverfassungsbeschwerde ist „jedermann“, d.h. jeder, der fähig ist, Träger von Grundrechten zu sein, zur Verfahrensteilnahme befähigt. Es ist allgemein anerkannt, dass Gemeinden – ebenso wie alle anderen juristischen Personen gdes öffentlichen Rechts – Träger der objektiven Verfahrensgrundsätze aus Art. 101 und 103 GG (sog. „Justizgrundrechte“) und eventuell des Grundrechts aus Art. 19 Abs. 4 Satz 1 GG[118] sein können. Da X jedoch eine Verletzung dieser Rechte infolge ihrer neuen Aufgabenzuständigkeit im Rahmen der Beschwerdebefugnis nicht geltend machen kann, kommt aus ihrer Sicht ausschließlich die Berufung auf eine Verletzung der allgemeinen Hand-

---

[118] Bis dato jedoch stets offen gelassen vom BVerfG; vgl. etwa NJW 1982, 2173 (2175); NVwZ 2007, 1176 (1177).

lungsfreiheit aus Art. 2 Abs. 1 i. V. m. Art. 19 Abs. 3 GG in Frage. Ob X infolge einer etwaigen „wesensmäßigen Anwendbarkeit“ Trägerin dieses Grundrechts ist und deshalb auch eine Verletzung monieren kann (die eigene, gegenwärtige und unmittelbare Betroffenheit wurde bereits bejaht [vgl. A III 2]), ist zur Vermeidung einer nicht gebotenen Mehrstufigkeit (erst Beteiligungsfähigkeit, dann Beschwerdebefugnis) sinnvollerweise innerhalb eines einheitlichen Prüfungspunktes zu untersuchen.

Ein Grundrecht ist seinem Wesen nach auch für eine inländische juristische Person (des öffentlichen Rechts) anwendbar, wenn eine mit einem Individuum vergleichbare grundrechtstypische Gefährdungslage besteht bzw. wenn sie auf ein „personales Substrat“ zurückzuführen ist, so dass sich eine Freiheitsbeschränkung eben dieser Personenmehrheit gleichzeitig auch als Freiheitsbeschränkung der sie tragenden Individuen auswirkt. Dabei fällt im Hinblick auf juristische Personen des öffentlichen Rechts ins Gewicht, dass diese grundsätzlich nach Art. 1 Abs. 3 GG als Träger öffentlicher Gewalt selbst an die Grundrechte gebunden sind und damit zur Vermeidung verfassungsimmanenter Widersprüchlichkeiten nicht zugleich auch eine Grundrechtsberechtigung bestehen kann (sog. „Konfusionsthese“). Weiterhin ist beachtlich, dass sich das Handeln oder Unterlassen juristischer Personen des öffentlichen Rechts als Teile der mittelbaren Staatsverwaltung in der Regel nicht als Betätigung eines Freiheitsgrundrechts, sondern lediglich als Handeln oder Unterlassen auf Grund einer staatsinternen, sich aus der/den Verfassung/en oder dem einfachen Recht ergebenden Kompetenzverteilung erweist.[119] Etwas anders gilt ausnahmsweise nur dann, wenn die jeweilige juristische Person des öffentlichen Rechts gerade zum Schutze und zur Ausübung eines Freiheitsgrundrechts konstituiert worden ist (Stichwort: Universitäten, Rundfunkanstalten, Religionsgemeinschaften). Diese Ausnahme ist bei Kommunen jedoch nicht einschlägig; sämtliches kommunales Agieren beruht nicht auf individuellen Freiheiten, sondern auf einer grundgesetzlichen, landesverfassungsrechtlichen und/oder einfachgesetzlichen Aufgabenzuweisung. Damit ist der personale Schutzbereich der allgemeinen Handlungsfreiheit für X schon nicht eröffnet. Da sie mithin nicht Trägerin der allgemeinen Handlungsfreiheit ist, kann sie die Verletzung dieses Freiheitsgrundrechts nicht geltend machen. Damit wäre auch eine Rechtssatz-Individualverfassungsbeschwerde vor dem BVerfG unzulässig.

D. Begründetheit der Kommunalverfassungsbeschwerde vor dem VerfGH NRW

Die Kommunalverfassungsbeschwerde vor dem VerfGH NRW ist begründet, wenn und soweit die angegriffenen Rechtsnormen die Vorschriften der Landesverfassung über das Recht der Selbstverwaltung verletzen (vgl. § 52 Abs. 1 VerfGHG NRW). Wie bereits oben (A III) angedeutet, kommen als Prüfungsmaßstab über den Wortlaut des § 52 Abs. 1 VerfGHG NRW hinaus auch diejenigen Verfassungsgrundsätze in Betracht, die „ihrem Inhalt nach das verfassungsrechtliche Bild der Selbstverwaltung mitzubestimmen geeignet sind“.

---

[119] Zum Ganzen etwa ÖffR NRW, § 1 Rn. 197; *Burgi,* a. a. O., § 7 Rn. 3; *Knemeyer/Wehr,* VerwArch 92 (2001), 317, 325 ff.; BVerfG, NVwZ 2007, 1176 f.

I. Eingriff in den „Gewährleistungsbereich“ durch Delegation der „Fremdaufgaben“?

1. „Gewährleistungsbereich“

Sowohl die vom Gesetz betroffenen kreisfreien Städte als „Gemeinden“ als auch die Kreise als anerkannte „Gemeindeverbände“ unterfallen in „personeller“ Hinsicht dem Schutz der Selbstverwaltungsgarantie.

Klausurtipp: Im Folgenden können die Kreise in der Prüfung ausgeblendet werden, weil davon auszugehen ist, dass, sollte sich die Aufgabendelegation am Maßstab der gemeindlichen Selbstverwaltungsgarantie als verfassungskonform erweisen, auch keine Verletzung des Selbstverwaltungsrechts der Kreise, denen im Vergleich zu den Gemeinden infolge des weiteren gesetzgeberischen Ausgestaltungsspielraums (vgl. den den Schutzumfang des Art. 78 Abs. 1 und 2 VerfNRW beeinflussenden Art. 28 Abs. 2 Satz 2 GG, der den Gemeindeverbänden „nur“ einen gesetzlichen Aufgabenbereich zuweist) ein geringerer Schutzumfang zugute kommt, gegeben ist.

In sachlicher Hinsicht ist festzustellen, dass die Rechtssubjektsgarantie, also der Bestand und der Name der (jeweiligen) Gemeinde(n),[120] nicht berührt wird. Neben der Rechtssubjektsgarantie wird der Garantie kommunaler Selbstverwaltung jedoch auch eine sog. Rechtsinstitutionsgarantie, die dem Schutz des Verwaltungs*modus* der kommunalen Selbstverwaltung dient, entnommen.[121] Die Rechtsinstitutionsgarantie existiert dabei in zwei Ausprägungen: Zum einen wird ein kommunaler Aufgabenbestand, zum anderen die Eigenverantwortlichkeit der Wahrnehmung der „örtlichen Angelegenheiten“ (im Besonderen konkretisiert durch die sog. „Gemeindehoheiten“) garantiert. Beide Ausprägungen könnten durch die Aufgabenüberbürdung beeinträchtigt worden sein.

2. Eingriff

Ein Eingriff in die Rechtsinstitutionsgarantie ist dabei nach einem weiten, auch mittelbare Beeinträchtigungen erfassenden Verständnis[122] in der Regel in jedem Verhalten des Gesetzgebers zu sehen, das den gegenwärtigen Zustand der Gemeinden zu deren Ungunsten verändert.[123] Zweifel, ob durch einen Aufgabenzuwachs der Aufgabenbestand überhaupt negativ beeinträchtigt wird, drängen sich deshalb auf, weil dieser in den meisten Fällen als (grds. überwindbare) Grenze eines Aufgabenentzuges herangezogen wird, bei dem – auf einen ersten Blick ersichtlich – der gegenwärtige Zustand der Gemeinden ungünstig verändert wird. Es ist mithin zu untersuchen, ob dies auch im umgekehrten Falle einer (pflichtigen) Aufgabenüberbürdung gilt, denn eine – mitunter für positiv befundene – Zuständigkeitserweiterung der Gemeinden könnte auf der anderen

---

[120] Dazu ÖffR NRW, § 1 Rn. 175 ff.
[121] Vgl. ÖffR NRW, § 1 Rn. 178 ff.; *Ipsen,* ZG 1994, 194 (201 ff.).
[122] *Henneke,* ZG 1994, 212 (236).
[123] *Burgi,* a. a. O., § 6 Rn. 34.

Seite durch neu eröffnete Gestaltungs- und Einflussnahmemöglichkeiten gerade von Verfassungs wegen gewollt und damit *per se* nicht als Eingriff zu qualifizieren sein.

Eine ungünstige Veränderung des kommunalen Zustandes könnte sich dennoch daraus ergeben, dass es sich bei den übertragenen Umweltschutzaufgaben um staatliche Fremdaufgaben handelt. Im Wege der Interpretation des Art. 78 VerfNRW lässt sich die Erkenntnis herleiten, dass die kommunale Selbstverwaltung ein verfassungsrechtlich abgesicherter Verwaltungsmodus, zu Gunsten der eigenverantwortlichen Wahrnehmung der echten kommunalen Aufgaben, grds. von Fremdbestimmung freizuhalten ist; aus diesem Grunde ist die Kommunalaufsicht als rechtsstaatliches Korrelat zur Selbstverwaltung in der Regel auf eine bloße Rechtskontrolle beschränkt.[124] Durch die Delegation staatlicher (Fremd-) Aufgaben wird der Typus Selbstverwaltung aber gerade (etwa durch eine besonders hohe Normdichte oder die Begründung von Weisungsrechten) fremdbestimmt[125] und damit (zumindest auch) die Gefahr begründet, dass die Gemeinden ihre bisherigen Angelegenheiten nicht wie gewohnt wahrnehmen *(Eigenverantwortlichkeit)* bzw. neue Aufgaben, die zum verfassungsrechtlich geschützten *Aufgabenbestand* gehören, nicht wie gewünscht aufgreifen können.[126] Dies alles würde selbst dann gelten, wenn die Gemeinden (politisch) mit dem Aufgabenzuwachs einverstanden gewesen wären;[127] ein politischer Konsens kann eine Grundentscheidung der Verfassung nicht „aushebeln". Aus diesem Grunde kann auf der Ebene des Eingriffs auch noch die Einhaltung der Voraussetzungen des Art. 78 Abs. 3 VerfNRW außer Betracht bleiben: Das Konnexitätsprinzip stellt nach Sinn und Zweck zu Gunsten eines über die Einhaltung der Voraussetzungen des Art. 78 Abs. 3 VerfNRW hinausgehenden landesverfassungsgerichtlichen Rechtsschutzes der Gemeinden keine gewährleistungsgehaltsimmanente Schranke dar, sondern vielmehr ein „Angebot" an den Gesetzgeber (ggf. unter Berücksichtigung weiterer Anforderungen) durch eine angemessene Kostenerstattung den Eingriff verfassungsrechtlich rechtfertigen zu können (dazu noch unten II 3 c). Somit lässt sich festhalten, dass der Gesetzgeber durch Erlass des UAÜG in die Rechtsinstitutionsgarantie des Selbstverwaltungsrechts aus Art. 78 VerfNRW in ihren Ausprägungen Aufgabenbestand und Eigenverantwortlichkeit eingegriffen hat.

Klausurtipp: Solch detaillierte Ausführungen können freilich auch von einem/einer sehr guten Klausurbearbeiter/-in nicht erwartet werden; für eine weit überdurchschnittliche Bearbeitung wäre bereits eine knappe Darstellung der Gewährleistungsgehalte der Selbstverwaltungsgarantie (hierzu ausführlich oben 3. Klausur, S. 25, 30ff.) verbunden mit der Feststellung eines Eingriffs in die Rechtsinstitutionsgarantie ausreichend gewesen. Die Detailschärfe der vorstehenden Ausführungen soll damit vorrangig der Verdeutlichung und Systematisierung der Gewährleistungsgehalte der Selbstverwaltungsgarantie dienen.

---

[124] Zu verfassungsrechtlichen Bedenken an einem umfassenden Weisungsrecht vgl. etwa BVerfGE 91, 228 (239).

[125] Vgl. *Henneke,* ZG 1994, 212 (232); *Ipsen,* ZG 1994, 194 (206).

[126] Vgl. BVerfG, NVwZ 2008, 183 m. w. N.

[127] Vgl. *Burgi,* a. a. O., § 6 Rn. 44.

II. Verfassungsrechtliche Rechtfertigung des Eingriffs?

1. Gesetzesvorbehalt

Die erste – grundlegende – Rechtfertigungsvoraussetzung stellt die Einhaltung des Gesetzesvorbehalts in Art. 78 Abs. 2 Hs. 2 VerfNRW (Art. 28 Abs. 2 S. 1 GG) dar. Die neue Aufgabenzuständigkeit ergibt sich aus einem formellen Gesetz des nordrhein-westfälischen Landtages, wurde mithin „durch Gesetz“ angeordnet, weshalb auf den ersten Blick dem Gesetzesvorbehalt Rechnung getragen wurde. Es fragt sich jedoch, ob das Land überhaupt die Gesetzgebungskompetenz zur Delegation von Aufgaben betreffend die Ausführung von Bundesgesetzen (wie etwa dem BImSchG) besitzt (b). Bevor dieser Frage nachgegangen wird, ist zu klären, ob die Gemeinde X eine etwaige Kompetenzanmaßung von Seiten des Landes überhaupt vor dem VerfGH NRW rügen kann bzw. ob das Gericht – spiegelbildlich – überhaupt befugt ist, im Rahmen des Verfahrens der Kommunalverfassungsbeschwerde dieser Kompetenzfrage nachzugehen (a).

a) Rügemöglichkeit/Prüfungsbefugnis

Bei Art. 78 VerfNRW handelt es sich nicht um ein mit Art. 2 Abs. 1 GG vergleichbares (Auffang-)Grundrecht,[128] das dem einzelnen Bürger nach der *Elfes*-Rechtsprechung[129] stets einen Anspruch darauf vermittelt, in seinen Freiheiten ausschließlich durch oder auf Grund eines formell und materiell verfassungskonformen Gesetzes beschränkt zu werden („verfassungsmäßige Ordnung“); Art. 78 VerfNRW stellt lediglich eine Schutzvorschrift im staatsinternen Bereich dar. Es ist folglich von Verfassungs wegen nicht geboten, das beanstandete Gesetz am Maßstabe jedweder Vorschriften der VerfNRW (bzw. des Grundgesetzes) zu messen.[130] Aus dem Vorstehenden ergibt sich, dass es bei der Kommunalverfassungsbeschwerde zwar nicht exklusiv und unmittelbar nur auf Art. 78 VerfNRW ankommen darf bzw. muss, dass sich aber eine verfassungsgerichtliche Kontrolle auf etwaige das Selbstverwaltungsrecht konkretisierende Verfassungsgrundsätze zu beschränken hat (vgl. D vor I). Aus diesem Grunde ist zu ermitteln, ob auch die grundgesetzliche Gesetzgebungskompetenzverteilung der Art. 70ff., 83ff. GG ein solcher, die landesverfassungsrechtliche Selbstverwaltungsgarantie mitbestimmender Verfassungsgrundsatz ist.

Das BVerfG[131] hat einst auf eine Verletzung von Art. 28 Abs. 2 GG erkannt, weil der Bundesgesetzgeber unter Verstoß gegen die Art. 70ff. GG, die die Selbstverwaltungsgarantie neben dem Demokratieprinzip und dem Willkürverbot mitzubestimmen geeignet sind, in das kommunale Selbstverwaltungsrecht eingegriffen hatte.[132] Damit hat das BVerfG jedoch – entgegen der Forderung einiger

---

[128] Dazu *Schmidt-Aßmann,* in: Badura/Dreier (Hrsg.), FS-BVerfG, Zweiter Band, 2001, S. 803 (808f.).

[129] BVerfGE 6, 32ff.

[130] Vgl. BVerfG, NVwZ 2008, 183 (184); *Burgi,* a.a.O., § 9 Rn. 4.

[131] BVerfGE 56, 298 (310).

[132] Zur Rügemöglichkeit der Kommunen vor dem BVerfG vgl. *Rennert,* JuS 2008, 29 (33).

Stimmen in der Literatur[133] – keine Parallelisierung von Art. 28 Abs. 2 GG und Art. 2 Abs. 1 GG zu Gunsten eines nahezu lückenlosen Kontrollmaßstabes begründet resp. begründen wollen, was es jüngst in der *Hartz IV*-Entscheidung nochmals dadurch betont hat, dass es die Vorschrift des Art. 84 Abs. 1 GG a. F. nicht als konkretisierten Schutz der Selbstverwaltungsgarantie qualifiziert hat.[134]

Vertiefung: Diese Feststellung kann freilich in Anbetracht des absoluten Aufgabenübertragungsverbotes der Art. 84 Abs. 1 Satz 7, 85 Abs. 1 Satz 2 GG n. F. nicht weiter aufrecht erhalten bleiben (so auch BVerfG, NVwZ 2008, 183, 185).

Der VerfGH NRW, der seinen Kontrollauftrag seit jeher eher restriktiv verstanden hat,[135] konnte die Frage nach einer Einhaltung der Gesetzgebungskompetenzen durch das Land (bislang noch) offen lassen.[136] Deshalb kann auch nicht vorausgesagt werden, ob sich der VerfGH NRW künftig insoweit der Rechtsprechung des BVerfG anschließen wird. Insgesamt spricht aber viel dafür, den Selbstverwaltungsträgern eine Möglichkeit zur Rüge einer Kompetenzanmaßung bzw. dem VerfGH NRW eine entsprechende Prüfungskompetenz einzuräumen, denn es macht nach dem Inkrafttreten der Art. 84 Abs. 1 Satz 7, 85 Abs. 1 Satz 2 GG am 1.9.2006[137] einen erheblichen Unterschied, ob das Land nach der grundgesetzlichen Verteilung der Gesetzgebungskompetenzen überhaupt befugt ist, den Kommunen eine Aufgabe zuzuweisen oder ob der Bund etwa gemäß Art. 84 Abs. 1 Satz 5 GG eine abschließende Regelung der „Einrichtung der Behörden“ getroffen und den Vollzug eines Bundesgesetzes verpflichtend in die Hände des unmittelbaren Behördenapparates der Länder gelegt hat.

b) Gesetzgebungskompetenz

Ausgangspunkt der folgenden Überlegungen ist Art. 70 Abs. 1 GG, wonach den Ländern in der Regel das Recht der Gesetzgebung zusteht; dies wird durch Art. 83, 84 Abs. 1 Satz 1 GG auch für den Bereich der „Einrichtung der Behörden und des Verwaltungsverfahrens“ bestätigt, wobei der Bund gemäß Art. 84 I 2 GG (mit Abweichungsmöglichkeit der Länder) bzw. Art. 84 Abs. 1 Satz 5 GG (ohne Abweichungsmöglichkeit) auch selbst entsprechende formelle Regelungen erlassen kann. Das streitgegenständliche, auf der Kompetenz des Art. 74 Abs. 1 Nr. 24 GG beruhende BImSchG, welches in Ermangelung einer anderweitigen grundgesetzlichen Anordnung nach Art. 83 GG von den Ländern als eigene Angelegenheit durchzuführen ist, beinhaltet keine die Frage der Zuständigkeit regelnden Vorschriften i. S. d. Art. 84 Abs. 1 Satz 2 GG oder Art. 84 Abs. 1 Satz 5 GG. Damit können die Länder selbst die „Einrichtung der für das BImSchG zuständigen (…) Behörden“, worunter nach einem weiten Verständnis auch die Frage der (sachlichen) Zuständigkeit zu fassen ist,[138] bestimmen. Da die

---

[133] Etwa *Hoppe*, DVBl. 1995, 179 (185 m. w. N.).
[134] NVwZ 2008, 183, (184).
[135] Vgl. *Hoppe*, DVBl. 1995, 179 (185 f.).
[136] VerfGH NRW, NWVBl. 2001, 340 (348).
[137] „Föderalismusreform I“ vom 28. 8. 2006 (BGBl. I S. 2034).
[138] Vgl. dazu die sehr ausführliche Prüfung des LSG NRW (zu den Aufgaben der früheren Versorgungsverwaltung), Urt. v. 12. 2. 2008 – L 6 SB 101/06, juris Rn. 36.

Gemeinden auch staatsorganisationsrechtlich den Ländern zugeordnet sind und damit ein generelles „Zugriffsrecht" besteht, hatte das Land NRW die Gesetzgebungskompetenz, ihnen durch oder auf Grund eines Gesetzes die Zuständigkeit für die Durchführung eines dem Land als eigene Angelegenheit obliegenden Bundesgesetzes zu übertragen. Die Anforderungen des Gesetzesvorbehalts wurden demnach gewahrt.

2. Kernbereichsschutz

Ein Eingriff in die Selbstverwaltungsgarantie kann nicht gerechtfertigt werden, wenn er den sog. Kernbereich kommunaler Selbstverwaltung tangiert („Rechtfertigungssperre"). Trotz einiger bestehender Schwierigkeiten bei der Konkretisierung dieses Begriffs garantiert der Kernbereichsschutz des Aufgabenbestandes den Gemeinden zwar keinen im Vorfeld abstrakt bestimmbaren Aufgabenkatalog, dafür aber jedenfalls die Möglichkeit, sich sämtlicher „örtlicher Angelegenheiten" auf Grund ihres Rechts zur Allzuständigkeit (Universalität) und Spontaneität anzunehmen, solange und soweit nicht durch Gesetz die Zuständigkeit eines anderen Trägers öffentlicher Verwaltung begründet worden ist.[139] Im Hinblick auf die Eigenverantwortlichkeit greift der Kernbereichsschutz dann ein, wenn die Gestaltungsfähigkeit der Kommunen im Ergebnis erstickt würde, etwa weil der Staat uneingeschränkt auf sämtliche Bereiche des kommunalen Verwaltungslebens zugreifen könnte.[140]

Durch die neuen Umweltschutzaufgaben wird den Gemeinden das Recht zur Universalität und Spontaneität in keinster Weise streitig gemacht oder angetastet; sie haben weiterhin die Möglichkeit, nach ihrem Ermessen zu entscheiden, ob und/oder wie sie eine „Angelegenheit der örtlichen Gemeinschaft" wahrnehmen wollen. Auch kann nicht davon ausgegangen werden, dass die Kommunen durch die neue Zuständigkeit beliebig von staatlichen Stellen steuerbar wären und ihnen damit jedwede Gestaltungsmöglichkeit genommen wird. Demzufolge wird durch die Delegation der Umweltschutzaufgaben nicht der Kernbereich kommunaler Selbstverwaltung berührt; der vorliegende Eingriff kann somit gerechtfertigt werden.

3. Randbereichsschutz

a) Vorüberlegungen

Auch jenseits des Kernbereichs besteht die gesetzgeberische Gestaltungsbefugnis mit Blick auf Ingerenzen in die kommunale Selbstverwaltung – ähnlich wie beim Ausgestaltungsvorbehalt des Art. 14 Abs. 1 Satz 2 GG[141] – nicht uneingeschränkt, sondern nur innerhalb verfassungsrechtlicher, von der normativen Intention des Art. 78 VerfNRW gezogener Grenzen. So ist der Gesetzgeber schon auf Grund seiner Bindung an das Rechtsstaatsprinzip hier wie dort stets gehalten, am Gemeinwohl orientierte, willkürfreie und vor allem gerecht abgewogene Entscheidungen zu treffen.

---

[139] BVerfGE 79, 127 (146); vgl. auch ÖffR NRW, § 1 Rn. 188 und § 2 Rn. 69.
[140] Vgl. BVerfGE 91, 228 (239); *Burgi*, a.a.O., § 6 Rn. 37f.
[141] Vgl. *Ipsen*, ZG 1994, 194 (204).

Klausurtipp/Vertiefung: Kontrovers diskutiert wird insoweit die Frage, ob der Gesetzgeber darüber hinaus auch unmittelbar an den Grundsatz der Verhältnismäßigkeit gebunden ist, obwohl die Selbstverwaltungsgarantie, wie gesehen, nicht den Charakter eines Grundrechts aufweist. Mit Blick auf die Klausurenbearbeitung sei hierzu klargestellt, dass nichts dagegen spricht, die Prüfungssystematik (legitimer Zweck – Geeignetheit – Erforderlichkeit – Angemessenheit) des Verhältnismäßigkeitsgrundsatzes auch für allgemeine Eingriffe in die kommunale Selbstverwaltungsgarantie beizubehalten, ohnehin dürfte die These, dass schon auf Grund des Wesens der Selbstverwaltungsgarantie (Schutz im staatsinternen Bereich, kein Schutz individueller Freiheiten [vgl. oben D II 1a]) keine umfassende, einem Freiheitsgrundrecht vergleichbare gerichtliche Kontrolldichte bestehen könne (zum Ganzen vgl. ÖffR NRW, § 2 Rn. 74; *Schmidt-Aßmann,* in: Badura/Dreier (Hrsg.), a.a.O., S. 803 (819); a.A. *Dietlein,* ÖffR NRW, § 1 Rn. 187; *Maurer,* DVBl. 1995, 1037 (1044f.) und *Tettinger,* a.a.O., S. 461 (471)) nicht durchgreifen. Insbesondere kann nicht angenommen werden, dass eine allgemeine Verhältnismäßigkeitsprüfung die legitimen Einschätzungs- und Prognosespielräume des Gesetzgebers unzulässig beschränke.

b) Gemeinwohlorientierte Zielsetzung

Die gesetzgeberischen Intentionen „Effizienzsteigerungen und Kosteneinsparungen“ durch eine Reduzierung von Verwaltungsabläufen sowie der Nutzung der besonderen kommunalen Sach- und Ortskenntnis erweisen sich insb. im Lichte des Verfassungsgebotes der Wirtschaftlichkeit und Sparsamkeit der öffentlichen Hand (vgl. Art. 86 II VerfNRW) als legitime, am Gemeinwohl orientierte Ziele.

c) Art. 78 Abs. 3 VerfNRW

Aus Art. 78 Abs. 3 VerfNRW kann entnommen werden, dass, werden die Sach- und Personalkosten einer Aufgabenzuweisung vom Land erstattet, auch der Verfassungsgeber davon ausgeht, dass der vom Gesetzgeber verfolgte Gemeinwohlzweck nicht außer Verhältnis zum Ausmaß des Eingriffs steht (vgl. bereits oben I 2). Denn dann ist gerade nicht zu befürchten, dass die Kommunen wegen der neuen Kosten Prioritäten bei der eigenverantwortlichen Wahrnehmung der „örtlichen Angelegenheiten“ setzen müssen. Der nordrhein-westfälische Landtag hat die Umweltschutzaufgaben unter vollumfänglicher Beachtung des Konnexitätsprinzips des Art. 78 Abs. 3 VerfNRW übertragen, so dass die Delegation der Umweltschutzaufgaben grds. in vertretbarer Weise als gerecht abgewogen anzusehen ist.

d) Weitere Rechtfertigungsanforderungen?

Aus den vorstehenden Erwägungen heraus stellt sich die Regelung des Art. 78 Abs. 3 VerfNRW im Endeffekt als Konkretisierung des Gedankens „dulde und liquidiere“[142] dar. Ob Art. 78 Abs. 3 VerfNRW die letzte und einzige „Rechtfertigungshürde“ im Randbereich bei der Überbürdung staatlicher Aufgaben ist,

---

[142] Vgl. *Henneke,* ZG 1994, 212 (235).

mag indes zu bezweifeln sein, kann jedoch vorliegend unbeantwortet bleiben: Es erscheint zwar vorstellbar, dass der Charakter der Gemeinden als *Selbst*verwaltungskörperschaften nach Qualität und Quantität der übertragenen staatlichen Aufgaben – auch jenseits des Kernbereichsschutzes – unangemessen stark beeinträchtigt werden könnte – sollten die Gemeinden z.B. fast ausschließlich als staatliche Sonderbehörden tätig werden müssen. Ein solcher Punkt ist jedoch (noch) nicht erreicht worden. So kann insb. nicht festgestellt werden, dass die kreisfreien Städte wie X sich fast ausschließlich mit staatlichen „Fremdaufgaben“ beschäftigen müssten. Im Ergebnis fällt damit die Abwägung zu Gunsten der Aufgabenüberbürdung aus. Da der Eingriff in die Garantie kommunaler Selbstverwaltung verfassungsrechtlich gerechtfertigt ist, wäre eine zulässige Kommunalverfassungsbeschwerde vor dem VerfGH NRW unbegründet.

Frage 2: Statthafte Klageart und Begründetheit dieser Klage

A. Statthafte Klageart

Vor dem zuständigen Verwaltungsgericht ist die Anfechtungsklage nach § 42 Abs. 1 Fall 1 VwGO die statthafte Klageart, wenn das Begehren der X auf die Aufhebung eines Verwaltungsaktes gerichtet ist. Es ist mithin zu prüfen, ob die angegriffene „Weisung“ den Tatbestandsmerkmalen des § 35 Satz 1 VwVfG NRW subsumiert werden kann, wobei allein die Merkmale „Regelung“ und „Außenwirkung“ erörterungsbedürftig sind.

I. Regelung

Eine öffentlich-rechtliche Maßnahme einer Behörde weist Regelungscharakter auf, wenn sie nach ihrem objektiven Sinngehalt auf das Setzen einer Rechtsfolge gerichtet ist; es darf sich damit z.B. nicht bloß um einen Vorbereitungsakt im Hinblick auf einen noch zu erlassenden Verwaltungsakt handeln. Dem Landesumweltministerium geht es zwar darum, dass später von Seiten der X ein Verwaltungsakt auf Grundlage der §§ 24 Satz 1 Fall 1, 22 Abs. 1 Satz 1 BImSchG erlassen wird, dafür ist die „Weisung“ jedoch keine Voraussetzung. Vielmehr will das Ministerium der X gebieten, ein entsprechendes Verwaltungshandeln vorzunehmen, und der Behörde der allgemeinen Aufsicht eine Möglichkeit zur späteren Durchführung einer Ersatzvornahme i.S.v. § 123 Abs. 2 GO NRW verschaffen. Die „Weisung“ entfaltet damit Regelungswirkung.

II. Außenwirkung

Regelnde Maßnahmen sind im Verhältnis zwischen dem Land und anderen Verwaltungsstellen grds. dann auf unmittelbare Rechtswirkung nach außen gerichtet, wenn ihr Adressat als selbstständiger Rechtsträger und nicht bloß als unselbstständiger Teil der (internen) Verwaltungsorganisation verpflichtet werden soll. Dies ist bei der Gemeinde X als eigenständige Körperschaft des öffentlichen Rechts (§ 1 Abs. 2 GO NRW) der Fall. Allerdings bezieht sich die „Weisung“ nicht auf eine „örtliche Angelegenheit“, sondern auf die Erfüllung einer (überörtlichen) staatlichen Aufgabe. Es könnte sich folglich bei der „Weisung" um einen Vorgang der verwaltungsinternen Willensbildung handeln, durch den X als eine Art „verlängerter Arm des Staates" (wie eine Sonderbehörde) zum Tätigwerden aufgefordert worden wäre. Um dies beurteilen zu können, ist im Folgenden die Rechtsnatur der in Frage stehenden Umweltschutzaufgabe, eine Pflichtaufgabe nach Weisung, näher zu beleuchten.

Klausurtipp: Bei einer Klausur mit vollständiger Zulässigkeitsprüfung wäre es auch möglich, die Außenwirkung mit einem kurzen Hinweis die Stellung der Gemeinde als Gebietskörperschaft zu bejahen und die Rechtsnatur der Aufgabe dann näher im Rahmen der Klagebefugnis zu untersuchen (vgl. *Schoch,* Jura 2006, 358 (363 m.w.N.) sowie *Rennert,* JuS 2008, 119 (121) in Fn. 12).

1. Auftragsangelegenheit?

Bei den Weisungs-Umweltschutzaufgaben könnte es sich um eine sog. Auftragsangelegenheit, bei der ein Weisungsrecht der übergeordneten Behörden bereits aus der Natur der Aufgabe folgt, handeln. Eine entsprechende „Weisung" entfaltete dann keine Außenwirkung, weil X dann lediglich wie eine nachgeordnete staatsunmittelbare Behörde („verlängerter Arm") zum Tätigwerden veranlasst worden wäre. An dieser Stelle ist jedoch beachtlich, dass nach der Konzeption von Art. 78 Abs. 2 VerfNRW i.V.m. den §§ 2, 3 GO NRW und dem dort normativ verankerten Aufgabenmonismus[143] den Gemeinden auf Grund ihrer verfassungsrechtlich garantierten einheitlichen Zuständigkeit („die alleinigen Träger der öffentlichen Verwaltung") weder durch den Landes- noch durch den Bundesgesetzgeber (vgl. Art. 84 Abs. 1 Satz 7, 85 Abs. 1 Satz 2 GG) Auftragsangelegenheiten mehr übertragen werden können. Dies kann zudem auf Landesebene daraus geschlussfolgert werden, dass ein etwaiges (in der Regel zu beschränkendes) Weisungsrecht stets einer gesetzlichen Anordnung bedarf (Art. 78 Abs. 4 Satz 2 VerfNRW, §§ 2, 3 Abs. 1, Abs. 2 Satz 1 Hs. 2 GO NRW) und sich mithin nicht kraft Delegation der staatlichen Aufgabe ergeben kann.[144] Demzufolge handelt es sich bei den pflichtigen Umweltschutzaufgaben nach Weisung nicht um Auftragsangelegenheiten.

2. Selbstverwaltungsangelegenheit im Sinne des Landesrechts

Oben (Frage 1: A III 1) wurde bereits festgestellt, dass es sich bei den Umweltschutzaufgaben nicht um „Angelegenheiten der örtlichen Gemeinschaft" i.S.v. Art. 28 Abs. 2 GG handelt. Mithin handelt es sich von Bundesrechts wegen aber auch nicht um Selbstverwaltungsangelegenheiten; die Gemeinde wäre sonach durch die „Weisung" nicht „von außen" betroffen.

Das Grundgesetz etabliert in Art. 28 Abs. 2 GG jedoch lediglich einen Mindeststandard. Es bleibt dem Landesverfassungs- bzw. Landesgesetzgeber folglich unbenommen, die Formen der Selbstverwaltung, solange nur die bereits aus

---

[143] Dazu *Burgi,* a.a.O., § 8 Rn. 19ff.; *Schmidt-Aßmann/Röhl,* in: Schmidt-Aßmann (Hrsg.), Besonderes Verwaltungsrecht, 13. Aufl. 2005, 1. Kap. Rn. 37ff.
[144] Zum Ganzen *Hassel,* VR 1984, 421 (422).

Art. 28 Abs. 2 GG erwachsenden Mindestanforderungen an die kommunale Selbstverwaltung (eigenverantwortliche Betroffenenpartizipation) gewahrt werden, weiter zu konkretisieren;[145] Selbstverwaltungsangelegenheiten auf Landesebene kann es daher auch dann geben, wenn eine Aufgabe keine „örtliche Angelegenheit" ist und damit nicht dem Schutz von Art. 28 Abs. 2 GG unterfällt.[146] Nach der Konzeption des Art. 78 Abs. 4 Satz 2 VerfNRW i.V.m. § 3 Abs. 2 Satz 1 Hs. 2 GO NRW ist ein kraft Gesetzes eingeräumtes Weisungsrecht in der Regel zu beschränken. Aus dieser Beschränkung kann entnommen werden, dass den Gemeinden trotz des Bestehens eines Weisungsrechts jedenfalls ein eigener (wenn auch mitunter sehr kleiner) Wahrnehmungsspielraum und damit eine gewisse Eigenverantwortlichkeit verbleiben soll,[147] weshalb die Ausübung des Weisungsrechts, die diese Eigenverantwortlichkeit im Einzelfall auf Null reduzieren kann, ein Rechtfertigungserfordernis auslöst.[148] Die Voraussetzungen einer landesrechtlichen Selbstverwaltungsangelegenheit liegen also vor.[149] Dies hat zur Folge, dass die „Weisung" zum Erlass einer auf die §§ 24 Satz 1 Fall 1, 22 Abs. 1 Satz 1 BImSchG gestützten Anordnung die X in ihrer Stellung als Trägerin einer landesrechtlichen Selbstverwaltungsangelegenheit tangiert und damit auch auf unmittelbare Rechtswirkung nach außen gerichtet ist. Da die „Weisung" mithin als Verwaltungsakt i.S.v. § 35 S. 1 VwVfG NRW zu qualifizieren ist, ist die Anfechtungsklage nach § 42 Abs. 1 Fall 1 VwGO die statthafte Klageart.

Vertiefung: Als dritte Möglichkeit zur Qualifizierung der Pflichtaufgaben nach Weisung wurde und wird im Anschluss an eine ältere Rechtsprechung des OVG NRW vertreten, bei ihnen handele es sich weder um Auftrags- noch um Selbstverwaltungsangelegenheiten, sondern um ein „Zwischending" (vgl. *Schmidt-Aßmann/Röhl,* in: Schmidt-Aßmann (Hrsg.), a.a.O., 1. Kap. Rn. 39). Diese Qualifizierung ist nicht sehr hilfreich, sondern führt nur zu einem weiteren Prüfungsschritt, im Rahmen dessen dann zu fragen wäre, welcher oben genannten Aufgabenkategorie das jeweilige „Zwischending" näher steht (vgl. dazu auch *Hassel,* VR 1984, 421 (423)).

B. Begründetheit

Die statthafte und im Übrigen auch zulässige Anfechtungsklage ist begründet, soweit der angegriffene Verwaltungsakt rechtswidrig und die Klägerin X da-

---

145 ÖffR NRW, § 2 Rn. 100.

146 Vgl. *Vietmeier,* DVBl. 1995, 413 (415).

147 Vgl. *Lange,* DÖV 2007, 820 (824).

148 ÖffR NRW, § 2 Rn. 100.

149 So auch OVG NRW, NWVBl. 1995, 300 (301) (15. Senat); *Hassel,* VR 1984, 421 (423); *Vietmeier,* DVBl. 1995, 413 (415 ff.); die Frage explizit offen lassend und auf den jeweiligen Einzelfall abstellend aber VGH Kassel, NVwZ-RR 1990, 96 (97); Zweifel an der Richtigkeit der „pauschalen" Rechtsprechung des 15. Senats meldet, zumindest soweit es um eine „Weisung" im Rahmen der sonderaufsichtlichen Rechtsaufsicht (etwa nach § 9 I OBG NRW) geht, auch der 20. Senat des OVG NRW (NuR 2006, 191 f.) an.

durch in ihren Rechten verletzt ist (§ 113 Abs. 1 Satz 1 VwGO). Das etwaige subjektive Recht einer Gemeinde gegenüber einer Weisungsmaßnahme ist nicht auf die Einhaltung der Zweck-, sondern ausschließlich auf die Einhaltung der Rechtmäßigkeit der „Weisung“ gerichtet.

I. Ermächtigungsgrundlage

Als Ermächtigungsgrundlage für die „Weisung“ kommt die Vorschrift des § 123 Abs. 1 GO NRW oder des § 7 Abs. 1 UAÜG in Betracht. Dies richtet sich danach, ob es sich bei der „Weisung“ um eine Maßnahme der allgemeinen Aufsicht (§ 119 Abs. 1 GO NRW) oder der Sonderaufsicht (§ 119 Abs. 2 GO NRW) handelt; beide Formen der Kommunalaufsicht können gemäß § 8 UAÜG nebeneinander zur Anwendung kommen. Nach den §§ 120 Abs. 2, 119 Abs. 1 GO NRW wäre für eine Anordnung auf Grundlage des § 123 Abs. 1 GO NRW die Bezirksregierung als Behörde der allgemeinen Aufsicht über die kreisfreie Stadt X zuständig gewesen, gehandelt hat aber das Landesumweltministerium. Da aber das Landesumweltministerium selbst, was § 127 GO NRW zum Schutze der Gemeinde explizit festlegt, nicht von der Norm des § 123 Abs. 1 GO NRW Gebrauch machen kann, kann die „Weisung“ nur auf der Vorschrift des § 7 Abs. 1 UAÜG beruhen. Das Befugnis-Arsenal der §§ 121 ff. GO NRW könnte ggf. auf Veranlassung des Landesumweltministeriums seitens der Bezirksregierung zur späteren Durchsetzung der „Weisung“ genutzt werden.

II. Formelle Rechtmäßigkeit

Insoweit bestehen jenseits der soeben bereits thematisierten Zuständigkeit keine Probleme; insb. ist die Gemeinde X vor Verfügung der „Weisung“ angehört worden (§ 28 Abs. 1 VwVfG NRW).

III. Materielle Rechtmäßigkeit

1. Tatbestand

Eine auf § 7 Abs. 1 UAÜG gestützte „Weisung“ setzt voraus, dass diese der gesetzmäßigen Erfüllung der Umweltschutzaufgaben gedient hat. Dies ist dann der Fall, wenn X bei der Aufgabenerledigung rechtswidrig gehandelt hat, wenn also *in concreto* eine Pflicht zum Erlass einer Anordnung nach den §§ 24 Satz 1 Fall 1, 22 Abs. 1 Satz 1 BImSchG bestanden hat.

Den Angaben ist zu entnehmen, dass von dem Schweinemastbetrieb, der auf Grund der Anzahl an vorhanden Mastschweineplätzen nicht der 4. BImSchV (vgl. Spalte 1 Nr. 7.1 lit. g)) unterfällt und damit eine nicht genehmigungsbedürftige Anlage darstellt, vermeidbare schädliche Umwelteinwirkungen ausgehen (§ 22 Abs. 1 Satz 1 Nr. 1 BImSchG), so dass die tatbestandlichen Voraussetzungen für ein Einschreiten gegeben waren. Der Gemeinde X ist zwar auf der Rechtsfolgenseite gemäß § 24 Satz 1 BImSchG ein Ermessen eingeräumt worden. Das Ermessen war hier jedoch, weil bereits Gesundheitsbeeinträchtigungen bei den Nachbarn des Betriebes eingetreten sind, infolge der sich aus Art. 2 Abs. 2 Satz 1 GG ergebenden staatlichen Schutzpflicht, die über Art. 1 Abs. 3 GG auch die Gemeinde X trifft, auf Null reduziert.[150] Aus diesem Grunde wäre X verpflichtet gewesen, an den Betreiber des Schweinemastbetriebes eine entsprechende Anordnung zur Verhinderung der schädlichen Umwelteinwirkungen zu erlassen. Da das Verhalten der X demzufolge als rechtswidrig zu qualifizieren ist, diente die „Weisung" der Sicherung der gesetzmäßigen Erfüllung einer Umweltschutzaufgabe i. S. v. § 7 Abs. 1 UAÜG.

2. Rechtsfolge

Liegen die Voraussetzungen von § 7 Abs. 1 UAÜG vor, so kann die Aufsichtsbehörde ihre Entscheidung im Wege einer Ermessensausübung treffen; insoweit ordnet § 114 Satz 1 VwGO einen auf Ermessensfehler beschränkten verwaltungsgerichtlichen Prüfungsumfang an. Ein Ermessensfehler kann sich insb. auf Grund eines Verstoßes gegen den Grundsatz der Verhältnismäßigkeit, dem auf dem Gebiet der Kommunalaufsicht eine herausragende Bedeutung zukommt,[151] ergeben. Da die „Weisung" indes nicht im Rahmen der allgemeinen Aufsicht i. S. v. § 119 Abs. 1 GO NRW ergangen ist, bestehen Zweifel, ob der Verhältnismäßigkeitsgrundsatz zu Gunsten der Gemeinde X überhaupt Anwendung finden kann. Bei einer fachaufsichtlichen „Weisung" ist dies auf Grund der vollständigen Sachkompetenz der Aufsichtsbehörde – freilich unter Beachtung des Gesetzesvorrangs – nicht der Fall.[152] Die nordrhein-westfälische Sonderaufsicht nach § 119 Abs. 2 GO NRW ist jedoch durch eine Beschränkung des Weisungsrechts gekennzeichnet,[153] so dass eine „Weisung" eine Selbstverwaltungsangelegenheit i. S. d. Landesrechts beeinträchtigt. Folglich liegt die Sachkompetenz nicht allein bei der Aufsichtsbehörde, sondern (in erster Linie) auch bei der zuständigen Selbstverwaltungskörperschaft. Die Sonderaufsichtsbehörde hat deshalb stets die mit der „Weisung" bewirkten Nachteile für das Selbstverwaltungsrecht mit in eine Abwägung einzustellen. Der Verhältnismäßigkeitsgrundsatz findet demnach auch auf dem Gebiet der Sonderaufsicht zu Gunsten der Selbstverwaltungsträger Anwendung.[154]

Mit Blick auf die Voraussetzungen des Verhältnismäßigkeitsgrundsatzes ist alleine die Erforderlichkeit erörterungsbedürftig. Die Erforderlichkeit einer Maßnahme ist gegeben, wenn kein milderes, gleich effektives Mittel ersichtlich ist. Dem Landesumweltministerium ging es darum, dass die kreisfreie Stadt X auf Grundlage des BImSchG tätig wird; es hat damit lediglich auf das Entschließungsermessen[155] der X eingewirkt. Wie X dann letztendlich genau tätig wird, bleibt damit weiterhin eine Frage ihrer eigenen Betätigung eines Auswahlermessens,[156] weshalb ihr sogar noch ein Spielraum zur Berücksichtigung ihrer ört-

---

[150] Zur im Polizei- und Ordnungsrecht bestehenden Parallelproblematik ÖffR NRW, § 3 Rn. 121.

[151] *Kallerhoff,* NWVBl. 1996, 53 (57).

[152] *Schoch,* Jura 2006, 358 (361).

[153] Vgl. bereits A II 2.

[154] So auch OVG NRW, NuR 2006, 191 (192).

[155] Dazu ÖffR NRW, § 3 Rn. 120 ff.

[156] Siehe ÖffR NRW, § 3 Rn. 127 ff.

lichen Besonderheiten belassen wurde. Damit stellt die „Weisung“ ein vergleichsweise mildes Mittel dar und ist demzufolge verhältnismäßig und damit auch nicht ermessensfehlerhaft. Die „Weisung“ ist insgesamt materiell rechtmäßig. Die Anfechtungsklage ist mithin zwar zulässig, jedoch nicht begründet.

5. Klausur: „Zulassung zu einer (privatisierten) Einrichtung" **

Sachverhalt

Der „Kreis Unabhängiger Bürger" (KUB), ein Zusammenschluss von Bochumer Bürgern, denen die „Verbesserung der Lebensverhältnisse vor Ort" ein Anliegen ist, beabsichtigt an der nächsten Gemeindewahl teilzunehmen. Er ist nach eigenen Angaben politisch „links" orientiert sowie sozial geprägt und fordert u.a. den „Austritt der Stadt aus der EU". In der Vergangenheit sind Vorstandsmitglieder hin und wieder wegen Beleidigung angezeigt worden.

Um interessierte Bürger über seine Ansichten zu informieren, möchte der „KUB" einen „Klartext" mit Veranstaltungshinweisen auf der stadteigenen Homepage veröffentlichen. Dieser Text kritisiert die Globalisierung der Märkte und Handelsströme und weist – korrekt recherchiert – darauf hin, dass durch die globale Vernetzung wirtschaftliche Ausbeutung und soziale Ungerechtigkeit auch zu einem Thema „vor Ort" geworden sei. So seien etwa in der eigenen Stadt Teppich- und Textilprodukte zu kaufen, die von Kinderarbeitern aus Indien hergestellt werden.

Die Stadt Bochum hat die IT-Infrastruktur auf eine zulässigerweise errichtete IT-GmbH, eine hundertprozentige Tochtergesellschaft, ausgegliedert. Diese ist auch für die Pflege und Verwaltung des städtischen Internetportals zuständig. Der Geschäftsführer der IT-GmbH lehnt, obgleich noch Speicherkapazitäten frei sind, einen Vertragsabschluss mit dem „KUB" ab. Zur Begründung verweist er auf die durch Ratsbeschluss festgelegte Aufgabe der kommunalen Internetseite. Danach soll die Homepage neben Informationen zur Stadt(geschichte) auch einen Veranstaltungskalender beinhalten, der die Gemeindeeinwohner über aktuelle Termine in Bochum informiert. Explizit heißt es in diesem Ratsbeschluss, dass kommunale Gruppen ihre Programmhinweise im offiziellen Internetportal nur dann präsentieren dürfen, wenn sie Angelegenheiten der örtlichen Gemeinschaft betreffen oder einen Bezug zum Gemeindeleben aufweisen. Des weiteren stellt der Geschäftsführer darauf ab, dass die Gefahr bestehe, dass der „KUB" den Internet-Auftritt zur Begehung von Straftaten und zur Verbreitung verfassungsfeindlicher Thesen missbrauchen und so dem Ansehen der Stadt schaden würde.

Der „KUB" entschließt sich dazu Klage vor dem Verwaltungsgericht Gelsenkirchen gegen die Stadt zu erheben, nachdem auch diese sein Anliegen abschlägig beschieden hat. Er weist zutreffend darauf hin, dass die städtischen Internetseiten in den letzten Jahren für verschiedene allgemeinpolitische Hinweise, beispielsweise für Warnungen vor Alkohol- und Tabakprodukten, durch andere Gruppierungen genutzt worden seien. Ferner ist er der Meinung, dass die Stadt „das Strafrecht" nichts angehe.

Zu prüfen sind die Erfolgsaussichten der Klage unter allen im Sachverhalt angesprochenen rechtlichen Gesichtspunkten.

Gliederung

A. Zulässigkeit
  I. Eröffnung des Verwaltungsrechtswegs
    Prüfe: Verschaffungs- bzw. Eingriffsanspruch gegenüber Gemeinde
  II. Statthafte Klageart
    Prüfe: Einwirkungspflicht der Stadt
  III. Klagebefugnis
  IV. Keine weiteren besonderen Voraussetzungen?
  V. Richtiger Klagegegner
  VI. Beteiligten- und Prozessfähigkeit
    1. Auf Klägerseite
    2. Auf Beklagtenseite
  VII. Zuständigkeit des Gerichts
  VIII. Rechtsschutzbedürfnis
  IX. Zwischenergebnis
B. Begründetheit
  I. Mögliche Anspruchsgrundlagen
  II. § 5 Abs. 1 Satz 1 PartG
  III. § 8 Abs. 2 GO NRW
    1. Öffentliche Einrichtung
      Prüfe: Internetseite als öffentliche Einrichtung
      a) Einrichtung
      b) Öffentlich
    2. Anspruchsberechtigung
      Prüfe: „KUB" als Personenvereinigungen
    3. Im Rahmen der Widmung
      Prüfe: „örtliche Angelegenheit"
    4. Im Rahmen des geltenden Rechts
      a) Kapazität
      b) Verfassungswidrigkeit?
        Prüfe: Parteienprivileg aus Art. 21 GG; Eingriff in Art. 5 Abs. 1 Satz 1 GG
      c) Ordnungsrechtliche Aspekte?
        Prüfe: Einschränkung wegen strafrechtlicher Auffälligkeit
    5. Zwischenergebnis
  IV. Anspruch auf ermessensfehlerfreie Entscheidung über eine Sonderbenutzung
    1. Charakter und Rechtsgrundlagen
      Prüfe: Anspruchsgrundlage
    2. Voraussetzungen und Rechtsfolgen
      Prüfe: „Sonderbenutzungs"-Anspruch des „KUB"
C. Ergebnis

Lösungsvorschlag

Die Klage des „KUB" hat Erfolg, wenn sie zulässig und begründet ist.

A. Zulässigkeit

I. Eröffnung des Verwaltungsrechtswegs

Der Verwaltungsrechtsweg ist nach § 40 Abs. 1 Satz 1 VwGO eröffnet, wenn es sich um eine öffentlich-rechtliche Streitigkeit nichtverfassungsrechtlicher Art handelt und keine Sonderzuweisung besteht. Problematisch könnte hier die Einordnung als öffentlich-rechtliche Streitigkeit sein. Sie liegt vor, wenn öffentlich-rechtliche Normen, die einen Träger hoheitlicher Gewalt berechtigten bzw. verpflichten, streitentscheidend sind.[157]

Der „KUB“ möchte seinen Text auf der städtischen Homepage unterbringen. Dafür könnte der „KUB“ einerseits die in Privatrechtsform betriebene IT-GmbH vor einem Zivilgericht gemäß § 13 GVG in Anspruch nehmen oder aber einen Anspruch gegen die Gemeinde nach § 8 Abs. 2 GO NRW vor dem Verwaltungsgericht geltend machen. In dieser Hinsicht steht dem „KUB“ ein Wahlrecht zu. Er hat sich vorliegend dazu entschieden gegen die Stadt vorzugehen, um einen Benutzungszugang zu der städtischen Homepage zu erlangen. Es geht ihm nicht um das „Wie“, sondern um das „Ob“ der Benutzung.

§ 8 Abs. 2 GO NRW ist unstreitig Sonderrecht. Dennoch scheint hier eine öffentlich-rechtliche Streitigkeit nicht vorzuliegen, weil die Homepage durch eine juristische Person des Privatrechts betrieben wird. Daher sind für die Homepage-Benutzung zivilrechtliche Verträge mit der IT-GmbH abzuschließen. Die Stadt hat also nicht nur eine private Handlungsform, sondern überdies eine privatrechtliche Organisationsform gewählt.[158] Bei einer solchen doppelten Privatisierung scheint die GmbH über die „Veröffentlichung“, d.h. über den erstrebten Benutzungszugang, zu entscheiden.

Vertiefung: Die Entscheidung hinsichtlich der Zulassung zu einer öffentlichen Einrichtung („Ob“) ist von dem sich daran anschließenden Benutzungsverhältnis („Wie“) zu unterscheiden. Im Normalfall, d.h. ohne Einschaltung einer GmbH beurteilt sich der Zulassungsanspruch zu einer öffentlichen Einrichtung, d.h. ein Streit auf der ersten Stufe („Ob“) nach § 8 Abs. 2 GO NRW, mithin nach Öffentlichem Recht. Er ist gemäß § 40 I VwGO den Verwaltungsgerichten zugeordnet. Dagegen sind die Modalitäten der Benutzung auf der zweiten Stufe („Wie“) angesiedelt. Dort hängt die Zuordnung zum Öffentlichen Recht oder zum Privatrecht davon ab, ob die Gemeinde sich für die Handlungsform des Privatrechts (Mietvertrag, Entgelt etc.) oder des Öffentlichen Rechts (Verwaltungsakt mit Nebenbestimmungen, Verwaltungsvertrag, Gebühren) entschieden hat. Insoweit besitzt sie ein Wahlrecht (vgl. BVerwG, NVwZ 1991, 59 und zuvor schon BVerwG, NJW 1990, 134; näher ÖffR NRW, § 2 Rn. 350, 368).

In der hier vorliegenden Situation ist allgemein anerkannt, dass sich der kommunalrechtliche Zulassungsanspruch des Anspruchsstellers aus § 8 Abs. 2 GO NRW bei privatrechtlich betriebenen kommunalen Einrichtungen in einen Verschaffungs- bzw. Eingriffsanspruch gegenüber der Gemeinde umwandelt. Das heißt, die Stadt wäre zu verpflichten, auf „ihren“ Einrichtungsträger einzuwirken, so dass dieser dem „KUB“ i.R.d. Widmung und des geltenden Rechts Zugang zu der öffentlichen Einrichtung verschafft.[159]

---

[157] Modifizierte Subjekts- bzw. Sonderrechtstheorie; vgl. *Burgi,* Rechtsregime, in: Hoffmann-Riem/Schmidt-Aßmann/Vosskuhle (Hrsg.), Grundlagen des Verwaltungsrechts I, 2. Aufl. 2012, § 18.

[158] Sog. mittelbare Einrichtungsverwaltung, vgl. ÖffR NRW, § 2 Rn. 331 ff., 360 ff.

[159] BVerwG, NJW 1990, 134; dass., NVwZ 1991, 59 und ÖffR NRW, § 2 Rn. 337.

Der gemeinderechtliche – und damit öffentlich-rechtliche – Zulassungsanspruch des „KUB" gegen die Gemeinde bleibt damit grundsätzlich auch dann bestehen, wenn die Homepage von einer privatrechtlich organisierten Firma erstellt wird, jedenfalls dann, wenn eine Beherrschung zu 100 % (wie hier) vorliegt. Es liegt somit eine öffentlich-rechtliche Streitigkeit vor, für die der Rechtsweg zum Verwaltungsgericht gemäß § 40 Abs. 1 Satz 1 VwGO eröffnet ist.

II. Statthafte Klageart

Die statthafte Klageart richtet sich gemäß § 88 VwGO nach dem Begehren des Klägers. Der „KUB" macht hier einen Anspruch auf Benutzung der Homepage geltend. Für die Geltendmachung des Zulassungsanspruchs wäre eine Verpflichtungsklage nach § 42 Abs. 1, Fall 2 VwGO dann statthaft, wenn sich das klägerische Begehren auf den Erlass eines begünstigenden Verwaltungsakts gemäß § 35 Satz 1 VwVfG NRW richten würde.[160] Grundsätzlich ist die Frage nach dem „Ob" der Zulassung zu einer öffentlichen Einrichtung an den Erlass eines Verwaltungsakts gekoppelt. Denn die Entscheidung über die Gewährung hinsichtlich der Benutzung setzt eine Rechtsfolge. Vorliegend kann die Stadt wegen der privatrechtlichen Organisationsform des IT-Betreibers die Zulassung des „KUB" zur Nutzung der Homepage aber nicht durch den Erlass eines Verwaltungsaktes erwirken. Vielmehr hat sie durch einen Gesellschafter-Beschluss auf die Geschäftsführung der GmbH einzuwirken, so dass diese mit der Klägerin die entsprechenden zivilrechtlichen Verträge abschließt (vgl. §§ 35, 37, 45 ff. GmbHG). Das Rechtsschutzbegehren zielt somit auf einen schlichten Realakt ohne Verwaltungsakts-Qualität, weshalb eine Verpflichtungsklage ausscheidet.

Vertiefung: Eine Feststellungsklage gemäß § 43 Abs. 1 VwGO ist dann einschlägig, wenn eine grundsätzliche – von einem konkreten Zeitpunkt oder Ort unabhängige – Klärung der Benutzung angestrebt wird (vgl. ÖffR NRW, § 2 Rn. 351). Ansonsten, d.h. im Normalfall, scheidet sie aufgrund des Grundsatzes der Subsidiarität aus; vgl. § 43 Abs. 2 Satz 1 VwGO.

Die Vornahme einer schlicht-hoheitlichen Handlung, Duldung oder Unterlassung, die nicht im Erlass eines Verwaltungsaktes besteht und einen solchen auch nicht voraussetzt, ist mittels einer allgemeinen Leistungsklage zu erwirken. Diese ist zwar nicht ausdrücklich in der VwGO geregelt, aber an einigen Stellen vorausgesetzt (vgl. §§ 43 Abs. 2 Satz 1, 111 VwGO). Die Stadt ist daher mittels einer allgemeinen Leistungsklage dazu zu verpflichten, gegenüber der von ihr zu 100 Prozent beherrschten IT-GmbH aktiv zu werden.

III. Klagebefugnis

Auch für eine allgemeine Leistungsklage ist die Klagebefugnis analog § 42 Abs. 2 VwGO Sachurteilsvoraussetzung, um sog. Popularklagen auszuschließen. Ein möglicher Anspruch für die Präsentation seines „Klartext"-Manuskripts auf

[160] Vgl. ÖffR NRW, § 2 Rn. 351.

der städtischen Homepage könnte dem „KUB“ aus § 8 Abs. 2 GO NRW zustehen. Damit ist er klagebefugt.

IV. Keine weiteren besonderen Voraussetzungen?

Bei der allgemeinen Leistungsklage besteht mangels Verwaltungsakts weder das Erfordernis eines Vorverfahrens (vgl. § 68 VwGO) noch die Pflicht zur Beachtung der Klagefrist nach § 74 VwGO.

V. Richtiger Klagegegner

Richtigerweise ist die Klage gegen die Stadt Bochum erhoben worden (ungeschriebenes Rechtsträgerprinzip).

VI. Beteiligten- und Prozessfähigkeit

1. Auf Klägerseite

Als Kläger ist der „KUB“ gemäß § 61 Nr. 1 Fall 1 VwGO dann beteiligtenfähig, wenn er eine juristische Person ist oder dieser zumindest gleichsteht. Nach dem Sachverhalt ist der „KUB“ kein eingetragener Verein gemäß §§ 21 ff. BGB. Aus historischen Gründen[161] sind sowohl die klassischen politischen Parteien als auch die Gewerkschaften teilweise als nicht rechtsfähige Vereine (vgl. § 54 BGB) organisiert. Erst über § 3 PartG werden diese Parteien mit juristischen Personen gleichgestellt und sind sodann in einem verwaltungsprozessualen Verfahren gemäß § 61 Nr. 1 Fall 1VwGO beteiligtenfähig.

Fraglich ist, ob der „KUB“ als eine politische Partei i.S.d. § 2 Abs. 1 PartG zu qualifizieren ist. Nach der Legaldefinition des § 2 Abs. 1 PartG[162] ist dafür u.a. entscheidend, dass sich natürliche Personen dauernd oder längerfristig mit dem Ziel zusammenschließen, durch eine Parlamentsrepräsentation Einfluss auf die politische Willensbildung im Bund oder Land zu nehmen.

Die im „KUB“ organisierten Bochumer Bürger streben für die nächste Kommunalwahl eine politische Beteiligung an. Im Allgemeinen ist es der Qualifizierung einer politischen Gruppe als Partei nicht abträglich, wenn ihre Einflussnahme auf die politische Willensbildung erst für eine noch vorausliegende Bundes- oder Landtagswahl geplant ist,[163] ebenso wie es prinzipiell nicht erforderlich ist, dass eine Partei ein umfassendes Programm zur gesamten Gestaltung des Staats- und Gesellschaftssystems präsentiert, weshalb landespolitische Themen, wie Vorschläge zur Kultur- oder Schulpolitik durchaus ausreichen können. Dem eindeutigen Wortlaut des § 2 Abs. 1 PartG genügt aber eine lediglich auf die kommunalpolitische Ebene beschränkte Zielsetzung nicht. Deshalb ist der „KUB“ nicht als Partei i.S.d. § 2 Abs. 1 PartG einzustufen und damit nicht gemäß § 61 Nr. 1 Fall 1 VwGO beteiligtenfähig.

---

[161] Vgl. *Morlok,* in: Dreier, GG, 2. Aufl. 2006, Art. 21 Rn. 1 ff., 5.
[162] Vgl. BVerfGE 89, 266 ff.
[163] Vgl. BVerfGE 74, 96 ff.

Als Zusammenschluss von Bochumer Wahlberechtigten ist der „KUB“ vielmehr als eine „Wählergruppe“ gemäß § 15 Abs. 1 Satz 2 KWahlG NRW zu qualifizieren. Gruppen, die sich in ihrer politischen Tätigkeit auf die jeweilige Kommune konzentrieren, werden auch als sog. „Rathaus-“ oder „Kommunalpartei“[164] bezeichnet. Diese sind unstreitig keine Parteien i.S.d. § 2 Abs. 1 PartG bzw. Art. 21 GG.[165]

Als Personenmehrheit könnte der „KUB“ aber gemäß § 61 Nr. 2 VwGO als „Vereinigung, der ein Recht zusteht“, beteiligtenfähig sein.[166] Das Recht ergibt sich vorliegend aus § 8 Abs. 2 GO NRW. Somit ist der „KUB“ gemäß § 61 Nr. 2 VwGO beteiligtenfähig und wird gemäß § 62 Abs. 3 VwGO (wie ein nicht rechtsfähiger Verein gemäß §§ 54, 26 Abs. 2 Satz 1 BGB) durch seinen Vorstand vertreten.

2. Auf Beklagtenseite

Die beklagte Stadt ist gemäß § 61 Abs. 1 Nr. 1 Fall 1 VwGO beteiligtenfähig und wird gemäß § 63 Abs. 1 Satz 1 GO NRW durch ihren Oberbürgermeister vertreten.[167]

VII. Zuständigkeit des Gericht

Sachlich (vgl. § 45 VwGO) und örtlich (vgl. § 52 Nr. 5 VwGO i.V.m. § 17 Nr. 4 JustG NRW) ist das Verwaltungsgericht Gelsenkirchen zuständig.

VIII. Rechtsschutzbedürfnis

Der „KUB“ hat sich erfolglos mit der GmbH auseinandergesetzt und die Stadtverwaltung hat das Anliegen des „KUB“ ebenfalls abschlägig beschieden. Damit liegt unstreitig das Rechtsschutzbedürfnis vor.

IX. Zwischenergebnis

Die allgemeine Leistungsklage des „KUB“ ist somit zulässig.

B. Begründetheit

Die Klage des „KUB“ ist dann begründet, wenn der kommunalen Wählervereinigung ein Anspruch auf Nutzung der Homepage zusteht.

---

[164] Allgemein zu diesen, *von Arnim,* DVBl. 1999, 417ff.

[165] BVerfGE 6, 367 (372f.); 24, 260ff.; 69, 92 (104); 91, 262 (267). A. A. teilweise in der Lit., vgl. *Streinz*, in: von Mangoldt/Klein/Starck, GG, 6. Aufl. 2010 , Art. 21 Rn. 59; *Pieroth*, in: Jarass/Pieroth, GG, 11. Aufl. 2011, Art. 21 Rn. 7.

[166] Vgl. ÖffR NRW, § 2 Rn. 359.

[167] Vgl. § 40 Abs. 2 GO NRW und ÖffR NRW, § 2 Rn. 259.

I. Mögliche Anspruchsgrundlagen

Als Anspruchsgrundlagen kommen § 5 Abs. 1 Satz 1 PartG, § 8 Abs. 2 GO NRW und ein (ungeschriebener) Anspruch auf ermessensfehlerfreie Entscheidung über eine Sonderbenutzung in Betracht.

II. § 5 Abs. 1 Satz 1 PartG

Ein direkter Anspruch des „KUB“ aus § 5 Abs. 1 Satz 1 PartG scheidet aus, weil die kommunale Wählervereinigung keine Partei i.S.v. § 2 Abs. 1 PartG ist (vgl. A VI 1).

Möglicherweise kommt eine analoge Anwendung des § 5 Abs. 1 Satz 1 PartG in Betracht. Die Garantie der Selbstverwaltung in Art. 28 Abs. 2 GG gewährleistet den insbesondere für Belange der örtlichen Ebene eintretenden Wählervereinigungen ein Recht auf Chancengleichheit, soweit sie im Vorfeld von Wahlen einer Partei vergleichbar an der politischen Willensbildung im kommunalen Bereich mitwirken.[168] Hier steht die Internet-Präsentation des „KUB“ jedoch weder zeitlich noch inhaltlich in unmittelbarem Zusammenhang mit der nächsten Kommunalwahl, so dass der „KUB“ nicht auf eine entsprechende Anwendung des § 5 PartG rekurrieren kann.

Hintergrund: § 5 PartG ist keine selbstständige Anspruchsgrundlage, sondern verpflichtet den Träger einer öffentlichen Einrichtung nur zur Gleichbehandlung von Parteien bei der Gewährung des Umfangs von zur Verfügung gestellten Leistungen (sog. Prinzip der abgestuften Chancengleichheit; vgl. § 5 I 2 PartG; näher ÖffR NRW, § 2 Rn. 359).

III. § 8 Abs. 2 GO NRW

Aus § 8 Abs. 2 GO NRW hat der „KUB“ dann einen Anspruch auf Benutzung der Homepage, wenn es sich bei der Homepage um eine öffentliche Einrichtung handelt (1.), der „KUB“ Anspruchsberechtigter ist (2.) und die geplante Nutzung im Rahmen des geltenden Rechts (3.) erfolgt.[169]

1. Öffentliche Einrichtung

a) Einrichtung

Bei der Homepage müsste es sich um eine öffentliche Einrichtung i.S.v. § 8 Abs. 2 GO NRW handeln. Der Begriff der öffentlichen „Einrichtung“ umfasst alle personellen Kräfte und sächlichen Mittel, die von der Gemeinde zu Zwecken der Daseinsvorsorge bereitgestellt und unterhalten werden, um der bestimmungsgemäßen Nutzung durch die Einwohner der Gemeinde zu die-

---

[168] BVerfGE 69, 92 (110); 104, 14 (20).

[169] Vgl. ÖffR NRW, § 2 Rn. 335 ff.

nen.[170] Es kommt dabei nicht auf eine gegenständliche Verselbstständigung an, so dass auch eine Internetseite eine öffentliche „Einrichtung" sein kann.

Hintergrund: Durch öffentliche Einrichtungen wird den Bedürfnissen der Gemeindeeinwohner entsprochen, weshalb sie ein wichtiges Instrument der sog. Daseinsvorsorge sind. Zu dieser zählen nicht nur „existenznotwendige" Leistungen, wie die Abwasserbeseitigung, sondern auch der Kommunikation oder Unterhaltung dienende Leistungen (beispielsweise Mehrzweckhallen und Bibliotheken). Öffentliche Einrichtungen sind zu unterscheiden von öffentlichen Sachen im Gemeingebrauch (wichtigstes Beispiel: Straßen und Wege), öffentlichen Sachen im Verwaltungsgebrauch (z.B. Rathaus) und Sachen im Finanzvermögen der Gemeinde (v.a. Grundstücke); vgl. ÖffR NRW, § 2 Rn. 325ff., 330.

b) Öffentlich

Durch Widmung erfahren potenzielle Einrichtungen eine „öffentliche" Zweckbestimmung. Eine Widmung kann auf unterschiedliche Weise erfolgen: entweder förmlich (beispielsweise durch Ratsbeschluss und Satzung) oder durch faktische Indienststellung.[171] Die Widmung muss den Willen der Gemeinde erkennen lassen, „ihre" Einrichtung im öffentlichen Interesse zu unterhalten und der allgemeinen Benutzung zur Verfügung zu stellen. Nach dem Gemeinderatsbeschluss der Stadtverwaltung (vgl. § 41 Abs. 1 Satz 2 lit. l) GO NRW) soll das Internetportal die Gemeindeeinwohner u.a. über Aktivitäten kommunaler Gruppen informieren, soweit deren Mitteilungen einen gemeindespezifischen Bezug besitzen. Die Stadt hat ihre Webseite damit (einem begrenzten Teil) der Allgemeinheit, nämlich den in Bochum ansässigen Gruppen, als Informationsmedium zur Verfügung gestellt und deren Berichterstattung über gemeindespezifische Themen gewidmet. Zudem hat sie ihr Internetangebot durch die Freischaltung und fortdauernde Internetpräsenz konkludent der Online-Nutzung durch die Gemeindeeinwohner gewidmet, damit diese ständig örtliche Nachrichten aufrufen können. Dadurch, dass dort der städtischen Bevölkerung laufend Informationen über Angelegenheiten der örtlichen Gemeinschaft zur Verfügung stehen, vollzieht die Stadt auch Öffentlichkeitsarbeit und erfüllt damit eine ihr obliegende öffentliche Aufgabe (vgl. § 23 Abs. 1 Satz 1 GO NRW).

Vertiefung: Bei Internetseiten sind wie bei gemeindlichen Festen oder Märkten zwei „Nutzungsverhältnisse" voneinander zu unterscheiden: Die passive Benutzung der Webseite durch den Internetnutzer, der sich selbst informiert und die aktive Verwendung durch denjenigen Nutzer, der beispielsweise durch das Setzen eines Links das Informationsangebot einer Internetseite erweitert (vgl. BayVGH, BayVBl. 1982, 656ff.; *Frey,* DÖV 2005, 411ff.).

Allerdings könnten sich gegen eine „öffentliche" Einordnung der Webseite Bedenken daraus ergeben, dass der nichtöffentliche Teil eines gemeindlichen

[170] Vgl. ÖffR NRW, § 2 Rn. 328.
[171] Vgl. BayVGH, DÖV 2003, 819ff.; näher ÖffR NRW, § 2 Rn. 329.

Amtsblatts in der Rechtsprechung teilweise als Verwaltungseinrichtung qualifiziert worden ist.[172] Prinzipiell lassen sich die beiden Informationsinstrumente jedoch aufgrund mediumspezifischer Strukturunterschiede nicht ohne weiteres miteinander vergleichen. Die auf der Homepage zu findenden Informationen sind vielmehr als Weiterentwicklung von gedruckten gemeindlichen Informationsschriften oder Branchenverzeichnissen zu bewerten, welche von der Rechtsprechung als öffentliche Einrichtung qualifiziert worden sind.[173] Zudem belegt die durch Ratsbeschluss festgelegte Widmung – wie soeben geschildert – ausdrücklich, dass die Stadt Bochum in einem öffentlich-rechtlichen Kontext handeln will.

Gegen eine Einordnung der Homepage als „öffentliche“ Einrichtung könnte ferner sprechen, dass sie von der privatrechtlich organisierten IT-GmbH erstellt und gepflegt wird. Wenn sich eine Gemeinde im Rahmen der ihr zustehenden Wahlfreiheit bei der Organisation ihrer Einrichtungen für einen privaten Rechtsträger entscheidet, liegt eine „öffentliche“ Einrichtung dann vor, wenn und soweit gemeindeeigene Einflussmöglichkeiten auf die Führung dieser Einrichtung existieren. Durchsetzbare Mitwirkungs- und Entscheidungsbefugnisse bestehen in der Regel in Fällen der Organisations- und funktionalen Privatisierung.[174]

Vertiefung: Die Organisationsprivatisierung (= sog. formelle Privatisierung, bei der die staatliche Erfüllungsverantwortung trotz Verwendung privatrechtlicher Organisationsstrukturen vollständig beibehalten wird) ist zu unterscheiden von der funktionalen Privatisierung (= d.h. die Verantwortungsstruktur wird für bestimmte Aufgabenteilbereiche auf verwaltungsexterne Private unter Beibehaltung der staatlichen Leitungsverantwortung übertragen) und der Aufgabenprivatisierung (= sog. materielle Privatisierung, bei der der Staat sich vollständig von der Aufgabenerfüllung zurückzieht und nur eine staatliche Gewährleistungsverantwortung übrig bleibt); vgl. ÖffR NRW, § 2 Rn. 419.

Die IT-GmbH ist eine hundertprozentige Tochtergesellschaft der Stadt, weshalb diese durch gesellschaftsrechtliche Maßnahmen vollumfänglich auf deren Geschäftsführung einwirken kann (und infolge kommunalrechtlicher Verpflichtungen, vgl. etwa §§ 108 Abs. 2 und 4, 112 und 113 GO NRW einwirken muss), um etwa einen Zulassungsanspruch durchzusetzen (vgl. A I u. II). Die Stadt Bochum besitzt daher die Letztentscheidungskompetenz und übt die erforderliche Sachherrschaft aus. Danach steht der Einordnung der Homepage als „öffentliche“ Einrichtung die privatrechtliche Struktur der IT-GmbH nicht entgegen. Letztlich ist für den Begriff der öffentlichen Einrichtung nicht die Rechtsform, sondern die gemeindliche Widmung ausschlaggebend.[175] Bei der städtischen Homepage handelt es sich somit um eine öffentliche Einrichtung i.S.d. § 8 Abs. 2 GO NRW.

---

[172] Vgl. VG Freiburg, AfP 1992, 210 ff.; VG Leipzig, NVwZ-RR 2000, 380 ff.

[173] Vgl. VG Minden, NJW 1992, 523; *Ott/Raming*, BayVBl. 2003, 454 ff.; *Frey*, DÖV 2005, 411 ff.; *Duckstein/Gramlich*, SächsVBl. 2004, 121 ff.

[174] Vgl. ÖffR NRW, § 2 Rn. 331 ff., 334.

[175] Vgl. etwa *Dietlein*, JURA 2002, 445.

2. Anspruchsberechtigung

Die kommunale Wählervereinigung „wohnt“ nicht wie ein Einwohner in der Stadt Bochum und ist damit nicht gemäß § 8 Abs. 2 GO NRW anspruchsberechtigt.[176]

Vertiefung: Ortsfremde haben grundsätzlich keinen Anspruch auf Zulassung zu einer öffentlichen Einrichtung, es sei denn, diese ist auch ihnen gewidmet worden, eine weitere Chance kann sich dann für sie ergeben, wenn Gebietsfremde in der Vergangenheit zugelassen worden sind. Dann ist u.U. ein (Teilhabe-)Anspruch auf ermessensfehlerfreie Entscheidung über eine Sonderbenutzung gegeben, der sich, soweit nicht andere Zulassungsgrenzen entgegenstehen, zu einem Zulassungsanspruch verdichten kann; vgl. noch B IV, und näher ÖffR NRW, § 2 Rn. 356ff.

Den Einwohnern gleichgestellt sind über § 8 Abs. 4 GO NRW Personenvereinigungen, wenn sie, wie der „KUB“, als Zusammenschluss Bochumer Bürger ihren Sitz in der Stadt haben.

Allerdings wird teilweise die Auffassung vertreten, dass der durch § 8 Abs. 4 GO NRW erweiterte Anspruch nur dann besteht, wenn die Nutzung der öffentlichen Einrichtung ein „örtliches Gepräge“ aufweist.[177] Der globalisierungskritische Inhalt des „Klartextes“ bezieht sich hauptsächlich auf weltweite Wirtschaftszusammenhänge, betrifft also ein weit über die Stadtgrenzen hinausreichendes Thema, so dass der geforderte Örtlichkeitsbezug u.U. fehlt. Allerdings sollte generell zur Vermeidung von Abgrenzungsschwierigkeiten und ggf. umfangreichen Ermittlungen allein auf die Ortsansässigkeit der jeweiligen juristischen Person bzw. Personenvereinigung abgestellt werden.[178] Denn Zielrichtung des § 8 Abs. 4 GO NRW ist es, den dort Genannten einen – mit Gemeindeeinwohnern vergleichbaren – Anspruch einzuräumen. Im Übrigen würden ansonsten Veranstaltungen mit überörtlichem Gepräge (beispielsweise Landes- oder Bundestagsparteitage organisiert von einem Ortsverband) in der Praxis stark erschwert.[179] Damit ist der „KUB“ Anspruchsberechtigter gemäß § 8 Abs. 2 und 4 GO NRW.

3. Im Rahmen der Widmung

Der Zulassungsanspruch des „KUB“ könnte jedoch durch das im Ratsbeschluss festgelegte Nutzungsspektrum der Homepage begrenzt sein. Danach haben die auf der Homepage publizierten Texte einen gemeindespezifischen Bezug aufzuweisen. Grundsätzlich ist es zulässig, dass eine Gemeinde den Zugang und die Art der Benutzung ihrer öffentlichen Einrichtung durch die Widmung näher modifiziert (vgl. zuvor B III 1 b). Sie kann sowohl die Zulassungsentscheidung als auch das Nutzungsrecht auf den von ihr verbindlich vorgegebenen Nutzungsrahmen beschränken, soweit dies nicht willkürlich geschieht.

---

[176] Zur Abgrenzung von „Einwohner“ und „Bürger“ vgl. § 21 Abs. 1 und 2 GO NRW.
[177] VGH Bad.-Württ., NVwZ-RR 1988, 43.
[178] Vgl. ÖffR NRW, § 2 Rn. 339f., 341.
[179] Vertiefend *Burgi*, Kommunalrecht, 4. Aufl. 2012, § 16 Rn. 21ff.

Vorab ist zu klären, ob es für den Benutzungsanspruch des „KUB“ überhaupt noch auf den Ratsbeschluss ankommt. Indem auf der Homepage in der Vergangenheit mehrfach Warnhinweise zu Alkohol- und Tabakprodukten veröffentlicht worden sind, könnte der Widmungsrahmen erweitert worden sein.[180] Grundsätzlich ist eine solche Änderung der Widmung einer öffentlichen Einrichtung förmlich oder konkludent, beispielsweise durch eine spezifisch ausgeübte „Vergabepraxis“, im Nachhinein möglich. Allerdings kann eine Widmungsänderung – ebenso wie eine (Teil-)Entwidmung – als actus contrarius nur in der Form, in der auch die Widmung selbst erfolgt ist, stattfinden. Vorliegend genügt also eine bloß konkludente Widmungserweiterung durch Aufnahme von Warnhinweisen anderer Gruppierungen nicht, um den durch Ratsbeschluss, also förmlich festgelegten Widmungsrahmen der Stadthomepage zu erweitern. Davon zu unterscheiden ist, ob die frühere Zulassung von Warnhinweisen einen Anspruch auf ermessensfehlerfreie Entscheidung außerhalb des § 8 Abs. 2 GO NRW ausgelöst hat.[181]

Vertiefung: Dieses Prinzip hat im Straßen- und Wegerecht eine ausdrückliche gesetzliche Ausformung erfahren. Dort sind sowohl die Widmungsverfügung für eine öffentliche Verkehrsfläche (§ 6 Abs. 1 StrWG NRW) als auch deren Statusbeendigung (sog. Einziehung, § 7 Abs. 1 StrWG NRW) bzw. -veränderung (sog. Umstufung, § 8 Abs. 1 StrWG NRW) ausschließlich förmlich durch eine Allgemeinverfügung gemäß § 35 Satz 2 VwVfG NRW möglich; vgl. *Kühlwetter,* in: Festschrift für Willi Blümel, 1999, S. 309 ff.

Hier muss nun geklärt werden, ob sich der Inhalt des „Klartextes“ noch innerhalb des Widmungsrahmens hält, d.h. eine „Angelegenheit der örtlichen Gemeinschaft“[182] betrifft. Typischerweise sind dies „diejenigen Bedürfnisse und Interessen, die in der örtlichen Gemeinschaft wurzeln oder auf sie einen spezifischen Bezug haben, die also den Gemeindeeinwohnern gerade als solchen gemeinsam sind, indem sie das Zusammenleben und -wohnen der Menschen in der (politischen) Gemeinde betreffen“.[183] Der „KUB“ könnte daher zu Recht von der Benutzung der Homepage ausgeschlossen worden sein, weil sich der „Klartext“ hauptsächlich mit Fragen der Globalisierung auseinandersetzt. Daneben weist der Text jedoch darauf hin, dass die von Kinderarbeitern hergestellten Produkte „vor Ort“, also in Bochum selbst, zu kaufen sind bzw. dort angeboten werden. Damit besteht *auch* ein örtlicher Bezug.

Fraglich ist, ob eine solche „Gemengelage“ im Rahmen der Zulassungsgrenzen der Homepage liegt. Grundsätzlich ist in Zweifelsfällen, in denen auch oder überwiegend ein überörtliches Gepräge zu erkennen ist, zumindest in dem Umfang von einer „örtlichen Angelegenheit“ auszugehen, in dem der Begriff erfüllt ist.[184] Entsprechend dieser Differenzierung genügt der „Klartext“ den Vorgaben

[180] Näher *Burgi,* Kommunalrecht, 4. Aufl. 2012, § 16 Rn. 6 f.
[181] Vgl. unten IV. sowie BVerwGE 81, 111 (118); ÖffR NRW, § 2 Rn. 329.
[182] Vgl. Art. 28 Abs. 2 GG.
[183] Vgl. BVerfGE 79, 127 (151 f.); 83, 37 (59 f.); näher ÖffR NRW, § 2 Rn. 64 ff.
[184] Vgl. *Burgi,* Kommunalrecht, 4. Aufl. 2012, § 6 Rn. 16.

des Ratsbeschlusses, wie überhaupt gerade in der Globalisierungsdebatte der Satz „think global, act local" verbreitet ist.

Klausurtipp: An dieser Stelle ist es durchaus vertretbar, wenn sich Bearbeiter anders entscheiden, d.h. angesichts der „Gemengelage" den Inhalt des „Klartextes" als nicht genügend „geeignet" betrachten, um den geforderten örtlichen Bezug herstellen zu können. Dann liegt die geplante Nutzung der Homepage durch den „KUB" außerhalb des Widmungsrahmens und der gebundene Anspruch aus § 8 Abs. 2 GO NRW scheitert, weshalb die Überlegungen ab IV. hilfsweise erfolgen.

4. Im Rahmen des geltenden Rechts

§ 8 Abs. 2 GO NRW gewährleistet jedoch einen Zulassungsanspruch nur „im Rahmen des geltenden Rechts", also soweit sich die geplante Nutzung im Rahmen des tatsächlich und rechtlich Zulässigen bewegt:

a) Kapazität

Es besteht grundsätzlich kein subjektives Recht des einzelnen Nutzers zur Schaffung, Aufrechterhaltung oder Erweiterung einer öffentlichen Einrichtung.[185] Deshalb kann der Zulassungsanspruch zu einer kommunalen Einrichtung (Internetseite) eine Beschränkung aus tatsächlichen Gründen erfahren. Nach dem Sachverhalt ist weder die zur Verfügung stehende Kapazitätsgrenze des Speicherplatzes erschöpft noch bestehen Anhaltspunkte für eine programmtechnische Kapazitätserschöpfung.

Vertiefung: Soweit bei Zulassungsentscheidungen (wie häufig zu Wochen- oder Weihnachtsmärkten) die Zahl der Bewerber die Kapazität bzw. den tatsächlichen Platz übersteigt, wandelt sich der gebundene Anspruch eines Interessenten in einen Anspruch auf gerechte Teilhabe um (vgl. ÖffR NRW, § 2 Rn. 356ff.). Die Gemeinde hat ihre Auswahlentscheidung sodann nach sachlichen Verteilungskriterien zu treffen (Art. 3 Abs. 1 und 12 Abs. 1 GG), wie Prioritätsprinzip, Los oder Rotation (vgl. ÖffR NRW, § 2 Rn. 344f.). Gegen eine ablehnende Entscheidung kann der Bewerber durch Erhebung einer Verpflichtungsklage bzw. allgemeine Leistungsklage vorgehen. Erstere ist nur dann spruchreif, wenn eine Ermessensreduzierung auf Null eingetreten ist. Ansonsten besteht ein Anspruch auf Neubescheidung gemäß § 113 Abs. 5 Satz 2 VwGO (vgl. ÖffR NRW, § 2 Rn. 352).

b) Verfassungswidrigkeit?

Wenn der Verdacht besteht, dass sich eine Partei am Rand des politischen Spektrums bewegt, sind daraus üblicherweise aufgrund von Art. 21 GG – bis zur Feststellung ihrer Verfassungswidrigkeit durch das BVerfG – zu ihren Un-

---

[185] Vgl. ÖffR NRW, § 2 Rn. 325ff.

gunsten keine negativen Schlüsse zu ziehen, so dass die Nichtzulassung einer Partei zu einer öffentlichen Einrichtung nicht schon mit deren Nennung in Verfassungsschutzberichten oder ihren verfassungsfeindlichen Zielen zu rechtfertigen ist.[186] Der „KUB" ist als Wählergruppe gemäß § 15 Abs. 1 Satz 2 KWahlG NRW aber keine Partei i.S.d. § 2 Abs.1 PartG (vgl. A VI 1), so dass das sog. Parteienprivileg aus Art. 21 GG hier nicht einschlägig ist.

Hintergrund: Ein Parteiverbot fällt in das Entscheidungsmonopol des Bundesverfassungsgerichts gemäß Art. 21 Abs. 2 Satz 2 GG i.V.m. §§ 13 Nr. 2, 43ff. BVerfGG, weshalb eine Partei nicht durch verwaltungsbehördliches Handeln verboten bzw. ausgeschlossen werden kann (BVerfGE 47, 198ff.). Dagegen ist es Sache der vollziehenden Gewalt, politische Vereinigungen zu verbieten (Art. 9 Abs. 2 GG, §§ 3ff. VereinsG).

Daher könnte sich eine Einschränkung der Homepage-Nutzung daraus ergeben, dass der „KUB" den „Austritt der Stadt aus der EU" fordert. Denn Art. 23 Abs. 1 GG enthält als sog. Staatszielbestimmung den rechtsverbindlichen Auftrag an die Bundesrepublik, an der Entwicklung der Europäischen Union mitzuwirken, weshalb die europafeindliche Äußerung des „KUB" zugleich als verfassungswidrig einzustufen sein könnte. Allerdings entspricht es dem Verständnis einer freien und offenen Gesellschaft in einer streitbaren Demokratie, dass im geistigen und politischen Meinungsstreit auch mit dem Grundgesetz nichtkonforme Positionen vertreten werden. Zudem legt der Gedanke des Art. 21 Abs. 2 Satz 1 GG, nach dem das Verdikt der Verfassungswidrigkeit über eine Partei erst dann ausgesprochen werden kann, wenn sie die freiheitliche demokratische Grundordnung beeinträchtigt oder beseitigt, wozu sie ernsthaft beabsichtigen muss, die Strukturprinzipien des Grundgesetzes (wie die im Grundgesetz konkretisierten Menschenrechte oder die Volkssouveränität) zu beseitigen, es nahe, die Forderung des „KUB" als gleichsam „zu schwache" einzustufen. Somit ist auch die Befürchtung der Stadtverwaltung, dass der Internet-Auftritt des „KUB" dem Ansehen der Stadt schade, substanzlos. Im Übrigen steht der Gemeinde kein inhaltliches Prüfungsrecht zu. Wenn sie einen ihr unliebsamen oder missbilligten, aber im Übrigen rechtmäßigen Text durch Verweigerung des Zugangs zu ihrer Homepage sanktionieren würde, käme dies einer Zensur gleich und wäre unvereinbar mit der Garantie der Meinungsfreiheit nach Art. 5 Abs. 1 Satz 1 GG bzw. der Verpflichtung des Staates sich politisch, weltanschaulich und moralisch neutral zu verhalten.[187]

c) Ordnungsrechtliche Aspekte?

Ein letzter Einwand „im Rahmen des geltenden Rechts" könnte sich aus Verstößen gegen Strafvorschriften ergeben, denn auch eine Gemeinde darf mittelbar strafbaren Handlungen nicht Vorschub leisten.[188]

Für eine strafrechtlich relevante Verletzung etwa von § 111 StGB (öffentliche Aufforderung zu Straftaten) müsste der „Klartext" irgendeine rechtswidrige

[186] BVerwGE 31, 368 (369f.); BVerfGE 57, 1 (6); näher ÖffR NRW, § 2 Rn. 346.
[187] Vgl. VGH Bad.-Württ., DÖV 1984, 31ff.; BVerwG, NJW 1990, 134ff.
[188] BVerfGE 47, 198ff.

Straftat beschreiben. Das Manuskript enthält weder solche Schilderungen noch andere objektiv unwahre Tatsachen, so dass auch keine Beleidigungsdelikte gemäß §§ 185ff. StGB verwirklicht sind. Ebenso wenig kommt eine Tatbestandsverletzung des § 86 StGB (Verbreiten von Propagandamitteln) in Betracht, weil der „KUB" keine für verfassungswidrig erklärte Partei oder verbotene Vereinigung ist. Auch eine Verunglimpfung des Staates durch Beschimpfung oder böswillige Verächtlichmachung der verfassungsmäßigen Ordnung gemäß § 90a StGB scheidet aus, da Form und Inhalt des „Klartextes" sich – wie zuvor gezeigt – i.R.d. rechtlich Zulässigen bewegen. Da der „KUB"-Text keinen strafrechtlich relevanten Inhalt enthält, kann eine Zulassungseinschränkung nicht auf die Verletzung strafrechtlicher Vorschriften gestützt werden.

Allerdings sind in der Vergangenheit Vorstandsmitglieder des „KUB" wegen Beleidigungsdelikten angezeigt (vgl. § 158 StPO) worden. Somit ist fraglich, inwieweit die Gemeinde sich der Gefahr aussetzen muss, dass durch die Aufnahme des Textes auf ihrer Webseite Straftaten bzw. Verstöße gegen das Polizei- und Ordnungsrecht begangen werden. Denn Ausfluss des Selbstverwaltungsrechts der Gemeinde nach Art. 28 Abs. 2 GG ist nicht nur die Bereitstellung einer öffentlichen Einrichtung, sondern auch das Recht der Gemeinde „ihren" Ort zu gestalten, die sog. Einrichtungskompetenz.[189] Grundsätzlich können straf- oder ordnungsrechtliche Aspekte, die in Widerspruch zu dem gemeindlichen Interesse am Einrichtungszweck stehen, weil sie unvereinbar mit der Integrität oder Identität der gemeindlichen Einrichtung sind, die Ablehnung eines Zulassungsanspruches rechtfertigen.[190]

Die bloße Tatsache, dass Vorstandsmitglieder des „KUB" mehrfach angezeigt worden sind, sagt jedoch nichts über den tatsächlichen strafrechtlichen Gehalt dieser Vorwürfe aus (vgl. § 152 StPO) und begründet damit keine zureichende Tatsachengrundlage für eine Einschränkung des Zulassungsanspruchs des „KUB". Dessen geplante Nutzung der Homepage hält sich damit i.R.d. geltenden (Straf-)Rechts.

5. Zwischenergebnis

Es besteht ein Anspruch nach § 8 Abs. 2 GO NRW.

IV. Anspruch auf ermessensfehlerfreie Entscheidung über eine Sonderbenutzung

1. Charakter und Rechtsgrundlagen

Ab Zurverfügungstellung einer öffentlichen Einrichtung kommt nicht nur ein gebundener Anspruch i.R.d. „Gemeinbenutzung" in Betracht (vgl. B III). Vielmehr ist dann, wenn dieser tatbestandlich scheitert, an einen Anspruch auf ermessensfehlerfreie Entscheidung über eine „Sonderbenutzung" zu denken. Darauf käme es vorliegend an, wenn man bei § 8 Abs. 2 GO NRW etwa die Einhaltung des Widmungsrahmens verneinen würde (vgl. B III 3). Vorzugswür-

---

[189] Vgl. OVG NRW, NVwZ 1995, 814.

[190] Näher hierzu *Burgi*, Kommunalrecht, 4. Aufl. 2012, § 16 Rn. 31.

digerweise erfolgt eine lediglich hilfsweise Prüfung. Anspruchsgrundlage ist die jeweilige Widmung i. V. m. Art. 3 Abs. 1 GG und dem jeweils berührten Freiheitsgrundrecht.[191] Dem „KUB“ geht es vorliegend um eine Stellungnahme zu Globalisierungsproblemen, so dass sich sein Anspruch auf „Sonderbenutzung“ aus dem Ratsbeschluss der Stadt Bochum i. V. m. Art. 3 Abs. 1 GG und Art. 5 Abs. 1 Satz 1 GG ergeben könnte.

2. Voraussetzungen und Rechtsfolgen

Als bloßer Ermessensanspruch wäre er dann erfolgreich, wenn eine Ungleichbehandlung gegenüber anderen Nutzungsinteressenten vorliegt, die nicht durch sachliche Gründe zu rechtfertigen ist. Dies wäre hier anzunehmen, weil die Gemeinde mehrere fehlerhafte Erwägungen angestellt hat (vgl. B III 4). Letzten Endes kommt sogar eine Ermessensreduzierung auf Null in Betracht.[192] Die Stadt Bochum hat ihre elektronische Plattform in den letzten Jahren mehrmals anderen kommunalen Gruppen für Warnhinweise vor den Suchtgefahren von Alkohol- und Tabakprodukten zur Verfügung gestellt. Ebenso wie das Globalisierungsthema greifen solche Präventionskampagnen nicht nur spezifische Angelegenheiten der örtlichen Gemeinschaft auf. Dadurch, dass die Stadt Bochum in der Vergangenheit des Öfteren Eintragungen für andere (über-)örtliche Themen auf ihrer Internetseite zugelassen hat, hat sie eine bestimmte Art der Einrichtungsbenutzung in ständiger Verwaltungspraxis eröffnet. Der Artikel des „KUB“ besitzt eine ähnliche Qualität wie die veröffentlichten Beiträge, so dass die eigene Zulassungspraxis die Verwaltung zur Einhaltung der selbst gesetzten Maßstäbe zwingt und der „Sonderbenutzungs“-Anspruch des „KUB“ sich auf eine diesbzgl. Gleichbehandlung verdichtet (Widmungsgrundlage i. V. m. Art. 3 Abs. 1 GG). Die Stadt ist daher zu verpflichten, auf die Geschäftsführung der IT-GmbH hinsichtlich einer Veröffentlichung des „Klartextes“ einzuwirken.

C. Ergebnis

Die Klage des „KUB“ erweist sich als zulässig und begründet und hat daher Erfolg.

---

[191] Näher ÖffR NRW, § 2 Rn. 356 ff.
[192] Näher ÖffR NRW, § 2 Rn. 358 ff.

6. Klausur: „Streit in der Ratssitzung" **

Sachverhalt

In der öffentlichen Ratssitzung der Stadt Mülheim a. d. R. am 3.12.2013 hat sich folgendes zugetragen: Das Ratsmitglied C hält die Benutzung seines Mobiltelefons auch während der Ratssitzungen für unverzichtbar. Dadurch fühlte sich Ratsherr P in der Ausübung seines Mandats massiv beeinträchtigt und forderte Oberbürgermeister O auf, ein generelles Telefonierverbot im Ratssaal zu erlassen. O wies die Forderung zurück. Er erachtete ein Telefonierverbot für die Dauer der Ratssitzungen für unnötig, C telefoniere allenfalls im Flüsterton. P protestierte sogleich lautstark gegen diese „selbstherrliche Entscheidung". Ein ermahnender Ordnungsruf seitens des O bewirkte nichts, vielmehr wurden die Proteste des P vehementer. Er empörte sich lautstark über die „Rastlosigkeit des modernen Menschen". Zudem begann er andere Ratsherrn, die seine Kritik nicht teilten, zu beschimpfen. O schloss P daraufhin von der Sitzung aus.

Nach der Ratssitzung teilte P dem O schriftlich seine Standpunkte zu den von ihm als unkorrekt empfundenen Vorgängen mit und forderte O auf, „im Rahmen seiner Pflichten" tätig zu werden. Das lehnte O ab. P beabsichtigt deshalb gegen seinen Sitzungsausschluss Klage zu erheben, weil er auch in Zukunft eine vergleichbare Beschneidung seiner Rechte als Ratsmitglied fürchtet.

O seinerseits wird ebenfalls tätig. Er bittet das städtische Rechtsamt um Beratung, ob er für die Ratssitzung ein generelles Telefonierverbot anordnen könnte bzw. hierzu (prozessual) durch ein Ratsmitglied gezwungen werden könnte.

Zu prüfen sind die Erfolgsaussichten der verwaltungsgerichtlichen Klage des P (A.). Ferner ist dem O aus der Sicht des Rechtsamts Auskunft zu erteilen (B.).

Jeweils sind alle im Sachverhalt mitgeteilten Gesichtspunkte zu berücksichtigen.

Gliederung

A. Klage gegen Sitzungsausschluss
- I. Zulässigkeit
  1. Eröffnung des Verwaltungsrechtswegs
     Prüfe: Kommunalverfassungsstreit
  2. Statthafte Klageart
     a) Vorliegen eines Verwaltungsakts?
        Prüfe: Außenwirkung
     b) Feststellungsklage
        Prüfe: Feststellungsfähiges Rechtsverhältnis i.S.v. § 43 Abs. 1 VwGO
  3. Klagebefugnis
     Prüfe: Verletzung einer wehrfähigen Innenrechtsposition
  4. Keine weiteren besonderen Voraussetzungen?
  5. Richtiger Klagegegner (passive Prozessführungsbefugnis)?
     Prüfe: Organ statt Rechtsträgerprinzip

6. Beteiligten- und Prozessfähigkeit
   a) Klägerseite
      Prüfe: P als Organteil des Gemeinderats gemäß § 61 Nr. 2 VwGO analog
   b) Beklagtenseite
7. Zuständigkeit des Gerichts
8. Zwischenergebnis

II. Begründetheit

III. Ergebnis

B. Telefonierverbot

I. Vorüberlegung

II. Ermächtigungsgrundlage für ein Telefonierverbot, § 51 Abs. 1 Fall 2 GO NRW
Prüfe: objektiv erhebliche Störung?

III. Anordnung
1. Ermessen oder Pflicht
2. Praktische Umsetzung

IV. Störungsbeseitigungsanspruch
Prüfe: subjektives Recht auf ermessensfehlerfreie Entscheidung

V. Prozessuale Durchsetzung
1. Eröffnung des Verwaltungsrechtswegs
2. Statthafte Klageart
   Prüfe: Allgemeine Leistungsklage analog
3. Klagebefugnis
   Prüfe: Subjektives Recht aus § 51 Abs. 1 Fall 2 GO NRW
4. Weitere Voraussetzungen

VI. Ergebnis

Lösungsvorschlag

A. Klage gegen Sitzungsausschluss

Die Klage des P hat dann Aussicht auf Erfolg, wenn sie zulässig und begründet ist.

I. Zulässigkeit

1. Eröffnung des Verwaltungsrechtswegs

Der Verwaltungsrechtsweg ist nach § 40 Abs. 1 Satz 1 VwGO eröffnet, wenn es sich um eine öffentlich-rechtliche Streitigkeit nichtverfassungsrechtlicher Art handelt und keine Sonderzuweisung besteht. Eine öffentlich-rechtliche Streitigkeit i.S.v. § 40 Abs. 1 Satz 1 VwGO liegt dann vor, wenn öffentlich-rechtliche Normen, die einen Träger hoheitlicher Gewalt berechtigten bzw. verpflichten, streitentscheidend sind. P möchte die von O gegen ihn erlassene Ausschlussmaßnahme überprüfen lassen. Streitentscheidend ist für diesen Fall die Vorschrift des § 51 Abs. 1 Fall 2 GO NRW, wonach der Bürgermeister das Ordnungsrecht für Ratssitzungen inne hat.[193] Diese kommunalrechtliche Vorschrift

---

[193] Vgl. ÖffR, § 2 Rn. 229f.

berechtigt und verpflichtet ausschließlich den Bürgermeister und stellt damit „Sonderrecht" der Verwaltung dar.

Hintergrund: Der Bürgermeister hat gemäß § 40 Abs. 2 Satz 3 GO den Ratsvorsitz inne. Ihm steht neben der gegenüber den Ratsmitgliedern auszuübenden Ordnungs- auch die Sitzungsgewalt zu (gemäß § 51 Abs. 1 Fall 1 GO NRW). Diese umfasst z.B. die Festlegung der Redeordnung oder die Diskussionsleitung während der Ratssitzungen. Daneben übt er für die Dauer und den örtlichen Bereich der Ratssitzung das Hausrecht gemäß § 51 Abs. 1 Fall 3 3 GO NRW aus. Insoweit kann er Störungen durch externe Personen beenden; beispielsweise Zuschauer zur Ruhe mahnen, Journalisten das Mitschneiden auf Film oder Tonband verbieten und ihnen gegenüber ggf. ein Hausverbot verhängen. Entsprechende Maßnahmen sind wegen ihrer „Außenwirkung" als Verwaltungsakte gemäß § 35 Satz 1 VwVfG NRW anzusehen. Auch außerhalb von Ratssitzungen hat der Bürgermeister für einen störungsfreien Dienstbetrieb im gesamten Rathaus Sorge zu tragen (vgl. ÖffR NRW, § 2 Rn. 231). Diese Pflicht trifft ihn in seiner Funktion als Behördenleiter. Hierzu gehört wiederum die Befugnis zum Erlass von Hausrechtsmaßnahmen gegenüber Dritten als deren Grundlage hier die allgemeinen Grundsätze des öffentlichen Sachenrechts fungieren (näher *Papier,* in: Erichsen/Ehlers (Hrsg.), Allgemeines Verwaltungsrecht, 14. Aufl. 2010, § 39 Rn. 48ff.).

Einer öffentlich-rechtlichen Einordnung könnte hier jedoch entgegenstehen, dass P in seiner Funktion als Ratsmitglied und u.U. nicht als Privatperson betroffen ist.[194] Zwar sind die Klagearten der VwGO grundsätzlich auf die Gewährung von Rechtsschutz im Außenverhältnis (Bürger-Staat-Verhältnis; vgl. Art. 19 Abs. 4 GG) zugeschnitten. Aber es ist deshalb nicht ausgeschlossen, dass auch subjektive Positionen aus Innenrechtsverhältnissen justiziabel sein können.[195] Es ist heute allgemein anerkannt, dass die Möglichkeit einer rechtlichen Überprüfung auch von „Innenrechtsstreitigkeiten" besteht. Allerdings zeigt bereits der Begriff des „In-Sich-Prozesses" an, dass durchgehend Besonderheiten bestehen, weil die VwGO-Konzeption nicht unmittelbar passt. Konkret sind die Organe einer Gemeinde nicht hierarchisch gegliedert. Deshalb können die unterschiedlichen Kompetenzen in diesem Binnengefüge in Konflikt miteinander geraten („Kontrastorgane") und müssen sodann einer gerichtlichen Klärung zugeführt werden. Im Rahmen eines sog. Kommunalverfassungsstreits können die Organ(teil)e einer kommunalen Gebietskörperschaft die Reichweite ihre organschaftlichen Rechte und Pflichten überprüfen lassen.[196] Der Begriff bezeichnet keine bestimmte Klageart, sondern zeigt an, dass sich bei der Anwendung der VwGO-Vorschriften Besonderheiten ergeben können.

---

[194] Vgl. noch A I 2a.

[195] A.A.: die früher vertretene Impermeabilitätslehre; *Schnapp,* AöR 105 (1980), 243.

[196] Vgl. *Ehlers,* NVwZ 1990, 105; *Erichsen/Biermann,* Jura 1997, 157ff.; *Meister,* JA 2004, 414ff.; *Franz,* Jura 2005, 156ff.

Vertiefung: Bei einem Kommunalverfassungsstreit sind der sog. Interorganstreit, bei dem die Streitigkeit zwischen Organen der Gemeinde besteht und der sog. Intraorganstreit zu unterscheiden. Bei Letzterem setzen sich Organteile desselben Organs bzw. ein Organteil mit dem Organ, dem es angehört, auseinander; vgl. ÖffR NRW, § 2 Rn. 273.

Die Tatsache, dass die streitentscheidende Norm dem Gemeindeverfassungsrecht entnommen wird, ändert ebenfalls nichts am Eingreifen des § 40 Abs. 1 VwGO. Eine verfassungsrechtliche Streitigkeit i.S.d. § 40 Abs. 1 Satz 1 VwGO liegt nur dann vor, wenn das Staatsverfassungsrecht im materiellen Sinne bzw. die verfassungsrechtlichen Positionen von Staatsorganen Streitgegenstand sind;[197] nicht jedoch, wenn wie hier, um einfaches Recht gestritten wird.

2. Statthafte Klageart

Die statthafte Klageart ist gemäß § 88 VwGO nach dem Begehren des Klägers zu bestimmen. Hinsichtlich der Überprüfung des gegen P erlassenen Sitzungsausschlusses ist wegen des eingetretenen Zeitablaufs zunächst eine Fortsetzungsfeststellungsklage gemäß § 113 Abs. 1 Satz 4 VwGO zu erwägen.

a) Vorliegen eines Verwaltungsakts?

Voraussetzung hierfür ist, dass die Maßnahme des Oberbürgermeisters einen Verwaltungsakt i.S.v. § 35 Satz 1 VwVfG NRW darstellt. Insoweit ist lediglich das Begriffsmerkmal der Außenwirkung fraglich.

Vertiefung: Früher ist teilweise bereits die Behördeneigenschaft gemäß § 35 Satz 1 VwVfG NRW verneint worden. Denn bei dem Handeln eines kommunalen Organs gegenüber einem anderen Organ(teil) fehle es an der für das Außenverhältnis typischen Subordination (vgl. etwa *Schoch,* JuS 1987, 783ff.). Nach § 1 Abs. 2 VwVfG NRW ist jedoch jede Stelle, die Aufgaben der öffentlichen Verwaltung wahrnimmt, als Behörde zu qualifizieren. Deshalb kann grundsätzlich auch der Bürgermeister, wenn er als Ratsvorsitzender sitzungsleitende Maßnahmen gegenüber einem Ratsmitglied verfügt als „Behörde“ i.S.v. § 35 Satz 1 VwVfG NRW tätig werden.

„Außenwirkung“ liegt dort vor, wo eine hoheitliche Maßnahme final gestaltend oder feststellend in die Rechtsposition eines Bürgers, also einer außerhalb der Verwaltung stehenden Person, eingreift.[198] Der Sitzungsausschluss könnte P in seiner persönlichen (Grund-)Rechtsstellung aus Art. 5 Abs. 1 Satz 1 GG betreffen.

Beim Rechtsschutz gegen Ordnungsmaßnahmen ist es grundsätzlich wichtig zu unterscheiden, ob das klagende Organ in seiner mitgliedschaftlichen Rechtsstellung oder der Organwalter als natürliche Person in seinen Freiheitsgrundrechten betroffen ist.

---

[197] Vgl. *Meister,* JA 2004, 414ff.; *Franz,* Jura 2005, 156ff.
[198] Vgl. *Kopp/Ramsauer,* VwVfG, 14. Aufl. 2013, § 35 Rn. 124ff.

Klausurtipp: Diese Frage darf daher nicht offen gelassen werden (so aber HessVGH, NJW 2003, 2471, für das Ab- bzw. Aufhängen eines Kreuzes im Ratssaal). Genauso wenig darf von einer *gleichzeitigen* Betroffenheit in Mitgliedschafts- und Grundrechten ausgegangen werden (so aber VG Darmstadt, NJW 2003, 455; weiterführend *Burgi,* Kommunalrecht, 4. Aufl. 2012, § 14 Rn. 15). Diese Differenzierung ist vergleichbar mit der Situation eines Beamten, an den entweder innerdienstliche Weisungen ohne Verwaltungsaktscharakter ergehen, wenn er als Teil des Dienstapparates („Amtswalter") gemeint ist oder aber der als selbstständige Rechtsperson durch Verwaltungsakte betroffen wird (vgl. *Maurer,* Allgemeines Verwaltungsrecht, 18. Aufl. 2011, § 9 Rn. 28; *Ruffert,* Verwaltungsakt, in: Erichsen/Ehlers, Allgemeines Verwaltungsrecht, 14. Aufl. 2010, § 21 Rn. 46ff.).

Ein Gemeinderatsmitglied ist wie jeder Bürger in seinem Grundrecht der Meinungsfreiheit aus Art. 5 Abs. 1 Satz 1 GG berührt, wenn ihm beispielsweise das Tragen einer Plakette mit der Aufschrift „Stoppt Atomkraft" o.ä., während der Ratssitzung untersagt wird.[199] Vorliegend ist die Ausschlussmaßnahme des Oberbürgermeisters jedoch als ein bloß gemeinderatsinterner Vorgang zu qualifizieren, die der O zur Regelung der laufenden Ratssitzung nach § 51 Abs. 1 Fall 2 GO NRW verfügt hat. Die Maßnahme betrifft P unmittelbar in seiner Eigenschaft als Ratsherr („fühlte sich ... beeinträchtigt") und nur hinsichtlich seiner organschaftlichen Mitwirkungsrechte, während sein kultursoziologisches Argument nicht im Visier der Maßnahme des O lag.[200]

Soweit P indirekt in seiner Meinungsfreiheit als Bürger betroffen sein sollte, genügt diese lediglich mittelbar-faktische Beeinträchtigung subjektiver Rechte jedenfalls nicht für die finale Zielrichtung des Merkmals der Außenwirkung i.S.v. § 35 Satz 1 VwVfG NRW.[201] Der Ausschluss aus der Ratssitzung besitzt damit keine Verwaltungsaktsqualität. Eine Fortsetzungsfeststellungsklage nach § 113 Abs. 1 Satz 4 VwGO scheidet aus.[202]

b) Feststellungsklage

Hinsichtlich des Sitzungssauschlusses könnte daher eine Feststellungsklage gemäß § 43 Abs. 1 VwGO im Rahmen eines Kommunalverfassungsstreits einschlägig sein. Diese steht dann zur Verfügung, wenn das (Nicht-)Bestehen eines „Rechtsverhältnisses" einer grundsätzlichen Klärung bedarf. Unter Rechtsverhältnis versteht man die sich aus einem konkreten Sachverhalt aufgrund einer Rechtsnorm ergebenden rechtlichen Beziehungen einer Person zu einer anderen Person oder zu einer Sache.[203] Aufgrund seiner Zwischenrufe und seines Protestverhaltens ist P von der Sitzung ausgeschlossen worden. O sah sich hierzu durch § 51 Abs. 1 Fall 2 GO NRW ermächtigt. Zwischen beiden Parteien besteht somit eine rechtliche Beziehung, die aber durch reines Innenrecht geprägt

---

[199] BVerwG, NVwZ 1988, 837f.; *Tettinger/Ennuschat,* NWVBl. 2002, 244ff.

[200] Grundlegend OVG NRW, DVBl. 1983, 53ff. – Rauchverbot.

[201] Vgl. *Kopp/Ramsauer,* VwVfG, 14. Aufl. 2013, § 35 Rn. 126; *Ruffert,* Verwaltungsakt, in: Erichsen/Ehlers, Allgemeines Verwaltungsrecht, 14. Aufl. 2010, § 21 Rn. 44.

[202] Vgl. ÖffR NRW, § 2 Rn. 280.

[203] *Kopp/Schenke,* VwGO, 20. Aufl. 2014, § 43 Rn. 11.

ist. Eine direkte Anwendung der Feststellungsklage scheidet damit aus, weil das VwGO-Rechtsschutzsystem auf die Überprüfung von Außenrechtsbeziehungen angelegt ist. Dass die Innenrechtsstreitigkeiten von Organ(teil)en einer kommunalen Selbstverwaltungskörperschaft im Wege eines Kommunalverfassungsstreitverfahrens ausgefochten werden, ist aber aus den oben genannten Gründen anerkannt (vgl. A I 1). Zur Klärung solcher Streitfragen kann daher eine Feststellungsklage analog herangezogen werden.[204] Auch Innenrechtsverhältnisse stellen klärungsbedürftige „Rechtsverhältnisse" i.S.v. § 43 Abs. 1 VwGO dar.[205] Da das Klagesystem der VwGO abschließend ist, besteht kein Anlass für die Anerkennung einer Klage sui generis.[206]

Die Erhebung einer Feststellungsklage setzt gemäß § 43 Abs. 1 VwGO die Geltendmachung eines „berechtigten Feststellungsinteresses" voraus. Dafür genügt generell jedes rechtliche, wirtschaftliche oder nur ideelle Interesse,[207] wobei sich Innenrechtssubjekte von vornherein nur auf schutzwürdige Funktionsinteressen berufen können.[208] P macht wegen des Ausschlusses ein Rehabilitationsinteresse geltend, daneben besteht die Möglichkeit einer Wiederholungsgefahr. Das erforderliche Feststellungsinteresse liegt damit vor.

Da weder die Anfechtungs- bzw. die Fortsetzungsfeststellungsklage (da kein Verwaltungsakt vorliegt, vgl. A I 2a) zur Verfügung steht, noch die allgemeine Leistungsklage (da Erledigung eingetreten ist, vgl. später B V 2) in Betracht kommt, greift der Grundsatz der Subsidiarität der Feststellungsklage gemäß § 43 Abs. 2 Satz 1 VwGO nicht ein.[209]

3. Klagebefugnis

Die Vorschriften des 8. Abschnitts der VwGO gelten nur für die Anfechtungs- und Verpflichtungsklage. Dennoch wird sowohl im Rahmen einer allgemeinen Leistungsklage also auch bei einer Feststellungsklage das Erfordernis der Klagebefugnis analog § 42 Abs. 2 VwGO bejaht, um sog. Popularklagen auszuschließen.[210] Bei einem Kommunalverfassungsstreitverfahren gewinnt dieser Prüfungspunkt dadurch zusätzlich an Bedeutung, dass die „mögliche" Verletzung eigener organschaftlicher Befugnisse für sich konstitutiv ist.[211] P müsste also in einer wehrfähigen Innenrechtsposition verletzt sein. Solche zur eigenständigen Wahrnehmung zugewiesenen Organrechte („wehrfähige Innenrechtsposition") können der Gemeindeordnung oder einer gemeindlichen Satzung bzw. Geschäftsordnung[212] zu entnehmen sein.

---

[204] Vgl. *Tettinger/Ennuschat,* NWVBl. 2002, 244ff.; *Suerbaum/Brüning,* JuS 2001, 992ff.

[205] Vgl. OVG NRW, NWVBl. 2002, 381ff.

[206] So noch OVGE NRW 27, 258ff.; 28, 208ff.; vgl. *Burgi,* Kommunalrecht, 4. Aufl. 2012, § 14 Rn. 10f.

[207] *Kopp/Schenke,* VwGO, 20. Aufl. 2014, § 43 Rn. 23.

[208] Vgl. *Ehlers*, NVwZ 1990, 105 (111).

[209] Vgl. BVerwGE 77, 207ff.

[210] *Kopp/Schenke*, VwGO, 20. Aufl. 2014, § 42 Rn. 62f.

[211] *Suerbaum/Brüning,* JuS 2001, 992ff.; *Franz,* Jura 2005, 156ff.

[212] Vgl. § 47 Abs. 2 Satz 1 GO NRW; ÖffR NRW, § 2 Rn. 282f.

Vertiefung: Der Kläger eines Kommunalverfassungsstreits kann sich nur auf eigene organschaftliche Rechte berufen. Daher können Ratsmitglieder oder Fraktionen nicht in Prozessstandschaft für den Rat handeln. Ebenso wenig kann ein Ratsmitglied eine allgemeine Rechtmäßigkeitsprüfung von Ratsbeschlüssen beanspruchen. Dies kann nur im normalen Verwaltungsverfahren, etwa durch Klage eines Bürgers oder das Vorgehen der Staatsaufsicht erfolgen (vgl. ÖffR NRW, § 2 Rn. 282).

Um das kommunale Mandat wahrnehmen zu können, steht dem einzelnen Ratsmitglied eine Vielzahl an rechtlichen Kompetenzen zu, beispielsweise Rede-, Frage- (vgl. §§ 47 Abs. 2 Satz 2, 55 Abs. 1 GO NRW), Antrags- (vgl. § 48 Abs. 1 Satz 2 GO NRW) und Akteneinsichtsrechte (vgl. § 55 Abs. 3 und 4 GO NRW). Einen Schwerpunkt seines Mandats bildet die Teilnahme an Beratungen und Abstimmungen während der Gemeinderatssitzungen (vgl. §§ 43 Abs. 1 und 50 GO NRW). Durch den Sitzungssauschluss könnte P möglicherweise in dieser wehrfähigen Innenrechtsposition verletzt worden sein. P ist damit klagebefugt.

4. Keine weiteren besonderen Voraussetzungen?

Die prozessualen Vorschriften des Vorverfahrens gemäß § 68 VwGO und der Pflicht zur Beachtung der Klagefrist nach § 74 VwGO gelten nur für die Anfechtungs- und Verpflichtungsklage.

5. Richtiger Klagegegner (passive Prozessführungsbefugnis)?

Nach der Systematik der VwGO ist § 78 VwGO bei der Feststellungsklage nicht anwendbar. Auch das die Klagearten überwölbende, ungeschriebene sog. Rechtsträgerprinzip, wonach die Bürger gegen die staatlichen Träger der handelnden Organe und Behörden zu klagen haben, passt nicht, denn es geht ja gerade um einen Streit zwischen den Organen. Die Klage ist daher gegen das Organ zu richten, dem die behauptete Verletzung von Organrechten zuzurechnen ist. Passiv prozessführungsbefugt ist daher der Oberbürgermeister selbst.[213]

6. Beteiligten- und Prozessfähigkeit

a) Klägerseite

P müsste beteiligtenfähig sein. Obgleich er auch als Ratsmitglied eine „natürliche Person" bleibt, klagt er vorliegend in seiner Eigenschaft als Organteil des Gemeinderats. Er ist somit nicht gemäß § 61 Nr. 1 VwGO beteiligtenfähig. Eine Beteiligtenfähigkeit gemäß § 61 Nr. 3 VwGO scheidet ebenfalls aus, weil es in NRW keine Norm (mehr) gibt, die Behörden die Beteiligungsfähigkeit zuerkennt. Die Beteiligtenfähigkeit müsste daher nach § 61 Nr. 2 VwGO zu begründen sein. Eine unmittelbare Anwendung der Vorschrift scheidet aus, weil die Feststellungsklage hier auf der Grundlage zulässiger Rechtsfortbildung in entsprechender Anwendung eingesetzt wird (vgl. A I 2b). Eine „zweite Analogie" ergibt sich daraus, dass P in seiner Rechtsstellung als Ratsmitglied und damit bloß als ein Teil der „Vereinigung" Gemeinderat klagt. Das ihm zustehende

---

[213] *Burgi*, Kommunalrecht, 4. Aufl. 2012, § 14 Rn. 12.

„Recht" i.S.v. § 61 Nr. 2 VwGO folgt aus seinem Mitwirkungsrecht an Sitzungen (vgl. A I 3). Daher ist die Beteiligtenfähigkeit richtigerweise analog § 61 Nr. 2 VwGO zu begründen.[214]

b) Beklagtenseite

Dem beklagten Oberbürgermeister steht die Ordnungsgewalt aus § 51 Abs. 2 GO NRW zu. Auch bei ihm ergibt sich die Beteiligtenfähigkeit analog § 61 Abs. 1 Nr. 2 VwGO. Seine Prozessfähigkeit ist § 62 Abs. 3 VwGO zu entnehmen; der Organwalter Bürgermeister vertritt das Organ „Bürgermeister".

7. Zuständigkeit des Gerichts

Sachlich (vgl. § 45 VwGO) und örtlich (vgl. § 52 Nr. 5 VwGO i.V.m. § 17 Nr. 3 JustG NRW) ist das Verwaltungsgericht Düsseldorf zuständig.

8. Zwischenergebnis

Die Klage des P ist damit zulässig.

II. Begründetheit

Die Feststellungsklage des P ist dann begründet, wenn der Sitzungssauschluss rechtswidrig war und P hierdurch in seinen organschaftlichen Rechten als Ratsmitglied verletzt worden ist.

Ermächtigungsgrundlage für den Ausschluss könnte § 51 Abs. 1 Var. 2 GO NRW sein. P hat hier durch seine lautstarken Beschimpfungen und sein provozierendes Verhalten die Sitzung beinahe zum Platzen gebracht, so dass u.U. vom Vorliegen einer erheblichen Störung ausgegangen werden kann (vgl. noch B II). Deshalb erscheint es möglich, dass sein Ausschluss gerechtfertigt gewesen sein könnte.

Klausurtipp: Die Erfüllung der einzelnen Tatbestandsmerkmale wird unter B II näher erläutert. Soweit der Bearbeiter bereits an dieser Stelle deren Vorliegen prüft, ist dies vertretbar. Praktikabler und einfacher ist es jedoch an diesem Prüfungspunkt direkt auf die Rechtsfolgenseite abzustellen.

Allerdings setzen § 51 Abs. 2 und 3 GO NRW den Ordnungsbefugnissen des Bürgermeisters auf der Rechtsfolgenebene Grenzen und zwar konkret im Hinblick auf die hier in Frage stehende Anordnung eines Sitzungsausschlusses. Voraussetzung für den Ausschluss eines Ratsmitgliedes von einer Ratssitzung ist nach § 51 Abs. 2 GO NRW, dass die Geschäftsordnung des Gemeinderates bestimmt, in welchen Fällen ein solcher Ausschluss erfolgt und ein diesbezüglicher Ratsbeschluss vorliegt. Nur im Ausnahmefall („falls er es für erforderlich hält", vgl. § 51 Abs. 3 Satz 1 GO NRW) soll der Bürgermeister selbst einen sofortigen Ausschluss gegenüber einem „renitenten" Ratsmitglied verfügen dürfen. Voraussetzung ist wiederum, dass die Geschäftsordnung des Rates eine Ordnungsbestimmung gemäß § 51 Abs. 2 GO NRW enthält. Existiert eine solche nicht, darf

---

[214] Vgl. *Suerbaum/Brüning*, JuS 2001, 992ff.; *Franz*, Jura 2005, 156ff.; ÖffR NRW, § 2 Rn. 281.

weder der Rat noch der Bürgermeister eine Ausschlussmaßnahme verfügen.[215] Dagegen könnte man einwenden, dass dem Bürgermeister zumindest eine Art Notbefugnis zustehen müsste. Grundsätzlich hat aber jedes Ratsmitglied ein Recht auf Teilnahme an den Ratsitzungen (vgl. §§ 43ff. GO NRW), während der Sitzungsausschluss daher das schärfste Ordnungsmittel überhaupt darstellt. Denn ein Ausschluss macht es dem Ratsmitglied zumindest zeitweise unmöglich sein Mandat auszuüben. Ferner stehen dem Bürgermeister mildere Mittel, wie allgemeine Aufforderungen zur Ruhe, Ordnungsrufe oder eine Sitzungsunterbrechung zur Verfügung, um für geordnete Sitzungsverhältnisse zu sorgen. Im vorliegenden Fall wurde von diesen Befugnissen nicht Gebrauch gemacht. O war daher nicht zum Sitzungsausschluss gegenüber P ermächtigt, so dass dieser rechtswidrig erfolgte. P wurde hierdurch in seinen Organrechten verletzt. Seine Feststellungsklage ist damit begründet.

III. Zwischenergebnis

Die Klage des P ist zulässig und begründet.

B. Telefonierverbot

I. Vorüberlegung

Klausurtipp: Bei einer Beratungs- bzw. Anwaltsklausur ist zuerst das Begehren des Rechtssuchenden herauszuarbeiten (vgl. § 88 VwGO). Zumeist bietet es sich daraufhin an, die materiell-rechtliche Rechtslage in einem Gutachtenteil zu überprüfen. Liegen die materiell-rechtlichen Anspruchsvoraussetzungen vor, sind sodann die Erfolgsaussichten einer prozessualen Umsetzung zu prüfen. Soweit Handlungsalternativen bestehen, sind diese mit der Interessenlage des Rechtssuchenden abzugleichen, um ihm eine rechtlich zulässige und taktisch sinnvolle Empfehlung zum weiteren Vorgehen zu geben (sog. Zweckmäßigkeitsüberlegungen; vgl. *Raiser/Schmidt/Bultmann,* Anwaltsklausuren, 2003; *Lewinski,* Öffentlich-rechtliche Berater- und Anwaltsklausuren im Studium, 2007).

O möchte vom städtischen Rechtsamt zum Ersten wissen, ob er ein Telefonierverbot erlassen könnte und zum Zweiten, ob etwaige prozessuale Schritte eines Ratsmitgliedes Aussicht auf Erfolg hätten.

II. Ermächtigungsgrundlage für ein Telefonierverbot

§ 51 Abs. 1 Fall 2 GO NRW wird hier nun mit der Rechtsfolge Erlass eines „Telefonierverbots" geprüft. Der Tatbestand setzt das Vorliegen einer objektiv erheblichen Störung voraus.[216]

---

[215] Vgl. *Rehn/Cronauge,* GO NRW, Stand: Juli 2013, § 51 Erläuterung III.

[216] Vgl. OVG NRW, DVBl. 1983, 53; ÖffR NRW, § 2 Rn. 230.

Das konkrete Telefonieren von C und u. U. anderen Ratsmitgliedern müsste objektiv eine Störung darstellen. Dafür genügt bereits, wenn für einen durchschnittlichen Betrachter objektiv nachvollziehbar ist, dass ein bestimmtes Verhalten subjektiv als „Störung" empfunden wird.[217] Vorliegend führte namentlich C seine Handygespräche während der Ratssitzungen. Die Arbeitsweise des Gemeinderates kennzeichnet sich dadurch, dass themenbezogene Anhörungen und Beratungen stattfinden. Die Ratsmitglieder sollen wohl informiert über die einzelnen Tagesordnungspunkte abstimmen können. Angesichts der Informationsfülle und Verschiedenartigkeit der Themen wird den Ratsherren ein konzentriertes Zuhören abverlangt. Die Wortbeiträge und deren Argumente müssen nicht nur akustisch wahrgenommen, sondern auch inhaltlich nachvollzogen werden. Dafür ist eine ruhige und sachliche Arbeitsatmosphäre vonnöten. Telefongespräche bringen jedoch eine Geräuschkulisse mit sich, die selbst bei geringer Lautstärke („Flüsterton") der dargestellten Arbeitsweise abträglich ist. Die durch C verursachten Geräusche stellen somit objektiv eine Störung dar.

Diese Störung müsste zudem erheblich sein. Fraglich ist, wie sich der Grad der Störung beurteilen lässt. Um die divergierenden Interessen der Fraktionen in einen einheitlichen Gemeinderatsbeschluss zusammenfassen zu können, sind Diskussionen notwendig. Diese sind am effektivsten in einer ruhigen und sachlichen Atmosphäre zu führen. Daher haben die Mitglieder eines Kollegialorgans ihr Verhalten im Interesse der Funktionsfähigkeit des Gremiums möglichst untereinander abzustimmen, um Konflikte zu vermeiden. Zu ihrem Verhaltenskodex gehört daher das „Gebot der gegenseitigen Rücksichtnahme". Ob ein Verstoß gegen dieses Gebot vorliegt, hängt von einer Abwägungsentscheidung ab. In diese fließen die Belange und Interessen des begünstigten bzw. betroffenen Ratsmitglieds einschließlich der Umstände, die ihnen billigerweise zuzumuten sind, ein.[218] Die Störung selbst ist also mit der vom Betroffenen einzufordernden Rücksichtnahme abzugleichen. Es ist davon auszugehen, dass bereits geringfügige Geräuschbelästigungen stören und die Konzentrationsfähigkeit der Ratsmitglieder beeinträchtigen. Die Forderung des P von Telefongesprächen während der Ratssitzung verschont zu bleiben, ist darum mit Blick auf die nachteiligen Auswirkungen solcher Geräuschimmissionen nachvollziehbar. Dagegen ist es schwer nachvollziehbar, wie beispielsweise der dauertelefonierende C den Beratungen im Rat aufmerksam folgen will, zumal er sein Informationsbedürfnis auch dadurch realisieren kann, dass er zum Telefonieren kurzfristig den Ratssaal verlässt bzw. sein Mobiltelefon in den Sitzungspausen nutzt oder stattdessen auf einen geräuschlosen Kurznachrichtenempfang bzw. -versand umstellt. Im Übrigen muss er auch an anderen öffentlichen Orten, wie Krankenhäusern, Kinos oder Theatern auf den Gebrauch seines Handys verzichten. Die von den dauernden Telefongesprächen ausgehende Belästigung ist daher nicht sozialadäquat. Gegenüber dem Interesse des P an einer geordneten und ruhigen Ratssitzung ist das Telefonierinteresse von C nachrangig. C verstößt also gegen das Gebot der gegenseitigen Rücksichtnahme. Es liegt somit eine erhebliche Störung vor. Damit sind die tatbestandlichen Voraussetzungen für die Anordnung eines Telefonierverbots gegeben.

---

[217] Vgl. *Tettinger/Ennuschat,* NWVBl. 2002, 244 ff.
[218] *Burgi,* Kommunalrecht, 4. Aufl. 2012, § 12 Rn. 39.

III. Anordnung

1. Ermessen oder Pflicht

O ist daher grundsätzlich berechtigt, ein Telefonierverbot zu erlassen. Fraglich ist, ob darüber hinaus für O eine Pflicht besteht, ein ratsinternes Telefonierverbot zu erlassen. Dem Bürgermeister steht zur Beseitigung von Störungen in der Ratssitzung an sich ein weitgespannter Ermessensspielraum zu. Grundsätzlich ist er nicht verpflichtet, eine bestimmte Maßnahme zur Störungsabwehr zu ergreifen. Vielmehr kann er nach pflichtgemäßem Ermessen unter verschiedenen in Betracht kommenden Möglichkeiten das geeignete Mittel ergreifen, um einen ungestörten Sitzungsverlauf sicherzustellen. Vorliegend ist jedoch zur Beendigung der Geräuschbelästigung kein anderes Ordnungsmittel erkennbar, wenn C trotz mehrfacher Aufforderungen sein Verhalten nicht ändern würde. Das Auswahlermessen wäre dann auf Null reduziert und es käme zur Herstellung der Ruhe nur der Erlass eines Telefonierverbots in Betracht. O wäre dann gemäß § 51 Abs. 1 Fall 2 GO NRW verpflichtet, ein Telefonierverbot für die Zeit und den Ort der Ratssitzungen zu erlassen.

2. Praktische Umsetzung

O ist zu empfehlen, die Anordnung des Telefonierverbots während der nächsten Ratssitzung nicht nur öffentlich gegenüber allen Ratsmitgliedern bekannt zu machen, sondern aus Gründen der Rechtssicherheit und -klarheit auch in der Sitzungsniederschrift schriftlich zu vermerken.

IV. Störungsbeseitigungsanspruch

Fraglich ist, ob ein einzelnes Ratsmitglied die Anordnung eines Telefonierverbotes verlangen kann, d.h. ob ein subjektives Recht auf ermessenfehlerfreie Entscheidung bzw., da hier eine Ermessensreduzierung auf Null vorliegt (vgl. B III 1), ein unmittelbarer Anspruch auf Erlass besteht.

Die Mitwirkung an Beratungen und der Entscheidungsfindung im Rat ist Kern der Organrechte eines jeden Ratsmitgliedes (vgl. §§ 42ff. GO NRW). Es handelt sich dabei um wehrfähige Innenrechtspositionen des einzelnen Ratsmitgliedes (vgl. A I 3). Mit diesen Mitgliedschaftsrechten korrespondiert ein Anspruch auf deren ungestörte Wahrnehmung, der sog. innerorganisatorische Störungsbeseitigungsanspruch. Infolge dessen kann das einzelne Ratsmitglied die Einhaltung interner Verhaltensregeln fordern. Adressat dieses Anspruchs ist wiederum der Bürgermeister gemäß § 51 Abs. 1 Fall 2 GO NRW.[219] In formeller Hinsicht setzt der innerorganisatorische Störungsbeseitigungsanspruch lediglich die Geltendmachung des als belästigend empfundenen Verhaltens durch das betroffene Ratsmitglied voraus.[220] Im vorliegenden Fall hatte P bereits während

---

[219] Zur Verhandlungsleitung und Ordnungsrecht des Bürgermeisters für Ratssitzungen, vgl. auch *Erichsen*, Kommunalrecht, 2. Aufl. 1997, § 7 A 1caa.

[220] Vgl. OVG NRW, DVBl. 1983, 53ff.; ÖffR NRW, § 2 Rn. 229f.

der Ratssitzung erfolglos ein Telefonierverbot beantragt und sein Begehren gegenüber O schriftlich erneuert.

V. Prozessuale Durchsetzung

Zu klären bleibt, ob den Ratsmitgliedern ein verwaltungsprozessuales Verfahren zur Verfügung stünde, um das Telefonverbot gerichtlich zu erstreiten. Dies wird naheliegenderweise aus der Sicht des P erörtert:

1. Eröffnung des Verwaltungsrechtswegs

Für das auch hier in Betracht kommende Kommunalverfassungsstreitverfahren ist der Verwaltungsrechtsweg nach § 40 Abs. 1 VwGO eröffnet (vgl. A I 1).

2. Statthafte Klageart

P würde den Erlass eines Telefonierverbots für die Zeit und den Ort der Ratssitzungen begehren. Zunächst ist an eine Verpflichtungsklage gemäß § 42 Abs. 1 VwGO zu denken, die aber mangels Verwaltungsaktsqualität des zu erlassenden Telefonierverbots ausscheidet, denn diesem ermangelt es aus den oben genannten Gründen (vgl. A I 2a) an der Außenwirkung i. S. d. § 35 Satz 1 VwVfG NRW (d. h. im Staat-Bürger-Verhältnis). Es kommt daher die allgemeine Leistungsklage in Betracht. Diese wird in §§ 43 Abs. 2 Satz 1, 111, 113 Abs. 4 VwGO vorausgesetzt und kommt grundsätzlich dann in Betracht, wenn der Beklagte zu einem bestimmten Tun oder Unterlassen veranlasst werden soll, das nicht im Erlass eines Verwaltungsakts besteht und einen solchen auch nicht voraussetzt. Eine unmittelbare Anwendung der allgemeinen Leistungsklage scheidet im Rahmen eines Kommunalverfassungsstreits grundsätzlich aus. Im Interesse der Durchsetzung der organschaftlichen Rechte ist aber ihr Einsatz im Wege der analogen Anwendung möglich (vgl. zuvor A I 2 b).[221]

3. Klagebefugnis

Die Klagebefugnis müsste über § 51 Abs. 1 Fall 2 GO NRW zu begründen sein. Dazu muss diese Vorschrift dem P ein subjektives Recht vermitteln. Wie dargelegt, folgt aus den Mitgliedschaftsrechten des P als Ratsmitglied ein innerorganisatorischer Störungsbeseitigungsanspruch (vgl. B IV), der mit der Pflicht des O zur Gewährleistung der Sitzungsordnung gemäß § 51 Abs. 1 Fall 2 GO NRW korrespondiert.

4. Weitere Voraussetzungen

Insoweit kann auf die Ausführungen zu A I 4 bis 7 verwiesen werden.

---

[221] OVG NRW, DVBl. 1983, 53 ff. und dass., NWVBl. 1991, 16 ff. – Rauchverbot; OVG NRW, NWVBl. 1998, 110 – Akteneinsicht; vgl. auch ÖffR NRW, § 2 Rn. 280.

VI. Ergebnis

Jedem Ratsmitglied stünde ein mit der allgemeinen Leistungsklage zu verfolgender Anspruch auf innerorganisatorische Störungsbeseitigung gegen den Oberbürgermeister zu. Dem O ist daher zu raten, dass von P begehrte Telefonierverbot zu erlassen, um Prozesskosten (vgl. § 154 Abs. 1 VwGO) zu vermeiden.

Hintergrund: Bei der Durchführung eines Kommunalverfassungsstreits hat die Gemeinde selbst im Falle ihres Obsiegens die dem unterlegenen kommunalen Funktionsträger (ob Ratsmitglied oder Bürgermeister) entstandenen Prozesskosten zu erstatten, sofern dieser das gerichtliche Verfahrens nicht „mutwillig" aus sachfremden Gründen in Gang gesetzt hat („öffentlich-rechtlicher Erstattungsanspruch"). Die Kostentragungspflicht ist auch nicht dadurch ausgeschlossen, dass pauschale Aufwendungsersatzansprüche bestehen (vgl. §§ 45 f. GO NRW), denn diese Zuwendungen dienen nicht der Abgeltung von Prozessführungskosten (vgl. OVG Saarland, NVwZ 1982, 140 f.; OVG NRW, NWVBl. 1992, 163 ff.; Bay. VGH, KommunalPraxis BY 2006, 395).

7. Klausur: „Bürgerbegehren und Bürgerentscheid" **

Sachverhalt

Die kreisfreie Stadt G (Einwohnerzahl: 150.000) ist wegen ihres schönen Domes seit jeher ein Anlaufpunkt für Touristen. Die ansässige Domgemeinde plant, auf den Domplatz eine neue Begegnungsstätte zu bauen. Alles wird so geplant, dass sich das Bauwerk in die Umgebung einfügt, auch um den baurechtlichen Anforderungen im unbeplanten Innenbereich zu genügen. Dennoch regt sich in der Stadt Unmut über das Bauprojekt.

Die orstansässigen Bürger S und W gründen Anfang Januar 2014 eine Bürgerinitiative mit dem Ziel, in B ein Bürgerbegehren und notfalls einen Bürgerentscheid zu erzwingen, mit dem das Bauvorhaben blockiert wird.

Dazu formulieren sie die folgende Unterschriftenliste, im Rahmen derer sich S und W selbst als Vertreter des Bürgerbegehrens benennen:

„Begehren zu 1: Wir Bürgerinnen und Bürger sind gegen den Bau einer Begegnungsstätte auf dem Domplatz! Der Rat wird aufgerufen, geeignete bauplanerische Antworten auf die drohende Bausünde zu geben!

Begehren zu 2: Die Genehmigung für den Bau des Projektes wird verweigert!"

Die schriftlich formulierten Begehren sind im Übrigen ordnungsgemäß begründet und weisen eine den Anforderungen des § 26 Abs. 2 Satz 5 und 6 GO NRW genügende Kostenschätzung der Verwaltung auf.

In den folgenden Wochen gelingt es der Bürgerinitiative, insgesamt 7530 Unterschriften zu sammeln, wobei 30 Unterschriften von Einwohnern türkischer Nationalität und 50 von Einwohnern italienischer Nationalität abgegeben werden. Das Quorum beträgt gem. § 26 Abs. 4 GO NRW bei Gemeinden bis 200.000 Einwohner 5 Prozent, hier also 7500 Einwohner.

Da S bereits Mitte Januar 2014 verzogen ist, übergibt W dem Oberbürgermeister von G alleine Anfang Februar die Unterschriftenlisten mit der Aufforderung, den Rat in seiner nächsten Sitzung die Zulässigkeit des Bürgerbegehrens feststellen zu lassen. In der am 15.2.2014 stattfindenden Sitzung beschließt der Rat formell ordnungsgemäß, dass das Bürgerbegehren unzulässig sei. Zur Begründung verweist der Beschluss auf die „Verfehlung des Einleitungsquorums". Ferner verstoße das Begehren auch materiell gegen die Anforderungen an ein zulässiges Bürgerbegehren.

Am 8.3.2014 erhebt W im eigenen Namen Klage beim zuständigen Verwaltungsgericht.

Prüfen Sie die Erfolgsaussichten der erhobenen Klage unter allen im Sachverhalt aufgeworfenen Aspekten!

Gliederung

A. Zulässigkeit
- I. Eröffnung des Verwaltungsrechtswegs
- II. Statthafte Klageart
  Prüfe: Rat als Behörde i. S. v. § 1 Abs. 2 VwVfG NRW
  Prüfe: Außenwirkung
  - 1. Behörde
    - a) Allgemeines
    - b) Besonderheiten bei einem Bürgerbegehren
  - 2. Außenwirkung
- III. Klagebefugnis
  - 1. Allgemeine Voraussetzungen
    Prüfe: Subjektives öffentliches Recht aus § 26 Abs. 6 GO NRW
  - 2. Rechtsinhaberschaft des W
    Prüfe: eigenes Recht der Vertreter
    - a) Stellvertretung i. S. v. § 164 Abs. 1 Satz 1 BGB?
    - b) Prozessstandschaft oder eigenes Recht der Vertreter?
    - c) Zwischenergebnis
  - 3. Alleinige Klagebefugnis des W?
    Prüfe: Alleinvertretungsbefugnis des W
    - a) Erfodernis einer „Gesamtvertretung"?
    - b) Vertreterstellung des S
    - c) Auswirkung auf die Rechtsstellung des W
  - 4. Zwischenergebnis
- IV. Vorverfahren
- V. Richtiger Klagegegner
- VI. Beteiligungs- und Prozessfähigkeit
  - 1. Auf Klägerseite
  - 2. Auf Beklagtenseite
- VII. Klagefrist
- VIII. Zuständigkeit des Gerichts
- IX. Zwischenergebnis

B. Begründetheit
- I. Anspruchsgrundlage
- II. Tatbestandliche Voraussetzungen
  - 1. Anforderungen an die Form
    Prüfe: Aussageform des Begehrens; Bestimmtheit des Ausdrucks „Ökostrom"; Wegzug des S; Fragenkumulation
    - a) Frageform des Begehrens
    - b) Bestimmtheit
    - c) Inhaltliche Unrichtigkeit
    - d) Mehrere Anliegen
  - 2. Frist
  - 3. Einleitungsquorum
    Prüfe: Berücksichtigung der türkischen und italienischen Bürger
  - 4. Bürgerbegehrensfähige Angelegenheit
    - a) Entscheidungsgehalt
    - b) Verbandskompetenz
    - c) Organkompetenz des Rates
    - d) Negativkatalog des § 26 Abs. 5 GO NRW
- III. Zwischenergebnis

C. Ergebnis

Lösungsvorschlag

Die Klage hat Erfolg, wenn sie zulässig und begründet ist.

A. Zulässigkeit

I. Eröffnung des Verwaltungsrechtswegs

Der Verwaltungsrechtsweg könnte gemäß § 40 Abs. 1 Satz 1 VwGO eröffnet sein. Erörterungsbedürftig ist hier allein das Vorliegen einer öffentlich-rechtlichen Streitigkeit. Eine Streitigkeit ist öffentlich-rechtlich, wenn das Rechtsverhältnis, aus dem der geltend gemachte Anspruch herrührt, öffentlich-rechtlicher Natur ist. Die Rechtmäßigkeit der streitgegenständlich versagten Zulässigkeitserklärung durch den Rat von G bestimmt sich am Maßstab der GO NRW, deren Vorschriften ausschließlich einen Träger öffentlicher Gewalt, die Gemeinde, berechtigen und/oder verpflichten und damit i.S.d. sog. modifizierten Subjektstheorie staatliches „Sonderrecht" darstellen. Folglich ist der Verwaltungsrechtsweg nach § 40 Abs. 1 Satz 1 VwGO eröffnet.

II. Statthafte Klageart

Als statthafte Klageart kommt die Verpflichtungsklage gemäß § 42 Abs. 1, Fall 2 VwGO in Betracht. Dann müsste das Begehren von W auf Erlass eines zuvor abgelehnten begünstigenden Verwaltungsaktes i.S.v. § 35 Satz 1 VwVfG NRW gerichtet sein (sog. Versagungsgegenklage). Alternativ wären aber auch eine allgemeine Leistungsklage oder eine Feststellungsklage denkbar. Deshalb ist zunächst zu klären, ob die Feststellung der Zulässigkeit eines Bürgerbegehrens durch den Rat ein Verwaltungsakt ist. Mit Blick auf die Merkmale eines Verwaltungsaktes ist allein fraglich, ob der Rat im Rahmen der Zulässigkeitsfeststellung als „Behörde" agiert und ob dessen Entscheidung „auf unmittelbare Rechtswirkung nach außen gerichtet ist".

1. Behörde

a) Allgemeines

Behörde i.S.v. § 35 Satz 1 VwVfG NRW ist nach der Legaldefinition des § 1 Abs. 2 VwVfG NRW jede Stelle, die Aufgaben der öffentlichen Verwaltung wahrnimmt. Das VwVfG NRW geht dabei davon aus, dass eine Behörde i.S.d. Gesetzes dann vorliegt, wenn eine Einrichtung mit hinreichend organisatorischer Selbstständigkeit ausgestattet ist, d.h. der Einrichtung müssen Aufgaben der öffentlichen Verwaltung zur Wahrnehmung in eigener Verantwortlichkeit, mit Außenwirksamkeit und in eigenem Namen übertragen worden sein.[222] In aller Regel handelt es sich bei Beschlüssen des Rates um Akte der gemeindeinternen Willensbildung, die zwar für den Bürgermeister verbindlich sind (vgl. § 62

---

[222] Vgl. zum Ganzen *Kopp/Ramsauer,* VwVfG, 14. Aufl. 2013, § 1 Rn. 51ff.

Abs. 2 Satz 2 GO NRW a.E.), jedoch keine Rechtsfolgen außerhalb des gemeindeinternen Raumes auszulösen vermögen. Folglich können die im Rahmen des Beschlusses behandelten öffentlichen Verwaltungsaufgaben und Sachfragen vom Rat in der Regel nicht im eigenen Namen wahrgenommen werden. Deshalb ordnet § 62 Abs. 2 Satz 2 Fall 1 GO NRW an, dass Ratsbeschlüsse vom Bürgermeister vollzogen werden; dieser ist dann im Lichte des § 1 Abs. 2 GO NRW die den Verwaltungsakt erlassende Behörde i.S.v. § 35 Satz 1 VwVfG NRW.

b) Besonderheiten bei einem Bürgerbegehren

Etwas anderes könnte sich hier jedoch aus den von der GO NRW getroffenen Regelungen über die Feststellung der Zulässigkeit eines Bürgerbegehrens ergeben. § 26 Abs. 6 Satz 2 GO NRW ordnet seinem Wortlaut nach an, dass „gegen die ablehnende Entscheidung des Rates" (und nicht des Bürgermeisters) seitens der Vertreter ein Rechtsbehelf eingelegt werden kann. Aus dieser Formulierung folgt im Umkehrschluss, dass von Gesetzes wegen nur dem Rat die Kompetenz zusteht, im eigenen Namen abschließend und allgemeinverbindlich eine das Bürgerbegehren zulassende oder nicht zulassende Entscheidung zu erlassen;[223] eines Vollzugsaktes durch den Bürgermeister neben der schlichten Bekanntgabe nach § 41 VwVfG NRW bedarf es mithin nicht. Im Ergebnis ist demnach festzustellen, dass der Rat im Rahmen der Zulässigkeitsentscheidung ausnahmsweise selbst als Behörde i.S.v. § 1 Abs. 2 VwVfG NRW zu qualifizieren ist.

Vertiefung: An dieser Stelle sei abermals darauf hingewiesen, dass das Agieren des Rates als Behörde nach § 1 Abs. 2 VwVfG NRW der absolute Ausnahmefall ist; in der Regel kann der Rat durch das Fassen eines Beschlusses nicht im eigenen Namen Rechtswirkungen außerhalb der Verwaltung herbeiführen. Eine vergleichbare Konstellation ist beispielsweise in dem Beschluss über die (Um-)Benennung einer Gemeindestraße nach § 4 Abs. 2 Satz 3 StrWG NRW zu sehen. Dieser stellt für sich genommen schon eine (sachbezogene) Allgemeinverfügung gemäß § 35 Satz 2 Fall 2 VwVfG NRW dar, die deshalb vom Rat als Behörde erlassen wird, weil ein entsprechender Beschluss bereits unmittelbare Außenwirkung entfaltet und deshalb keiner weiteren Vollziehung mehr bedarf, er also „self-executing" ist (vgl. dazu die Entscheidung des OVG NRW, NVwZ-RR 2008, 487).

2. Außenwirkung

Ferner muss die begehrte Zulassungsentscheidung des Rates auf „unmittelbare Rechtswirkung nach außen" gerichtet sein. Dazu müsste sie (zumindest final) den oder die Adressaten, hier also den verbliebenen Vertreter des Bürgerbegehrens, in seiner bzw. ihrer Rechtsstellung als selbstständige Rechtssubjekte und nicht bloß als Teil der Verwaltungsorganisation tangieren. Die Frage nach der Außenwirkung der Zulassungsentscheidung wird insbesondere von der Rechtsprechung nicht einheitlich beantwortet.

Gegen die Annahme einer Außenwirkung lässt sich etwa anführen, dass ein letztendlich durchgeführter Bürgerentscheid die „Wirkung eines Ratsbeschlus-

[223] Vgl. OVG NRW, NVwZ-RR 2003, 448 (449).

ses“ (§ 26 Abs. 8 Satz 1 GO NRW) entfaltet und dass durch ihn eine Entscheidung „an Stelle des Rates“ (§ 26 Abs. 1 GO NRW) getroffen werden soll. Aus diesen Formulierungen des Gesetzes könnte geschlossen werden, dass es sich bei dem im Bürgerbegehren zusammengeschlossenen Teil der Bürgerschaft um ein „Quasi-Organ“ der Gemeinde handelt. Die Vertreter des Bürgerbegehrens wären demnach lediglich als Teil der Verwaltungsorganisation betroffen mit der Folge, dass es sich bei dem Zulassungsbeschluss des Rates in Ermangelung einer Außenwirkung nicht um einen Verwaltungsakt handelte. Weiter gedacht, begehrten die Vertreter des Begehrens damit eine verwaltungsinterne Entscheidung, die sie im Wege des sog. Kommunalverfassungsstreits durch Erhebung einer allgemeinen Leistungsklage oder einer Feststellungsklage prozessual geltend machen müssten.[224]

Für die Annahme einer Außenwirkung könnte die Tatsache streiten, dass der Wortlaut von § 26 GO NRW gerade nicht explizit die Eigenschaft „des Bürgerbegehrens“ als ein weiteres Gemeindeorgan neben Rat und Bürgermeister (vgl. § 40 Abs. 2 Satz 1 GO NRW) anordnet. Somit bleibt Raum für eine gegenteilige Gesetzesauslegung. Als gesetzliches Indiz dafür kann insbesondere § 26 Abs. 6 Satz 2 GO NRW fruchtbar gemacht werden, der gerade die Möglichkeit der Rechtsbehelfseinlegung im Falle einer negativen Zulassungsentscheidung einräumt. Zudem kann nach Sinn und Zweck des § 26 GO NRW nicht festgestellt werden, dass die Vertreter des Bürgerbegehrens etwa auf Grund eines wehrfähigen Innenrechts tätig werden; sie werden vielmehr – wie noch ausführlich zu zeigen sein wird – auf Grund einer Position des Außenrechts jenseits der originären Gemeindeverwaltung tätig. Auch spricht das bereits oben gefundene Ergebnis, dass der Rat dem Bürger gegenüber verbindlich und abschließend feststellt, ob das Bürgerbegehren zulässig ist oder nicht, für eine Außenwirkung.

Die besseren Gründe sprechen sowohl mit Blick auf den gesetzlichen Wortlaut als auch auf Sinn und Zweck von § 26 GO NRW für die zweite Auslegungsvariante. Vor allem ergibt eine die Einlegung von Rechtsbehelfen regelnde Vorschrift wie § 26 Abs. 6 Satz 2 GO NRW nur dann einen Sinn, wenn schon das Gesetz selber von der Existenz eines Verwaltungsaktes ausgeht (zur Anwendbarkeit der Norm siehe noch unten).

Die Zulässigkeitsentscheidung des Rates entfaltet damit Außenwirkung; bei ihr handelt es sich folglich um einen Verwaltungsakt i.S.v. § 35 Satz 1 VwVfG NRW, so dass die Verpflichtungsklage die statthafte Klageart ist.[225]

III. Klagebefugnis

1. Allgemeine Voraussetzungen

Gemäß § 42 Abs. 2 VwGO müsste W geltend machen, durch die ablehnende Entscheidung des Rates in seinen Rechten verletzt zu sein. Erforderlich, aber auch ausreichend ist insoweit, dass dem Kläger ein subjektiv-öffentliches Recht zustehen kann, dessen Verletzung möglich erscheint.

---

[224] Vgl. zum Vorstehenden OVG Lüneburg, NdsVBl. 1998, 96; OVG Koblenz, NVwZ-RR 1997, 241; *Fischer,* DÖV 1996, 181 (183); *ders.,* NWVBl. 1995, 366 (369).

[225] Vgl. zum Ganzen OVG NRW, NVwZ-RR 2003, 448 (449); ÖffR NRW, § 2 Rn. 198.

Es erscheint nicht von vornherein ausgeschlossen, dass § 26 Abs. 1 i.V.m. § 26 Abs. 6 GO NRW im Wege der Auslegung ein subjektiv-öffentliches Recht dergestalt entnommen werden kann, dass ein Anspruch auf Feststellung der Zulässigkeit bzw. auf Durchführung des entsprechenden Bürgerentscheides besteht, wenn die gesetzlichen Vorgaben eingehalten wurden. Somit besteht durch die ablehnende Entscheidung des Rates über die Zulässigkeit des Bürgerbegehrens die Möglichkeit der Verletzung eines subjektiv-öffentlichen Rechts.

2. Rechtsinhaberschaft des W

Da W im eigenen Namen klagt, fragt sich jedoch weiterhin, ob er überhaupt Träger dieses (möglichen) Anspruchs ist. Wäre nämlich der Passus „Vertreter" in § 26 Abs. 2 Satz 2 und Abs. 6 Satz 2 GO NRW rechtstechnisch wie eine Stellvertretung i.S.v. § 164 Abs. 1 Satz 1 BGB zu verstehen, so hätte W nicht im eigenen Namen die Klage erheben können; der Anspruch stünde dann Dritten, etwa den „Unterzeichnenden" i.S.v. § 26 Abs. 2 Satz 2 GO NRW zu.

Das Gesetz äußert sich diesbezüglich nicht expressis verbis; insbesondere erklärt es die Vertreter des Bürgerbegehrens nicht ausdrücklich zu Prozessstandschaftern, also Prozessbeteiligten, die ein fremdes Recht im eigenen Namen geltend machen können. Die Frage nach der Rechtsinhaberschaft ist mithin im Wege der Auslegung von § 26 GO NRW zu beantworten.[226] Zu eruieren ist dabei insbesondere, was unter den Formulierungen in § 26 Abs. 2 Satz 2 GO NRW („berechtigt sind, die Unterzeichnenden zu vertreten") und in § 26 Abs. 6 Satz 2 GO NRW („können nur die Vertreter ... Rechtsbehelf einlegen") zu verstehen ist.

a) Stellvertretung i.S.v. § 164 Abs. 1 Satz 1 BGB?

Wie bereits erwähnt, könnte das Gesetz den Vertretern des Bürgerbegehrens eine Art Vertretungsmacht eingeräumt haben, im Rahmen derer sie befugt wären, im Namen der Unterzeichnenden einen Rechtsbehelf einzulegen. Gegen diese Interpretation lässt sich jedoch anführen, dass für den Fall einer mit § 164 Abs. 1 Satz 1 BGB vergleichbaren Stellvertretung auch sämtliche Unterzeichner Beteiligte eines Verfahrens vor dem Verwaltungsgericht würden und demnach auch das Kostenrisiko im Falle eines Unterliegens trügen (vgl. § 154 Abs. 1 VwGO). Eine solche Auslegung wäre mit der Intention des Landesgesetzgebers, durch die Einführung von Bürgerbegehren und Bürgerentscheid die demokratische Partizipation auf dem Gebiet der kommunalen Selbstverwaltung zu verstärken, nicht zu vereinbaren; mit ihrer Unterschrift bestünde für den einzelnen Unterzeichner die Besorgnis, ungewollt Beteiligter eines verwaltungsgerichtlichen Verfahrens zu werden. Im Ergebnis haben die Vertreter eines Bürgerbegehrens damit nicht die Stellung eines Stellvertreters mit Wirkung für und wider die Unterzeichnenden inne. Es ist folglich unschädlich, dass W die Klage im eigenen Namen erhoben hat.

b) Prozessstandschaft oder eigenes Recht der Vertreter?

Als weitere Auslegungsvariante kommt eine – wie bereits betont – zwar nicht ausdrücklich angeordnete, aber u.U. im Wege der Auslegung zu gewinnende ge-

---

[226] Zum Erfordernis der individuellen Auslegung *Burgi,* Kommunalrecht, 4. Aufl. 2012, § 11 Rn. 47.

setzliche Prozessstandschaft in Betracht;[227] dann hätte W ein fremdes Recht im eigenen Namen geltend machen können. Fraglich ist dann jedoch, wem das fremde Recht zusteht. Bei einem Bürgerbegehren handelt es sich um einen „Antrag, an Stelle des Rates über eine Angelegenheit der Gemeinde zu entscheiden“ (vgl. § 26 Abs. 1 Satz 1 GO NRW); ein Antrag selbst kann jedoch nicht Inhaber eines subjektiven Rechts sein. Damit käme „nur“ die Gesamtheit der Unterzeichnenden in Betracht, deren Rechte von den Vertretern im eigenen Namen geltend gemacht werden könnten.

Im Gegensatz dazu ist es auch denkbar, dass den Vertretern eines Bürgerbegehrens kraft Gesetzes ein eigenes subjektiv-öffentliches Recht eingeräumt wird.[228] Dies könnte daraus folgen, dass den Vertretern dadurch, dass sie die Möglichkeit haben, unabhängig vom Willen der übrigen Unterzeichner darüber zu befinden, ob und gegebenenfalls in welchem Umfang sie eine ablehnende Entscheidung des Rates verwaltungsprozessual angreifen wollen, eine eigenständige Rechtsposition zugewiesen worden ist.[229] Nur ihnen könnte i. S. d. Definition eines subjektiven Rechts die Willensmacht zustehen, die mit dem Bürgerbegehren verknüpften Interessen durchzusetzen. Auch nach dieser Gesetzesauslegung könnte W daher grundsätzlich – wie geschehen – im eigenen Namen Klage gegen die Entscheidung des Rates erheben.

Diese Auslegung erscheint vorzugswürdig. Da die Vertretung nicht rechtstechnisch zu verstehen ist, ergibt es aus der verobjektivierten Sicht des Gesetzgebers keinen Sinn, den „Unterzeichnenden“ ein eigenes subjektiv-öffentliches Recht einzuräumen, das diese schon wegen § 26 Abs. 6 Satz 2 GO NRW aber niemals selbst (durch beauftragte „Organe“ einer Personenvereinigung gleich) geltend machen können; eine Förderung und Stärkung der demokratischen Partizipation, dem hauptsächlichen Regelungsanliegen des § 26 GO NRW, wäre damit wohl kaum zu erwarten. Auch kann von einer gesetzlichen Prozessstandschaft – als absoluter prozessualer Ausnahmefall – nur dann ausgegangen werden, wenn der Gesetzgeber sie explizit angeordnet hat,[230] was im Rahmen des § 26 GO NRW jedoch nicht geschehen ist. Sämtliche (Verfahrens-)Rechte sind demnach vollständig und unabhängig von den Unterzeichnern bei den Vertretern fokussiert.

c) Zwischenergebnis

W ist Inhaber eines (möglichen) aus § 26 GO NRW erwachsenden Rechts, so dass er grundsätzlich klagebefugt ist.

3. Alleinige Klagebefugnis des W?

Weitere Probleme betreffend die Klagebefugnis könnten ferner daraus resultieren, dass W ohne den anderen ursprünglich benannten Vertreter S die Klage erhoben hat. Könnten W und S nämlich die aus § 26 GO NRW erwachsenden Rechte der Vertreter nur gemeinsam (vergleichbar mit einer Gesamtvertretung)

---

[227] Vgl. *Goos,* NWVBl. 2006, 113 (116).

[228] *Burgi,* Kommunalrecht, 4. Aufl. 2012, § 11 Rn. 47.

[229] ÖffR NRW, § 2 Rn. 199.

[230] Vgl. etwa Art. 93 Abs. 1 Nr. 1 GG i. V. m. § 64 Abs. 1 BVerfGG (Organstreitverfahren vor dem BVerfG).

geltend machen, so wäre W alleine nicht klagebefugt; vielmehr müsste S, um die Zulässigkeit herzustellen, der Klage beitreten. Darauf müsste dann das Verwaltungsgericht gemäß § 86 Abs. 3 VwGO hinweisen und es müsste, sollte S dem Verfahren nicht beitreten, die Klage des W für unzulässig erklären.

a) Erfordernis einer „Gesamtvertretung"?

Ausgangspunkt der folgenden Überlegungen ist also die Frage, ob die Vertreter ihre Rechtsmacht nur gemeinsam ausüben können. Dafür spricht zunächst der im Plural formulierte Wortlaut des § 26 Abs. 6 Satz 2 GO NRW. Gewichtiger sind jedoch teleologische Erwägungen: § 26 Abs. 6 Satz 2 GO NRW bezweckt eine Konzentration der Verfahrensrechte („*nur* die Vertreter") und keine „prozessuale Freifahrt" für eine Minderheit, also für einen Vertreter; dies wäre auch nicht mit den allgemeinen Grundsätzen der Willensbildung und -betätigung innerhalb von Personenvereinigungen zu vereinbaren (vgl. etwa §§ 709, 714 BGB [GbR]). Endlich kann angeführt werden, dass auch die in § 26 Abs. 2 Satz 2 GO NRW vorgenommene Beschränkung der maximalen Vertreteranzahl auf „drei" Bürger nur dann einen Sinn ergibt, wenn die Vertreter ihr Recht nur gemeinsam ausüben können; die limitierte Anzahl gewährleistet nämlich, dass sich die Vertreter auf einfachem Wege koordinieren und entsprechende (Mehrheits-)Beschlüsse herbeiführen können und dass die Gemeinde mit allen Vertretern korrespondieren muss, was, bestünde eine „Einzelvertretung", schon wegen § 164 Abs. 3 BGB analog nicht erforderlich wäre. Sollte jeder Vertreter die aus § 26 GO NRW erwachsende Rechtsmacht alleine und unabhängig von den übrigen ausüben können, bestünde ein entsprechender Koordinierungsbedarf nicht; für den Gesetzgeber hätte dann keine Veranlassung bestanden, die Vertreteranzahl zu beschränken, weil er „Alleingänge" eines Vertreters gleichsam in Kauf genommen hätte. Nach alldem können die Vertreter ihre Rechtsstellung durch Einlegung von Widerspruch und/oder Klage nur gemeinschaftlich geltend machen.[231] Es ist daher zu prüfen, ob ein (nach Hinweis des Verwaltungsgerichts erfolgter) Beitritt des S möglich wäre.

Klausurtipp: Es wäre auch vertretbar anzunehmen, dass § 26 Abs. 6 Satz 2 GO NRW alleine den Zweck verfolgt, die Widerspruchs- bzw. Klagebefugnis zu regeln, und damit alleine die Kompetenzfrage im Verhältnis der Vertreter zu den Unterzeichnenden (nur erstere sind eben widerspruchs- und/oder klagebefugt) klärt; ein Erfordernis einer Gesamtvertretung bestünde dann nicht (so *Schliesky*, DÖV 1998, 169 (173), so dass sich die nachfolgenden Problematiken auch nicht mehr stellten).

b) Vertreterstellung des S

Insoweit ist zu klären, ob § 26 GO NRW die Voraussetzung statuiert, dass ein Vertreter auch stets Bürger der Gemeinde (§ 21 Abs. 2 GO NRW) sein muss. § 26 Abs. 2 Satz 2 GO NRW a. F. sprach noch davon, dass das Bürgerbegehren bis zu drei *Personen* benennen muss, die berechtigt sind, die Unterzeichnenden zu vertreten. Aus diesem (offenen) Wortlaut der Vorschrift hätte dann geschlos-

---

[231] Vgl. statt vieler nur BayVGH, NVwZ-RR 1999, 603 m. w. N. (st. Rspr.) sowie VG Köln, NWVBl. 2000, 155 (156 f.) m. w. N.

sen werden können, dass eine das Bürgerbegehren vertretende „Person“ nicht auch zwingend „Bürger“ sein müsste.[232] Dies hätte dann zur Folge, dass sich ein Wegzug eines Vertreters überhaupt nicht auf seine Rechtsstellung auswirkt und S weiterhin die Befugnis inne hätte, gemeinsam mit W das subjektive öffentliche Recht aus § 26 GO NRW geltend zu machen.

Einer solchen Interpretation des § 26 Abs. 2 Satz 2 GO NRW hat das OVG NRW[233] jedoch bereits im Jahre 2004 unter Rekurs auf den Telos der Norm eine Absage erteilt. Das Gericht argumentierte, die Vertreter eines Bürgerbegehrens müssten, weil sie eben die Interessen der unterzeichnenden Bürger wahrnähmen, selbst Bürger der Gemeinde sein. Eine anders lautende Auslegung laufe auf eine nicht mit dem Wesen von § 26 GO NRW und der kommunalen *Selbst*verwaltung zu vereinbarende Form der „Fremdorganschaft“ hinaus. Diese für billigenswert empfundene Rechtsprechung hat den nordrhein-westfälischen Gesetzgeber dann im Jahre 2007 dazu bewogen, im Zuge der durch das GO-Reformgesetz (GV NRW, S. 380) bewirkten Neufassung des § 26 GO NRW auch in dessen Abs. 2 Satz 2 das Wort „Personen“ durch das Wort „Bürger“ zu ersetzen.[234] Demzufolge kann nach nordrhein-westfälischem Recht nun eindeutig Vertreter eines Bürgerbegehrens nur sein, wer auch Bürger der Gemeinde ist, in der das Bürgerbegehren Wirkung entfalten soll. Es ist folglich festzuhalten, dass S selbst infolge des Verlusts seiner Stellung als Bürger der Gemeinde G kein Vertreter des Bürgerbegehrens mehr ist; er ist ipso iure aus der Vertreterstellung ausgeschieden. Dies hat wiederum zur Folge, dass S nicht mehr Inhaber des subjektiven öffentlichen Rechts aus § 26 GO NRW ist und dieses auch zusammen mit W nicht mehr hätte geltend machen können.

c) Auswirkungen auf die Rechtsstellung des W

Fraglich ist, wie sich das Ausscheiden des S aus der Riege der Vertreter auf die prozessuale Rechtsstellung von W auswirkt. Würde § 26 GO NRW stets eine Art „Gesamtvertretung“ der ursprünglich auf den Unterschriftenlisten benannten Vertreter gebieten und dürften Veränderungen tatsächlicher Art nach Beginn der Phase des Unterschriftensammelns nicht berücksichtigt werden, so wäre auch W nicht mehr klagebefugt. Dann würde es aber auch vom Gesetz hingenommen, dass im Falle eines Wegzugs eines Vertreters die übrigen rechtlich handlungsunfähig würden. Ob eine solche „Starrheit“ (etwa zum Schutze der Unterzeichner; dazu noch sogleich) vom Gesetz gewollt ist, ist im Wege der Auslegung zu ergründen.

§ 26 Abs. 2 Satz 2 GO NRW spricht davon, dass das Bürgerbegehren bis zu drei Vertreter benennen muss; dieser Wortlaut impliziert umgekehrt, dass zwar stets ein Vertreter erforderlich, aber auch ausreichend ist. Weiterhin ist im Lichte einer demokratie- und bürgerbegehrensfreundlichen Auslegung, die den gesetzgeberischen Gründen für die Einführung von Bürgerbegehren und Bürgerentscheid entspricht, kein Grund dafür ersichtlich, dass die aus § 26 GO NRW erwachsenden Rechte nur den ursprünglich benannten Vertretern in ihrer Gesamtheit zustehen können. Vielmehr muss es im Ergebnis ausreichen, dass die

---

[232] So zum Landesrecht Bayerns BayVGH, BayVBl. 2008, 82 (83); vgl. auch ÖffR NRW, § 2 Rn. 193.

[233] NWVBl. 2004, 346.

[234] Vgl. LT-Drs. 14/3979, S. 133.

Klage von einem (noch vorhandenen) benannten Vertreter erhoben wird. Rechtsdogmatisch wächst den übrigen Vertretern die Rechtsmacht des/der ausgeschiedenen Vertreter/s (vergleichbar mit dem Rechtsregime der Personengesellschaften, die sich ja gerade durch das Prinzip der sog. Selbstorganschaft auszeichnen; vgl. § 738 Abs. 1 Satz 1 BGB) zu.[235] Somit ist zu konstatieren, dass W auch ohne S die Rechte aus § 26 GO NRW geltend machen kann.

4. Zwischenergebnis

W ist klagebefugt gemäß § 42 Abs. 2 VwGO.

IV. Vorverfahren

Zwar hat der W hier kein Vorverfahren abgewartet; nach § 68 Abs. 1 Satz 2, Fall 1 VwGO i.V.m. § 110 Abs. 1 Satz 2 JustG NRW ist die Durchführung eines Vorverfahrens für Verwaltungsakte im Zeitraum zwischen dem 1.11.2007 und 31.12.2014 nicht erforderlich.

V. Richtiger Klagegegner

Die Klage ist gemäß § 78 Abs. 1 Nr. 1 VwGO gegen die Körperschaft zu richten, deren Behörde den Verwaltungsakt unterlassen hat. Da der Rat – wie gesehen – mit Blick auf § 26 Abs. 6 Satz 1 GO NRW ausnahmsweise selbst als Behörde zu qualifizieren ist, ist der richtige Klagegegner hier die Gemeinde G.

VI. Beteiligungs- und Prozessfähigkeit

1. Auf Klägerseite

Da W im eigenen Namen zur Durchsetzung eines eigenen Rechts und nicht etwa als Repräsentant der Gesamtheit der Unterzeichnenden klagt (siehe oben), ist er als natürliche Person gemäß § 61 Nr. 1 Fall 1 VwGO beteiligungsfähig.[236] Seine Prozessfähigkeit ergibt sich aus § 62 Abs. 1 Nr. 1 VwGO.

---

235 OVG NRW, NWVBl. 2004, 346; *Peters*, Ad Legendum 2014, 143 (148).

236 OVG NRW, NVwZ-RR 2003, 448 (449); ÖffR NRW, § 2 Rn. 199; a.A. etwa *Goos*, NWVBl. 2006, 113 (116) m.w.N., der, davon ausgehend, dass den Vertretern kein eigenes subjektiv-öffentliches Recht zustehen kann, die Vorschrift des § 61 Nr. 2 VwGO (analog) für einschlägig hält. Immerhin könnte § 61 Nr. 2 VwGO unmittelbar einschlägig sein, wenn mehrere Vertreter nur im Verbund zu handeln befugt sind. Im Schrifttum und in der Rechtsprechung wird für die Einschlägigkeit von Nr. 2 gemeinhin ein Mindestmaß an innerer Organisation verlangt (*Kintz*, in: Posser/Wolf, BeckOK-VwGO, 29 Ed. (Stand: April 2014), § 61 Rn. 7; *Bier*, in: Schoch/Schneider/Bier, VwGO, 25. EL (Stand: April 2013), § 61 Rn. 5 unter Verweis auf HessVGH ESVGH 31, 60 (61)), das hier durchaus vorhanden sein könnte.

2. Auf Beklagtenseite

Die Beteiligungsfähigkeit der Gemeinde ergibt sich aus § 61 Nr. 1 Fall 2 VwGO. Im Prozess wird sie durch ihren Bürgermeister vertreten, § 62 Abs. 3 VwGO i. V. m. § 63 Abs. 1 Satz 1 GO NRW.

VII. Klagefrist

Die Klagefrist des § 74 Abs. 2 VwGO wurde gewahrt.

VIII. Zuständigkeit des Gerichts

Sachlich (vgl. § 45 VwGO) und örtlich (vgl. § 52 Nr. 5 VwGO i. V. m. § 17 Nr. 2 JustG NRW) ist das angerufene Verwaltungsgericht zuständig.

IX. Zwischenergebnis

Die Klage von W ist als Verpflichtungsklage zulässig.

B. Begründetheit

Die Klage von W ist gemäß § 113 Abs. 5 Satz 1 VwGO begründet, wenn ein Anspruch auf Erlass des begehrten Verwaltungsaktes (die Feststellung der Zulässigkeit des Bürgerbegehrens) besteht.

I. Anspruchsgrundlage

Nach Sinn und Zweck von § 26 Abs. 1 i. V. m. Abs. 6 GO NRW muss den Bürgern ein Anspruch auf Feststellung der Zulässigkeit eines gesetzmäßigen Bürgerbegehrens[237] bzw. ein Anspruch auf Durchführung des entsprechenden Bürgerentscheides[238] zustehen: Bei der Möglichkeit eines Bürgerbegehrens handelt es sich nämlich nicht schlicht um eine rein freiwillige und unverbindliche Leistung der Gemeinde für ihre Bürger, sondern vielmehr um ein gesetzlich vorgesehenes Verfahren der Willensäußerung und der kommunalen Rechtsetzung. Auch ergäbe die Regelung des § 26 Abs. 6 Satz 2 GO NRW keinen Sinn, wenn den benannten Vertretern kein eigener (eigenes Recht) bzw. wenn der Gesamtheit der Unterzeichner (Prozessstandschaft) kein „Feststellungsanspruch“ zustünde.[239] Des Weiteren ist darauf hinzuweisen, dass der Rat im Rahmen von § 26 Abs. 6 Satz 1 GO NRW, da ihm weder ein Beurteilungs- noch ein Ermes-

[237] So explizit das OVG NRW, NWVBl. 2004, 346.

[238] ÖffR NRW, § 2 Rn. 199.

[239] Vgl. zur ausführlichen Qualifizierung des § 26 GO NRW als subjektiv-öffentliches Recht etwa *Goos,* NWVBl. 2006, 113 (116).

sensspielraum eröffnet wird,[240] lediglich als Kontrollinstanz im Hinblick auf die gesetzlichen Vorgaben fungiert, so dass das hier hergeleitete subjektiv-öffentliche Recht, liegen denn dessen Voraussetzungen vor, in der Form eines gebundenen Anspruchs besteht.

II. Tatbestandliche Voraussetzungen

Klausurtipp: Zum folgenden Aufbau: Üblicherweise (vgl. etwa die Klausurlösungen von *Goos*, NWVBl. 2006, 113 (118f.) und *Burkiczak*, DVP 2004, 55 (59f.) oder die Darstellung von *Ritgen*, KommJur 2007, 288 (289ff.)) wird auch bei einer Prüfung, ob ein Anspruch auf Feststellung der Zulässigkeit eines Bürgerbegehrens besteht, zwischen formellen und materiellen Zulässigkeitsvoraussetzungen unterschieden. In ÖffR NRW, § 2 Rn. 190, wurde jedoch darauf hingewiesen, dass eine derartige Differenzierung unzweckmäßig sei (a.A. *Ritgen*, NWVBl. 2003, 87 (88)). Dies folgt schon daraus, dass sich keine unterschiedlichen Rechtsfolgen daran anknüpfen, ob nun der Zulässigkeit eines Bürgerbegehrens eine formelle oder eine materielle Voraussetzung entgegensteht; in Ermangelung etwaiger Heilungsvorschriften ist in beiden Fällen das Bürgerbegehren unzulässig. Der Einfachheit halber bietet es sich daher an, „schlicht" die Voraussetzungen der Absätze 2 bis 5 i.V.m. Absatz 1 in aufsteigender Reihenfolge „durchzuprüfen".

1. Anforderungen an die Form

Das Bürgerbegehren wurde schriftlich eingereicht, ordnungsgemäß begründet und enthielt eine hinreichende Kostenschätzung der Verwaltung. Die weiteren Formalia (Fragestellung, Vertreterbenennung) des § 26 Abs. 2 GO NRW müssten aber auch inhaltlich richtig sein, weil anderenfalls eine Verfälschung des Willens der Unterzeichner zu befürchten ist und damit nicht zweifelsfrei feststeht, dass diese mit ihrer Unterschrift gerade die von den Initiatoren des Bürgerbegehrens intendierte Zielsetzung unterstützen wollten.[241]

a) Frageform des Begehrens

Insoweit ist zunächst zu prüfen, ob und gegebenenfalls wie es sich auswirkt, dass beide Begehren nicht in Form einer Frage, sondern in Form einer Aussage formuliert worden ist. Durch die Verwendung einer Aussage könnte das Bürgerbegehren bereits rechtswidrig sein.

§ 26 Abs. 2 Satz 1 GO NRW spricht davon, dass das Bürgerbegehren „die zur Entscheidung zu bringende Frage" enthalten muss. Deshalb erscheint es möglich, dass der Gesetzgeber auch nur Fragen, nicht aber Aussagen als bürgerentscheidungsfähige Gegenstände ansieht. Auf der anderen Seite ist im Rahmen einer Auslegung des § 26 GO NRW zu beachten, dass der Gesetzgeber mit der Etablierung von Bürgerbegehren und Bürgerentscheid die demokratische Partizipation auf dem Gebiet der kommunalen Selbstverwaltung fördern wollte. Ihm

---

[240] *Burkiczak*, DVP 2004, 56 (58); *Klenke*, NWVBl. 2002, 45 (46).
[241] Vgl. *Ritgen*, NWVBl. 2003, 87 (88).

musste daher bewusst gewesen sein, dass juristische Laien die gesetzlichen Vorgaben nicht „starr“ einhalten würden; damit nahm er zu Gunsten einer aktiveren demokratischen Partizipation eine gewisse „Unprofessionalität“ seitens der Initiatoren hin,[242] solange die Formulierung nicht zu einer Täuschung der Unterzeichner führen kann. Nach Sinn und Zweck von § 26 Abs. 2 Satz 1 GO NRW ist es mithin – entgegen dem Wortlaut – nicht erforderlich, dass tatsächlich bereits auf der Unterschriftenliste eine Frage gestellt wird, sofern aus der jeweiligen Aussage im Wege der Auslegung eine Frage entnommen werden kann und die Unterzeichner klar und eindeutig erkennen können, wofür sie ihre Unterschrift leisten.[243] Der Rat ist dann gehalten, sollte es zu einem Bürgerentscheid kommen, die entsprechende Aussage in eine Frage umzuformen.[244]

Die in den Begehren formulierte Absage an den Bau der Begegnungsstätte und deren behördlicher Genehmigung könnte ebenso gut i. V. m. den Entscheidungsalternativen „Ja“ oder „Nein“ auch als Frage („Sind sie dafür, dass die Begegnungsstätte gebaut bzw. die Genehmigung erteilt wird?“) interpretiert werden. Insoweit sind auch keine die Willensbildung der Unterzeichner beeinflussenden Unklarheiten zu besorgen; diese können der gewählten Formulierung unzweideutig entnehmen, welche Absichten mit dem Bürgerbegehren verfolgt werden. Damit ist zu konstatieren, dass es im Lichte von Sinn und Zweck des § 26 GO NRW unschädlich war, dass die Begehren nicht in Frageform formuliert worden sind.

b) Bestimmtheit

Womöglich mangelt es dem Begehren in Frage 1 allerdings an an der erforderlichen inhaltlichen Bestimmtheit. Denn wie bereits angedeutet, muss den Unterzeichnern der Gehalt des Bürgerbegehrens klar und eindeutig erkennbar sein, was es fraglich erscheinen lässt, ob bloße „Grundsatzbeschlüsse“ den rechtlichen Anforderungen genügen. Die Rechtsprechung legt hier recht scharfe Maßstäbe an. Insbesondere mehrdeutige oder missverständliche Fragestellungen sind danach unzulässig.[245] Allerdings darf nicht vorschnell von unzureichender Bestimmtheit ausgegangen werden. Vielmehr sind zur Auslegung des Begehrens sämtliche den Unterzeichnern erkennbare Umstände (analog §§ 133, 157 BGB) heranzuziehen. Insofern ist hier davon auszugehen, dass das Begehren darauf abzielt, im Wege einer Bauleitplanung die Genehmigungsvoraussetzungen für entsprechende Bauwerke zu entziehen. Mit dieser Auslegung dürfte Frage 1 nicht von Vornherein an mangelnder Bestimmtheit scheitern.

c) Inhaltliche Unrichtigkeit

Weiterhin könnte sich eine inhaltliche Unrichtigkeit des Bürgerbegehrens aus dem Wegzug des S ergeben, der ja während der gesamten Phase der Unterschriftensammlung noch als Vertreter des Bürgerbegehrens auf den Unterschriftenlisten aufgeführt wurde. Den Vertretern kommt – nicht nur bezüglich der ihnen von § 26 Abs. 6 Satz 2 GO NRW eingeräumten besonderen Rechtsstellung – für den Erfolg oder Misserfolg eines Bürgerbegehrens eine besondere Bedeutung zu.

---

[242] Vgl. *Klenke,* NWVBl. 2002, 45.
[243] ÖffR NRW, § 2 Rn. 193; *Goos,* NWVBl. 2006, 113 (118).
[244] *Ritgen,* NWVBl. 2003, 87 (90).
[245] OVG NRW, NWVBl. 2013, 491 (492).

So erscheint es plausibel, dass einige Bürger ihre Unterschrift auch oder gerade wegen eines benannten Vertreters geleistet haben. Demzufolge wird ein Bürgerbegehren mit dem Ausscheiden eines Vertreters während der Phase der Unterschriftensammlung auf jeden Fall inhaltlich unrichtig.

Nach Sinn und Zweck von § 26 Abs. 2 GO NRW kommt es aber gerade darauf an, eine fehlerfreie Willensäußerung der Unterzeichner zu garantieren. Mithin kann eine inhaltliche Unrichtigkeit des Bürgerbegehrens im Hinblick auf die benannten Vertreter nicht per se zu einer Unzulässigkeit führen, wenn die Unrichtigkeit eine Verfälschung des Bürgerwillens nicht befürchten lässt. Es ist also eine Analyse der Umstände des Einzelfalles geboten.

Durch seinen Wegzug hat S keineswegs zum Ausdruck gebracht, dass er das Bürgerbegehren fortan für nicht mehr unterstützenswert erachtet. Der Wegzug eines Vertreters und die damit ipso iure bewirkte Anwachsung seiner Rechtsstellung zu Gunsten der/des übrigen Vertreter/s sind aus der Sicht der Unterzeichner damit (bürgerbegehrens-)neutrale Vorgänge, die keinen Anlass bieten, die durch die Abgabe der Unterschrift bekundete Unterstützung des Bürgerbegehrens wieder in Zweifel zu ziehen oder gar zu ändern.[246] Im Ergebnis führt die durch den Wegzug des S bewirkte inhaltliche Unrichtigkeit damit in Ermangelung einer Gefahr der Verfälschung des Bürgerwillens nicht zur Unzulässigkeit des Bürgerbegehrens.

d) Mehrere Anliegen

Schließlich ist die Frage zu begutachten, ob es zulässig ist, in einem Bürgerbegehren mehrere Anliegen zur Debatte zu stellen. Dagegen könnte etwa sprechen, dass es den Initiatoren ja auch ohne Weiteres möglich gewesen wäre, mehrere Bürgerbegehren mit verschiedenen Unterschriftenlisten zu initiieren; zudem ist § 26 Abs. 2 Satz 1 GO NRW („die … Frage") im Singular formuliert.

Für eine Zulässigkeit einer sog. Fragenkumulation kann jedoch wiederum der Sinn und Zweck von Bürgerbegehren und Bürgerentscheid, also die Ermöglichung weiterer demokratischer Partizipation, angeführt werden: Wenn es die Initiatoren aus taktischen Gründen, um möglichst viele Bürger für ihre Sache gewinnen zu können, für sinnvoll erachten, gleich mehrere Fragen aufzuwerfen, so ist diese Entscheidung zu respektieren; zumal die Initiatoren damit die Gefahr begründen, im Falle einer Unzulässigkeit einer Fragestellung auch die Unzulässigkeit des Bürgerbegehrens in Gänze hervorzurufen (dazu noch unten). Zu fordern ist dann lediglich, dass zwischen den Fragen ein inhaltlicher Zusammenhang besteht,[247] weil andernfalls kein Grund für ein solches taktisches Verhalten besteht und sich demnach eine Fragenkumulation schlechterdings als Umgehung des Erfordernisses der erneuten Einhaltung der Voraussetzungen des § 26 Abs. 2 GO NRW erweisen würde. Der inhaltliche Zusammenhang kann dabei insbesondere auch in der Begründung zum Ausdruck kommen.

Hier besteht offenkundig ein zulässiger inhaltlicher Zusammenhang; die vorgenommene Fragenkumulation ist mithin gesetzeskonform.

---

[246] OVG NRW, NWVBl. 2004, 346 (347).

[247] *Ritgen*, NWVBl. 2003, 87 (90); *ders.*, KommJur 2007, 288 (291) m. w. N.; *Peters*, Ad Legendum 2014, 143 (147).

2. Frist

Gemäß § 26 Abs. 3 GO NRW ist bei sog. kassatorischen, d.h. auf Aufhebung eines Ratsbeschlusses gerichtete Bürgerbegehren die Einhaltung einer Frist von sechs Wochen bzw. von drei Monaten erforderlich. Das Bürgerbegehren von W richtet sich jedoch nicht gegen einen Beschluss des Rates, sondern möchte vielmehr eine eigene, neue Entscheidung herbeiführen. Damit handelt es sich bei dem vorliegenden Bürgerbegehren nicht um ein kassatorisches, sondern um ein sog. initiierendes Bürgerbegehren, für das es nach der gesetzlichen Konzeption des § 26 Abs. 3 GO NRW keine Frist zu wahren gilt.

3. Einleitungsquorum

Des Weiteren ist zu untersuchen, ob das Bürgerbegehren den Anforderungen an das sog. Einleitungsquorum entspricht. In einem ersten Schritt muss dafür zunächst bestimmt werden, wie viele Unterzeichner generell erforderlich sind. G hat 150.000 Einwohner i.S.v. § 21 Abs. 1 GO NRW, mithin muss das Bürgerbegehren von W 5 Prozent der Bürger als Unterzeichner gewonnen haben, § 26 Abs. 4 Satz 1, 1. Spiegelstrich GO NRW. Erforderlich sind bei 150.000 Bürgern mithin 7500 Unterzeichner, die ja auf den ersten Blick auch gefunden werden konnten.

Möglicherweise dürfen die 50 italienischen und/oder die 30 türkischen Unterzeichner bei der Bestimmung der Gesamtanzahl nicht berücksichtigt werden, weil die Ausübung von Staatsgewalt, worunter auch ein Bürgerbegehren fällt, nur dem deutschen Staatsvolk i.S.v. Art. 20 Abs. 2 Satz 1 GG, also der Gesamtheit der deutschen Staatsangehörigen, und damit nicht ausländischen Staatsangehörigen zusteht.

Die italienischen Unterzeichner sind als Staatsangehörige eines Mitgliedstaates der Europäischen Union gemäß Art. 28 Abs. 1 Satz 3 GG i.V.m. § 7 KWahlG NRW aktiv und passiv wahlberechtigt und daher auch Bürger i.S.v. § 21 Abs. 2 GO NRW. Deshalb erscheint es zunächst folgerichtig, auch sie – im Gegensatz zu den türkischen Staatsangehörigen, deren Unterschriften auf jeden Fall abgezogen werden müssen – als zur Abgabe einer entsprechenden Unterschrift berechtigt anzusehen.[248]

Möglicherweise könnte jedoch der Wortlaut von Art. 28 Abs. 1 Satz 3 GG, der lediglich davon spricht, dass Staatsangehörige von Mitgliedsstaaten der Europäischen Union sich aktiv und passiv bei Kommunal*wahlen*, also bei im Grundsatz aus mehreren Optionen bestehenden Personalentscheidungen, und nicht auch bei Abstimmungen wie etwa einen Bürgerentscheid, also Sachentscheidungen in der Kategorie von „Ja“ oder „Nein“, beteiligen dürfen, ein gegenteiliges, im Wege einer verfassungskonformen Auslegung des § 26 GO NRW zu erzielendes Ergebnis gebieten.[249] Dass zwischen Wahlen und Abstimmungen zu differenzieren ist, zeigt nämlich schon die Formulierung von Art. 20 Abs. 2 Satz 2 GG.

Welchem Ansatz zu folgen ist, kann nur mittels einer teleologischen Auslegung von Art. 28 Abs. 1 Satz 3 GG ermittelt werden. Für den zweiten Ansatz

---

[248] Vgl. *Klenke,* NWVBl. 2002, 45.

[249] So *Engelken,* NVwZ 1995, 432ff.; *Burkiczak,* DVP 2004, 56 (60) m.w.N. in Fn. 37.

spricht zunächst, dass es sich bei Art. 28 Abs. 1 Satz 3 GG um eine Ausnahmevorschrift im Verhältnis zur allgemeinen Regel des Art. 20 Abs. 2 GG handelt, wonach die deutsche Staatsgewalt nur vom deutschen Staatsvolk i.S.d. Gesamtheit der deutschen Staatsangehörigen ausgeübt werden darf. Auf der anderen Seite muss man sich jedoch auch vor Augen führen, dass der Rat einer Gemeinde in der Regel über Sachfragen im Rahmen von Abstimmungen zu entscheiden hat. Der Rat resp. dessen einzelnes Mitglied wird demokratisch auch durch die Entscheidung der EU-Ausländer bei der Kommunalwahl legitimiert. Dies hat aber dann – gleichsam spiegelbildlich – zur Folge, dass die vom Rat getroffenen Entscheidungen mittelbar, d.h. repräsentativ-demokratisch, auch von den EU-Ausländern legitimiert werden. Demnach ist es nicht einzusehen, warum EU-Ausländern nach Sinn und Zweck von Art. 28 Abs. 1 Satz 3 GG nicht auch an Formen der direkten/unmittelbaren Demokratie partizipieren können sollen; zumal ein letztendlich durchgeführter erfolgreicher Bürgerentscheid die „Wirkung eines (demokratisch einwandfrei legitimierten) Ratsbeschlusses" (§ 26 Abs. 8 Satz 1 GO NRW) hat. Im Ergebnis kann Art. 28 Abs. 1 Satz 3 GG mithin so „gelesen" werden, dass er auch Abstimmungen wie Bürgerbegehren/Bürgerentscheid erfasst,[250] weshalb eine verfassungskonforme Auslegung von § 26 GO NRW hier nicht geboten ist.

Demzufolge dürfen die 50 Unterschriften der italienischen Staatsangehörigen – im Gegensatz zu den 30 Unterschriften der türkischen Staatsangehörigen – zur Feststellung der Erreichung des Einleitungsquorums berücksichtigt werden. Insgesamt verbleiben somit 7500 Unterschriften; das Einleitungsquorum wurde mithin erreicht.

4. Bürgerbegehrensfähige Angelegenheit

Ausgangspunkt der Prüfung ist § 26 Abs. 1 GO NRW, der verlangt, dass ein Bürgerbegehren nur auf die Herbeiführung einer Entscheidung an Stelle des Rates über eine Angelegenheit der Gemeinde gerichtet sein darf. Daraus folgt nunmehr ein vierstufiger Prüfungsablauf.

a) Entscheidungsgehalt

§ 26 Abs. 1 GO NRW gibt die Möglichkeit, dass die Bürgerinnen und Bürger an Stelle des Rates „selbst entscheiden". Inhalt des Bürgerentscheides und des den Bürgerentscheid vorbereitenden Bürgerbegehrens kann daher nicht bloß die mehr oder minder unverbindliche Meinungskundgabe oder die Kundgabe der Unterstützung bestimmter Anliegen sein, sondern allein eine konkrete Sachentscheidung durch die Bürgerinnen und Bürger.[251] Ein solcher sachentscheidender Gehalt ist in Bezug auf die 1. Alternative in Frage 1 nicht gegeben. Der Frage nach der Unterstützung des Bauvorhabens kommt ein lediglich resolutionsartiger Charakter zu, was im Rahmen eines Bürgerbegehrens nicht ausreicht. Die Frage ist insoweit unzulässig.[252] Aber auch der Frage nach bauplanerischen „Antworten" könnte der erforderliche abschließende Entscheidungsgehalt fehlen. So deu-

---

[250] ÖffR NRW, § 2 Rn. 194 und 178; zuletzt ebenso BayVerfGH, BeckRS 2013, 58392.

[251] OVG NRW, NWVBl. 2013, 491 (492); OVG Lüneburg, BeckRS 2008, 38675.

[252] Anders für das hess. Landesrecht aber z. B. Hess. VGH, NVwZ 1996, 722 (724).

tet der Wortlaut von § 26 Abs. 1 GO NRW darauf hin, dass es nicht ausreichend ist, dem Rat durch den Bürgerentscheid lediglich Vorgaben für eine noch von ihm künftig zu treffende Entscheidung zu machen; der Bürger wird vielmehr aufgefordert, selbst abschließend zu entscheiden.[253] Deutet man die Frage so, dass es um den Erlass eines Bebauungsplanes mit vorhabenhindernden Vorgaben geht, erscheint das Ergebnis allerdings nicht völlig eindeutig; immerhin wird in diesem Falle die – später zu behandelnde – Verbotsnorm des § 26 Abs. 5 Nr. 5 GO NRW.

b) Verbandskompetenz

Fordert § 26 Abs. 1 GO NRW, dass sich das Bürgerbegehren auf eine Angelegenheit der Gemeinde bezieht, muss die Frage in die örtliche Verbandskompetenz fallen.[254] Die Verbandskompetenz setzt eine Angelegenheit der örtlichen Gemeinschaft im Sinne der Art. 28 Abs. 2 Satz 1 GG, Art. 78 Abs. 1 VerfNRW, § 2 GO NRW voraus. Damit sind solche Angelegenheiten gemeint, die in der Einwohnerschaft wurzeln und zu ihr einen spezifischen Bezug aufweisen. Die Entscheidung den Erlass eines Bebauungsplanes wird man – vorbehaltlich des noch zu prüfenden Verbotstatbestandes aus Abs. 5 Nr. 5 – als örtliche Angelegenheit einstufen können. Weniger eindeutig erscheint dies allerdings im Hinblick auf die in Frage 2 angesprochene Erteilung bzw. Verweigerung einer Baugenehmigung. Denn soweit G als zuständige Bauaufsichtsbehörde i.S. des § 60 Abs. 1 Nr. 3a BauO NRW für die Erteilung von Baugenehmigungen zuständig ist, handelt sie als „Ordnungsbehörde“ und nimmt diese Aufgabe damit als „Pflichtaufgabe zur Erfüllung nach Weisung“ wahr (§ 3 Abs. 1 Hs. 1 OBG NRW). Ob diese Pflichtaufgaben zur Erfüllung nach Weisung dem Bereich der „gemeindlichen Angelegenheiten“ zugeordnet werden können oder aber Aufgaben des „übertragenen Wirkungskreises“, also Landesaufgaben, darstellen, erscheint zweifelhaft.[255] So wird man einerseits den „Selbstverwaltungsgehalt“ dieser Aufgaben nicht bestreiten können, andererseits wird man diese Aufgaben gleichwohl kaum als „örtliche Angelegenheiten“ i.S.d. Art. 28 Abs. 2 Satz 1 GG einstufen können.[256] Vor diesem Hintergrund dürften gute Gründe dafür sprechen, dass sich Bürgerbegehren und Bürgerentscheide nicht auf Angelegenheiten dieser Art beziehen dürfen.[257] Selbst wenn man gleichwohl von einer Zuordnung zum gemeindlichen Wirkungskreis ausgehen wollte, bliebe zu beachten, dass die Formulierung „nach Weisung“ darauf hindeutet, dass den Gemeinden in diesem Aufgabensegment eine abschließende Entscheidungshoheit nicht zukommen soll. Gleiches ergibt sich mit Blick auf die Einordnung der kreisfreien Stadt als „unterer Bauaufsichtsbehörde“ (§ 60 Abs. 1 Nr. 3a BauO NRW), die darauf hindeutet, dass die Zulassung diesbezüglicher Bürgerbegehren und -entscheide zu einem kompetenzwidrigen Übergriff in Entscheidungsbefugnisse des Landes führten.[258] Vor diesem Hintergrund wird man die erforderliche Verbandskompetenz für Frage 2 des Begehrens nicht annehmen können.

---

[253] VG Minden, BeckRS 2007, 25288.
[254] Vgl. *Peters*, Ad Legendum 2014, 143 (144).
[255] Vgl. hierzu ausführlich ÖffR NRW, § 2 Rn. 98ff.
[256] ÖffR NRW, § 2 Rn. 98.
[257] Str., wie hier *Erbguth*, DÖV 1995, 793 (796).
[258] So zu Recht *Erbguth*, a. a. O.

c) Organkompetenz des Rates

Unabhängig hiervon stellt sich die Frage, ob die Erteilung einer Baugenehmigung der Zuständigkeit speziell des Rates nach § 41 Abs. 1 Satz 1 GO NRW unterläge. So legt § 41 Abs. 3 GO NRW fest, dass „Geschäfte der laufenden Verwaltung ... im Namen des Rates als auf den Bürgermeister übertragen (gelten)". Bei der Erteilung von Baugenehmigungen aber wird es sich regelmäßig um Geschäfte der laufenden Verwaltung handeln.[259] Immerhin ist aber zu beachten, dass § 41 Abs. 3 GO NRW ein sog. „Rückholrecht" des Rates normiert, das gerade auch in einem „Einzelfall" ausgeübt werden kann. Insofern ließe sich das Begehren durchaus dahin verstehen, dass die Rückholung und ablehnende Bescheidung eines Bauantrages angestrebt wird. Auch mit dieser Auslegung bliebe freilich die Frage zu klären, ob der Rat rechtlich eine entsprechende Befugnis besäße. Denn nur in diesem Falle könnten die Bürger „an Stelle des Rates" so entscheiden. Insoweit ist zu beachten, dass sich das umstrittene Bauvorhaben laut Sachverhalt in die nähere Umgebung einfügt und daher unter bauplanungsrechtlichen Aspekten (§ 34 BauGB) ein Genehmigungsanspruch besteht. Kommt aber dem Rat das Recht zur Ablehnung eines genehmigungsfähigen Bauvorhabens nicht zu, kann eine entsprechende Befugnis auch im Rahmen eines Bürgerbegehrens nicht angenommen werden.[260] Das Begehren in Frage 2 ist somit auch unter diesem Aspekt unzulässig.

d) Negativkatalog des § 26 Abs. 5 GO NRW

Soweit schließlich noch die in dem ersten Begehren formulierte Frage nach einer vorhabenverhindernden Bauleitplanung im Raume steht, ist schließlich zu prüfen, ob sich die Unzulässigkeit dieses Begehrens womöglich (auch) aus dem sog. „Negativkatalog" des § 26 Abs. 5 GO NRW ergibt. Einschlägig ist hier Abs. 5 Nr. 5, der die Aufstellung von Bauleitplänen explizit aus dem Katalog zulässiger Antragsgegenstände eines Bürgerbegehrens und Bürgerentscheides ausnimmt.[261]

III. Zwischenergebnis

Die Klage von W ist, weil kein Anspruch auf Feststellung der Zulässigkeit des Bürgerbegehrens besteht, unbegründet.

C. Ergebnis

Die zulässige Verpflichtungsklage ist unbegründet und hat damit keinen Erfolg.

---

[259] ÖffR NRW, § 2 Rn. 258.

[260] OVG NRW, NVwZ 1998, 302.

[261] Zur Reichweite dieses Verbotes s. auch *Kühling/Wintermeier*, DVBl. 2012, 317ff.; *Peters*, Ad Legendum 2014, 143 (146).

8. Klausur: Streit in der (kommunalen) Familie ***

Sachverhalt

Zwischen dem nordrhein-westfälischen Kreis K und der kreisangehörigen Gemeinde G bestehen seit längerem erhebliche Spannungen. Diese gründen vor allem darauf, dass der Kreis nach Auffassung der Gemeinde wiederholt seine Kompetenzen überschritten und so die Kosten der Kreisumlage rechtswidrig in die Höhe getrieben hat. Neuerliche Auseinandersetzungen zwischen der Kreis und Gemeinde entzünden sich an folgenden Projekten des Kreises:

1. Der Kreis betreibt zu Zwecken der Tourismusförderung einen Segelflugplatz; dem hierzu errichteten Eigenbetrieb will der Kreis einen „verlorenen Zuschuss" in Höhe von 50.000 Euro gewähren.
2. Der Kreis will der Gemeinde Z zur Renovierung des örtlichen Rathauses für 10 Jahre ein zinsloses Darlehen in Höhe von 10.000 Euro gewähren.
3. Der Kreis will der Gemeinde Z während der Wintermonate Logistik und Personal des Gartenamtes des Kreises zur Verfügung stellen, um den etwas verwahrlosten Kurpark der Gemeinde Z in Schuss zu bringen.

Die Gemeinde G verlangt vom Kreis, von der Realisierung der genannten Vorhaben abzusehen, da diese nicht in den Zuständigkeitsbereich des Kreises fielen. Da die Aktionen des Kreises im Wege der Kreisumlage letztlich von den kreisangehörigen Gemeinden zu tragen seien, träte de facto eine unzulässige Umverteilung gemeindlichen Vermögens ein. Zudem besitze G einen eigenen Segelflugplatz, so dass es schon deshalb nicht Aufgabe des Kreises sein könne, den anderen Gemeinden aus Mitteln des Kreises ebenfalls einen Segelflugplatz bereit zu halten. Der Kreis hält die Auffassung des Gemeinde G für abwegig. Sämtliche Tätigkeiten lägen selbstverständlich im Zuständigkeitsbereich des Kreises. Die Gewährung der Darlehen würde auf der Grundlage des Haushaltsplans erfolgen, der für „Ausgleichs- und Ergänzungsaufgaben" einen eigenen Posten vorsehe. Im Übrigen habe die Gemeinde G überhaupt keine Befugnis, die Einhaltung des Kompetenzbereichs des Kreises verlangen zu können. Dies sei allenfalls Sache der Kommunalaufsicht. Der Landrat bestätigt auf Nachfrage des Bürgermeisters der G, dass er die auflaufenden Kosten über die Kreisumlage gedeckt würden, die „fairerweise von allen Gemeinden gleichmäßig zu tragen" sei.

Bürgermeister B der Gemeinde G überlegt, ob er das aus seiner Sicht rechtwidrige Handeln des Kreises notfalls gerichtlich unterbinden lassen kann. Außerdem erwägt er, den nächsten Bescheid zur Kreisumlage unter Verweis auf die geltend gemachten Kompetenzüberschreitungen des Kreises gerichtlich anzugreifen.

Frage 1:
Hätte eine Klage der G gegen den Kreis K auf Unterlassung der umstrittenen Handlungen des Kreises Aussicht auf Erfolg?

Frage 2 (Zusatzfrage):
Wäre die Gemeinde G klagebefugt, den Kreisumlagebescheid mit Blick auf das kompetenzwidrige Tätigwerden des Kreises im Wege der Anfechtungsklage anzugreifen?

Gliederung

Lösungsvorschlag

Frage 1: Klage gegen den Kreis

Die Klage hätte Erfolg, wenn sie zulässig und begründet ist.

A. Zulässigkeit

I. Verwaltungsrechtsweg

Aufdrängende Sonderzuweisungen sind nicht ersichtlich. Der zu beschreitende Rechtsweg richtet sich daher nach § 40 Abs. 1 S. 1 VwGO. Dazu müsste eine öffentlich-rechtliche Streitigkeit nicht-verfassungsrechtlicher Art vorliegen. Nach der modifizierten Subjekttheorie liegt eine öffentlich-rechtliche Streitigkeit vor, wenn die streitentscheidende Norm einen Träger öffentlicher Gewalt in dieser spezifischen Funktion berechtigt oder verpflichtet. Als streitentscheidende Normen kommen hier Art. 28 Abs. 2 Satz 1 und 2 GG, Art. 78 Abs. 1 und 2 LVerf NRW oder § 2 Abs. 1 Satz 1 und 2 KrO NRW in Betracht. Diese berechtigen bzw. verpflichten die Kreise bzw. Gemeinden zur Selbstverwaltung bzw. als Träger der öffentlichen Verwaltung; § 2 Abs. 1 Satz 1 KrO NRW bestimmt die Kreise darüber hinaus zur Wahrnehmung der auf ihr Gebiet begrenzten überörtlichen Angelegenheiten, Satz 2 behält die örtlichen Angelegenheiten den Gemeinden vor. Diese Normen sind öffentlich-rechtlicher Natur. Es streiten hier auch keine Verfassungsorgane über Verfassungsrecht (sog. doppelte Verfassungsunmittelbarkeit). Damit liegt eine öffentlich-rechtliche Streitigkeit nicht-verfassungsrechtlicher Art vor. Eine abdrängende Sonderzuweisung ist nicht gegeben. Der Verwaltungsrechtsweg ist eröffnet.

Klausurtipp: In Anbetracht der Eindeutigkeit der Eröffnung empfiehlt sich hier der Urteilsstil. Für das Auffinden der streitentscheidenden Norm(en) empfiehlt sich – wie immer – eine systematische Vorgehensweise: Das GG als höchstrangige Kodifikation enthält Aussagen zu Kreisen und Gemeinden in Art. 28 Abs. 2 GG. Innerhalb von NRW wiederum ist zunächst die Landesverfassung zu konsultieren, wo sich in Art. 78 Regelungen zu Gemeinden und Gemeindeverbänden finden. Da hier eine kreisangehörige Gemeinde mit ihrem Kreis streitet, liegt weiterhin ein Blick in die KrO NRW nicht fern. Hier steht die Aufgabenkompetenz des Kreises in Frage. Diese wird in § 2 KrO geregelt. Da es hierzu auch keine höherrangige Vorschrift gibt, kommt ausschließlich die KrO in Frage.

II. Statthafte Klageart

Die statthafte Klageart richtet sich nach dem Klägerbegehren (§ 88 VwGO). Der Bürgermeister möchte das aus seiner Sicht rechtswidrige Handeln des Kreises unterbinden. Anfechtungs- und Verpflichtungsklage scheiden erkennbar aus. In Betracht kommt sowohl die allgemeine Leistungsklage (in der Form der Unterlassungsklage) als auch die Feststellungsklage, hier bezogen auf das vom der Gemeinde geltende gemachte Rechtsverhältnis zwischen G und dem Kreis. Fraglich ist, ob die Feststellungsklage hier nicht aus Gründen der Subsidiarität ausscheidet, § 43 Abs. 2 VwGO. Im Anschluss an die Rechtsprechung des BVerwG[262] sind aber bei Klagen gegenüber öffentlich-rechtlichen Körperschaften – bei denen davon auszugehen ist, dass sie auch ohne Leistungsurteil ein Feststellungsurteil beachten werden – Ausnahmen von der Subsidiarität anerkannt: Die Gründe der Subsidiarität, nämlich Vermeidung einer Umgehung der Sachentscheidungsvoraussetzungen für eine VA-Klage sowie die Prozessökonomie (Vermeidung von Folgeprozessen bei Nichtbeachtung des Feststellungsurteils), greifen hier richtigerweise nicht. Beide Klagearten sind daher statthaft. Vorzugswürdig erscheint aufgrund des Klägerbegehrens – der Bürgermeister will die Handlungen des Kreises möglichst zuverlässig verhindern – die Leistungsklage in Gestalt der Unterlassungsklage. Diese Klageart ist nicht explizit geregelt, wird aber z.B. in § 43 Abs. 2 VwGO vorausgesetzt.

III. Klagebefugnis

Auch für die allgemeine Leistungsklage gilt analog § 42 Abs. 2 VwGO die Sachentscheidungsvoraussetzung der Klagebefugnis. Um klagebefugt zu sein, muss G behaupten und behaupten können, durch die Förderungen des Kreises in eigenen Rechten verletzt zu sein. Eine derartige Verletzung darf nach der sog. „Möglichkeitstheorie" nicht von vornherein und nach jeder nur erdenklichen Betrachtungsweise ausgeschlossen sein. Soweit hier zunächst an eine mögliche Verletzung gemeindlicher Zuständigkeiten zu denken ist, scheitert die Möglichkeit einer Rechtsverletzung der Gemeinde G daran, dass der Kreis nicht im Gebiet der Gemeinde G, sondern in anderen Gemeinden aktiv werden will. Die

---

[262] BVerwGE 36, 179 (181).

Verteidigung der Rechte dieser Gemeinden wäre eine unzulässige Prozessstandschaft. Eine Klagebefugnis der G kann insoweit nicht angenommen werden. Andererseits bleibt zu bedenken, dass die kreisangehörigen Gemeinden „gesetzliche Mitglieder“ (Zwangsmitglieder) des Kreises sind. Hieraus lässt sich womöglich ein Recht jedes einzelnen Zwangsmitgliedes ableiten, von kompetenzwidrigen Maßnahmen des Kreises verschont zu bleiben. Ohne dass dies hier näher geklärt werden müsste, erscheint es jedenfalls nicht von vornherein und nach jeder nur erdenklichen Betrachtungsweise ausgeschlossen, dass der Kreis durch sein expansives Handeln Rechte der Gemeinde G verletzt. Insofern ist die Klagebefugnis der Gemeinde G analog § 42 Abs. 2 VwGO zu bejahen.

IV. Klagegegner

Die Klage ist gemäß § 78 Abs. 1 Nr. 1 1. Hs. Fall 3 VwGO analog gegen die Körperschaft zu richten, die das betreffende Verhalten zeigt, hier also gegen den Kreis K (§ 1 Abs. 2 Fall 2 KrO NRW).

V. Beteiligten- und Prozessfähigkeit

Die Gemeinde G ist gemäß § 61 Nr. 1 Fall 2 VwGO fähig, am Verfahren beteiligt zu sein, der Kreis K nach der gleichen Vorschrift. Gemäß § 62 Abs. 3 handelt für die Gemeinde der gesetzliche Vertreter. Dies ist gemäß § 63 Abs. 1 Satz 1 GO NRW der Bürgermeister. Für den Kreis prozessfähig ist nach der gleichen Alternative der Landrat gemäß § 42 lit. e) KrO NRW.

VI. Zuständiges Gericht

Sachlich zuständig ist gemäß § 45 VwGO das Verwaltungsgericht; örtlich das Verwaltungsgericht des Bezirks des Kreises K (§ 52 Abs. 5 VwGO).

VII. Rechtsschutzinteresse

Das Rechtsschutzinteresse der G bei einer allgemeinen Leistungsklage ist grundsätzlich zu unterstellen. Vorliegend könnte allerdings erwogen werden, die Klage der G im Sinne einer „vorbeugenden Unterlassungsklage“ zu deuten, die dann ein besonderes Rechtsschutzinteresse voraussetzte. In diesem Falle wäre darzustellen, warum der G nicht mit nachträglichem Rechtsschutz ausreichend gedient sein sollte.[263] Hier bliebe als nachträglicher Rechtsschutz nur die Feststellungsklage, mit der dann die geschehene Grenzüberschreitung – mit ihren kostenrechtlichen Folgen – nicht mehr verhindert werden könnte. Auch stellte

---

[263] Vgl. *Frenz*, Öffentliches Recht, 5. Aufl. 2011, Rn. 962 ff., der zutreffend darauf verweist, dass diese strenge Dogmatik im Grundsatz auf den Rechtsschutz gegen Verwaltungsakte bezogen ist, während die Grenzen bei Realakten zerfließen.

ein späterer Rechtsstreit um die kostenrechtliche Verantwortlichkeit für die umstrittenen Maßnahmen keine einfachere Maßnahme dar. Denn zum einen ist unklar, ob die G insoweit überhaupt klagebefugt ist (s. Zusatzfrage), zum anderen wäre die Kostenlast in diesem Falle erst einmal entstanden, so dass die kreisangehörigen Gemeinden womöglich im Ergebnis doch in der „Haftung" bleiben. Ein Rechtsschutzinteresse ist daher zu bejahen.

B. Begründetheit

Die Unterlassungsklage der Gemeinde G gegen den Kreis K ist begründet, wenn der Gemeinde gegen den Kreis ein materieller Unterlassungsanspruch zusteht. Zu prüfen ist damit zunächst, aus welcher Rechtsgrundlage heraus sich ein derartiger Unterlassungsanspruch ergeben könnte.

I. Verteidigung örtlicher Kompetenzen?

Denkbar wäre zunächst ein Abwehranspruch des G unmittelbar aus der Verfassungsgarantie der kommunalen Selbstverwaltung. Nach Art. 28 Abs. 2 Satz 1 GG, § 2 Abs. 1 Satz 2 KrO NRW sind die örtlichen Angelegenheiten verfassungsunmittelbar den einzelnen Gemeinden zugewiesen. Unzulässige Übergriffe Dritter in diesen Kompetenzbereich kann die Gemeinde abwehren. Jedoch drohen laut Sachverhalt keine Übergriffe des Kreises in den Hoheitsbereich der Gemeinde G. Ein diesbezüglicher Abwehranspruch besteht daher nicht.

II. Geltendmachung mangelnder Kreiskompetenz

Es bleibt daher zu prüfen, ob die Gemeinde auch ohne Berührung des eigenen örtlichen Wirkungskreises geltend machen kann, dass der Kreis seine Kompetenzen übertritt.

Zunächst ist die einzelne Gemeinde G Teil des Gemeindeverbands „Kreis" (vgl. § 1 Abs. 1 und 2, § 2 Abs. 1 Satz 1 KrO NRW), der mit eigener Rechtspersönlichkeit (§ 1 Abs. 2 KrO NRW) ausgestattet ist. Sofern es daher um die Rechtsbeziehung des Kreises zu anderen Gemeinden als der Gemeinde G geht (s. o., C I), kann nicht ohne Weiteres unterstellt werden, dass die Gemeinde G vom Kreis die Unterlassung von Handlungen gegenüber diesen dritten Gemeinden verlangen kann.

Ein Anspruch der G gegen den Kreis auf Einhaltung der Kompetenzgrenzen könnte jedoch womöglich aus dem gesetzlichen System der Kreisangehörigkeit von Gemeinden abzuleiten sein. So ist zu beachten, dass die Gemeinden Zwangsmitglieder des Kreises sind und der Kreis sein Gebiet zum Besten der angehörenden Gemeinden zu verwalten hat (vgl. § 1 Abs. 1 KrO NRW). Auch ist zu bedenken, dass der Kreis seine Aufgaben regelmäßig über die sog. Kreisumlage (§ 56 KrO NRW) finanziert bzw. finanzieren lässt. Diese Umlage wird grundsätzlich zu gleichen Teilen von allen kreisangehörenden Gemeinden getragen, § 56 Abs. 1 Satz 1 KrO NRW. Mit der Aufgabenwahrnehmung durch den Kreis korrespondiert also regelmäßig eine Finanzierung durch die Gemeinden.

Hieraus folgt in Parallele zum Grundsatz des „organfreundlichen Verhaltens" auf Bundesebene eine Pflicht des Kreises zum gemeindefreundlichen Verhalten. Obwohl dem Kreis bei der Einschätzung überörtlicher Aufgaben im Rahmen seines eigenen (§ 1 Abs. 1 KrO NRW) Selbstverwaltungsrechts ein gerichtlich nur eingeschränkt überprüfbarer[264] Spielraum zusteht, ist er folglich verpflichtet, seine Zuständigkeit mit Rücksicht auf die angehörenden Gemeinden auszuüben. Nimmt der Kreis daher Aufgaben wahr, die nicht in seinem Zuständigkeitsbereich liegen, verstößt dies nicht nur gegen die objektive Rechtsordnung, sondern tangiert dies zugleich auch das wechselseitige, zumal finanzielle Gefüge zwischen Kreis und kreisangehörigen Gemeinden. Von daher muss den Gemeinden die Möglichkeit zukommen, sich effektiv gegen rechtswidrige Aufgabenwahrnehmung des Kreises schützen zu können.[265]

Ein entsprechender Abwehranspruch der kreisangehörigen Gemeinden gegen den Kreis ist also zu bejahen. Mithin kann auch die Gemeinde G geltend machen, der Kreis nehme zu Unrecht gemeindliche Aufgaben als eigene Aufgaben war.

Im Folgenden ist demgemäß zu prüfen, ob die einzelnen im Sachverhalt genannten Tätigkeiten in den Aufgabenbereich des Kreises fallen oder nicht.

III. Konturierung der Kreisaufgaben

Soweit es zunächst darum geht, die Zuständigkeiten der Kreise abstrakt zu bestimmen, bieten die Verfassungsnormen der Art. 28 Abs. 2 GG sowie Art. 78 f. LV NRW hierfür keine Grundlage. Denn beide Bestimmungen weisen den Kreisen – anders als dies in Bezug auf die Gemeinden der Fall ist – keine konkreten Aufgabenbestand (verfassungsunmittelbar) zu.[266] Welche Aufgaben dem Kreis zukommen, muss gemäß Art. 28 Abs. 2 Satz 2 GG vielmehr der einfache Gesetzgeber festlegen. Einschlägig ist insoweit § 2 Abs. 1 Satz 1 KrO NRW. Nach dieser Bestimmung sind die Kreise in NRW zuständig für die überörtlichen, auf das Kreisgebiet bezogenen Aufgaben. Diese Aufgaben gliedern sich auf einerseits in sog. „Existenzaufgaben" des Kreises, die die Aufrechterhaltung, Organisation und Finanzierung des Kreises selbst betreffen, andererseits in die sog. „kreisintegralen" Aufgaben, die durch den typischen, räumlich größeren Zuschnitt des Kreisgebiets entstehen. Ob die hier umstrittenen Tätigkeiten von dieser Kompetenz umfasst sind, bedarf näherer Prüfung:

1. Unterstützung des Segelflugplatzes

Das Betreiben des Segelflugplatzes fällt nicht unter die Existenzaufgaben, könnte aber Teil der sog. kreisintegralen Aufgaben sein. Hierbei handelt sich um übergemeindliche Aufgaben, die – unabhängig von der organisatorischen und finanziellen Leistungsfähigkeit – nicht von einer einzelnen Gemeinde wahrgenommen werden könnten sowie von ihrer Reichweite her über das Gemeinde-

---

[264] So OVG NRW, DVBl 2005, 652 (654).

[265] OVG NRW, a.a.O.

[266] VerfGH NRW, NWVBl 1996, 426; ÖffR NRW, § 1 Rn. 194.

gebiet herausragen.[267] Es mag zwar einzelne finanzstarke Gemeinden geben, die einen Flugplatz betreiben könnten; allerdings profitieren zahlreiche Gemeinden touristisch von dem Segelflugplatz. Bereits dies spricht für eine „Überörtlichkeit“. Das Betreiben und finanzielle Unterhalten des Flugplatzes kann damit als Wahrnehmung der Kompetenz zur Tourismusförderung gesehen werden, die sich als klassische kreisintegrale Aufgabe darstellt.[268] Auch der Umstand, dass die Gemeinde G einen eigenen Segelflugplatz betreibt, steht der Einordnung des Betriebes als kreiskommunale Aufgabe nicht entgegen. So sieht § 56 Abs. 4 Satz 1 KrO NRW ausdrücklich die Möglichkeit paralleler Einrichtungen auf Kreis- und Gemeindeebene vor und löst den hierdurch entstehenden Konflikt dadurch, dass die Gemeinde, die eine eigene Einrichtung betreibt, nicht zusätzlich an den Kosten der parallelen Kreiseinrichtung beteiligt werden darf (sog. Minderbelastung bei der Verbandsumlage).

Freilich geht es vorliegend nicht um den Betrieb der Einrichtung selbst, sondern um den „verlorenen Zuschuss“ an den Eigenbetrieb. Allerdings ist ein Eigenbetrieb als finanzwirtschaftliches Sondervermögen der Gemeinde[269] ein juristisch unselbständiger Teil der Gemeinde ohne eigene Rechtspersönlichkeit,[270] so dass es letztlich doch allein um die Kosten des Betriebes der Einrichtung durch den Kreis geht. Mithin ist auch ein verlorener Zuschuss an den kreiseigenen Betrieb eine „überörtliche Angelegenheit“ des Kreises. Seine Zahlung ist nicht rechtswidrig.

Klausurhinweis: Die Frage, ob die seitens des Kreises angekündigten Beteiligung auch der Gemeinde G an den Kosten für den Segelflugplatz rechtmäßig wäre oder nicht, ist hier nicht Gegenstand der Klage und daher nicht zu behandeln. Im Ergebnis wäre eine solche Kostenbeteiligung allerdings wegen des Anspruchs der G auf eine sog. „Minderbelastung“ nach § 56 Abs. 4 Satz 1 KrO NRW wohl unzulässig.

2. Zinsloses Darlehen

Zu prüfen ist weiter, ob die Vergabe eines zinslosen Darlehens an die Gemeinde Z auf die Kreiskompetenz aus § 2 Abs. 1 KrO NRW gestützt werden kann. Zwar handelt es sich bei der durch die Zahlung unterstützten Renovierung des örtlichen Rathauses unzweifelhaft um eine örtliche Angelegenheit; unabhängig hiervon könnte in der Vergabe finanzieller Mittel aber die Wahrnehmung einer überörtlichen „Ausgleichsaufgabe“ des Kreises liegen. So wird den Kreisen traditionell eine „Ausgleichs- und Ergänzungsaufgabe“ zuerkannt, wobei speziell die „Ausgleichsaufgabe“ auf den Ausgleich finanzielle Ungleichheiten zwischen den Gemeinden gerichtet sei. Freilich basiert dieses Rechtsverständnis auf dem Umstand, dass in den meisten Bundesländern eine entsprechende Aufgabenzuweisung unmittelbar in die Kreisordnung übernommen wurde.[271] Eben

---

[267] ÖffR NRW, § 2 Rn. 26ff.
[268] ÖffR NRW, § 2 Rn. 27.
[269] § 9 Abs. 1 EigVO NRW.
[270] Vgl. ÖffR NRW, § 3 Rn. 323, 424; vgl. § 114 Abs. 1 GO NRW, § 1 EigVO NRW.
[271] Vgl. beispielhaft § 2 Abs. 3 bis 5 LKO Rheinland-Pfalz.

dies ist in Nordrhein-Westfalen indes nicht geschehen. Allerdings soll es nach Auffassung der Rechtsprechung hinreichen, wenn die Ausgleichs- und Ergänzungsaufgaben wenigstens generalklauselartig fixiert sind.[272] Ob eine solche generalklauselartige Zuweisung bereits in § 2 Abs. 1 KrO NRW selbst enthalten ist, erscheint fraglich. Dies wird teils bejaht:[273] § 2 Abs. 1 KrO NRW sei so zu verstehen, dass „überörtliche" Aufgaben alle jene seien, die keinen ausschließlich örtlichen Bezug haben, was bei Ausgleichs- und Ergänzungsaufgaben typischerweise der Fall sei. Ob dieser Auslegung gefolgt werden kann, erscheint fraglich. So ist entgegen zu halten, dass Art. 28 Abs. 2 S. 1 GG den Gemeinden ein grundrechtsgleiches Recht[274] gewährt, die örtlichen Angelegenheiten „in eigener Verantwortung" zu regeln. Dieses wird in Art. 78 Abs. 2 LV NRW sowie besonders in § 2 GO NRW konkretisiert. Danach steht den Gemeinden auf ihr Gebiet bezogen die primäre Aufgabenwahrnehmung zu. Dem stünde es entgegen, unter „überörtlichen Aufgaben" zugleich solche zu verstehen, die einen örtlichen Bezug aufweisen.[275] Hiermit würden den Kreisen ein Einfallstor in den genuin örtlichen Bereich eröffnet. Zudem spricht das in § 56 Abs. 4 Satz 1 KrO NRW niedergelegte Gebot der finanziellen Minderbelastung von Gemeinden, die eigene Einrichtungen neben parallelen Kreiseinrichtungen betreiben, gegen die Annahme, dass der Kreis zur Organisation und Durchführung eines autonomen Finanzausgleichs zwischen den kreisangehörigen Gemeinden berufen wäre.[276] Auch soweit mit dem Wirken des Kreises notwendig eine gewisse Ausgleichsfunktion des Kreises einhergeht, kann hieraus jedenfalls nicht auf eine gezielte Ausgleichsaufgabe der Kreise gefolgert werden. Die Vergabe des zinslosen Kredits an die Gemeinde Z überschreitet damit die Zuständigkeit des Kreises.[277]

3. Entsendung der Gartenbau-Mitarbeiter

Fraglich erscheint schließlich, ob die Entsendung von Arbeitern und Gerät des Kreises in eine kreisangehörige Gemeinde als Wahrnehmung einer überörtlichen Aufgabe angesehen werden kann. Unstreitig ist die Instandsetzung des örtlichen Kurparks eine örtliche Angelegenheit der Gemeinde Z (Art. 28 Abs. 1 Satz 1 GG). Der Kreis wirkt damit über seine Arbeiter an der Verwirklichung einer gemeindlichen Aufgabe mit. Trotz des hiermit verbundenen Übergriffs in den gemeindlichen Wirkungsbereich werden entsprechende Hilfeleistungen der Kreise in Rechtsprechung und Literatur vielfach unter dem Begriff der „Ergänzungsaufgabe" für rechtmäßig erachtet. Als Teil der traditionellen „Ausgleichs- und Ergänzungsaufgabe" der Kreise solle es hierbei um eine überörtliche Aufgabe gehen, soweit den

---

[272] BVerwG, NVwZ 1998, 63 (64).

[273] Vgl. Ehlers, DVBl. 1997, 225 (228).

[274] Vgl. Art. 93 Abs. 1 Nr. 4b GG.

[275] Vgl hierzu: *Schoch*, in: Henneke/Maurer/Schoch, Die Kreise im Bundesstaat, 1994, S. 9 (32).

[276] Vgl. zu diesem Aspekt *Dietlein/Lotz*, Ergänzungs- und Ausgleichsaufgaben in NRW – ein Dogma ohne Grundlage!, in: Ennuschat u. a. (Hrsg.), Wirtschaft und Gesellschaft im Staat der Gegenwart. Gedächtnisschrift für Peter J. Tettinger, Köln/München 2007, S. 215 (226 f.).

[277] Str., a. A. vertretbar.

Gemeinden die Leistungskraft fehlt, die betreffende Aufgabe in eigener Kraft zu erledigen. Diese Auslegung des § 2 Abs. 1 KrO NRW sieht sich freilich durchgreifenden Bedenken ausgesetzt. So hängt die Einordnung einer Aufgabe als „örtlich" oder „überörtlich" unstreitig nicht von der Leistungsfähigkeit einer Gemeinde ab.[278] Von daher wäre mit einer „Ergänzungsaufgabe" des Kreises begriffsnotwendig eine Aufgabenhochzonung verbunden, die nach den Maßstäbe der Rastede-Rechtsprechung des BVerfG gesetzlich – hier zumindest generalklauselartig – kodifiziert und legitimiert sein müsste. Eben dies aber ist in NRW – wie oben dargelegt – nicht geschehen. Unter den in § 2 Abs. 1 KrO NRW verwendeten Begriff der „überörtlichen Aufgabe" lassen sich Tätigkeiten im örtlichen Wirkungskreis dagegen – entgegen der wohl h. M. – richtigerweise nicht subsumieren.

Auch die Entsendung der Kreisarbeiter zur Erledigung örtlicher Aufgaben der Gemeinde Z überschreitet damit den Zuständigkeitsbereich des Kreises.

IV. Ergebnis

Zwar könnte der Kreis seinem Segelflugplatz einen verlorenen Zuschuss gewähren. Für die Gewährung der Darlehen und die Entsendung der Arbeiter besteht jedoch keine ausreichende gesetzliche Grundlage. Die Wahrnehmung dieser Aufgabe durch den Kreis würde sich also gegenüber den Gemeinden des Kreises und damit auch gegenüber G als rechtswidrig darstellen.

Somit ist die Unterlassungsklage zulässig und teilweise begründet: Die Gemeinde G könnte hinsichtlich der Darlehen und der Entsendung der Arbeiter erfolgreich gerichtlich die Unterlassung dieser Tätigkeiten erreichen.

Frage 2 (Zusatzfrage): Klagebefugnis

Gefragt ist hier allein nach der Klagebefugnis der Gemeinde G. Hierzu müsste G durch die anteilige Kostentragungspflicht auch für rechtswidrige Aktivitäten des Kreises möglicherweise in eigenen Rechten verletzt sein. Insoweit ist aber zu beachten, dass der Kreisumlagebescheid einen Kostenausgleich für finanzielle Lasten des Kreises herstellen soll. Diese Kostenlasten bestehen aber unabhängig davon, ob das Handeln des Kreises rechtswidrig war oder nicht. Das OVG NRW[279] geht daher davon aus, dass etwaige von einer Gemeinde geltend gemachten Kompetenzüberschreitungen nichts an der Einnahmen- oder Ausgabensituation des Kreises ändere. Daher führt auch eine Kompetenzüberschreitung seitens des Kreises nicht zur Rechtswidrigkeit des diesbezüglichen Kostenansatzes des Kreisumlagebescheids. Das OVG stützt seine These durch eine Betrachtung der sonst eintretenden Folgen: Könnte der Umlagebescheid in dieser Hinsicht erfolgreich angegriffen werden, müsste eine bereits gezahlte Kreisumlage anteilig zurückerstattet werden; dies würde im entsprechenden Haushaltsjahr zu einer Mehrbelastung des Haushalts führen, die sofort wieder im Wege der Kreisumlage von den Gemeinden zu decken wäre.[280] Daher sei effektiver Rechts-

---

[278] Vgl. BVerfGE 79, 127 (151 f.).
[279] OVG NRW, DVBl 2005, 652 (653 f.).
[280] OVG NRW, a.a.O., S. 653.

schutz gegen rechtswidriges Einnahme- und Ausgabeverhalten des Kreises nur über den oben behandelten, insoweit „Primärrechtsschutz“ gegen die Aufgabenübernahme als solche zu erhalten.[281] Liegt im Kostenansatz der Kreisumlage aber keine Verletzung gemeindlicher Rechte, muss eine Klagebefugnis verneint werden.

Beachte: Eine abweichende Auffassung vertreten die Verwaltungsgerichte einiger anderer Länder wie etwa Bayern und Rheinland-Pfalz. Dort ist eine gemeindliche Anfechtung der Kreisumlage mit der Behauptung eines kompetenzwidrigen Handelns des Kreises möglich, s. VGH München, NVwZ-RR 1993, 574 (st. Rspr.); OVG Koblenz, DVBl 1999, 846.

---

[281] OVG NRW, a.a.O., S. 655.

§ 3. Polizei- und Ordnungsrecht

9. Klausur: „Der polizeiliche Gefahrenbegriff" *

Sachverhalt

An einem späten Freitagnachmittag gehen bei der Leitstelle des Polizeipräsidiums in der nordrhein-westfälischen kreisfreien Stadt D mehrere Notrufe ein, in denen von einem bewaffneten Mann in der Tiefgarage eines großen Supermarktes die Rede ist. Die Beamten A und B machen sich sogleich auf den Weg und treffen vor der Tiefgarage auf eine aufgeregte Menschenansammlung. Sogleich werden sie auf einen PKW aufmerksam gemacht, in dem ein ca. 20–30 Jahre alter Mann in Armeeuniform sitzt und aufgeregt mit einer Schusswaffe hantiert. Einige der Anwesenden berichten, dass der Mann die Waffe bereits mehrfach kurz auf vorbeigehende Passanten gerichtet habe. A und B nähern sich vorsichtig dem Wagen, wobei sie zur Eigensicherung ihre Dienstwaffen bereit halten, ohne diese jedoch auf den Mann zu richten. In einer Entfernung von ca. 15 m zu dem Wagen finden sie hinter einer Betonwand Deckung. Das merkwürdige Verhalten des Mannes im Wagen lässt keine eindeutigen Rückschlüsse auf die Situation zu. Auch der durchaus pistolenartige Gegenstand in seiner Hand lässt sich nicht eindeutig identifizieren. Da indes nicht auszuschließen ist, dass unvermutet arglose Personen durch den Mann bedroht oder gar gefährdet werden könnten, entschließen sich A und B einzuschreiten. Sie fordern den unbekannten Mann mit lautem Kommando auf, das Fahrzeug zu verlassen und die Waffe langsam auf den Boden zu legen. Zu ihrer Überraschung zuckt der Mann völlig verängstigt zusammen und verlässt weinend das Fahrzeug. Die Waffe, die er auf den Boden legt, erweist sich als Holzspielzeugpistole. Nachdem der Mann mehrmals „Mama, Mama" ruft, wird den Beamten und den Schaulustigen klar, dass es sich um einen geistig behinderten Menschen (im Folgenden M) handelt. Auf die Frage, wo seine Mutter sei, antwortete M mit unbeholfener und kindlicher Ausdrucksweise, dass seine Mutter einkaufen sei und er im Auto auf sie warten sollte. Schlagartig ändert sich daraufhin die Stimmung unter den zahlreichen Schaulustigen, die nunmehr massiven Unmut gegenüber dem groben Vorgehen der Beamten äußern. Einzelne Passanten gehen auf die Beamten zu und beschimpfen diese lautstark des menschenunwürdigen Umgangs mit Behinderten. Mehrfach wird hierbei der Vorwurf von „Nazi-Methoden" laut. Angesichts der Aufregung um ihn herum ist M mittlerweile völlig verstört und eingeschüchtert. A und B fühlen sich der zunehmend aufgeheizten und hektischen Situation nicht gewachsen. Sie beschließen daher, den Ort zu verlassen und den weiterhin nach seiner Mutter rufenden M mit auf die Wache in Obhut zu nehmen. Unter lautstarkem Protest aller Anwesenden verlassen die drei Personen mit dem Streifenwagen den Ort. Als die Mutter des M nach ca. fünf Minuten vom Einkauf zurückkehrt und von dem polizeilichen Einsatz in der Tiefgarage erfährt, ist sie maßlos erbost. Sie eilt zur Polizeiwache, an der sie etwa zeitgleich mit den Beamten eintrifft, und holt ihren

Sohn von der Wache ab. Sogleich kündigt sie eine Klage ihres Sohnes gegen den nach ihrer Auffassung skandalösen Polizeieinsatz an.

Hat die Klage des M Aussicht auf Erfolg?

Bearbeitungshinweis: Es ist davon auszugehen, dass M geschäftsunfähig i. S. d. § 104 Nr. 2 BGB ist und seine Mutter für ihn als Betreuerin gemäß § 1896 Abs. 1 Satz 1 BGB bestellt ist.

Gliederung

A. Zulässigkeit der Klage
- I. Eröffnung des Verwaltungsrechtwegs
- II. Statthafte Klageart
  - 1. Aufforderung, das Fahrzeug zu verlassen und die Waffe niederzulegen
  - 2. Einsatz von Waffen
  - 3. Ingewahrsamnahme
- III. Klagebefugnis
- IV. Besonderes Feststellungsinteresse
- V. Vorverfahren
- VI. Klagefrist
- VII. Klagegegner
- VIII. Beteiligten- und Prozessfähigkeit
  Prüfe: Prozessunfähigkeit des M wegen Geschäftsunfähigkeit
- IX. Zuständiges Gericht

B. Begründetheit
- I. Aufforderung, das Fahrzeug zu verlassen und die Waffe niederzulegen
  - 1. Ermächtigungsgrundlage
  - 2. Formelle Rechtmäßigkeit
    Prüfe: Anhörung entbehrlich gemäß § 28 Abs. 2 Nr. 1 VwVfG NRW
  - 3. Materielle Rechtmäßigkeit
    - a) Gefahr für die öffentliche Sicherheit
      Prüfe: Gefahrenverdacht
      - aa) Gefahr für Individualrechtsgüter (Leib und Leben)
      - bb) Gefahr für die Unversehrtheit der objektiven Rechtsordnung (Waffenrecht)
    - b) Adressatenfrage
    - c) Ermessensausübung
      Prüfe: Mutter des M als Störerin
      - aa) Entschließungsermessen
      - bb) Störerauswahlermessen
      - cc) Handlungsermessen
  - 4. Zwischenergebnis
- II. Waffeneinsatz gegenüber M
- III. Ingewahrsamnahme des M
  - 1. Ermächtigungsgrundlage
  - 2. Formelle Rechtmäßigkeit
    - a) Zuständigkeit
    - b) Anhörung

c) Richtervorbehalt
Prüfe: Richterl. Überprüfung gemäß § 36 Abs. 1 Satz 2 PolG NRW
d) Bekanntgabe des Gewahrsamsgrundes, Benachrichtigungspflicht
e) Zwischenergebnis
3. Materielle Rechtmäßigkeit
a) Grund für die Ingewahrsamnahme
aa) Unterbringungsgewahrsam gemäß § 35 Abs. 1 Nr. 2 PolG NRW
bb) Schutzgewahrsam gemäß § 35 Abs. 1 Nr. 2 PolG NRW
b) Adressatenfrage
Prüfe: Für Unterbringungsgewahrsam Art. 5 Abs. 1 Satz 2 lit. c) EMRK; Einschlägigkeit §§ 4–6 PolG NRW für Schutzgewahrsam
aa) Unterbringungsgewahrsam gemäß § 35 Abs. 1 Nr. 2 PolG NRW
bb) Schutzgewahrsam gemäß § 35 Abs. 1 Nr. 2 PolG NRW
c) Ermessensprüfung
Prüfe: Milderes Mittel
4. Zwischenergebnis
IV. Verletzung in eigenen Rechten
C. Ergebnis

Lösungsvorschlag

Die Klage des M hat Erfolg, wenn sie zulässig und begründet ist.

A. Zulässigkeit der Klage

I. Eröffnung des Verwaltungsrechtwegs

Zunächst müsste der Verwaltungsrechtsweg eröffnet sein. Eine aufdrängende Sonderzuweisung zu den Verwaltungsgerichten besteht nicht. Die Frage des zulässigen Rechtsweges bestimmt sich damit nach der Generalklausel des § 40 Abs. 1 Satz 1 VwGO.

Dann müsste eine öffentlich-rechtliche Streitigkeit nichtverfassungsrechtlicher Art vorliegen. Eine Streitigkeit ist öffentlich-rechtlicher Art, wenn die streitentscheidende Norm eine solche des öffentlichen Rechts ist, also notwendig einen Hoheitsträger in dieser Funktion berechtigt oder verpflichtet (modifizierte Subjektstheorie, „Sonderrechtslehre"). Hier handeln A und B auf der Grundlage des PolG NRW, welches die Polizei zum Eingreifen gegenüber dem Bürger berechtigt und daher dem öffentlichen Recht zuzuordnen ist. Somit liegt eine öffentlich-rechtliche Streitigkeit vor. Da keine Verfassungsorgane über materielles Verfassungsrecht streiten und somit keine doppelte Verfassungsunmittelbarkeit gegeben ist, ist die Streitigkeit auch nichtverfassungsrechtlicher Art.

Zweifel hinsichtlich der Zulässigkeit des Verwaltungsrechtsweges könnten sich jedoch mit Blick auf die Ingewahrsamnahme ergeben. So sieht § 36 Abs. 1 Satz 1, Abs. 2 Satz 1 PolG NRW eine abdrängende Rechtswegzuweisung in Gestalt der amtsrichterlichen Entscheidung über die Zulässigkeit und Fortdauer der Freiheitsentziehung vor. Allerdings hat das Amtsgericht richtigerweise nur über die Rechtmäßigkeit der An- bzw. Fortdauer der Ingewahrsamnahme zu befinden, nicht aber über die Rechtmäßigkeit des Polizeieinsatzes insgesamt. Insofern bleibt für die Überprüfung der Rechtmäßigkeit einer erledigten Ingewahrsamnahme der Verwaltungsrechtsweg offen.[282]

Der Verwaltungsrechtsweg ist gemäß § 40 Abs. 1 Satz 1 VwGO eröffnet.

II. Statthafte Klageart

Die statthafte Klageart richtet sich nach dem Rechtsschutzziel bzw. dem klägerischen Begehren (vgl. § 88 VwGO).

M begehrt die Feststellung der Rechtswidrigkeit des Polizeieinsatzes. Hierbei sind die verschiedenen Etappen des Einsatzes jeweils gesondert zu würdigen.

1. Aufforderung, das Fahrzeug zu verlassen und die Waffe niederzulegen

Zunächst geht es hierbei um die Aufforderung der Beamten an M, das Fahrzeug zu verlassen und die Waffe niederzulegen. Hierbei handelt es sich um eine Einzelfallanordnung mit Verwaltungsaktqualität (§ 35 Satz 1 VwVfG NRW). Statthafte Rechtsschutzform könnte insoweit die Anfechtungsklage sein. Allerdings hat sich der VA mit der Erfüllung der geforderten Handlung des M erledigt. Der VA ist gemäß § 43 Abs. 2 VwVfG NRW nicht mehr wirksam und damit nicht mehr zulässiger Gegenstand einer Anfechtungsklage.

In Betracht kommt daher eine Fortsetzungsfeststellungsklage nach § 113 Abs. 1 Satz 4 VwGO. Problematisch ist jedoch, dass der Wortlaut des § 113 Abs. 1 Satz 4 VwGO den Fall einer Erledigung vor Klageerhebung nicht erfasst. Zur nachträglichen Feststellung der Rechtswidrigkeit eines erledigten VA kann freilich in analoger Anwendung des § 113 Abs. 1 Satz 4 VwGO trotzdem Fortsetzungsfeststellungsklage erhoben werden. Ansonsten läge offenkundig eine ungewollte Rechtsschutzlücke vor, die eine Vielzahl polizeilicher Maßnahmen beträfe.

Die statthafte Klageart ist die Fortsetzungsfeststellungsklage nach § 113 Abs. 1 Satz 4 VwGO analog.

2. Einsatz von Waffen

Die beiden Beamten haben im Rahmen des Einsatzes ihre Waffen bereit gehalten. Hierbei könnte es sich um die Androhung von Zwangsmitteln gegen die Person des M gehandelt haben, die VA-Qualität aufwiese und sich zwischenzeitlich erledigt hätte. Auch insoweit wäre also eine Fortsetzungsfeststellungsklage statthaft.

3. Ingewahrsamnahme

Auch die Ingewahrsamnahme stellt einen VA dar, dessen Rechtmäßigkeit nach Erledigung im Wege der Fortsetzungsfeststellungsklage überprüft werden kann.

---

[282] Str.; s. ÖffR NRW, § 3 Rn. 180.

III. Klagebefugnis

Auch im Rahmen der Fortsetzungsfeststellungsklage nach § 113 Abs. 1 Satz 4 VwGO analog muss in entsprechender Anwendung des § 42 Abs. 2 VwGO eine Klagebefugnis bestehen, da in diesen Fällen ebenfalls Popularklagen vermieden werden sollen. Schließlich setzt die Fortsetzungsfeststellungsklage die Ausgangsklage nur fort, woraus sich schließen lässt, dass im Übrigen die Zulässigkeitsvoraussetzungen der ursprünglichen Klage weiterhin vorliegen müssen.

Der Kläger muss geltend machen, durch die erledigten Verwaltungsakte in seinen Rechten verletzt zu sein. M kann als Adressat der Verfügungen jedenfalls geltend machen, möglicherweise in seinen Grundrechten, insbesondere denen aus Art. 2 Abs. 1, Abs. 2 Satz 2 GG, verletzt zu sein.

Die Klagebefugnis des M analog § 42 Abs. 2 VwGO ist gegeben.

Hintergrund: Verdeutlichen Sie sich noch einmal den Unterschied zwischen Feststellungsinteresse (berechtigtes Interesse an der Feststellung, dass der Verwaltungsakt rechtswidrig gewesen ist, vgl. ÖffR NRW, § 5 Rn. 19) und Klagebefugnis (Möglichkeit des Bestehens einer eigenen Rechtsverletzung, vgl. ÖffR NRW, § 5 Rn. 15).

IV. Besonderes Feststellungsinteresse

Die Fortsetzungsfeststellungsklage bedarf in analoger Anwendung des § 113 Abs. 1 Satz 4 VwGO eines besonderen Feststellungsinteresses.

Dieses liegt dann vor, wenn eine Wiederholungsgefahr besteht, die Beseitigung einer fortbestehenden Diskriminierung (Rehabilitationsinteresse) begehrt wird oder eine wesentliche Grundrechtsposition beeinträchtigt wurde.

Klausurtipp: Das in diesem Zusammenhang häufig genannte Feststellungsinteresse der Vorbereitung eines Amts- oder Entschädigungsprozesses greift nur, wenn sich der Verwaltungsakt erst nach Klageerhebung erledigt hat. Ansonsten muss der Amts- oder Entschädigungsprozess von vornherein bei der ordentlichen Gerichtsbarkeit geführt werden, die dann über die Rechtmäßigkeit des Verwaltungsakts zu befinden hat.

Hier könnte das Feststellungsinteresse des M in der besonderen Beeinträchtigung seiner Grundrechtspositionen durch den Polizeieinsatz bestehen. Die Grundrechtsbeeinträchtigung darf jedoch nicht lediglich bloße Modalitäten der Grundrechtsausübung betreffen, sondern muss vielmehr die Verwirklichung des dem Recht zugrundeliegenden Charakters betreffen. Hier liegt ein wesentlicher Eingriff in die Handlungs- und Fortbewegungsfreiheit des M aus Art. 2 Abs. 1, Abs. 2 Satz 2 GG vor. Daher ist ein besonderes Feststellungsinteresse gegeben. Zusätzlich erscheint auch ein Rehabilitationsinteresse begründbar.

Klausurtipp: Die Begründung eines besonderen Feststellungsinteresses auf Grund einer Grundrechtsbeeinträchtigung bedarf einer äußerst zurückhaltenden Handhabung; insbesondere darf diese Konstruktion über Art. 2 Abs. 1 GG als Auffanggrundrecht nicht überspannt werden; hierzu eingehend *Dietlein,* ThürVBl. 1994, 149 ff.

V. Vorverfahren

Nach § 68 Abs. 1 Satz 2 Fall 1 VwGO i. V. m. § 110 Abs. 1 Satz 1 JustG NRW ist für Verwaltungsakte, die zwischen dem 1.11.2007 und dem 31. Dezember 2014 bekannt gegeben werden die Durchführung eines Vorverfahrens nicht erforderlich.

VI. Klagefrist

Es ist streitig, ob der Kläger im Rahmen einer Fortsetzungsfeststellungsklage in analoger Anwendung des § 74 Abs. 1 Satz 2 VwGO an die Einhaltung einer Klagefrist gebunden ist.

Eine Entscheidung kann im vorliegenden Fall dahin stehen, da die Monatsfrist des § 74 Abs. 1 Satz 2 VwGO eingehalten werden kann.

Vertiefungshinweis: Vgl. zu dem Streitstand der analogen Anwendung des § 74 VwGO im Rahmen der Fortsetzungsfeststellungsklage exemplarisch einerseits BVerwGE 109, 203 (207 f.), andererseits *Kopp/Schenke,* VwGO, 20. Aufl. 2014, § 113 Rn. 128.

VII. Klagegegner

Der Klagegegner bestimmt sich bei der Fortsetzungsfeststellungsklage analog § 78 Abs. 1 Nr. 1 VwGO. Danach ist die Klage gegen den Rechtsträger der Behörde zu richten, die die Verwaltungsakte erlassen hat. Somit ist richtiger Klagegegner vorliegend das Land NRW als Rechtsträger der Polizei, vgl. § 1 POG NRW.

VIII. Beteiligten- und Prozessfähigkeit

M ist als natürliche Person nach § 61 Nr. 1 Fall 1 VwGO, das Land NRW gemäß § 61 Nr. 1 Fall 2 als juristische Person beteiligtenfähig.

Problematisch ist, ob M auch prozessfähig ist, ob ihm also die Befugnis zusteht, selbst oder durch einen Bevollmächtigten Prozesshandlungen vorzunehmen. Nach § 62 Abs. 1 Nr. 1 und 2 VwGO ist prozessfähig, wer nach bürgerlichem Recht geschäftsfähig ist bzw. wer als beschränkt Geschäftsfähiger durch Vorschriften des bürgerlichen oder öffentlichen Rechts für den Gegenstand des Verfahrens als geschäftsfähig anerkannt wird. M ist hier aber geschäftsunfähig i. S. v. § 104 Nr. 2 BGB und damit nicht prozessfähig. Er wird im Prozess daher von seiner Mutter als Betreuerin vertreten werden müssen, vgl. § 173 Satz 1 VwGO, § 51 Abs. 1 ZPO, § 1902 BGB.

Für das Land NRW handelt im Prozess als Vertreter i. S. v. § 62 Abs. 3 VwGO der zuständige Fachminister,[283] hier der Innenminister als der für die Polizei zuständige Fachminister (Vgl. § 5 POG NRW)), der kraft interner Delegation durch den jeweiligen Polizeipräsidenten vertreten wird.[284]

IX. Zuständiges Gericht

Die Klage ist gemäß §§ 45, 52 VwGO vor dem örtlich zuständigen Verwaltungsgericht zu erheben.

B. Begründetheit

Die Fortsetzungsfeststellungsklage ist begründet, soweit die erledigten Verwaltungsakte der Beamten rechtswidrig waren und der Kläger dadurch in seinen Rechten verletzt worden ist. Hierbei ist zwischen den einzelnen Maßnahmen zu differenzieren, wobei sub I. die Aufforderung zu prüfen ist, das Fahrzeug zu verlassen und die Waffe niederzulegen; sub II. wird die Frage des Waffeneinsatzes der Beamten zu prüfen sein; sub III. soll schließlich der Ingewahrsamnahme des M nachgegangen werden.

I. Aufforderung, das Fahrzeug zu verlassen und die Waffe niederzulegen

1. Ermächtigungsgrundlage

Die durchgeführte Maßnahme lässt sich von der Rechtsfolgenseite her nicht auf eine der sog. „Standardermächtigungen“ des Polizeirechts gründen. Einschlägig ist daher die polizeiliche Generalklausel gemäß § 8 Abs. 1 PolG NRW.

2. Formelle Rechtmäßigkeit

Eine (Eil-)Zuständigkeit der Polizeibeamten aus § 1 Abs. 1 Satz 3 PolG NRW ist unzweifelhaft zu bejahen. Bedenken gegen die formelle Rechtmäßigkeit der Aufforderung könnten allenfalls insofern bestehen, als gemäß § 28 Abs. 1 VwVfG NRW vor einem belastenden Verwaltungsakt eine Anhörung erforderlich ist. Diese war aber im vorliegenden Fall gemäß § 28 Abs. 2 Nr. 1 VwVfG NRW wegen Gefahr im Verzug entbehrlich.

Die Maßnahme war formell rechtmäßig.

3. Materielle Rechtmäßigkeit

Die durchgeführte Maßnahme war materiell rechtmäßig, wenn – auf der Tatbestandsseite – eine Gefahr für die öffentliche Sicherheit vorgelegen (sub a) und

---

[283] Vgl. *Kintz*, in: Posser/Wolf, BeckOK-VwGO, 29. Ed. (Stand: April 2014), § 62 Rn. 15.

[284] Vgl. Vertretungserlass NRW (Gem. RdErl.) vom 1.7.2011, Abschn. 2, Nr. 5.

sich die Maßnahme gegen den richtigen Adressaten gerichtet hat (sub b) sowie – auf der Rechtsfolgenseite – die Beamten das ihnen eingeräumte Ermessen fehlerfrei ausgeübt haben (sub c).

a) Gefahr für die öffentliche Sicherheit

Zu prüfen ist, ob das Verhalten des M in der Tiefgarage des Supermarktes als Gefahr für die öffentliche Sicherheit i. S. d. § 8 Abs. 1 PolG NRW gewertet werden kann. Der Begriff der öffentlichen Sicherheit ist ein Blankettbegriff, der verschiedene Schutzebenen erfasst. Dabei geht es zunächst um die „Unversehrtheit der objektiven Rechtsordnung", weiter um den Schutz der Individualrechtsgüter (Leben, Gesundheit, Eigentum etc.) sowie schließlich um den Schutz der Einrichtungen und Veranstaltungen des Staates.[285]

Unter einer polizeilichen Gefahr für die öffentliche Sicherheit ist eine Sachverhaltslage zu verstehen, die bei ungehindertem Ablauf in absehbarer Zeit mit hinreichender Wahrscheinlichkeit zu einem Schaden an den oben genannten polizeilichen Schutzgütern führen würde.[286]

aa) Gefahr für Individualrechtsgüter (Leib und Leben)

Vorliegend ist vor allem die Möglichkeit einer Gefahr für Individualrechtsgüter zu prüfen, namentlich also eine Gefahr für das Leben und die Gesundheit der Passanten in der Tiefgarage. Der vorliegende Sachverhalt zeichnet sich indes dadurch aus, dass eine reale Gefahr für Leib und Leben der Bürger niemals bestanden hat, da ein Schaden durch die Holzspielzeugwaffe nicht bewirkt werden konnte. Insoweit könnte eine Gefahrenlage zu verneinen sein.

Allerdings darf die Frage nach dem Vorliegen einer Gefahr nicht aus der nachträglichen „ex-post-Bewertung" heraus beantwortet werden. Maßgeblich ist vielmehr der Sachverhalt, wie er sich aus der Sicht eines fähigen, sachkundigen und besonnenen Beamten zum Zeitpunkt des Einsatzes darstellt.[287] Erweist sich eine bestimmte Situation dabei im Vorhinein als gefahrenträchtig, obgleich eine nachträgliche Sachverhaltsbewertung zeigt, dass eine reale Gefahr nicht bestand, liegt gleichwohl eine Gefahr im polizeilichen Sinne vor; es handelt sich dann um eine sog. „Anscheinsgefahr". Nur wenn im Vorhinein erkennbar war, dass eine reale Gefahr nicht bestand, wäre von einer sog. „Scheingefahr" auszugehen, die den Anforderungen des Gefahrenbegriffs in § 8 PolG NRW nicht genügt.

Vorliegend könnte eine Anscheinsgefahr gegeben sein. So hatten die Anrufer bei der Polizei ausgesagt, dass M eine Waffe führe. A und B konnten vor Ort ebenfalls nicht ausschließen, dass es sich bei dem von M geführten Gegenstand um eine Waffe handelt.

Ob diese Umstände indes bereits ausreichten, um berechtigterweise auf eine Situation zu folgern, die bei ungehindertem Ablauf mit hinreichender Wahrscheinlichkeit in absehbarer Zeit zu einem Übergriff auf das Leben und die Gesundheit Dritter führen würde, erscheint fraglich. Zwar ist im Rahmen der vorzunehmenden Wahrscheinlichkeitsprognose eine „dynamische" Bewertung anzustellen, bei der die Anforderungen an die Eintrittswahrscheinlichkeit umso

---

[285] Vgl. ÖffR NRW, § 3 Rn. 50 ff.
[286] ÖffR NRW, § 3 Rn. 59 ff.
[287] Sog. „ex-ante-Betrachtung", vgl. ÖffR NRW, § 3 Rn. 62.

geringer ausfallen, je höher der bevorstehende Schaden ist. Angesichts der offensichtlich höchst ungesicherten Umstände des Falles erscheint es indes eher zweifelhaft, ob aus der ex-ante-Betrachtung bereits definitiv auf die hinreichende Wahrscheinlichkeit eines bevorstehenden Schadens gefolgert werden konnte. So legt die Sachverhaltsdarstellung nahe, dass aus Sicht der Beamten ein in tatsächlicher Hinsicht unklarer Sachverhalt vorlag, der im Sinne eines sog. „Gefahrenverdachtes“ zu deuten ist: Das Vorliegen einer realen Gefahr erschien den Beamten durchaus möglich, konnte aber noch nicht eindeutig festgestellt werden.

Fraglich ist, ob dieser „Gefahrenverdacht“ als Gefahr i. S.d. § 8 Abs. 1 PolG NRW gewertet werden kann. Die Behandlung des Gefahrenverdachtes ist in Rechtsprechung und Literatur nach wie vor umstritten. Teilweise wird der Gefahrenverdacht explizit jenseits der Gefahrenschwelle verortet mit der Folge, dass den Beamten lediglich weitere „Gefahrenerforschungseingriffe“ bzw. „vorläufige Maßnahmen“ gestattet sein sollen, nicht aber ein unmittelbar gefahrenbeseitigendes Einschreiten. Folgte man dieser Ansicht, müsste die Intervention der Beamten hier als rechtswidrig angesehen werden. Die pauschale Einordnung des Gefahrenverdachts jenseits des Gefahrenbegriffs i.S.d. § 8 Abs. 1 PolG NRW kann indes nicht überzeugen. Denn auch bei einer nicht abschließend gesicherten Sachverhaltslage können sich Situationen ergeben, in denen ein weiteres Zuwarten wegen des hohen Gefährdungspotentials der Situation nicht hinnehmbar erscheint. Zu denken ist insoweit z.B. an eine Bombendrohung, die – etwa aufgrund des wiederholten Eingehens – wenig glaubhaft erscheint. In Fällen dieser Art muss der Polizei die Räumung eines Gebäudes oder einer Anlage auch dann möglich sein, wenn man der Drohung wenig Glauben schenken kann.

Die vorliegende Situation erscheint insoweit durchaus vergleichbar. Denn einerseits war die Situation in der Tiefgarage in wesentlichen Punkten unklar, andererseits aber wäre das Gefährdungspotential eines mit einer scharfen Waffen hantierenden Mannes doch so hoch gewesen, dass ein weiteres Laufenlassen der Situation kaum zu verantworten war. Insoweit erscheint es gerechtfertigt, von einem Gefahrenverdacht auszugehen, der aufgrund der besonderen Umstände bereits die Qualität einer Gefahr i.S.d. § 8 Abs. 1 PolG NRW angenommen hatte. Unter dem Blickwinkel des Schutzes von Leib und Leben lag somit eine Gefahr vor.[288]

bb) Gefahr für die Unversehrtheit der objektiven Rechtsordnung (Waffenrecht)

Eine Gefahr für die öffentliche Sicherheit könnte zusätzlich mit Blick auf das Schutzgut der Unversehrtheit der Rechtsordnung gegeben sein, falls das Hantieren des M mit einer Waffenattrappe gegen Waffenrecht verstoßen haben sollte. Nach § 42a Abs. 1 Nr. 1 WaffG ist das Führen von Anscheinswaffen rechtswidrig. Allerdings dürfte die von M geführte Holzspielwaffe nicht als Anscheinswaffe i.S.d. § 42a Abs. 1 Nr. 1 WaffG anzusehen sein. Eine Gefahr wegen der Verletzung objektiver Normen liegt daher nicht vor.

b) Adressatenfrage

M könnte als „Handlungsverantwortlicher“ rechtmäßiger Adressat der Polizeimaßnahme sein. Dann müsste er eine Gefahr „verursacht“ haben, wobei es

---

[288] OLG Karlsruhe, VBlBW 2000, 329.

auf das Verschulden, hier also auf die Frage der Schuldfähigkeit des M, nicht ankommt. Der Verursachungsbegriff des Polizeirechts ist grundsätzlich weit zu fassen, wobei nach der sog. „Unmittelbarkeitslehre" insbesondere diejenigen Handlungsbeiträge erfasst werden, die unmittelbar zum Überschreiten der Gefahrenschwelle geführt haben.[289] Ein solcher Handlungsbeitrag ist hinsichtlich des Hantierens des M mit der Spielzeugwaffe durchaus zu bejahen. Allenfalls könnte erwogen werden, ob die Handlungen des M deshalb nicht als Verursachung i.S.d. § 4 Abs. 1 PolG NRW in Betracht kommen, weil M womöglich in Ausübung eigener Rechte bzw. nicht pflichtwidrig gehandelt hat.[290] Allerdings wird man ein positives Recht darauf, in der Öffentlichkeit mit waffenähnlichen Gegenständen Unsicherheiten hervorzurufen, nicht annehmen können. Eine Gefahrenverursachung durch M ist daher zu bejahen. Hieran ändert auch die fehlende „Schuldfähigkeit" des M nichts, da das Gefahrenabwehrrecht derartige Schuldaspekte im Rahmen der Gefahrenabwehr gänzlich ausblendet.

M durfte daher als Handlungsverantwortlicher in Anspruch genommen werden.

c) Ermessensausübung

Die umstrittene Maßnahme müsste als Ermessensentscheidung („kann") schließlich auch ermessensfehlerfrei durchgeführt worden sein. Im Rahmen der nach § 8 Abs. 1 PolG erforderlichen Ermessensausübung ist insoweit zu differenzieren hinsichtlich der Frage des „Ob" eines Einschreitens (sog. „Entschließungsermessen"), hinsichtlich des „Gegen-Wen" eines Einschreitens (sog. „Störerauswahlermessen") sowie hinsichtlich des „Wie" eines Einschreitens (sog. „Handlungsermessen"). Eine ordnungsgemäße Ermessensausübung setzt dabei jeweils voraus, dass die Beamten ihr Ermessen überhaupt ausüben, es dem Zweck des Ermessens entsprechend ausüben sowie die Grenzen des Ermessens wahren (§ 40 VwVfG NRW).

aa) Entschließungsermessen

Hinsichtlich des „Ob" eines Einschreitens sind Fehler in der Ermessensausübung nicht ersichtlich.

bb) Störerauswahlermessen

Hinsichtlich des Störerauswahlermessens könnte ein Ermessensnichtgebrauch vorliegen, falls neben dem M weitere Störer existiert haben sollten, deren Inanspruchnahme die Beamten dann womöglich fehlerhaft nicht in Erwägung gezogen haben.

Als ein weiterer Störer könnte hier die Mutter des M in Betracht kommen. Denn auch sie hat, ohne dass Verschuldensfragen eine Rolle spielen, eine Ursache für die Gefahrenlage dadurch in Gang gesetzt, dass sie ihren Sohn mit der Spielzeugwaffe allein im Fahrzeug gelassen hat. Zwar handelte es sich gewiss nicht um die „letzte Ursache" i.S.d. Unmittelbarkeitslehre. Indes darf die Unmittelbarkeitslehre auch nicht i.S.e. „Zeitlupenbetrachtung" fehlinterpretiert werden, die stets nur auf den zeitlich letzten Akt abstellt. Entscheidend ist vielmehr der Aspekt des Überschreitens der Gefahrenschwelle; dieser könnte in der

---

[289] ÖffR NRW, § 3 Rn. 76ff.
[290] Vgl. zu den diesbezüglichen Abgrenzungen ÖffR NRW, § 3 Rn. 82f.

Person der Mutter insoweit erfüllt sein, als sie womöglich Vorkehrungen gegen eine Fehlinterpretation der Sachlage hätte treffen müssen. Wenn aber die Mutter als Störerin in Betracht käme, könnte in der Tat ein Ermessensnichtgebrauch vorliegen, weil die Beamten Maßnahmen gegen die Mutter von vornherein nicht in Erwägung gezogen haben.

Ebenso wie die Prüfung einer Gefahrenlage auf einer ex-ante-Betrachtung basiert, muss indes auch die Frage der Störerauswahl auf eine ex-ante-Betrachtung gegründet werden. Da aber die Beamten im Vorhinein nicht erkennen konnten, dass es sich bei M um einen geistig behinderten Menschen handelt, konnten sie auch einen etwaigen Handlungsbeitrag der Mutter nicht erkennen. Aus der ex-ante-Perspektive gab es damit nur einen Störer, den die Beamten folgerichtig ohne Verletzung ihres Störerauswahlermessens in Anspruch nehmen konnten. Insofern lag also kein Ermessensfehler vor.

cc) Handlungsermessen

Hinsichtlich des „Wie“ des Einsatzes fehlt es ebenfalls an Anhaltspunkten für einen Ermessensfehler. Soweit im Kontext des Handlungsermessens insbesondere die Verhältnismäßigkeit der Maßnahme zu prüfen ist, erscheint diese hier gewahrt. Dies gilt zunächst im Hinblick auf die notwendige Eignung der Maßnahme zur Gefahrenabwehr. Zwar könnte erwogen werden, ob die Maßnahme, falls tatsächlich ein Gewalttäter in dem Fahrzeug gesessen hätte, „robust“ genug gewesen wäre, um diesen außer Gefecht zu setzen. Als erste und steigerungsfähige Maßnahme war die Aufforderung indes durchaus ein „Schritt in die richtige Richtung“, der damit die Geeignetheit nicht von vornherein abgesprochen werden kann. An der Erforderlichkeit besteht kein Zweifel, da weniger eingriffsintensive Maßnahme als die bloße Aufforderung, das Fahrzeug zu verlassen und die Waffe niederzulegen, kaum denkbar sind. Auch die Zumutbarkeit der Maßnahme ist zu bejahen, da deren Belastung jedenfalls nicht außer Verhältnis zu dem erstrebten Zweck der Gefahrenabwehr steht.

4. Zwischenergebnis

Die Aufforderung an M, das Fahrzeug zu verlassen und die Waffe niederzulegen, war rechtmäßig.

II. Waffeneinsatz gegenüber M

Als rechtfertigungsbedürftige Maßnahme gegenüber M ist womöglich auch die Bereithaltung der Schusswaffen anzusehen. So wird etwa das Inanschlaggehen mit einer Dienstwaffe regelmäßig als Androhung unmittelbaren Zwanges zur Durchsetzung einer Polizeiverfügung anzusehen sein, die dann Teil des Verwaltungsvollstreckungsverfahrens ist und eine Rechtsgrundlage in den §§ 50 ff. PolG NRW finden kann.

Laut Sachverhalt sind die Beamten A und B indes mit ihren Waffen nicht in Anschlag gegangen, sondern haben diese lediglich zur Eigensicherung – also für den Fall einer späteren Eskalation – bereit gehalten. Das bloße Bereithalten einer Waffe stellt jedoch keine konkrete Maßnahme gegenüber einem Dritten dar und bedarf insoweit keiner Prüfung.

III. Ingewahrsamnahme des M

Ein freiheitsentziehender Eingriff gegenüber M stellt allerdings dessen Ingewahrsamnahme dar.

1. Ermächtigungsgrundlage

Als Rechtsgrundlage für diese Maßnahme kommt § 35 Abs. 1 Nr. 1 und 2 PolG NRW in Betracht.

2. Formelle Rechtmäßigkeit

a) Zuständigkeit

An der Eilzuständigkeit der Beamten besteht auch hier kein Zweifel (§ 1 Abs. 1 Satz 3 PolG NRW).

b) Anhörung

Zu prüfen ist, ob dem Anhörungserfordernis des § 28 Abs. 1 VwVfG NRW Rechnung getragen wurde. Hierzu müsste die Ingewahrsamnahme als belastender Verwaltungsakt angesehen werden, was richtigerweise der Fall ist. Hier könnte das Anhörungserfordernis dadurch erfüllt worden sein, dass M sich vor seiner Mitnahme auf die Wache tatsächlich geäußert hat. Ob es sich hierbei um eine Anhörung handelte, erscheint freilich nicht völlig eindeutig. Ggf. kommt insoweit erneut die Dispensregelung des § 28 Abs. 2 Nr. 1 VwVfG NRW in Betracht. Das Anhörungserfordernis ist damit im Ergebnis gewahrt.

c) Richtervorbehalt

Weiterhin müsste die Maßnahme dem sog. Richtervorbehalt genügen. Mit Blick auf den freiheitsentziehenden Charakter der Ingewahrsamnahme bedarf jede Ingewahrsamnahme grundsätzlich einer „unverzüglichen richterlichen Entscheidung“ über Zulässigkeit und Fortdauer der Freiheitsentziehung (§ 36 Abs. 1 Satz 1 PolG NRW, sog. „Richtervorbehalt“). Diese ist hier nicht erfolgt. Ob hieraus auf die Rechtswidrigkeit der Maßnahme gefolgert werden kann, ist indes fraglich. So bedarf es einer richterlichen Entscheidung gemäß § 36 Abs. 1 Satz 2 PolG NRW nicht, wenn anzunehmen ist, dass die Entscheidung erst nach dem Wegfall des Grundes der Ingewahrsamnahme ergehen würde. Hier hatte die Mutter des M ihren Sohn unmittelbar nach dessen Eintreffen bei der Wache abgeholt. Die Beamten hatten M aus dem Gewahrsam entlassen, ohne dass Zeit für eine richterliche Entscheidung gewesen wäre. Die Entbehrlichkeit der richterlichen Prüfung ergibt sich auch unter teleologischen Gesichtspunkten. Denn das Amtsgericht hat nur über die Rechtmäßigkeit der An- bzw. Fortdauer der Ingewahrsamnahme zu befinden, nicht aber über die Rechtmäßigkeit des Polizeieinsatzes insgesamt.

d) Bekanntgabe des Gewahrsamsgrundes, Benachrichtigungspflicht

Tatsächliche Anhaltspunkte, dass die Beamten ihre formelle Pflicht zur Bekanntgabe des Gewahrsamsgrundes (§ 37 Abs. 1 PolG NRW) missachtet hätten, legt der Sachverhalt nicht nahe. Auch das Benachrichtigungsgebot des § 37

Abs. 2 PolG NRW ist nicht verletzt, da die Beamten gerade erst bei der Wache eingetroffen waren, als die Mutter des M dort erschien. Dabei wird nicht verkannt, dass im vorliegenden Fall einer sog. „betreuten“ Person der Sorgeberechtigte zwingend behördlicherseits informiert werden muss.

e) Zwischenergebnis

Die Ingewahrsamnahme war formell rechtmäßig.

3. Materielle Rechtmäßigkeit

Die durchgeführte Maßnahme müsste auch materiell rechtmäßig gewesen sein. Dies wäre dann der Fall, wenn – auf der Tatbestandsseite – ein hinreichender Grund für die Ingewahrsamnahme vorgelegen (sub a) und sich die Maßnahme gegen den richtigen Adressaten gerichtet hat (sub b) sowie – auf der Rechtsfolgenseite – die Beamten das ihnen eingeräumte Ermessen fehlerfrei ausgeübt haben (sub c).

a) Grund für die Ingewahrsamnahme

aa) Unterbindungsgewahrsam gemäß § 35 Abs. 1 Nr. 2 PolG NRW

Als Grund für die Ingewahrsamnahme des M könnte das Ziel der Verhinderung von Straftaten und Ordnungswidrigkeiten mit erheblicher Bedeutung für die Allgemeinheit (§ 35 Abs. 1 Nr. 2 PolG NRW) in Betracht kommen. Soweit hierbei zunächst auf die Person des M abgestellt wird, scheidet ein solcher Grund freilich von vornherein aus. Denn ersichtlich ging von M keinerlei reale Gefahr aus. Ob eine Wiederholung der eingetretenen Irritation ggf. dadurch hätte vermieden werden können, dass die Beamten die Spielzeugwaffe an sich genommen hätten, bedarf hier keiner Diskussion. Denn insoweit handelt es sich nicht um Straftaten oder Ordnungswidrigkeiten.

Zu prüfen bleibt allerdings, ob das Verhalten der Schaulustigen tatbestandliche Grundlage für die Ingewahrsamnahme nach § 35 Abs. 1 Nr. 2 PolG NRW sein konnte. Für die Annahme, dass es zu gewalttätigen Übergriffen auf die Beamten hätte kommen können, bietet der Sachverhalt keinen hinreichenden Anhalt. Allerdings fanden sich unter den Beschimpfungen auch strafrechtlich relevante Beleidigungen (§ 185 StGB), die noch andauern. § 35 Abs. 1 Nr. 2 PolG NRW ist daher – vorbehaltlich der Frage, ob hier ein Eingreifen „unerlässlich“ ist – einschlägig.

bb) Schutzgewahrsam gemäß § 35 Abs. 1 Nr. 1 PolG NRW

Als tatbestandliche Rechtfertigung der Ingewahrsamnahme könnte weiterhin § 35 Abs. 1 Nr. 1 PolG NRW in Betracht kommen, wonach Personen in Gewahrsam genommen werden können, die sich erkennbar in einem die freie Willensbildung ausschließenden Zustand oder sonst in hilfsloser Lage befinden. Eine „hilflose Lage“ wird man hinsichtlich der Person des M anzunehmen haben, zumal dieser mittlerweile völlig verstört und eingeschüchtert ist. Somit ist § 35 Abs. 1 Nr. 1 PolG NRW ebenfalls einschlägig.

b) Adressatenfrage

aa) Unterbindungsgewahrsam gemäß § 35 Abs. 1 Nr. 2 PolG NRW

§ 35 Abs. 1 Nr. 2 PolG NRW enthält keine Regelung über die Frage, ob danach eine Person auch dann in Gewahrsam genommen werden kann, wenn die

Rechtsverletzung durch eine andere Person droht. Insofern könnten die allgemeinen Vorschriften über die polizeiliche Verantwortlichkeit (§§ 4–6 PolG NRW) anwendbar sein. Allerdings bestimmt Art. 5 Abs. 1 Satz 2 lit. c) EMRK für den Unterbindungsgewahrsam, dass die Freiheit einem Menschen nur entzogen werden kann, um die betreffende Person an der Begehung einer Straftat zu hindern. Die EMRK gilt als Bundesgesetz und bricht daher entgegenstehendes Landesrecht. Im Rahmen der geltungserhaltenden Auslegung ist § 35 Abs. 1 Nr. 2 PolG NRW folglich so zu verstehen, dass die Rechtsverletzung gerade durch denjenigen drohen muss, der in Gewahrsam genommen werden soll.[291] Da von M keinerlei Straftat oder Ordnungswidrigkeit zu befürchten ist, kann er demnach nicht nach § 35 Abs. 1 Nr. 2 PolG in Anspruch genommen werden.

bb) Schutzgewahrsam gemäß § 35 Abs. 1 Nr. 1 PolG NRW

Gemäß § 35 Abs. 1 Nr. 1 PolG NRW kann eine Person in Gewahrsam genommen werden, für deren Leib oder Leben eine Gefahr droht. Es ist umstritten, ob diese Norm bereits die Verantwortlichkeit abschließend regelt, oder ob die allgemeinen Regelungen der §§ 4–6 PolG NRW zusätzlich zu beachten sind.

Geht man insofern von einer abschließenden Regelung aus,[292] dann wäre M hier ohne Weiteres richtiger Adressat der Maßnahme. Fordert man hingegen die Anwendung der §§ 4–6 PolG NRW,[293] so könnte M nur als Nichtstörer unter den Voraussetzungen des polizeilichen Notstands gem. § 6 PolG NRW in Gewahrsam genommen werden.

Gegen eine Anwendung der §§ 4–6 PolG NRW im Rahmen des § 35 Abs. 1 Nr. 1 PolG NRW spricht, dass der Gesetzgeber die Frage der Schutzbedürftigkeit in § 35 Abs. 1 Nr. 1 PolG NRW spezieller geregelt hat. Die allgemeinen Vorschriften über die Verantwortlichkeit sind damit verdrängt. Somit ist die Maßnahme auf der Ebene der Adressatenfrage nicht zu beanstanden.

c) Ermessensprüfung

Im Rahmen des Ermessens ist insbesondere die Verhältnismäßigkeit der Ingewahrsamnahme zu prüfen. Während gegen deren Geeignetheit noch keine grundlegenden Bedenken bestehen, ist allerdings fraglich, ob die Ingewahrsamnahme erforderlich war, um Leib oder Leben des M zu schützen.

Der Sachverhalt liefert wenig Anhaltspunkte für eine solche Annahme. Im Gegenteil hätten insoweit durchaus weniger eingriffsintensive Handlungsalternativen nahe gelegen. So hätten die Beamten unschwer die Mutter des M aus dem Einkaufszentrum herausrufen lassen können und den M bis zur Rückkehr der Mutter wieder in ihrem Fahrzeug Platz nehmen lassen können, anstatt ihn auf die Wache zu geleiten. Auch gibt der Sachverhalt keinerlei Anhalt für die Annahme, dass M nach dem Polizeieinsatz der sofortigen ärztlichen Betreuung bedurfte und deshalb in polizeiliche Obhut hätte genommen werden müssen. Dessen Mitnahme auf die Wache war danach nicht erforderlich und daher unverhältnismäßig.

---

[291] Vgl. OVG Bremen, NVwZ 2001, 221; *Pieroth/Schlink/Kniesel,* Polizei- und Ordnungsrecht, 7. Aufl. 2012, § 17 Rn. 22.

[292] *Pieroth/Schlink/Kniesel,* Polizei- und Ordnungsrecht, 7. Aufl. 2012, § 17 Rn. 22.

[293] Vgl. *Rachor,* in: Lisken/Denninger, Handbuch des Polizeirechts, 5. Aufl. 2012, Kap. E Rn. 522.

4. Zwischenergebnis

Die Ingewahrsamnahme war damit rechtswidrig.

IV. Verletzung in eigenen Rechten

M ist als Adressat der Maßnahme in seinem Recht auf Fortbewegungsfreiheit aus Art. 2 Abs. 2 Satz 2 GG verletzt.

C. Ergebnis

Die Klage ist nur hinsichtlich der Ingewahrsamnahme begründet, insoweit hat sie Erfolg.

10. Klausur: „Straßenrechtliche Beurteilung öffentlichen Musizierens" *

Sachverhalt

Bei dem Ordnungsamt der kreisfreien nordrhein-westfälischen Stadt S gehen seit längerem Beschwerden wegen Straßenmusik im Innenstadtbereich ein, weil die Musiker mit ihren Instrumenten samt Zubehör und Koffern den Fußgängerverkehr beeinträchtigen. Die Behörde entwickelt daraufhin ein Konzept, das sie mit „Spielregeln für das Musizieren in der Stadt S" überschreibt. Nach diesem wird das Musizieren lediglich in den weniger stark frequentierten Straßen X, Y und Z geduldet und das auch nur für die jeweils ersten 20 Minuten der angefangenen Stunde, in der Zeit von 10 bis 21 Uhr. Die neuen „Spielregeln" werden am 1. Juli 2013, wie auch in der Vergangenheit häufig praktiziert, durch Flugblätter in der Fußgängerzone der Stadt S und durch Plakatierungen bekannt gemacht.

Musikant M, dessen bisheriger Standort nicht in den „Spielregeln" aufgelistet ist, sieht sich in seiner Kunstfreiheit verletzt. Er möchte gegen die Neuregelung vorgehen, zumal er einen nicht unerheblichen Teil seines Einkommens durch die Straßenmusik bestreitet. Bei dem ersten Versuch einer Vorsprache bei dem zuständigen Sachbearbeiter des Ordnungsamtes trägt M sein Anliegen dergestalt vor, wird aber abgewiesen. Der Geschäftsstellenbeamte, dem der M persönlich bekannt ist, weigert sich, dessen Anliegen aufzuschreiben. Als Begründung führt er aus, M habe aufgrund seiner Wohnsitzlosigkeit keine Beschwerdebefugnis. Daher verfasst M auf dem Flur der Behörde ein einseitiges Schreiben, dass er mit „Einspruch" überschreibt und in dem er dezidiert seine Anliegen hinsichtlich der „Spielregeln" darlegt. Er unterschreibt dieses, fügt seine Adresse in dem Obdachlosenheim der Stadt S ein, geht in das Büro des Urkundsbeamten und legt es diesem auf den Schreibtisch. Einen Tag später fragt M telefonisch bei der Behörde nach, „ob nun alles in Ordnung sei und man sich seiner Sache annehme". Dabei wird ihm von dem Urkundsbeamten mitgeteilt, dass M aufgrund seiner Wohnsitzlosigkeit nicht mit einer Entscheidung rechnen könne. Bei einem seiner regelmäßigen Besuche in dem Obdachlosenheim der Stadt S erzählt M von seinem „misslungenen Einspruch". Daraufhin verspricht der Leiter des Heimbetriebs, ihn zu unterstützen. Aber auch dieser erfährt von dem Vorgesetzten des zuständigen Sachbearbeiters, dass die Beschwerdebefugnis aus praktischen Gründen an das Vorhandensein eines Wohnsitzes geknüpft sei. M erfährt dies drei Wochen später (Ende Juli 2013) und will sein Problem nunmehr gerichtlich geklärt wissen. Dazu erscheint er zusammen mit dem Leiter des Heimbetriebs persönlich vor dem Verwaltungsgericht und erhebt dort Klage zur Niederschrift des Urkundsbeamten. Er verlangt „freies Spiel für freie Bürger". Der Heimleiter verspricht, eingehende Post für M weiterzuleiten.

Frage 1:
Prüfen Sie die Erfolgsaussichten der Klage des M.

Frage 2 (Zusatzfrage):
Die X-Straße, auf der Anwohner A wohnt, unterfällt den „Spielregeln" für das Straßenmusizieren. Nach dem Erlass der „Spielregeln" steigt die Anzahl der

Straßenmusiker deutlich. Im Sommer musizieren die Straßenmusikanten auf der X-Straße stets deutlich über die in den „Spielregeln“ festgelegten Zeiten hinaus. Dies geschieht unmittelbar vor dem Schlafzimmerfenster des Anwohners A, der dadurch massiv gestört wird. Er wendet sich daraufhin schriftlich an die Ordnungsbehörde und bittet diese sicherzustellen, dass die Straßenmusikanten die vorgeschriebenen Zeiten einhalten, indem ihnen „das Musizieren persönlich verboten wird“, damit seine Nachtruhe nicht gestört wird. Die Behörde verweigert ein Einschreiten unter Hinweis auf ihr Entschließungsermessen.

A bittet Sie zu prüfen, inwieweit er materiell in der Lage ist, die Behörde zu einem Einschreiten gegen die Lärmbelästigung zu „zwingen“.

Gliederung

Frage 1: Erfolgsaussichten der Klage
A. Zulässigkeit
 I. Verwaltungsrechtsweg
 II. Ordnungsgemäße Klageerhebung
 Prüfe: Ladungsfähige Anschrift, § 173 Satz 1 VwGO i. V. m. § 130 Nr. 1 ZPO
 III. Statthafte Klageart
  1. Satzung
  2. Rechtsverordnung
  3. Verwaltungsakt
 IV. Klagebefugnis
 V. Vorverfahren
 VI. Klagefrist
 Prüfe: Öffentliche Bekanntgabe, § 41 Abs. 3 und 4 VwVfG NRW
 VII. Klagegegner
 VIII. Beteiligten- und Prozessfähigkeit
 IX. Zuständiges Gericht
B. Begründetheit
 I. Rechtmäßigkeit des Verwaltungsakts
  1. Ermächtigungsgrundlage
   a) § 15 Abs. 1 Satz 1 LImschG NRW
   b) § 22 Satz 1 StrWG NRW
  2. Formelle Rechtmäßigkeit
   a) Zuständigkeit
   b) Verfahren
    aa) Anhörung
    bb) Bekanntgabe
   c) Form
   d) Zwischenergebnis
  3. Materielle Rechtmäßigkeit
   a) Voraussetzungen des § 22 Satz 1 StrWG NRW
   Prüfe: Straßenmusik genehmigungspflichtige Sondernutzung?
   b) Ermessensausübung
 II. Zwischenergebnis
C. Ergebnis
Frage 2 (Zusatzfrage): Subjektives öffentliches Recht auf behördliches Einschreiten
A. Rechtsgrundlage
 Prüfe: subjektives öffentliches Recht
 I. § 22 Satz 1 StrWG NRW

II. § 15 Abs. 1 Satz 1 LImschG NRW
B. Voraussetzungen für Anspruch auf Einschreiten
I. Formelle Rechtmäßigkeit
II. Materielle Rechtmäßigkeit
1. Tatbestand des § 15 Abs. 1 Satz 1 LImschG NRW
2. Rechtsfolge
Prüfe: „Folgenbeseitigungslast"
C. Ergebnis

Lösungsvorschlag

Frage 1: Erfolgsaussichten der Klage

Die Klage des M hat Erfolg, wenn sie zulässig und begründet ist.

A. Zulässigkeit

I. Verwaltungsrechtsweg

Zunächst müsste der Verwaltungsrechtsweg eröffnet sein.

Eine aufdrängende Sonderzuweisung zu den Verwaltungsgerichten besteht nicht.

Der Verwaltungsrechtsweg könnte über die Generalklausel des § 40 Abs. 1 Satz 1 VwGO eröffnet sein. Dann müsste eine öffentlich-rechtliche Streitigkeit nichtverfassungsrechtlicher Art vorliegen.

Eine Streitigkeit ist öffentlich-rechtlicher Art, wenn die streitentscheidende Norm eine solche des öffentlichen Rechts ist, also notwendig einen Hoheitsträger in dieser Funktion berechtigt oder verpflichtet (modifizierte Subjektstheorie, „Sonderrechtslehre"). Die für die Lösung des vorliegenden Konflikts einschlägigen Normen sind dem nordrhein-westfälischen Ordnungsbehördengesetz, dem Straßen- und Wegegesetz des Landes Nordrhein-Westfalen oder dem Landesimmissionsschutzgesetz NRW zu entnehmen. Diese enthalten Handlungsermächtigungen speziell für bestimmte Träger der öffentlichen Gewalt. Sie sind daher ausnahmslos dem öffentlichen Recht zuzuordnen.

Da keine Verfassungsorgane über materielles Verfassungsrecht streiten und also keine doppelte Verfassungsunmittelbarkeit gegeben ist, ist die Streitigkeit auch nichtverfassungsrechtlicher Art.

Eine abdrängende Sonderzuweisung ist nicht ersichtlich.

Der Verwaltungsrechtsweg ist gemäß § 40 Abs. 1 Satz 1 VwGO eröffnet.

II. Ordnungsgemäße Klageerhebung

Weiterhin müsste die Klageerhebung ordnungsgemäß i. S. d. § 81 VwGO erfolgt sein.

Gemäß § 81 Abs. 1 Satz 2 VwGO kann M die Klage zur Niederschrift des Urkundsbeamten der Geschäftsstelle erheben. Die ordnungsgemäße Klageerhebung erscheint lediglich hinsichtlich der fehlenden Anschrift des Klägers problematisch (§ 82 VwGO).

Gemäß § 173 Satz 1 VwGO i.V.m. § 130 Nr. 1 ZPO ist in der Klageschrift grundsätzlich eine ladungsfähige Anschrift des Kläger sowie des Beklagten anzugeben.

Mit Blick auf die Rechtsschutzgarantie des Art. 19 Abs. 4 GG genügt für Personen ohne festen Wohnsitz jedoch ausnahmsweise die Angabe eines Zustellungsbevollmächtigten oder einer anderweitigen Anschrift unter der die Zustellungen erfolgen können.[294]

M müsste daher beispielsweise das Obdachlosenheim, in dem er regelmäßig verkehrt, oder eine anderweitige Anschrift angeben, unter der ihn gerichtliche Zustellungen erreichen können. M ist mit dem Leiter des Heimbetriebs vor dem Verwaltungsgericht erschienen. Durch die Hinterlassung der Anschrift des Obdachlosenheims als Ladungsanschrift wird dem Erfordernis des § 173 Satz 1 VwGO i.V.m. § 130 Nr. 1 ZPO genüge getan.

Es liegt eine ordnungsgemäße Klageerhebung des M vor.

Vertiefung: Lesen Sie zu der Problematik der Angabe einer ladungsfähigen Anschrift bei Obdachlosen oder anderen Personen ohne festen Wohnsitz *Gusy*, JuS 1992, S. 28ff., sowie *Decker*, VerwArch 86 (1995), 266ff.

III. Statthafte Klageart

Die statthafte Klageart richtet sich nach dem Rechtsschutzziel bzw. dem klägerischen Begehren (vgl. § 88 VwGO). M möchte gegen die „Spielregeln“ der Ordnungsbehörde der Stadt S vorgehen. Er begehrt die Abschaffung dieser Regeln.

Fraglich ist daher, welche rechtliche Qualität den „Spielregeln für das Musizieren in der Stadt S“ zukommt.

In Betracht kommt deren Einordnung als Satzung nach § 19 StrWG, als ordnungsbehördliche Verordnung, als Verwaltungsakt oder aber als unverbindlicher Hinweis. Während im Fall einer Satzung oder Rechtsverordnung mangels verwaltungsgerichtlichen Normenkontrollverfahrens in NRW[295] die Feststellungsklage einschlägig wäre, was ebenso für einen unverbindlichen Hinweis gelten würde, wäre im Fall eines Verwaltungsakts die Anfechtungsklage statthaft.

1. Satzung

Bereits die formellen Voraussetzungen für eine Satzung i.S.d. § 19 StrWG NRW liegen in einem von der Ordnungsbehörde herausgegebenen Merkblatt erkennbar nicht vor. Gemäß § 41 Abs. 1 Satz 2 lit. f) GO NRW hätte eine Satzung

---

[294] BVerwG, NJW 1999, 2610; OVG Münster, NWVBl. 1996, 397; VGH Kassel, NVwZ-RR 1996, 180; VGH Mannheim, VBlBW 1996, 873; VGH München, BayVBl. 1992, 594.

[295] ÖffR NRW, § 5 Rn. 9.

vom Rat der Stadt S erlassen werden müssen. Das ist nicht der Fall. Auch ist nicht erkennbar, dass es dem Merkblatt darum gehen könnte, eine Sondernutzung zu gestatten. Die „Spielregeln" sind daher nicht als Satzung einzuordnen.

2. Rechtsverordnung

Es könnte sich bei den Regeln, die die Straßenmusik in der Stadt S betreffen, um eine ordnungsbehördliche Verordnung nach § 10 Abs. 4 Satz 4 LImschG NRW in Verbindung mit §§ 25 ff. OBG NRW handeln. Hiergegen spricht aber bereits, dass sich die „Spielregeln" formell nicht an die Vorgaben anlehnen und anlehnen wollen, die Inhalt und Form einer Verordnung betreffen (§§ 29, 30 OBG NRW). Zudem ging es der Gemeinde um die Lösung spezifisch straßenrechtlicher Probleme, nicht solcher des Immissionsschutzes. Daher ist davon auszugehen, dass der Erlass einer ordnungsbehördlichen Verordnung nicht gewollt war.

3. Verwaltungsakt

Das Merkblatt, das die „Spielregeln" für das Musizieren im Innenstadtbereich der Stadt S enthält, könnte einen Verwaltungsakt i. S. d. § 35 Satz 1 VwVfG NRW darstellen.

Dann müsste eine hoheitliche Maßnahme einer Behörde zur Regelung eines Einzelfalls auf dem Gebiet des öffentlichen Rechts vorliegen, die auf unmittelbare Rechtswirkung nach außen gerichtet ist.

Das Merkblatt wurde durch die Ordnungsbehörde der Stadt S erlassen. Es ist kein behördeninterner Vorgang, sondern betrifft das Verhalten von Straßenmusikern, die nicht der Behörde zugehörig sind. Auch ist es deutlich erkennbar nicht dem privat-, sondern dem öffentlich-rechtlichen Bereich zuzuordnen, da es die Nutzung einer öffentlichen Straße nach dem StrWG NRW betrifft.

Fraglich ist aber, ob dem Merkblatt Regelungswirkung zukommt. Eine Regelung liegt vor, wenn die Maßnahme auf die Herbeiführung einer konkreten Rechtsfolge gerichtet ist, die Rechtslage nach Erlass der Anordnung also eine andere ist als vorher. Aufgrund des scheinbar „unverbindlichen" Charakters eines Merkblattes und der Bezeichnung des Konzepts als „Spielregeln" könnte man davon ausgehen, dass es lediglich um „allgemeine Hinweise" ohne Regelungsgehalt gehe. Dem steht jedoch entgegen, dass die Behörde eine konkrete Aussage darüber trifft, an welchen Stellen und zu welchen Zeiten das öffentliche Musizieren künftig nur noch hingenommen wird. Der Inhalt der Regelung liegt insoweit in der verbindlichen Verpflichtung der Behörde, von einem Einschreiten abzusehen, wenn die in dem Merkblatt genannten Voraussetzungen vorliegen. Es handelt sich um eine sog. Duldungsverfügung. Damit legt sich die Behörde darauf fest, dass sie ihr Entschließungsermessen abschließend ausgeübt hat.

Hinsichtlich der übrigen Stellen und Zeiten, die außerhalb des im Merkblatt vorgegebenen Rahmens liegen, enthält das Merkblatt unter Umständen zusätzlich eine Verbotsregelung, die ein möglicherweise bereits bestehendes gesetzliches Verbot konkretisiert. Das Merkblatt legt demnach fest, was für die Straßenmusiker im Stadtgebiet rechtens sein soll.

Fraglich ist, ob der Verwaltungsaktqualität entgegensteht, dass die Entscheidung gerade nicht nur gegenüber einem bestimmten Musikanten, sondern gegenüber allen Musikanten, die in der Innenstadt musizieren möchten, gelten soll. Es soll eine Vielzahl von Fällen geregelt werden. Die Regelung ist nicht konkret-individuell, wie ein Verwaltungsakt nach § 35 Satz 1 VwVfG NRW, sondern konkret-generell. Auch diese Fälle werden indes vom Verwaltungsaktbegriff erfasst. Es liegt ein Verwaltungsakt in Form der Allgemeinverfügung nach § 35 Satz 2 VwVfG NRW vor. Gegen diesen ist das klägerische Begehren des M gerichtet.

Die statthafte Klageart ist damit die Anfechtungsklage nach § 42 Abs. 1 Fall 1 VwGO.

Vertiefung: Zu der Regelungswirkung von Verwaltungsakten *Dietlein/Dünchheim,* Examinatorium Verwaltungsrecht, S. 106f., und zu vergleichbaren „Spielregeln“ für das Musizieren auf öffentlichen Straßen VGH Mannheim, NJW 1987, 1839 (1840), sowie *Hufen,* JuS 1988, 308.

IV. Klagebefugnis

Die Notwendigkeit der Klagebefugnis ergibt sich aus § 42 Abs. 2 VwGO. Hiernach muss der Kläger die Verletzung eigener Rechte behaupten und behaupten können.

Nach der „Möglichkeitstheorie“ besteht die Klagebefugnis nur dann nicht, wenn dem Kläger eindeutig und offensichtlich nach keiner denkbaren Betrachtungsweise die behaupteten Rechte zustehen können.

Es besteht jedenfalls die Möglichkeit, dass M in seiner Kunstfreiheit aus Art. 5 Abs. 3 Satz 1 GG und in seiner Berufsfreiheit aus Art. 12 Abs. 1 GG dadurch verletzt wird, dass er nicht an jedem Ort zu jeder Zeit musizieren darf.

M ist daher klagebefugt.

V. Vorverfahren

Gemäß § 68 Abs. 1 Satz 2 Fall 1 VwGO i.V.m. § 110 Abs. 1 Satz 1 JustG NRW ist kein Vorverfahren notwendig, wenn der Verwaltungsakt zwischen dem 1. November 2007 und dem 31. Dezember 2014 bekannt gegeben worden ist. Das Merkblatt wurde am 1. Juli 2013 bekanntgegeben. Damit erübrigt sich im vorliegenden Fall ein Vorverfahren.

VI. Klagefrist

Gemäß § 74 Abs. 1 Satz 2 VwGO muss die Anfechtungsklage binnen eines Monats nach Bekanntgabe des Verwaltungsakts erhoben werden. Die „Spielregeln für das Musizieren“ sind als Allgemeinverfügung Anfang Juli 2013 öffentlich bekanntgegeben worden, vgl. § 41 Abs. 3 und 4 VwVfG NRW.

Durch Erhebung der Klage Ende Juli 2013 hat M damit die Monatsfrist gewahrt.

VII. Klagegegner

Der Klagegegner einer Anfechtungsklage bestimmt sich nach § 78 Abs. 1 Nr. 1 VwGO. Richtiger Klagegegner ist danach die Stadt S als Rechtsträger der Ordnungsbehörde.

VIII. Beteiligten- und Prozessfähigkeit

M ist als natürliche Person nach § 61 Nr. 1 Fall 1 VwGO, die kreisfreie Stadt S als juristische Person nach § 61 Nr. 1 Fall 2 VwGO beteiligtenfähig.

M ist gemäß § 62 Abs. 1 Nr. 1 VwGO prozessfähig. Für die Stadt S tritt der Oberbürgermeister als Vertreter auf, vgl. § 62 Abs. 3 VwGO sowie § 63 Abs. 1 Satz 1 GO NRW.

IX. Zuständiges Gericht

Die Klage ist gemäß § 45 VwGO vor dem nach § 52 VwGO örtlich zuständigen Verwaltungsgericht zu erheben.

Mangels abweichender Angaben im Sachverhalt ist davon auszugehen, dass M die Klage vor dem sachlich und örtlich zuständigen Gericht erhoben hat.

B. Begründetheit

Die Klage ist gemäß § 113 Abs. 1 Satz 1 VwGO begründet, wenn der Verwaltungsakt rechtswidrig und M dadurch in seinen Rechten verletzt ist.

I. Rechtmäßigkeit des Verwaltungsakts

Ein Verwaltungsakt ist rechtmäßig, wenn er aufgrund einer wirksamen Ermächtigungsgrundlage ergangen sowie formell und materiell rechtmäßig ist.

1. Ermächtigungsgrundlage

Die durch das Ordnungsamt der Stadt S erlassenen „Spielregeln" für die Straßenmusik im Innenstadtbereich könnten ihre Ermächtigungsgrundlage sowohl in verschiedenen Spezialgesetzen als auch in der ordnungsbehördlichen Generalklausel finden.

Die „Spielregeln" könnten eine Maßnahme nach § 22 Satz 1 StrWG NRW darstellen. Sie könnten weiterhin eine Anordnung i.S.d. § 15 Abs. 1 Satz 1 LImschG NRW sein. Möglicherweise liegt aber auch eine Maßnahme der Generalklausel des § 14 Abs. 1 OBG NRW vor; eine solche kommt indes nach § 1 Abs. 2 OBG NRW nur „subsidiär" in Betracht.[296]

---

[296] Vgl. dazu ÖffR NRW, § 3 Rn. 42f.

a) § 15 Abs. 1 Satz 1 LImschG NRW

Möglicherweise könnten die „Spielregeln für das Musizieren in der Stadt S“ aufgrund des § 15 Abs. 1 Satz 1 LImschG NRW erlassen worden sein.

Hiergegen spricht indes, dass die Ordnungsbehörde nicht in erster Linie aufgrund der Immissionen gegen die Musikanten vorgehen will, sondern weil durch die Musiker der „Verkehrsfluss“ auf der öffentlichen Straße gestört wird.

b) § 22 Satz 1 StrWG NRW

Als Ermächtigungsgrundlage kommt daher vorrangig § 22 Satz 1 StrWG NRW in Betracht, der im Rahmen seiner Anwendbarkeit den Rückgriff auf die (subsidiäre) ordnungsbehördliche Generalklausel blockiert (§ 14 Abs. 2, § 1 Abs. 2 OBG NRW).

Hintergrund: § 10 Abs. 4 LImschG NRW kommt als Ermächtigungsgrundlage nicht in Betracht, da keine ordnungsbehördliche Verordnung im Sinne der §§ 25 ff. OBG NRW vorliegt, wie bereits oben dargelegt wurde.

2. Formelle Rechtmäßigkeit

Ein Verwaltungsakt ist formell rechtmäßig, wenn er von der zuständigen Behörde in ordnungsgemäßem Verfahren und der vorgeschriebenen Form erlassen wurde.

a) Zuständigkeit

Zunächst müsste die zuständige Behörde gehandelt haben.

Die Zuständigkeit für eine Maßnahme nach § 22 Satz 1 StrWG NRW ergibt sich aus §§ 22 Satz 1, 18 Abs. 1 Satz 2, 56 Abs. 2 Satz 1 Nr. 3, 47 Abs. 1 StrWG NRW. Danach liegt die Zuständigkeit bei der jeweiligen Gemeinde. Diese wird gemäß § 63 Abs. 1 Satz 1 GO NRW durch den Oberbürgermeister der Stadt S wahrgenommen, der auch von der internen Aufgabenverteilung her zuständig ist (§ 41 Abs. 3 GO NRW).

b) Verfahren

Weiterhin müsste das Verwaltungsverfahren ordnungsgemäß durchgeführt worden sein.

aa) Anhörung

Die grundsätzlich erforderliche Anhörung ist gemäß § 28 Abs. 2 Nr. 4 VwVfG NRW entbehrlich, da es sich um eine Allgemeinverfügung handelt.

bb) Bekanntgabe

Weiterhin müsste der Verwaltungsakt gemäß § 41 Abs. 1 Satz 1 VwVfG NRW den Betroffenen bekannt gemacht worden sein. Allgemeinverfügungen können auch öffentlich bekannt gemacht werden, § 41 Abs. 3 Satz 2 VwVfG NRW.

Die „Spielregeln“ zum Musizieren in der Innenstadt der Stadt S wurden mittels Flugblättern sowie Plakatierungen bekannt gemacht, wie es in der Stadt S regelmäßig erfolgt. Es liegt ein ortsübliches Bekanntmachen i.S.d. § 41 Abs. 4 Satz 1 VwVfG NRW vor.

Das Verfahren wurde ordnungsgemäß durchgeführt.

c) Form

Schließlich ist davon auszugehen, dass die Voraussetzung des § 41 Abs. 4 Satz 2 VwVfG NRW eingehalten worden ist.

Die Allgemeinverfügung entspricht somit der erforderlichen Form.

d) Zwischenergebnis

Die „Spielregeln für das öffentliche Musizieren in der Stadt S" sind formell rechtmäßig.

3. Materielle Rechtmäßigkeit

Ein Verwaltungsakt ist materiell rechtmäßig, wenn die tatbestandlichen Voraussetzungen der Ermächtigungsgrundlage erfüllt sind und das der Behörde eingeräumte Ermessen fehlerfrei ausgeübt wurde.

a) Voraussetzungen nach § 22 Satz 1 StrWG NRW[297]

Für die Rechtmäßigkeit einer aktiven Duldungszusage nach § 22 Satz 1 StrWG NRW müsste zunächst die Sondernutzung einer Straße ohne Erlaubnis vorgelegen haben.

Es ist daher zwischen einer erlaubnisfreien Nutzung der Straße im Rahmen des Gemeingebrauchs und der erlaubnispflichtigen Sondernutzung abzugrenzen.

Überschreitet das öffentliche Musizieren die Grenzen des Gemeingebrauchs nach § 14 StrWG NRW, liegt eine genehmigungspflichtige Sondernutzung vor. In diesem Fall könnten gemäß § 22 StrWG NRW die erforderlichen Maßnahmen zur Beendigung der Benutzung ergriffen werden, zu denen unter Umständen auch eine Duldungszusage gerechnet werden kann.

Der Gemeingebrauch ist gemäß § 14 Abs. 1 StrWG NRW von der Widmung abhängig. Kein Gemeingebrauch liegt vor, wenn die Straße nicht vorwiegend zu dem Verkehr benutzt wird, dem sie zu dienen bestimmt ist, § 14 Abs. 3 Satz 1 StrWG NRW. Verkehr umfasst zunächst die reine Fortbewegung im Sinne einer Ortsveränderung, aber auch den kommunikativen Verkehr („kommunikativer Gemeingebrauch"). Schließlich umfasst die Widmung auch den „gesteigerten" Gemeingebrauch der Anlieger (§ 14a StrWG NRW).

Die Darbietung von Straßenmusik ist weder Anliegergebrauch im Sinne des § 14a StrWG NRW noch ausdrücklich dem Gemeingebrauch zugeschlagen. Fraglich ist daher, ob die Ausübung von Straßenmusik unter den „kommunikativen" Gemeingebrauch fällt und damit genehmigungsfrei zulässig ist. Unstreitig unter den Gemeingebrauch fällt etwa die Konversation zwischen Fußgängern auf dem Gehweg einer Straße oder in einer Fußgängerzone. Für örtlich verfestigte Nutzungen wie etwa das Sitzen oder Liegen auf einer Straße, aber auch das hier umstrittene Musizieren, erscheint eine derartige Zuordnung nicht eindeutig. Richtigerweise endet der Gemeingebrauch dort, wo mit

---

[297] Vergleichen Sie zu der Entwicklung des Straßenrechts *Sauthoff*, NVwZ 2004, 674 (679) sowie insgesamt zum Straßenrecht *Kodal/Aust*, Straßenrecht, 7. Aufl. 2010 und *v. Danwitz*, in: Schoch, Besonderes Verwaltungsrecht, 15. Aufl. 2013, 7. Kapitel; zu der Auslegung des Gemeingebrauchs exemplarisch BGH NJW 1990, 2011 sowie *Laubinger*, Verwaltungsarchiv, Band 81 (1990), 583.

einer Nutzung typischerweise Konfliktsituationen entstehen, die des Ausgleichs bedürfen.[298]

Die Darbietung von Straßenmusik führt in der Stadt S zu einer Beeinträchtigung der Anlieger und übrigen Verkehrsteilnehmer, da die Musiker mit ihren Instrumenten sowie Zubehör und Koffern einen Teil des Straßenraums beanspruchen und dadurch das Fortkommen für Fußgänger beeinträchtigt wird. Somit geht diese Inanspruchnahme der Straße über die nach der Verkehrsanschauung übliche Nutzung durch Fußgänger hinaus. Diese Bewertung wird auch durch die Grundrechte der Kunstfreiheit (Art. 5 Abs. 3 GG) und der Berufsfreiheit (Art. 12 Abs. 1 GG) nicht in Frage gestellt, das zwar gewiss auf die Regelungen des einfachen Rechts einwirkt, diese aber nicht außer Kraft setzt. Im Ergebnis kann die Straßenmusik daher nach hiesiger Auffassung nicht mehr als kommunikativer Gemeingebrauch angesehen werden.

Auch wenn die Darbietung von Straßenmusik möglicherweise in der Stadt S üblich sein sollte, so verändert dies den Rechtscharakter derselben nicht, insbesondere resultiert daraus kein Kriterium zur Einordnung in die Kategorien Gemeingebrauch und Sondernutzung. Das Aufführen von Straßenmusik stellt folglich eine genehmigungspflichtige Sondernutzung dar.

Klausurtipp: Mit solider Argumentation kann hier ggf. auch ein anderes Ergebnis vertreten werden.

Die tatbestandlichen Voraussetzungen des § 22 Satz 1 StrWG NRW sind erfüllt.

b) Ermessensausübung

Weiterhin müsste die Behörde ihr Ermessen ordnungsgemäß ausgeübt haben. Die Maßnahme müsste insbesondere verhältnismäßig sein. Die in dem Merkblatt aufgeführten „Spielregeln“ sind geeignet, den gewünschten Erfolg, eine Reduzierung der Beeinträchtigung des Fußgängerverkehrs, herbeizuführen. Mangels erkennbarer gleich geeigneter Mittel mit geringerer Beeinträchtigung stellen sich die „Spielregeln für das Musizieren in der Stadt S“ auch als erforderlich dar. Insbesondere würde ein pauschales Verbot wohl lediglich zu einer Verlagerung des Problems führen. Die Abwägung der Belange aller Beteiligten, insbesondere der Leichtigkeit des Verkehrs und der Möglichkeit der Musikanten ihre Musik eingeschränkt darbieten zu können, lässt die Verfügung weiterhin als angemessen erscheinen. Auch das Handlungsermessen ist fehlerfrei ausgeübt worden.

II. Zwischenergebnis

Die tatbestandlichen Voraussetzungen des § 22 Satz 1 StrWG NRW liegen vor. Das Ermessen wurde durch die Behörde ordnungsgemäß ausgeübt.

---

[298] BVerwG, NJW 1987, 1936 (1937); *Steiner,* in: Steiner, Besonderes Verwaltungsrecht, 8. Aufl. 2006, V, E Rn. 130; *v. Danwitz,* in: Schoch, Besonderes Verwaltungsrecht, 15. Aufl. 2013, 7. Kap. Rn. 58 ff.

Die Verfügung des Ordnungsamts ist rechtmäßig auf der Grundlage des § 22 Satz 1 StrWG NRW ergangen.

C. Ergebnis

Die „Spielregeln für das Musizieren in der Stadt S" stellen eine rechtmäßige Allgemeinverfügung dar. Daher liegt auch keine Rechtsverletzung des M vor. Die Klage ist unbegründet.

Die Klage des M ist zulässig, aber unbegründet; sie hat keinen Erfolg.

Frage 2 (Zusatzfrage): Subjektives öffentliches Recht auf behördliches Einschreiten

A könnte ein ordnungsbehördliches Einschreiten gegen die Straßenmusikanten dann erzwingen, wenn ihm gesetzlich ein entsprechendes subjektives öffentliches Recht auf behördliches Einschreiten zukommt.

Vertiefung: Lesen Sie zu dem Anspruch auf polizeiliches Einschreiten ÖffR NRW, § 3 Rn. 148 ff., sowie *Dietlein,* DVBl. 1991, 685.

A. Rechtsgrundlage

Zu prüfen ist daher, welche Norm als Rechtsgrundlage in Betracht kommt.

I. § 22 Satz 1 StrWG NRW

Als Rechtsgrundlage könnte zunächst § 22 Satz 1 StrWG NRW in Betracht kommen. Dann dürfte die Norm nicht lediglich eine rein objektiv-rechtliche Befugnisnorm darstellen, sondern müsste zugleich subjektiv-öffentliche Rechte zugunsten beeinträchtigter Dritter vermitteln.

Nach der verwaltungsrechtlichen „Schutznormlehre" korrespondiert einer zwingenden Norm des objektiven Rechts ein subjektivöffentliches Recht dann, wenn die Norm „jedenfalls auch" dem Schutz der durch sie faktisch begünstigten Person zu dienen bestimmt ist und dieser Person die Rechtsmacht zur Durchsetzung der Norm vermittelt. Dies ist in aller Regel dann der Fall, wenn nach dem Wortlaut der Norm bestimmte Personen aus dem Kreis der Allgemeinheit herausgehoben werden.[299] Ein subjektiv öffentliches Recht ist hingegen ausgeschlossen, wenn eine drittbegünstigende Wirkung rechtlich nicht beabsichtigt war, sondern sich als zufällige Nebenfolge im Sinne eines „Rechtsreflexes" darstellt. Ausnahmsweise kann schließlich eine subjektive Berechtigung auch bei individueller Schutzzielrichtung aktiv ausgeschlossen werden (str.).

---

[299] Hervorhebungs- oder Levitationstheorie, BVerwG, NVwZ 1987, 409; *Wahl,* in: Schoch/Schneider/Bier, VwGO, Losebl. (Stand: April 2013), Vorbem. § 42 Abs. 2 Rn. 94 ff.

§ 22 Satz 1 StrWG dient nur der Sicherung der Leichtigkeit des Verkehrs und damit dem Schutz der Allgemeinheit, indem er die Einhaltung der Grenzen des Gemeingebrauchs sowie der Erlaubnis zur Sondernutzung sichert. Ein subjektives öffentliches Recht wird nicht gewährt. Diese Vorschrift ist somit nicht geeignet, einen Anspruch auf behördliches Einschreiten zu begründen.

II. § 15 Abs. 1 Satz 1 LImschG NRW

Weiter kommt als potenzielle Anspruchsgrundlage § 15 Abs. 1 Satz 1 i. V. m. § 10 Abs. 2 LImschG NRW in Betracht. Diese immissionsschutzrechtliche Befugnisnorm stellt einen zwingenden Rechtssatz des objektiven Rechts dar, der allerdings auch dem Interesse der Anwohner zu dienen bestimmt sein müsste. Dem Wortlaut nach soll § 10 Abs. 2 LImschG NRW die Belästigung anderer abwehren. Damit gemeint sind zunächst alle unbeteiligte Personen (vgl. § 10 Abs. 1 LImschG NRW), die von der Lärmeinwirkung betroffen sind. Diese nicht näher umgrenzte Zahl der Begünstigten könnte gegen die Annahme einer auch individuellen Schutzrichtung sprechen (s. o. A I.). Faktisch aus dieser Allgemeinheit herausgehoben sind allerdings die Anwohner, die sich aufgrund ihrer Ortsgebundenheit der Belästigung nicht entziehen können. Somit ist davon auszugehen, dass § 15 Abs. 1 Satz 1 i. V. m. § 10 Abs. 2 LImschG NRW jedenfalls dem abgrenzbaren Personenkreis der Anwohner ein subjektives öffentliches Recht auf behördliches Einschreiten verleiht, wenn die weiteren Voraussetzungen für einen Anspruch auf Einschreiten gegeben sind.[300]

Vertiefung: Zu den Voraussetzungen subjektiv-öffentlicher Rechte ÖffR NRW, § 3 Rn. 149; *Stelkens/Bonk/Sachs,* VwVfG, 8. Aufl. 2014, § 40 Rn. 132; *Schenke,* Polizei- und Ordnungsrecht, 8. Aufl. 2013, § 3 Rn. 103 f. sowie *Schmidt-Kötters*, in: Posser/Wolff, BeckOK-VwGO, 29 Ed. (Stand: Oktober 2013), § 42 Rn. 151 ff.
Vgl. Sie zum Schutz vor Immissionen BayVGH, NVwZ 1995, 1021; BVerwGE 81, 197; DVBl. 1999, 863 sowie *Dietlein/Dünchheim,* Examinatorium Allgemeines Verwaltungsrecht, 2. Teil, 4. Kapitel, V., S. 85 ff. und OVG Münster, NVwZ 1988, 178 (179).

B. Voraussetzungen für Anspruch auf Einschreiten

Ein subjektives öffentliches Recht gewährt einen Anspruch auf Durchsetzung der Geltungsanordnungen der objektiven Norm. Ein subjektives Recht reicht daher nie weiter als die objektive Norm. Bei Ermessensnormen wie § 15 Abs. 1 Satz 1 LImschG NRW heißt das, dass auch das subjektive öffentliche Recht grundsätzlich nur einen Anspruch auf ermessensfehlerfreie Entscheidung über ein mögliches Einschreiten vermittelt (sog. „formelles" Recht). Ein subjektives Recht auf Einschreiten kann daher nur angenommen werden, wenn die Ordnungsbehörde aufgrund des Vorliegens der tatbestandlichen Voraussetzungen

---

300 Vgl. OVG Koblenz, Urt. v. 12. 9. 2007 – 7 A 10789/07, BeckRS 2007, 26823.

der Rechtsgrundlage zu einem Einschreiten berechtigt und aufgrund einer Ermessensreduzierung „auf Null“ objektiv zu einem Einschreiten verpflichtet wäre.

Das Vorliegen einer derartigen objektiven Handlungspflicht ist im Folgenden zu prüfen.

I. Formelle Rechtmäßigkeit

Ein Einschreiten der Ordnungsbehörde müsste formell zulässig sein, was hier angesichts des Vorgriffs auf eine künftige Maßnahme lediglich eine Prüfung der Zuständigkeit erfordert.

Gemäß § 14 Abs. 1, 3 LImschG NRW ist die kreisfreie Stadt S untere Immissionsschutzbehörde. Nach § 63 Abs. 1 Satz 1 GO NRW handelt der Oberbürgermeister als Behörde der Stadt S.

II. Materielle Rechtmäßigkeit

Ein Anspruch auf Einschreiten der Ordnungsbehörde setzt in materieller Hinsicht voraus, dass die tatbestandlichen Voraussetzungen für ein Einschreiten gegeben sind (sub 1). Weiterhin müsste das Ermessen der Behörde auf Null reduziert sein (sub 2).

1. Tatbestand des § 15 Abs. 1 Satz 1 LImschG NRW

Zunächst müssten die tatbestandlichen Voraussetzungen des § 15 Abs. 1 Satz 1 LImschG NRW vorliegen.

Dann müsste ein Zustand vorliegen, der dem LImschG NRW widerspricht.

Gemäß § 10 Abs. 2 LImschG NRW dürfen Musikinstrumente auf öffentlichen Verkehrsflächen nicht benutzt werden, wenn andere hierdurch belästigt werden können. Durch das Musizieren zu einer Zeit, in der die Straßenanwohner berechtigterweise Schlaf suchen (§ 9 Abs. 1 LImschG NRW), werden diese durch die Musikdarbietungen belästigt.

Die tatbestandlichen Voraussetzungen des § 15 Abs. 1 Satz 1 LImschG NRW liegen vor. Ein Einschreiten wäre tatbestandlich möglich.

2. Rechtsfolge

Ein Anspruch auf behördliches Einschreiten besteht nur, wenn das Ermessen der Behörde in objektiv-rechtlicher Sicht ausnahmsweise „auf Null“ reduziert ist. Eine solche Ermessensreduzierung auf Null liegt vor, wenn jede andere Entscheidung als die zugunsten eines Einschreitens ermessensfehlerhaft wäre.[301]

Eine Ermessensreduzierung auf Null könnte hier unter dem Aspekt der sog. „Folgenbeseitigungslast“ gegeben sein.[302]

---

[301] ÖffR NRW, § 3 Rn. 121.

[302] Hierzu instruktiv OVG NRW, NJW 1984, 833.

Die Ordnungsbehörde hat durch den Erlass der „Spielregeln“ eine Konzentration der Straßenmusiker in der X-, Y- und Z-Straße verursacht. Sie hat die Musiker durch die Duldungszusage gleichsam „angelockt“. Daher obliegt es der Ordnungsbehörde, nunmehr sicherzustellen, dass die aufgestellten Regeln auch eingehalten werden. Dies ist auch tatsächlich möglich und zumutbar, da ein übermäßiger Aufwand der Ordnungsbehörde nicht vonnöten ist; es bedarf lediglich des Erlasses einer Untersagungsverfügung gegenüber den Musikanten, die die Zeiten nicht einhalten.

Auch hinsichtlich des Störerauswahlermessens ist eine Ermessensreduzierung auf Null gegeben. Als Verantwortliche kommen lediglich die Musiker in Betracht, die die festgelegten Zeiten zum Musizieren nicht einhalten.

Ebenso ist das Handlungsermessen auf Null reduziert. Vorliegend erscheint nur der Erlass einer Untersagungsverfügung gegenüber den Musikern denkbar, die gegen die „Spielregeln“ verstoßen.

Es liegt insgesamt eine Ermessensreduzierung auf Null vor.

C. Ergebnis

A hat einen Anspruch auf Einschreiten durch die Ordnungsbehörde der Stadt S. Dieser bezieht sich auf den Erlass von Untersagungsverfügungen gegenüber Musikern, die nach 21 Uhr auf der Straße, die A bewohnt, musizieren.

11. Klausur: „Leinenzwang für Hunde" **

Sachverhalt

Der 75-jährige H wohnt am Ortsrand der nordrhein-westfälischen kreisangehörigen Gemeinde G, einem beliebten und in der Hauptsaison von Gästen stark frequentierten Kurort. Seit Jahrzehnten geht er mit seinen Hunden, derzeit einem 13-jährigen Langhaardackel-Rüden namens Rufus, morgens und abends stets dieselbe kleine Runde entlang des „Tiefen Flurwegs", einem landwirtschaftlichen Weg zwischen Feldern und Wiesen weit abseits des hektischen Kurbetriebes. Währenddessen mehren sich im Ort Beschwerden von Gästen, die sich durch das Umherlaufen und Betteln freilaufender Hunde im Kurbereich sowie in den diversen Straßencafés belästigt und irritiert fühlen. Auch registriert die Gemeindeverwaltung vereinzelt Probleme im Straßenverkehr, da unbeaufsichtigt umherlaufende Hunde von den belebten Fußgängerwegen im Ortskern auf die Straße ausweichen und hier Bremsmanöver passierender Fahrzeuge provozieren. Nach eingehender Diskussion der Problematik erlässt der Rat der Gemeinde G am 1.12.2013 im ordnungsgemäßen Verfahren eine „Ordnungsbehördliche Verordnung über die Anleinpflicht von Hunden in der Gemeinde G". Diese wird unter der genannten Überschrift ordnungsgemäß ausgefertigt und bekannt gemacht. Die Bekanntmachung wird mit den folgenden Worten eingeleitet: „Der Rat der Gemeinde G hat für das Gebiet der Gemeinde G die nachfolgende Verordnung am 1.12.2013 erlassen". In einer Präambel wird auf die Normen der gesetzlichen Grundlage zutreffend Bezug genommen. Die Bekanntmachung schließt mit dem Ausfertigungsdatum ab. Die zentrale Regelungsaussage der Verordnung lautet:

> „§ 1: Für das Ausführen von Hunden besteht eine ganzjährige Anleinpflicht im gesamten Gemeindegebiet von G."

H fühlt sich durch die ordnungsbehördliche Verordnung massiv in seinen Rechten verletzt. Er zweifelt bereits an der Regelungskompetenz der Gemeinde, da der Landesgesetzgeber die Frage von Anleinpflichten im LHundG NRW nach seiner Auffassung abschließend geregelt hat. Jedenfalls aber sei die ganzjährige Anleinpflicht schon aus Tierschutzgründen unzulässig und unverhältnismäßig, zumal sich – was zutrifft – in der „Nebensaison" von Oktober bis Februar nur sehr wenige Gäste in G aufhielten. Auch habe es – was ebenfalls zutrifft – zu keiner Zeit Verletzungen durch Hundebisse oder sonstige Unfälle gegeben. H geht daher auch weiterhin mit seinem Hund auf der gewohnten Runde „Gassi", ohne das Tier anzuleinen. Im Januar des Jahres 2014 erhält H einen Bescheid des Ordnungsamtes, mit dem ihm untersagt wird, seinen Hund im Gemeindegebiet unangeleint auszuführen. Die Behörde ordnet formell ordnungsgemäß die sofortige Vollziehbarkeit der Verfügung an. Weiterhin wird in dem Bescheid ein Zwangsgeld von 250 Euro angedroht, das im Fall der Zuwiderhandlung fällig werde.

H möchte sich gegen die „Behördenwillkür" wehren, um mit seinem Hund so schnell wie möglich wieder seine gewohnte „leinenfreie" Runde über den „Tiefen Flurweg" drehen zu können. Sein „Ersuchen" bei der Ordnungsbehörde wird jedoch mit einem abschlägigen Schreiben beantwortet. Daraufhin erhebt H fristgerecht Klage vor dem Verwaltungsgericht.

Da sich das Hauptsacheverfahren nach Auskunft des Gerichts einige Monate hinziehen wird, erwägt H, sein Begehren zusätzlich im Wege des einstweiligen Rechtsschutzes zu verfolgen.

Er bittet um Prüfung, ob einem Antrag auf Gewährung einstweiligen Rechtsschutzes Erfolg beschieden wäre.

Gliederung

A. Auslegung des Antragsbegehren
B. Antrag auf einstweiligen Rechtsschutz gegen die im Bescheid angeordnete Anleinpflicht
  I. Zulässigkeit
    1. Verwaltungsrechtsweg
    2. Statthafte Antragsart
    3. Antragsbefugnis
    4. Antragsgegener
    5. Beteiligten- und Prozessfähigkeit
    6. Allgemeines Rechtsschutzbedürfnis
      a) Antrag nach § 80 Abs. 4 Satz 1 VwGO
      b) Hauptsacherechtsbehelf
    7. Antragsfrist
    8. Ergebnis
  II. Begründetheit
    1. Formell ordnungsgemäße Vollziehungsanordnung
    2. Materielle Interessenabwägung
      a) Ermächtigungsgrundlage für den Bescheid
        Prüfe: § 12 Abs. 1 LHundG
      b) Formelle Rechtmäßigkeit des Bescheids
        aa) Zuständigkeit
        bb) Verfahren
        cc) Form
        dd) Zwischenergebnis
      c) Materielle Rechtmäßigkeit des Bescheids
        Prüfe: Verhältnis der VO zum LHundG; Form der VO nach § 30 OBG; Abstrakte/konkrete Gefahr für öff. Sicherheit/Ordnung; Überschreitung des Handlungsermessens
        aa) Verstoß gegen § 1 der Rechtsverordnung
          (1) Ermächtigungsgrundlage für die Verordnung
          (2) Formelle Rechtmäßigkeit der Verordnung
            (a) Zuständigkeit
            (b) Verfahren
            (c) Form
            (d) Zwischenergebnis
          (3) Materielle Rechtmäßigkeit der Verordnung
            (a) Tatbestandliche Voraussetzung des § 27 Abs. 1 OBG NRW
            (b) Verantwortlichkeit der Verpflichteten
            (c) Fehlerfreie Ermessensausübung
              (aa) Entschließungsermessen
              (bb) Störerauswahlermessen

(cc) Handlungsermessen
(d) Zwischenergebnis
bb) Verstoß gegen das LHundG
cc) Sondergesetzliche Anleinpflicht (Landesforstgesetz NRW)
dd) Anderweitige konkrete Gefahr für die öffentliche Sicherheit
d) Zwischenergebnis
3. Interessenabwägung
III. Ergebnis
C. Antrag auf einstweiligen Rechtsschutz gegen die Zwangsgeldandrohung
I. Zulässigkeit
II. Begründetheit
1. Ermächtigungsgrundlage
2. Formelle Rechtmäßigkeit
a) Zuständigkeit
b) Form und Verfahren
3. Materielle Rechtmäßigkeit
a) Voraussetzungen des § 55 Abs. 1 VwVG NRW
aa) Verfügender Verwaltungsakt
bb) Unanfechtbarkeit oder sofortige Vollziehbarkeit der Grundverfügung
cc) Änderungen der Sach- und Rechtslage
b) Ermessen
c) Ergebnis
D. Antrag auf vorläufige Feststellung des Nichtbestehens einer Anleinpflicht
I. Zulässigkeit
1. Verwaltungsrechtsweg
2. Statthafte Antragsart
3. Antragsbefugnis
4. Antragsgegner
5. Beteiligten- und Prozessfähigkeit
6. Rechtsschutzbedürfnis
II. Begründetheit
1. Darlegung und Glaubhaftmachung des Anordnungsanspruchs
2. Glaubhaftmachung des Anordnungsgrundes
3. Keine Vorwegnahme der Hauptsache
III. Ergebnis

Lösungsvorschlag

A. Auslegung des Antragsbegehren

Zunächst ist das Antragbegehren des H zu ermitteln, vgl. § 88 VwGO. Ersichtlich geht es ihm darum, gegen die Anleinpflicht speziell auf der von ihm täglich frequentierten Route entlang des „Tiefen Flurwegs“ vorzugehen. Insoweit ergibt sich freilich die Besonderheit, dass die umstrittene Anleinpflicht sowohl aus der ordnungsbehördlichen Verordnung selbst als auch aus der gegen ihn gerichteten (unselbständigen) Verfügung folgt. Zwar konkretisiert die Unterlassungsverfügung als Verwaltungsakt die Rechtslage dergestalt, dass für die rechtlichen Bindungen des Einzelnen nicht mehr die abstrakte Norm, sondern allein die Verfügung maßgeblich ist. Umgekehrt gilt aber, dass die Beseitigung der durch Verfügung konkretisierten Anleinpflicht vorliegend nicht zwangsläufig zugleich zu einer Außerkraftsetzung der in der Verordnung vorgesehenen Anleinpflicht führte. Denn mit der Aufhebung bzw. der Suspendierung der Bindungen des Verwaltungsakts greifen womöglich erneut die Regelungsanordnungen der ordnungsbehördlichen Verordnung unmittelbar Platz. Insofern richtet sich das Antragsbegehren des H zwar primär auf die Beseitigung der Verfügung bzw. – im einstweiligen Rechtsschutz – auf die Aussetzung der sofortigen Vollziehbarkeit der (Unterlassungs-)Verfügung (hierzu sub B) einschließlich der hierauf bezogenen Zwangsgeldandrohung (hierzu sub C). Zugleich wird im Anschluss an die Prüfung des Aussetzungsantrages der Frage nachzugehen sein, ob H auch den Bindungen der ordnungsbehördlichen Verordnung im Rahmen des einstweiligen Rechtsschutzes entgegen treten muss (sub D).

Im Folgenden ist mithin bei der Prüfung der Erfolgsaussichten zwischen dem gegen den Bescheid gerichteten Antrag (s. u. B und C) und einem Antrag auf Feststellung des Nichtbestehens einer Anleinpflicht (s. u. D) zu differenzieren.

B. Antrag auf einstweiligen Rechtsschutz gegen die im Bescheid angeordnete Anleinpflicht

Ein Antrag des H auf einstweiligen Rechtsschutz gegen den Bescheid des Ordnungsamts hätte Erfolg, wenn er zulässig und begründet ist.

Vertiefung: Zum Prüfungsschema des einstweiligen Rechtsschutzes s. ÖffR NRW, § 5 Rn. 38 und 49.

I. Zulässigkeit

1. Verwaltungsrechtsweg

Zunächst müsste der Verwaltungsrechtsweg eröffnet sein.

Eine aufdrängende Sonderzuweisung zu den Verwaltungsgerichten besteht nicht.

Der Verwaltungsrechtsweg könnte über die Generalklausel des § 40 Abs. 1 Satz 1 VwGO eröffnet sein.

Dann müsste eine öffentlich-rechtliche Streitigkeit nichtverfassungsrechtlicher Art vorliegen. Eine Streitigkeit ist öffentlich-rechtlicher Art, wenn die streitentscheidende Norm eine solche des öffentlichen Rechts ist, also notwendig einen Hoheitsträger in dieser Funktion berechtigt oder verpflichtet (modifizierte Subjektstheorie, „Sonderrechtslehre“). Die für die Lösung des vorliegenden Konflikts einschlägigen Normen sind solche des nordrhein-westfälischen Ordnungsbehördengesetzes, des Verwaltungsvollstreckungsgesetzes sowie des Landeshundegesetzes. Diese Gesetze enthalten Handlungsermächtigungen speziell für bestimmte Träger der öffentlichen Gewalt. Sie sind daher ausnahmslos dem öffentlichen Recht zuzuordnen. Gleiches gilt für die auf der Grundlage dieser Gesetze erlassene ordnungsbehördliche Verordnung. Somit liegt eine öffentlich-rechtliche Streitigkeit vor.

Da keine Verfassungsorgane über materielles Verfassungsrecht streiten und also keine „doppelte Verfassungsunmittelbarkeit“ gegeben ist, ist die Streitigkeit auch nichtverfassungsrechtlicher Art.

Eine abdrängende Sonderzuweisung ist nicht ersichtlich.

Der Verwaltungsrechtsweg ist gemäß § 40 Abs. 1 Satz 1 VwGO eröffnet.

2. Statthafte Antragsart

Die statthafte Antragsart richtet sich nach dem Rechtsschutzziel bzw. dem Begehren (vgl. § 88 VwGO).

H begehrt einstweiligen Rechtsschutz gegen die Grundverfügung, die ihm das Anleinen seiner Hunde vorschreibt. Zu diesem Zweck kommt nur ein Antrag gemäß § 80 Abs. 5 Satz 1 VwGO oder § 123 VwGO in Betracht.

Gemäß § 123 Abs. 5 VwGO ist ein Vorgehen nach § 123 Abs. 1 VwGO gegenüber Anträgen nach den §§ 80 und 80a VwGO nachrangig. Zunächst ist daher zu prüfen, ob ein Antrag nach § 80 Abs. 5 Satz 1 VwGO statthaft ist. Das ist der Fall, wenn die Anordnung oder Wiederherstellung der aufschiebenden Wirkung eines Rechtsbehelfs gegen einen Verwaltungsakt begehrt wird, im Hauptsacheverfahren also die Anfechtungsklage einschlägig ist. Die Verfügung des Ordnungsamts stellt einen Verwaltungsakt i. S. d. § 35 S. 1 VwVfG NRW dar, gegen den gemäß § 42 Abs. 1 Satz 1 Alt. 1 VwGO die Anfechtungsklage statthaft ist. Grundsätzlich kommt der Anfechtungsklage gemäß § 80 Abs. 1 VwGO aufschiebende Wirkung zu. Wegen der Anordnung der sofortigen Vollziehbarkeit nach § 80 Abs. 2 Satz 1 Nr. 4 VwGO durch das Ordnungsamt entfällt jedoch die aufschiebende Wirkung einer Klage gegen die an H gerichtete Verfügung. Zur Wiederherstellung der aufschiebenden Wirkung wäre ein Antrag nach § 80 Abs. 5 Satz 1 VwGO statthaft.

Klausurtipp: Beachten Sie den Unterschied in der Terminologie: Entfällt die aufschiebende Wirkung des Widerspruchs bzw. der Anfechtungsklage nach § 80 Abs. 2 Satz 1 Nr. 1–3 VwGO, so ist gemäß § 80 Abs. 5 Satz 1 VwGO zu beantragen, dass diese (erstmalig) **angeordnet** wird. Entfällt sie hingegen gemäß § 80 Abs. 2 Satz 1 Nr. 4 VwGO, so muss der Antrag auf **Wiederherstellung** der aufschiebenden Wirkung lauten.

3. Antragsbefugnis

Ein Antrag nach § 80 Abs. 5 VwGO ist nur zulässig, wenn H in der Hauptsache klagebefugt, also durch den angegriffenen Verwaltungsakt oder durch die Anordnung der sofortigen Vollziehbarkeit möglicherweise in seinen Rechten verletzt ist (§ 42 Abs. 2 VwGO analog). Auch im Rahmen des einstweiligen Rechtsschutzes soll die Popularklage ausgeschlossen sein. Nach der „Möglichkeitstheorie“ besteht die Antragsbefugnis nur dann nicht, wenn dem Antragsteller eindeutig und offensichtlich nach keiner denkbaren Betrachtungsweise die behaupteten Rechte zustehen können.

Da H Adressat eines belastenden Verwaltungsakts ist, erscheint eine Verletzung seiner allgemeinen Handlungsfreiheit aus Art. 2 Abs. 1 GG jedenfalls nicht von vornherein und nach jeder nur erdenklichen Betrachtungsweise ausgeschlossen. Die Antragsbefugnis ist gegeben.

4. Antragsgegner

Da in der Hauptsache die Anfechtungsklage der statthafte Rechtsbehelf ist, gilt auch im Verfahren nach § 80 Abs. 5 Satz 1 VwGO analog § 78 Abs. 1 Nr. 1 VwGO das Rechtsträgerprinzip. Der Antrag ist daher gegen den Rechtsträger der Behörde zu richten, die den Verwaltungsakt erlassen und die sofortige Vollziehung angeordnet hat.

Vorliegend wurde die Verfügung durch das örtliche Ordnungsamt erlassen. Dieses gehört als unselbständiges Amt zum Bürgermeister, der gemäß § 63 Abs. 1 Satz 1 GO NRW als Behörde für die Gemeinde G handelt.[303] Damit ist der Antrag gegen die Gemeinde G zu richten.

5. Beteiligten- und Prozessfähigkeit

H ist gemäß § 61 Nr. 1 VwGO als natürliche Person, die Gemeinde G nach § 61 Nr. 1, Fall 2 VwGO als juristische Person beteiligtenfähig.

H ist nach § 62 Abs. 1 Nr. 1 VwGO prozessfähig. Die G kann zwar nicht selbständig handeln, jedoch handelt gemäß § 62 Abs. 3 VwGO i.V.m. § 63 Abs. 1 Satz 1 GO NRW für sie der Bürgermeister als gesetzlicher Vertreter.

6. Allgemeines Rechtsschutzbedürfnis

Die Zulässigkeit des Antrags setzt ein Rechtsschutzbedürfnis des H voraus.

a) Antrag nach § 80 Abs. 4 Satz 1 VwGO

Dieses könnte insofern zweifelhaft sein, als H vor Anrufung des Verwaltungsgerichts bei der Behörde gemäß § 80 Abs. 4 Satz 1 VwGO die Aussetzung der Vollziehung beantragen kann. Ein entsprechender Antrag könnte in dem Ersuchen des H beim Ordnungsamt liegen, seinen Hund „am liebsten sofort“ wieder frei laufen lassen zu dürfen. Ob es sich bei diesem Ersuchen um einen Antrag nach § 80 Abs. 4 Satz 1 VwGO oder lediglich um eine informelle Bitte um Aufhebung des Bescheids gehandelt hat, erscheint fraglich, kann aber letztlich offen bleiben. Denn § 80 Abs. 6 Satz 1 VwGO stellt eine entsprechende Forderung nur für den Fall des § 80 Abs. 2 Satz 1 Nr. 1 VwGO auf (Anforderung von öffentlichen Abgaben und Kosten). Dass der Gesetzgeber die übrigen Fälle des § 80 Abs. 2 Satz 1 VwGO übersehen habe, wird sich kaum begründen lassen. Denn offensichtlich ist die Vorschrift fiskalisch motiviert. Demnach kann ein vorheriger Antrag an die Behörde auf Aussetzung der Vollziehung nicht verlangt werden.

b) Hauptsacherechtsbehelf

Ob die Zulässigkeit eines Aussetzungsantrages nach § 80 Abs. 5 VwGO die parallele Einlegung eines Hauptsacherechtsbehelfs erfordert, ist streitig. Die

---

[303] Dazu ÖffR NRW, § 2 Rn. 241, 244, 259f.

Frage kann hier offen bleiben. Denn H hat bereits fristgerecht Anfechtungsklage gegen den Bescheid erhoben. Ein Hauptsacherechtsbehelf ist damit eingelegt, so dass § 80 Abs. 5 Satz 2 VwGO nicht erörtert zu werden braucht.

7. Antragsfrist

Eine Antragsfrist ist im Verfahren nach § 80 Abs. 5 Satz 1 VwGO grundsätzlich nicht zu beachten.

8. Ergebnis

Ein Antrag des H auf Wiederherstellung der aufschiebenden Wirkung gemäß § 80 Abs. 5 VwGO wäre zulässig.

II. Begründetheit

Im Rahmen des Verfahrens gemäß § 80 Abs. 5 Satz 1 VwGO hat das Verwaltungsgericht eine eigene Abwägungsentscheidung zwischen dem privaten Aussetzungsinteresse und dem öffentlichen Vollzugsinteresse zu treffen („kann"), wobei die Erfolgsaussichten des Hauptsacherechtsbehelfs eine entscheidende Rolle spielen. Denn ist ein Verwaltungsakt offensichtlich rechtswidrig, fehlt es von vornherein an einem öffentlichen Vollziehungsinteresse. Dem Aussetzungsantrag ist in diesem Falle stattzugeben. Umgekehrt rechtfertigt die offensichtliche Rechtmäßigkeit freilich noch nicht die sofortige Vollziehbarkeit, da die Rechtmäßigkeit eines Verwaltungsakts der rechtsstaatliche „Normalfall" sein sollte und die sofortige Vollziehbarkeitsanordnung daher stets ein besonderes Vollzugsinteresse voraussetzt.[304] Kann die Frage der Rechtmäßigkeit des Verwaltungsakts nicht eindeutig beantwortet werden, wird vor allem die Folgenbewertung eine entscheidende Rolle spielen. Bei einer behördlichen Anordnung der sofortigen Vollziehbarkeit wird dem Antrag ebenfalls stattzugeben sein, wenn die erforderliche Begründung fehlt (§ 80 Abs. 3 VwGO).

Vertiefung: Vgl. Sie zum Ansatz der Begründetheitsprüfung ÖffR NRW, § 5 Rn. 45f.

Insgesamt ergibt sich damit:
Ein Antrag wäre begründet, wenn die behördliche Vollziehungsanordnung nach § 80 Abs. 2 Satz 1 Nr. 4 VwGO formell rechtswidrig ist (sub 1.) oder wenn das Aussetzungsinteresse des H das öffentliche Vollziehungsinteresse überwiegt (sub 2.).

1. Formell ordnungsgemäße Vollziehungsanordnung

Die Anordnung der sofortigen Vollziehung gemäß § 80 Abs. 2 Satz 1 Nr. 4 VwGO durch das Ordnungsamt ist laut Sachverhalt formell ordnungsgemäß,

---

304 BVerfG, NVwZ 1996, 58, 59.

insbesondere also unter Wahrung des Begründungserfordernisses nach § 80 Abs. 3 VwGO erfolgt.

2. Materielle Interessenabwägung

Da die Abwägungsentscheidung des Gerichts vorrangig an der Frage der Rechtmäßigkeit des Verwaltungsakts ansetzt, bedarf diese der Prüfung.

a) Ermächtigungsgrundlage für den Bescheid

Zunächst ist fraglich, aufgrund welcher Ermächtigungsgrundlage der Bescheid an H ergangen ist.

Als Ermächtigungsgrundlage für ordnungsbehördliche Verfügungen kommen grundsätzlich spezialgesetzliche Ermächtigungen aus Sondergesetzen, die Standardermächtigungen des OBG NRW oder die Generalklausel des § 14 Abs. 1 OBG NRW in Betracht.

Für Anordnungen zur Abwehr von Gefahren, die von Hunden ausgehen, enthält § 12 Abs. 1 LHundG NRW eine spezialgesetzliche Ermächtigung, die dem Zweck des LHundG NRW entsprechend (vgl. § 1 LHundG NRW) hier einschlägig ist und somit die Standardermächtigungen des OBG NRW und die Generalklausel des § 14 Abs. 1 OBG NRW verdrängt.

Vertiefung: Zur Durchsetzung ordnungsbehördlicher Verordnungen, die selbst nur Gebote und Verbote enthalten, muss auf eine gesetzliche Ermächtigungsgrundlage zurückgegriffen werden. Dabei ist das Nichtbeachten der Rechtsverordnung als Verstoß gegen die öffentliche Sicherheit zu werten. Ein auf diese Weise ergangener Verwaltungsakt wird als „unselbständige Verfügung“ bezeichnet.

b) Formelle Rechtmäßigkeit des Bescheids

Ein Verwaltungsakt ist formell rechtmäßig, wenn er durch die zuständige Behörde im ordnungsgemäßen Verfahren und in der erforderlichen Form erlassen wurde.

aa) Zuständigkeit

Mit der Ordnungsbehörde der Gemeinde G hat gemäß § 13 LHundG NRW i.V.m. §§ 3 Abs. 1, 4 Abs. 1, 5 Abs. 1 OBG NRW die örtlich und sachlich zuständige Behörde gehandelt.

bb) Verfahren

Das Verfahren müsste ordnungsgemäß durchgeführt worden sein.

Gemäß § 28 Abs. 1 VwVfG NRW ist eine Anhörung erforderlich. Ob eine solche Anhörung erfolgt ist, lässt der Sachverhalt nicht erkennen. Es entspricht den allgemeinen Regeln, in diesem Falle von einem ordnungsgemäß durchgeführten Anhörungsverfahren auszugehen.

Klausurtipp: Es dürfen keine Rechtsfehler in einen Sachverhalt hineingelesen werden. Wenn der Sachverhalt keine Hinweise zu Rechtsbehelfsbelehrungen, Zustellungen oder Anhörungen enthält, ist davon auszugehen, dass die gesetzlichen Anforderungen erfüllt wurden. Auf die Möglichkeit der Heilung einer etwa unterbliebenen Anhörung nach § 45 Abs. 1 Nr. 3, Abs. 2 VwVfG NRW sollte daher allenfalls „beiläufig" hingewiesen werden.

cc) Form

Hinsichtlich der nach § 20 OBG NRW i. V. m. § 15 LHundG NRW erforderlichen Form bestehen keine Bedenken.

dd) Zwischenergebnis

Die Verfügung ist daher formell rechtmäßig.

c) Materielle Rechtmäßigkeit des Bescheids

Der Verwaltungsakt ist materiell rechtmäßig, wenn die tatbestandlichen Voraussetzungen des § 12 Abs. 1 LHundG NRW erfüllt sind, die Maßnahme gegen den richtigen Adressaten gerichtet und das der Behörde eingeräumte Ermessen fehlerfrei ausgeübt wurde.

Gemäß § 12 Abs. 1 LHundG NRW müsste zunächst eine konkrete Gefahr für die öffentliche Sicherheit vorgelegen haben.

Möglicherweise ist hier die öffentliche Sicherheit betroffen. Diese umfasst den Schutz von Individualrechtsgütern, die Unversehrtheit der objektiven Rechtsordnung sowie den Bestand und die Einrichtungen des Staates.[305] Eine Gefahr ist gegeben bei einem Sachverhalt, der bei ungehindertem Ablauf in absehbarer Zeit mit hinreichender Wahrscheinlichkeit zu einem Schaden an den polizeilichen Schutzgütern führt, wobei auch solche Situationen erfasst werden, in denen sich die Gefahr bereits realisiert hat, aber noch andauert.

aa) Verstoß gegen § 1 der Rechtsverordnung

Hier könnte eine Verletzung der objektiven Rechtsordnung vorliegen, da H seinen Hund nicht anleint und damit gegen § 1 der Verordnung über die Anleinpflicht von Hunden in der Gemeinde G verstößt.

§ 1 der Verordnung ist jedoch nur dann Teil der objektiven Rechtsordnung und damit Schutzgut der Generalklausel, wenn diese Vorschrift ihrerseits rechtmäßig und damit wirksam ist. Denn anders als etwa bei Verwaltungsakten (§ 43 Abs. 2 VwVfG NRW) führen Rechtsfehler bei einer Rechtsverordnung zu deren Ungültigkeit. Zu prüfen ist damit die Rechtmäßigkeit der Verordnung. Die Verordnung greift in die allgemeine Handlungsfreiheit der Hundehalter (Art. 2 Abs. 1 GG) ein. Sie ist daher nur dann rechtmäßig, wenn sie aufgrund einer wirksamen Ermächtigungsgrundlage ergangen ist sowie formell und materiell ordnungsgemäß erlassen wurde.

Vertiefung: Zum Prüfungsschema für die ordnungsbehördliche Verordnung ÖffR NRW, § 3 Rn. 236.

(1) Ermächtigungsgrundlage für die Verordnung. Gem. Art. 70 LV NRW ist die Verordnungsgebung als „delegierte" Normsetzung einem „Totalvorbehalt" des

[305] Dazu ÖffR NRW, § 3 Rn. 50 ff.

Gesetzes unterworfen.[306] Eine spezielle Ermächtigung zum Erlass von ordnungsbehördlichen Verordnungen zur Ausführung des LHundG findet sich in § 16 Abs. 1 Satz 2 LHundG NRW. Diese Vorschrift ermächtigt aber nur zu einer VO-Gebung in den enumerativ aufgezählten Regelungsbereichen, die eine Anleinpflicht von Hunden nicht einschließen. Gemäß § 15 Abs. 2 LHundG NRW können daneben auch die örtlichen Ordnungsbehörden ordnungsbehördliche Verordnungen mit Bezug auf Hunde erlassen, soweit die darin enthaltenen Vorschriften zum LHundG NRW oder zu den aufgrund des LHundG NRW erlassenen Verordnungen nicht in Widerspruch stehen. Daher ist die Ermächtigung des § 27 Abs. 1 OBG NRW grundsätzlich einschlägig.

Immerhin stellt sich die Frage, ob die Regelungen der hier umstrittenen ordnungsbehördlichen VO – wie von H vorgetragen – womöglich deshalb in Widerspruch zum LHundG NRW stehen, weil dieses selbst begrenzte Anleinpflichten normiert. Die Frage dürfte im Ergebnis zu verneinen sein, da sich das LHundeG der Regelung spezieller Konfliktsituationen, wie sie sich etwa in Kurorten stellen können, erkennbar nicht widmet und insoweit auch keine abschließenden Regelungen vorhält.

(2) Formelle Rechtmäßigkeit der Verordnung. Die Verordnung ist formell rechtmäßig, wenn die zuständige Behörde sie in ordnungsgemäßem Verfahren und in der vorgeschriebenen Form erlassen hat.

(a) Zuständigkeit. Gemäß § 27 Abs. 4 OBG NRW ist die Vertretung der Gemeinde zuständig für den Erlass von Verordnungen der örtlichen Ordnungsbehörden. Die Verordnung über die Anleinpflicht von Hunden in der Gemeinde G wurde durch den Rat der Gemeinde G und damit von der zuständigen Stelle erlassen.

(b) Verfahren. Das Verfahren wurde laut Sachverhalt ordnungsgemäß durchgeführt.

(c) Form. Die Formanforderungen an eine ordnungsbehördliche Verordnung ergeben sich aus § 30 OBG NRW.[307]

Die Überschrift der Verordnung kennzeichnet deren Inhalt. Damit ist der Anforderung des § 30 Nr. 1 OBG NRW Genüge getan. Gemäß § 30 Nr. 2 OBG NRW muss die Verordnung eine Überschrift tragen, die sie als „ordnungsbehördliche Verordnung" ausweist. Die Bezeichnung als „Ordnungsbehördliche Verordnung über die Anleinpflicht von Hunden in der Gemeinde G" entspricht diesem Erfordernis. Die zutreffende Erwähnung der gesetzlichen Grundlagen in der Präambel wird dem § 30 Nr. 3 OBG NRW gerecht. Eine Zustimmung i. S. d. § 30 Nr. 4 OBG NRW ist nicht erforderlich und muss daher auch nicht erwähnt werden. Durch die Erwähnung in der Überschrift der Verordnung sowie in deren § 1 ist der örtliche Geltungsbereich angegeben und damit die Voraussetzung des § 30 Nr. 5 OBG NRW erfüllt. Schließlich werden Ausfertigungsdatum und die Behörde angegeben, die die Verordnung erlassen hat; damit wird den Anforderungen des § 30 Nr. 6 und 7 OBG NRW entsprochen. Die Verordnung genügt insgesamt den Voraussetzungen des § 30 OBG NRW.

---

[306] Vgl. dazu ÖffR NRW, § 1 Rn. 135 ff. sowie § 3 Rn. 230 ff.
[307] Eingehend ÖffR NRW, § 3 Rn. 232.

(d) Zwischenergebnis. Die Verordnung ist damit formell rechtmäßig.

(3) Materielle Rechtmäßigkeit der Verordnung. Die ordnungsbehördliche Verordnung müsste auch materiell rechtmäßig sein. Das ist der Fall, wenn die tatbestandlichen Voraussetzungen des § 27 Abs. 1 OBG NRW erfüllt sind, die richtigen Adressaten in Anspruch genommen und das der Behörde eingeräumte Ermessen fehlerfrei ausgeübt wurden.

(a) Tatbestandliche Voraussetzungen des § 27 Abs. 1 OBG NRW. Gem. § 27 Abs. 1 OBG NRW muss die Verordnung der Abwehr einer Gefahr für die öffentliche Sicherheit und Ordnung dienen. Entsprechend dem „abstrakten" Ansatz der Verordnungsgebung wird hierbei nicht eine konkrete, sondern eine abstrakte Gefahr vorausgesetzt.[308] Diese unterscheidet sich von der konkreten Gefahr dadurch, dass ihr ein „hypothetischer" bzw. „gedachter" Sachverhalt zugrunde liegt, bei dessen Eintritt mit hinreichender Wahrscheinlichkeit in absehbarer Zeit ein Schaden an den ordnungsbehördlichen Schutzgütern zu erwarten ist.

Vertiefung: Damit liegt lediglich ein abweichender Modus der Gefahrermittlung vor, nicht aber eine Variation bezüglich des Grades der Wahrscheinlichkeit des Gefahreneintritts (vgl. ÖffR NRW, § 3 Rn. 233).

Das (gedachte) freie Umherlaufen von Hunden im Gemeindegebiet müsste eine (abstrakte) Gefahr für die Sicherheit oder Ordnung darstellen.

In Betracht kommt hier die Betroffenheit des Schutzguts der öffentlichen Sicherheit. Diese umfasst den Schutz von Individualrechtsgütern, die Unversehrtheit der objektiven Rechtsordnung sowie den Bestand und die Einrichtungen des Staates.[309]

Soweit sich Fußgänger oder Besucher von Straßencafés durch die Hunde belästigt fühlen, ist noch nicht von einer Gefährdung polizeilicher Schutzgüter auszugehen.[310] Soweit allerdings nicht angeleinte Hunde unvermittelt die Straße zu überqueren drohen, dürften Individualrechtsgüter betroffen sein. So können Autofahrer zu spontanen Bremsmanövern genötigt werden, die wiederum unfallträchtig sind. Bei derartigen Verkehrsunfällen sind sowohl Leben und Gesundheit der Fahrzeugführer als auch das Eigentum an den Fahrzeugen betroffen. Auch werden die Schutzgüter Leben und Gesundheit gefährdet, wenn etwa Passanten durch freilaufende Hunde vom Gehweg gedrängt werden.

Legt man diese (gedachten) Sachverhalte zugrunde, so ist jeweils mit hinreichender Wahrscheinlichkeit in absehbarer Zeit ein Schaden an den genannten Schutzgütern zu befürchten (a. A. vertretbar).

Insgesamt liegt eine abstrakte Gefahr für die öffentliche Sicherheit vor.

Klausurtipp: Auf das konkrete Verhalten der Hunde des H darf hier nicht eingegangen werden, da es um die Prüfung einer abstrakten Gefahr geht.

---

[308] ÖffR NRW, § 3 Rn. 233.

[309] Vgl. im Einzelnen ÖffR NRW, § 3 Rn. 50 ff.

[310] ÖffR NRW, § 3 Rn. 60.

Eine Differenzierung zwischen Haupt- und Nebensaison wäre bereits an dieser Stelle vertretbar, eine Erörterung im Kontext der Verhältnismäßigkeitsprüfung erscheint aber vorzugswürdig.

(b) Verantwortlichkeit der Verpflichteten. Durch eine ordnungsbehördliche Verordnung dürfen nur Verantwortliche i.S.d. §§ 17–19 OBG NRW in Anspruch genommen werden.

Vertiefung: Die allgemeinen Regeln der Störerverantwortlichkeit finden im Fall der Verordnungsgebung gleichermaßen Anwendung wie bei dem Erlass einer Einzelfallmaßnahme, da es sich lediglich um eine abstrakt-generelle Variante der Gefahrenabwehr handelt (vgl. ÖffR NRW, § 3 Rn. 235).

Derjenige, der einen Hund unangeleint ausführt, ist gemäß § 17 Abs. 1 OBG NRW verhaltensverantwortlich. Nach der Theorie der unmittelbaren Verursachung wird die Gefahr unmittelbar durch das unangeleinte Ausführen der Tiere in der Öffentlichkeit bewirkt. Als Inhaber der tatsächlichen Gewalt ist derjenige, der einen Hund unangeleint ausführt, darüber hinaus nach § 18 Abs. 2 OBG NRW zustandsverantwortlich.

Die ordnungsbehördliche Verordnung nimmt daher die richtigen Verantwortlichen in die Pflicht.

(c) Fehlerfreie Ermessensausübung. Schließlich müsste das von § 27 Abs. 1 OBG NRW eingeräumte Ermessen ordnungsgemäß ausgeübt worden sein. Dies setzt, wie bei Einzelmaßnahmen, voraus, dass das Entschließungs-, Störerauswahlermessen und Handlungsermessen sachgerecht ausgeübt wurden.[311]

(aa) Entschließungsermessen. Im Rahmen des Entschließungsermessens muss die Behörde, wie bei Einzelfallmaßnahmen, abwägen, ob sie überhaupt tätig wird.

Hinsichtlich der ordnungsgemäßen Ausübung des Entschließungsermessens bestehen keine Bedenken.

(bb) Störerauswahlermessen. Die Behörde muss eine Entscheidung über die Adressaten ihrer Maßnahme treffen.[312] Dem Wortlaut der Verordnung nach richtet sich diese gegen die Person, die einen Hund ausführt. Daneben kommt als Verantwortlicher der Eigentümer der Tiere gemäß § 18 Abs. 1 OBG NRW in Betracht. Er ist als solcher nicht Adressat der Verordnung. Fraglich ist, ob die Störerauswahl ermessensfehlerfrei vorgenommen wurde.

Der Rat hat sich hier von dem Zweck leiten lassen, eine sichere und sofort exekutierbare Grundlage für die Gefahrenabwehr zu schaffen. Die Inpflichtnahme derjenigen Person, die mit dem Hund unterwegs ist, ist ermessensfehlerfrei.

(cc) Handlungsermessen. Fraglich ist, ob das Handlungsermessen ordnungsgemäß ausgeübt wurde. Die Verordnung müsste zur Vermeidung einer Ermessensüberschreitung insbesondere verhältnismäßig sein. Dazu muss sich die Verordnung als geeignet, erforderlich und zumutbar darstellen.

---

[311] Vgl. ÖffR NRW, § 3 Rn. 235 f.
[312] ÖffR NRW, § 3 Rn. 124–126.

Geeignetheit bedeutet, dass eine Maßnahme den angestrebten Erfolg zu fördern vermag. Die ordnungsbehördliche Verordnung der Gemeinde G ist geeignet, die Verkehrsteilnehmer zu schützen, da sie die Gefahren verhindert, die durch frei umher laufende Hunde entstehen können.

Eine Maßnahme ist erforderlich, wenn kein gleich geeignetes Mittel zur Verfügung steht, das weniger eingriffsintensiv wirkt: Es darf kein „milderes Mittel“ geben. Die Verordnung zur Anleinpflicht von Hunden in der Gemeinde G könnte sich sowohl in räumlicher als auch in zeitlicher Hinsicht als nicht erforderlich darstellen.

In räumlicher Hinsicht erfasst die Verordnung das gesamte Gemeindegebiet. Die festgestellte (abstrakte) Gefahr besteht jedoch laut Sachverhalt nur auf Gemeindestraßen, auf denen Autoverkehr stattfindet bzw. in denen sich typischerweise Kurgäste aufhalten. Andere Bereiche der Gemeinde, wie beispielsweise am Ortsrand liegende Gebiete, müssen nicht in gleicher Weise vor umherlaufenden Hunden abgesichert werden. Erst recht gilt dies für Freiflächen im Gemeindegebiet, die keinerlei Verkehrsbezug aufweisen. Es stellte ein milderes, aber ebenso geeignetes Mittel dar, wenn die Leinenpflicht für Hunde auf diejenigen Gebiete begrenzt wird, die durch die Fahrzeuge und die Kurgäste frequentiert werden. Diese müssten dann allerdings konkret bestimmt werden. Eine Ausdehnung des Leinenzwangs auf das gesamte Gemeindegebiet ist nicht erforderlich.[313]

In zeitlicher Hinsicht sieht die Verordnung einen ganzjährigen Leinenzwang vor. Der Kurort wird in der Nebensaison jedoch nur wenig besucht. Die Gefährdungslage besteht in dieser Zeit nicht in demselben Maße wie in der Hauptsaison. Eine Beschränkung des Leinenzwangs auf die Hauptsaison stellt ein milderes Mittel mit gleicher Wirkung dar. Eine ganzjährige Anleinpflicht ist nicht erforderlich.[314] In der Anordnung einer unverhältnismäßigen Maßnahme liegt eine Ermessensüberschreitung (§ 40 VwVfG NRW).

(d) Zwischenergebnis. Das Ermessen wurde nicht ordnungsgemäß ausgeübt. Die Verordnung ist daher materiell rechtswidrig. Die Rechtswidrigkeit der ordnungsbehördlichen Verordnung hat deren Nichtigkeit zur Folge. Damit ist die Verordnung kein Bestandteil der objektiven Rechtsordnung.

Der Verstoß des H gegen § 1 der Verordnung stellt daher keine Verletzung der objektiven Rechtsordnung dar. Eine konkrete Gefahr für die öffentliche Sicherheit besteht insoweit nicht.

bb) Verstoß gegen das LHundG

Die objektive Rechtsordnung könnte aber dann verletzt sein, wenn H gegen Vorschriften des LHundG NRW verstößt, indem er seinen Hund im Gemeindegebiet unangeleint ausführt. Das LHundG NRW enthält zunächst eine Anleinpflicht für „große Hunde“ in § 11 Abs. 6 Satz 1. Diese sind außerhalb eines befriedeten Besitztums innerhalb im Zusammenhang bebauter Ortsteile auf öffentlichen Straßen, Wegen und Plätzen angeleint zu führen. Fraglich ist aber, ob es sich bei Rufus um einen „großen Hund“ handelt. Gemäß der Legaldefinition in § 11 Abs. 1 LHundG NRW hat ein „großer Hund“ ausgewachsen eine Widerristhöhe von mindestens 40 cm oder ein Gewicht von mindestens 20 kg.

---

[313] Vgl. etwa OLG Hamm, NVwZ 2002, 765.
[314] Vgl. OVG Lüneburg, NVwZ 1991, 693.

Der Hund des H ist erkennbar kein „großer Hund“ i.S.d. § 11 Abs. 1 LHundG NRW. Ein Verstoß gegen die Anleinpflicht des § 11 Abs. 6 Satz 1 LHundG NRW kommt also nicht in Betracht.

Folglich ist hier nur die „allgemeine“ Anleinpflicht des § 2 Abs. 2 LHundG NRW einschlägig. Danach sind Hunde unabhängig von ihrer Größe an verschiedenen enumerativ aufgeführten Orten an einer Leine zu führen, so etwa in Fußgängerzonen, Haupteinkaufsbereichen und anderen innerörtlichen Bereichen, Straßen und Plätzen mit vergleichbarem Publikumsverkehr (Nr. 1) sowie in der Allgemeinheit zugänglichen, umfriedeten Park-, Garten- und Grünanlagen (Nr. 2). Da H seine Hunde lediglich im unbebauten Randbereich des Gemeindegebietes ausführt, liegt insofern eine Verletzung der objektiven Rechtsordnung nicht vor.

cc) Sondergesetzliche Anleinpflichten (Landesforstgesetz NRW)

Auch eine Verletzung der sondergesetzlichen Anleinpflichten etwa des Landesforstgesetzes ist, da H auf den Wegen verbleibt, nicht ersichtlich.

dd) Anderweitige konkrete Gefahr für die öffentliche Sicherheit

Das Schutzgut der öffentlichen Sicherheit könnte unabhängig von einem Verstoß gegen die ordnungsbehördliche Verordnung oder gegen das LHundG NRW betroffen sein. Dies wäre dann der Fall, wenn die Spaziergänge des H entlang des „Tiefen Flurwegs“ zu konkreten Gefährdungssituationen führen oder zu führen drohen, etwa indem PKW-Führer durch das Verhalten der Tiere zu abrupten Bremsmanövern gezwungen werden oder Passanten vom Gehweg gedrängt werden. Auch hierfür gibt der Sachverhalt indes keinerlei Anhaltspunkte. Eine Gefahr für die öffentliche Sicherheit ist damit nicht gegeben.

d) Zwischenergebnis

Die ordnungsbehördliche Verfügung ist rechtswidrig.

3. Interessenabwägung

Da der Verwaltungsakt offensichtlich rechtswidrig ist, besteht kein überwiegendes öffentliches Interesse an dessen sofortiger Vollziehung. Das Aussetzungsinteresse des H überwiegt.

III. Ergebnis

Ein Antrag nach § 80 Abs. 5 Satz 1 VwGO auf Wiederherstellung der aufschiebenden Wirkung der Anfechtungsklage des H wäre zulässig und begründet. Er hätte Erfolg.

C. Antrag auf einstweiligen Rechtsschutz gegen die Zwangsgeldandrohung

Als Maßnahme der Verwaltungsvollstreckung stellt die Zwangsgeldandrohung einen eigenständigen Verwaltungsakt dar.[315] Die Auslegung des Antrags-

---

[315] ÖffR NRW, § 3 Rn. 247.

begehrens des H lässt den Schluss zu, dass sich sowohl dessen Hauptsacheklage als auch sein einstweiliger Rechtsschutzantrag zusätzlich gegen die als Unrecht empfundene Zwangsgeldandrohung richten.[316]

I. Zulässigkeit

Es geht insoweit um einen parallelen Aussetzungsantrag nach § 80 Abs. 5 VwGO, dessen Zulässigkeitsvoraussetzungen weitgehend jenen des vorangegangenen (zulässigen) Antrages entsprechen.[317] Zu beachten ist allein, dass der Klage gegen Maßnahmen der Verwaltungsvollstreckung nach § 112 JustG NRW von vornherein keine aufschiebende Wirkung zukommt, so dass sich der einstweilige Rechtsschutzantrag des H nicht etwa auf „Wiederherstellung" der aufschiebenden Wirkung der Hauptsacheklage richtet, sondern auf die (erstmalige) gerichtliche „Anordnung" der aufschiebenden Wirkung.[318]

II. Begründetheit

Ebenso wie hinsichtlich des Antrages zu B. wird sich die Entscheidung des Verwaltungsgerichts über eine mögliche Aussetzung der sofortigen Vollziehbarkeit der Zwangsgeldandrohung zuvörderst nach den Erfolgsaussichten des Hauptsacherechtsbehelfs richten. Namentlich soweit ein Verwaltungsakt offensichtlich rechtswidrig und der gegen ihn gerichteten Klage daher stattzugeben ist, fehlt es von vornherein an einem öffentlichen Vollziehungsinteresse. Dem Aussetzungsantrag ist in diesem Falle ebenfalls stattzugeben. Zu prüfen sind damit die Erfolgsaussichten der Klage gegen die Zwangsgeldandrohung.

1. Ermächtigungsgrundlage

Als belastender Verwaltungsakt unterliegt die Zwangsgeldandrohung dem Vorbehalt des Gesetzes. Als Eingriffsermächtigung kommt § 55 Abs. 1 i. V. m. § 57 Abs. 1 Nr. 2, §§ 60, 63 VwVG NRW in Betracht.

2. Formelle Rechtmäßigkeit

a) Zuständigkeit

Die Zuständigkeit der Ordnungsbehörde für die Einleitung von Vollstreckungsmaßnahmen ergibt sich aus § 56 Abs. 1 VwVG NRW.

b) Form und Verfahren

Form- oder Verfahrensfehler sind nicht erkennbar. Insbesondere war die Durchführung eines Anhörungsverfahrens gemäß § 28 Abs. 2 Nr. 5 VwVfG NRW nicht obligatorisch.

---

[316] A. A. vertretbar.
[317] ÖffR NRW, § 5 Rn. 38.
[318] Hierzu ÖffR NRW, § 5 Rn. 40.

3. Materielle Rechtmäßigkeit

Fraglich ist indessen, ob die materiellen Rechtmäßigkeitsvoraussetzungen für die Zwangsgeldandrohung gegeben sind. Hierzu müssten zum einen die Tatbestandsvoraussetzungen des § 55 Abs. 1 VwVG NRW vorliegen (sub a). Zum anderen müsste die Behörde von dem ihr eingeräumten Ermessen fehlerfrei Gebrauch gemacht haben (sub b).

a) Tatbestandsvoraussetzungen des § 55 Abs. 1 VwVG NRW

aa) Verfügender Verwaltungsakt

§ 55 Abs. 1 VwVG NRW verlangt zunächst das Vorliegen eines (Grund-)Verwaltungsaktes, der auf ein Tun, Dulden oder Unterlassen gerichtet ist (sog. verfügender Verwaltungsakt). Diesem Erfordernis ist hier zum Zeitpunkt des Erlasses des Verwaltungsaktes Genüge getan. Immerhin stellt sich die Frage, ob § 55 Abs. 1 VwVG NRW auch rechtswidrige Verwaltungsakte erfasst oder ob die Rechtmäßigkeit des Grundverwaltungsaktes – jedenfalls bei noch nicht bestandskräftigen Verwaltungsakten – als ungeschriebene Voraussetzung in § 55 Abs. 1 VwVG NRW hineingelesen werden muss.[319] Die Frage wird in Rechtsprechung und Literatur unterschiedlich beantwortet. Dabei spricht nach hiesiger Auffassung gerade die sog. „Bestandsfunktion“ des Verwaltungsaktes (§ 43 Abs. 2 VwVfG NRW) dafür, in § 55 Abs. 1 VwVG NRW jedenfalls keine systematische Rechtmäßigkeitsprüfung hinsichtlich des Grundverwaltungsaktes hineinzulesen. Unabhängig hiervon kann indes die Vollstreckung eines zwar wirksamen, aber erkennbar rechtswidrigen Verwaltungsaktes in extremen Fällen unverhältnismäßig, weil unzumutbar sein (hierzu unten b).

bb) Unanfechtbarkeit oder sofortige Vollziehbarkeit der Grundverfügung

§ 55 Abs. 1 VwVG NRW knüpft die Zulässigkeit von Vollstreckungsmaßnahmen grundsätzlich an die Voraussetzung, dass der Grundverwaltungsakt unanfechtbar oder aber zumindest sofort vollziehbar ist. Allerdings geht § 63 Abs. 2 VwVG NRW, wie insbesondere aus § 63 Abs. 1 Satz 3 VwVG NRW gefolgert werden kann, augenscheinlich davon aus, dass die Unanfechtbarkeit oder sofortige Vollziehbarkeit der Grundverfügung im Falle der unmittelbaren Verbindung der Zwangsmittelandrohung mit dem Grundverwaltungsakt nicht erforderlich ist. Da ein solcher Fall hier vorliegt, bedarf es einer zusätzlichen Prüfung der Unanfechtbarkeit oder sofortigen Vollziehbarkeit der Grundverfügung – auch wenn diese zumindest anfänglich gegeben war – hier nicht. Dabei kommt es auf die umstrittene Frage, ob § 63 Abs. 2 VwVG NRW eine Ausnahmeregelung allein für den Fall der Verbindung von Zwangsmittelandrohung und Grundverfügung[320] oder aber eine generelle Absenkung der Rechtmäßigkeitsanforderungen für Zwangsmittelandrohungen enthält, nicht an.

cc) Änderungen der Sach- und Rechtslage

Fraglich ist indessen, ob bei der Prüfung der Tatbestandsvoraussetzungen des § 55 Abs. 1 VwVG NRW außer Betracht bleiben kann, dass das Gericht dem

---

[319] Hierzu ÖffR NRW, § 3 Rn. 252.

[320] So für das VwVG des Bundes *App*, in: Engelhardt/App, VwVG, VwZG, 9. Aufl. 2011, § 13 VwVG, Rn. 2.

Aussetzungsantrag hinsichtlich der Grundverfügung stattzugeben hat. So ist zu berücksichtigen, dass die Zwangsgeldandrohung in die Zukunft gerichtete Rechtswirkungen entfaltet und entfalten soll. Dies aber legt den Schluss nahe, dass entscheidungserhebliche Veränderungen der Sach- und Rechtslage, die nach der Androhung und vor Abschluss des Vollstreckungsverfahrens eintreten, bei der Beurteilung der Rechtmäßigkeit mit zu berücksichtigen sind.[321] Soweit hierbei zunächst auf den Wegfall der nach § 55 Abs. 1 VwVG NRW geforderten sofortigen Vollziehbarkeit der Grundverfügung infolge des erfolgreichen Aussetzungsantrages rekurriert werden könnte, bleibt dieser für die rechtliche Bewertung hier freilich ohne Belang. Denn wie oben bb) dargestellt, ist das Erfordernis einer „unanfechtbaren" oder „sofort vollziehbaren" Grundverfügung gem. § 63 Abs. 2 VwVG NRW in dem hier vorliegenden Falle einer Zwangsmittelandrohung, die mit der Grundverfügung verbunden worden ist, gerade suspendiert.[322] Immerhin aber könnte erwogen werden, aus der Suspendierung des Grundverwaltungsaktes infolge des erfolgreichen Aussetzungsantrages (oben B) zu folgern, dass es – nach der maßgeblichen gegenwärtigen Rechtslage – bereits an einem (Grund-)Verwaltungsakt i. S. d. § 55 Abs. 1 VwVG NRW fehlt. Eine solche Auslegung erscheint jedenfalls dann zwingend, wenn man den Suspensiveffekt im Sinne einer (vorläufigen) „Wirksamkeitshemmung" für den betroffenen Verwaltungsakt interpretiert.[323] Dasselbe Ergebnis stellt sich ein, wenn man allein die Entscheidung im Hauptsacheverfahren zum Maßstab der gerichtlichen Abwägung macht. Denn da das VG die Grundverfügung im Hauptsacheverfahren aufheben und damit eine wesentliche Tatbestandsvoraussetzung für Vollstreckungsmaßnahmen[324] beseitigen wird (hierzu oben B II), wird in der Hauptsache auch die Zwangsgeldandrohung keinen Bestand haben können. Mit Blick hierauf aber erscheint es nur konsequent, diesem Entwicklungsverlauf bereits im Aussetzungsverfahren Rechnung zu tragen.

b) Ermessen

Mit Blick auf die oben B II dargelegte Rechtswidrigkeit der Grundverfügung könnte – wie bereits angedeutet – zudem die Verhältnismäßigkeit (Zumutbarkeit) der Zwangsgeldandrohung und damit die fehlerfreie Ermessensausübung seitens der Vollstreckungsbehörde (wegen Ermessensüberschreitung, § 40 VwVfG NRW) in Zweifel gezogen werden. Allerdings wird man aus der Fehlerhaftigkeit der Grundverfügung richtigerweise nur dort auf einen Ermessensfehler hinsichtlich der Anordnung von Vollstreckungsmaßnahmen folgern können, wo diese offenkundig bzw. der Behörde bekannt sind. Ob dies hier der Fall ist, erscheint eher fraglich.

c) Ergebnis

Da die Zwangsgeldandrohung rechtswidrig (geworden) ist, wird das Gericht dem Aussetzungsantrag des H auch insoweit stattgeben.

---

[321] So zu Recht VG Hamburg, B. v. 9.10.2008 – 4 E 2556/08, BeckRS 2008, 40486.

[322] Anders insoweit VG Hamburg, a. a. O.

[323] Hierfür etwa *Schenke,* Verwaltungsprozessrecht, 13. Aufl. 2012, Rn. 991; *Schmidt,* in: Eyermann, VwGO, 13. Aufl. 2010, Art. 80 Rn. 6.

[324] S. § 55 Abs. 1 VwVG NRW.

D. Antrag auf vorläufige Feststellung des Nichtbestehens einer Anleinpflicht

Der Antrag des H, seine Befugnis zur unangeleinten Ausführung des Hundes Rufus auf dem „Tiefen Flurweg“ vorläufig festzustellen, hat Erfolg, wenn er zulässig und begründet ist.

I. Zulässigkeit

1. Verwaltungsrechtsweg

Der Verwaltungsrechtsweg ist gemäß § 40 Abs. 1 VwGO eröffnet (s.o. B I 1).

2. Statthafte Antragsart

Ein Antrag nach § 123 VwGO ist gegenüber dem einstweiligen Rechtsschutzverfahren gemäß §§ 80, 80a VwGO subsidiär. Welche Rechtsschutzform statthaft ist, richtet sich nach dem Klagebegehren im Hauptsacheverfahren. H begehrt die Feststellung, dass er entgegen den Vorgaben der Verordnung berechtigt ist, seinen Hund unangeleint auszuführen. Das Bestehen bzw. Nichtbestehen einer Rechtspflicht stellt ein Rechtsverhältnis dar, so dass H im Hauptsacheverfahren die Feststellungsklage gemäß § 43 VwGO erheben könnte. Der Vorrang der auf eine Anfechtungsklage bezogenen §§ 80, 80a VwGO greift damit nicht. Die einstweilige Anordnung ist damit als Rechtsschutzform einschlägig.

Ein Antrag nach § 123 VwGO ist aber nur statthaft, wenn die Feststellungsklage nicht offenkundig unzulässig ist. Die Zulässigkeit der Feststellungsklage im Hauptsacheverfahren wird zunächst nicht dadurch in Frage gestellt, dass der nordrhein-westfälische Gesetzgeber auf die Eröffnung eines verwaltungsgerichtlichen Normenkontrollverfahrens gemäß § 47 Abs. 1 Nr. 2 VwGO verzichtet hat. Denn H begehrt nicht die Feststellung der abstrakten Rechtswidrigkeit der ordnungsbehördlichen Verordnung – dies wäre unzulässig –, sondern die Klärung des Bestehens der behördlicherseits angenommenen konkreten Anleinpflicht auf dem „Tiefen Flurweg“. Bezüglich dieser Pflicht ist die Geltung bzw. Nichtgeltung der Verordnung lediglich ein Begründungselement.

Immerhin stellt sich die Frage, ob eine Feststellungsklage neben der gegen den Bescheid gerichteten Anfechtungsklage überhaupt zulässig wäre. Dies wäre dann zu verneinen, wenn die Unwirksamkeit der ordnungsbehördlichen Verordnung im Rahmen der Prüfung des Bescheides bereits inzident hinreichend geklärt würde. Insoweit ist gewiss zuzugestehen, dass die Aufhebung eines Verwaltungsaktes das Verbot des Neuerlasses eines gleichartigen Verwaltungsaktes in sich birgt. Vorliegend ergibt sich indes die Besonderheit, dass die ordnungsbehördliche Verordnung den umfassenden und damit auch auf den „Tiefen Flurweg“ bezogenen Leinenzwang unmittelbar anordnet, die Verordnung also gleichsam „self-executing“ ist. Insofern bleibt auch nach Aufhebung des Bescheides zumindest der äußere Schein einer Anleinpflicht. Vor diesem Hintergrund erscheint es gut vertretbar, die Verfahrensarten der Anfechtungsklage und der Feststellungsklage im Hauptsacheverfahren für parallel zulässig zu erachten.[325] Der Antrag auf Erlass einer einstweiligen Anordnung scheitert insofern nicht an einer Unzulässigkeit der Feststellungsklage.

H kann den Erlass einer einstweiligen Anordnung gemäß § 123 Abs. 1 Satz 1 VwGO in Gestalt einer Sicherungsanordnung (Sicherung des Rechts auf unangeleinte Ausführung des Hundes) beantragen.

3. Antragsbefugnis

Für den Antrag nach § 123 VwGO ist in analoger Anwendung des § 42 Abs. 2 VwGO eine Antragsbefugnis erforderlich. Der Antragsteller muss die Möglichkeit des Bestehens eines Anordnungsanspruchs und eines Anordnungsgrundes geltend machen und geltend machen können. H macht geltend, nach wie vor berechtigt zu sein, seinen Hund unangeleint auf dem „Tiefen Flurweg" aufzuführen. Dabei kann er geltend machen, durch die abweichende Regelungsaussage in der ordnungsbehördlichen Verordnung in seiner allgemeinen Handlungsfreiheit gemäß Art. 2 Abs. 1 GG verletzt zu sein.

Die Antragsbefugnis ist damit gegeben.

4. Antragsgegner

Der Antragsgegner bestimmt sich nach dem Klagegegner in der Hauptsache. Da es sich in der Hauptsache um eine Feststellungsklage handelt, bestimmt sich der Antragsgegner nach dem Rechtsträgerprinzip. Antragsgegnerin wäre die Gemeinde G. Eine Verbindung des Verfahrens mit den Anträgen nach § 80 Abs. 5 VwGO ist analog § 44 VwGO gleichwohl möglich, da es materiell um denselben Antragsgegner geht.

5. Beteiligten- und Prozessfähigkeit

H ist gemäß § 61 Nr. 1 VwGO als natürliche Person, die Gemeinde G nach § 61 Nr. 1 VwGO als juristische Person beteiligtenfähig.

H ist nach § 62 Abs. 1 Nr. 1 VwGO prozessfähig. Für die Gemeinde G handelt gemäß § 62 Abs. 3 VwGO der Bürgermeister oder ein besonders Beauftragter.

6. Rechtsschutzbedürfnis

Das allgemeine Rechtsschutzbedürfnis für den Erlass einer einstweiligen Anordnung nach § 123 VwGO setzt grundsätzlich voraus, dass sich der Antragsteller zunächst erfolglos an die Behörde gewandt hat. H hat ein informelles, aber erfolgloses Ersuchen an die Behörde gerichtet. Damit ist diese Voraussetzung erfüllt.

Keine Voraussetzung für die Zulässigkeit eines Antrags auf Erlass einer einstweiligen Anordnung nach § 123 VwGO ist, dass das Hauptsacheverfahren

---

[325] So auch *Maurer*, Allgemeines Verwaltungsrecht, 18. Aufl. 2011, § 13 Rn. 21; *Schenke*, Polizei- und Ordnungsrecht, 8. Aufl. 2013, Rn. 636 f.

bereits eingeleitet ist.[326] Allerdings darf das Hauptsacheverfahren nicht offensichtlich unzulässig sein. Anhaltspunkte für eine Unzulässigkeit des Hauptsacheverfahrens sind vorliegend nicht ersichtlich (s.o. 2.).

Immerhin könnte für das einstweilige Rechtsschutzverfahren die Frage aufgeworfen werden, ob dem H durch den erfolgreichen Aussetzungsantrag nach § 80 Abs. 5 VwGO nicht hinreichender Rechtsschutz gewährt wird, so dass es an einem Interesse für eine parallele einstweilige Anordnung fehlt. Die Frage ist indes richtigerweise zu verneinen.

Das allgemeine Rechtsschutzbedürfnis ist damit gegeben.

II. Begründetheit

1. Darlegung und Glaubhaftmachung des Anordnungsanspruchs

Zunächst müsste ein Anordnungsanspruch (rechtlich) dargelegt und (in tatsächlicher Hinsicht) glaubhaft gemacht sein. Der jeweilige Anordnungsanspruch entspricht dem im Hauptsacheverfahren geltend zu machenden Anspruch bzw. Rechtsschutzziel. Da es sich in der Hauptsache um ein Feststellungsverfahren gemäß § 43 VwGO handelt, wird auch im einstweiligen Rechtsschutzverfahren hinsichtlich des Anordnungsanspruchs darauf abzustellen sein, ob H das Nichtbestehen eines Leinenzwanges auf dem „Tiefen Flurweg“ darlegen und – hinsichtlich der Tatsachengrundlagen – glaubhaft machen kann. Wie bereits gezeigt, ist die für das gesamte Gemeindegebiet geltende ganzjährige Anleinpflicht unverhältnismäßig (s.o. B II 2c). Infolge der Nichtigkeit der ordnungsbehördlichen Verordnung ist H damit berechtigt, seine Hunde unangeleint auf dem „Tiefen Flurweg“ auszuführen. Ein Anordnungsanspruch liegt vor.

2. Glaubhaftmachung des Anordnungsgrundes

Ferner müsste der Anordnungsgrund glaubhaft gemacht sein. Bei der Sicherungsanordnung muss die Gefahr bestehen, dass die Verwirklichung des Rechts durch eine drohende Veränderung des bestehenden Zustands vereitelt oder wesentlich erschwert werden könnte. Betroffen ist hier das Recht des H gemäß Art. 2 Abs. 1 GG, mit seinem Hund auf dem „Tiefen Flurweg“ spazieren zu gehen, ohne dass dieser angeleint werden muss. Dieses Recht wird durch die von H zur Überprüfung gestellte Anleinpflicht erheblich beeinträchtigt; insbesondere besteht die Gefahr, dass ein Verstoß gegen die durch die ordnungsbehördliche Verordnung vorgeschriebene Anleinpflicht seitens der Behörde durch ein Bußgeld sanktioniert werden wird. Ein Anordnungsgrund ist glaubhaft gemacht.

3. Keine Vorwegnahme der Hauptsache

Klausurtipp: Dieser Prüfungspunkt kann auch im Rahmen der Zulässigkeit beim (allgemeinen) Rechtsschutzbedürfnis behandelt werden, vgl. *Hufen,*

---

[326] *Hufen,* Verwaltungsprozessrecht, 9. Aufl. 2013, § 33 Rn. 8.

Verwaltungsprozessrecht, 9. Aufl. 2013, § 33 Rn. 17. Aus klausurtaktischen Gründen empfiehlt sich jedoch die Verortung erst in der Begründetheit.

Es bleibt zu prüfen, ob der Erlass einer einstweiligen Anordnung gemäß § 123 VwGO, die dem H das Recht zur unangeleinten Ausführung seines Hundes auf dem „Tiefen Flurweg" zuspricht, womöglich an dem grundsätzlichen Verbot einer Vorwegnahme der Hauptsache scheitert. Dieses Verbot rechtfertigt sich aus der Überlegung, dass das einstweilige Anordnungsverfahren nur der Überbrückung bis zur Entscheidung in der Hauptsache dient und daher dem Hauptverfahren nicht in der Weise vorgreifen darf, dass der Hauptsacheentscheidung keine Relevanz mehr zukommt.

Ob eine solche Vorwegnahme der Hauptsache hier überhaupt droht, erscheint indes keineswegs eindeutig. Denn einer einstweiligen Regelung fehlte es bereits an der zeitlichen Reichweite der Hauptsacheentscheidung, so dass das Hauptsacheverfahren keineswegs von vornherein überflüssig würde. Dessen ungeachtet besteht heute Einigkeit dahingehend, dass das Verbot der Vorwegnahme der Hauptsache nicht völlig „starr" angewandt werden darf, sondern die Rechtsschutzinteressen des Antragstellers zu berücksichtigen hat. Selbst eine Vorwegnahme der Hauptsache ist daher nach h. M. gestattet, wenn der Antragsteller ansonsten rechtsschutzlos bliebe (Art. 19 Abs. 4 GG) oder ihm bei einem Abwarten bis zur Hauptsacheentscheidung unzumutbare und schwerwiegende Nachteile drohen. H geht es um eine lediglich vorläufige Feststellung des Nichtbestehens einer Anleinpflicht auf dem „Tiefen Flurweg" der Gemeinde G. Zwar unterscheidet sich das damit Erlangte inhaltlich nicht vom potenziellen Ergebnis des Hauptsacheverfahrens; mit der bloß vorläufigen Feststellung wird aber noch keine endgültige Rechtsfolge gesetzt. Sie ermöglichte es dem H lediglich, bis zur verwaltungsgerichtlichen Klärung ohne Sorge vor einem Bußgeldbescheid mit seinem Hund spazieren zu gehen, ohne diesem eine Leine anzulegen.

Im Ergebnis spricht vieles dafür, den Antrag des H nicht wegen einer unzulässigen Vorwegnahme der Hauptsache für unbegründet zu halten.

III. Ergebnis

Der Antrag des H auf vorläufige Feststellung, dass er nach wie vor berechtigt ist, seinen Hund unangeleint auf dem „Tiefen Flurweg" laufen zu lassen, ist gemäß § 123 VwGO zulässig und begründet.

12. Klausur: „Vollstreckung einer Allgemeinverfügung" *

Sachverhalt

An einem verschneiten Wintertag im Januar 2014 parkt A sein Auto vor dem Supermarkt am Rand einer Straße in der kreisfreien Stadt D in Nordrhein-Westfalen. Als er von dem Einkauf zurückkehrt, ist sein Fahrzeug nicht mehr auffindbar. Während er das Fahrzeug sucht, bemerkt A am Straßenrand ein verschneites Verkehrsschild. Nach einem leichten Stoß gegen das Schild offenbart sich dieses als Zeichen 283 gemäß § 41 Abs. 2 Nr. 8 StVO (absolutes Halteverbot). Durch das Verkehrszeichen soll, wie ein Zusatzschild verkündet, der Feuerwehr eine Bewegungszone eingerichtet werden. Als A sich daraufhin bei einigen umherstehenden Personen nach besonderen Vorkommnissen erkundigt, bestätigt sich seine Befürchtung, dass die Ordnungsbehörde seinen Wagen hat abschleppen lassen. Gegen Zahlung der Kosten des Abschleppdienstes kann er sein Fahrzeug auf einem nahe gelegenen Sammelplatz der Stadt auslösen. Dort erhält A einen Kostenbescheid der Ordnungsbehörde der Stadt D, mit dem ihm die entstandenen Auslagen in Höhe von 250 Euro in Rechnung gestellt werden. Nach Bezahlung vor Ort nimmt A sein Fahrzeug mit.

Einige Tage später erwähnt er den Vorgang gegenüber einer Freundin, die Rechtswissenschaften studiert. Diese ist der Meinung, dass A die 250 Euro nicht hätte zahlen müssen, schließlich sei das Schild nicht lesbar und deshalb unwirksam gewesen. Daraufhin möchte A sogleich „vor Gericht ziehen".

Prüfen Sie die Erfolgsaussichten eines gerichtlichen Verfahrens.

Gliederung

A. Zulässigkeit
- I. Verwaltungsrechtsweg
- II. Statthafte Klageart
- III. Klagebefugnis
- IV. Vorverfahren
- V. Klagefrist
- VI. Klagegegner
- VII. Beteiligten- und Prozessfähigkeit
- VIII. Allgemeines Rechtsschutzbedürfnis
- IX. Ergebnis

B. Begründetheit
- I. Begründetheit der Anfechtungsklage (§ 113 Abs. 1 Satz 1 VwGO)
  - 1. Rechtswidrigkeit des Verwaltungsakts
    - a) Ermächtigungsgrundlage für den Erlass des Kostenbescheids
    - b) Formelle Rechtmäßigkeit des Kostenbescheids
      - aa) Zuständigkeit
      - bb) Handlungsformbehalt
      - cc) Verfahren und Form
      - dd) Ergebnis
    - c) Materielle Rechtmäßigkeit des Kostenbescheids
      - aa) Einordnung der Maßnahme

bb) Ersatzvornahme im „gestuften Verfahren“
(1) Ermächtigungsgrundlage
(2) Formelle Rechtmäßigkeit
(a) Zuständigkeit
(b) Anhörung
(c) Androhung (§ 63 VwVG NRW)
(d) Festsetzung (§ 64 VwVG NRW)
(e) Zwischenergebnis
(3) Materielle Rechtmäßigkeit
Prüfe: Rechtliche Einordnung Verkehrszeichen; Schneebedeckung als Wirksamkeits- oder Vollstreckungshindernis
(a) Vorliegen eines Verwaltungsakts
(b) Verfügungscharakter des Verwaltungsakts
(c) Unanfechtbarkeit oder sofortige Vollziehbarkeit des Verwaltungsakts
(d) Unkenntlichkeit als Vollstreckungshindernis?
(e) Rechtmäßigkeit des Verwaltungsakts
(f) Nichtbefolgung der Verfügung
(g) Fehlerfreie Ermessensausübung
(4) Zwischenergebnis
cc) Ersatzvornahme im Sofortvollzug
(1) Ermächtigungsgrundlage
(2) Formelle Rechtmäßigkeit
(3) Materielle Rechtmäßigkeit
(a) Fehlen einer Grundverfügung
(b) Vorliegen einer „gegenwärtigen Gefahr“
(c) Erforderlichkeit des sofortigen Vollzugs der Gefahrenabwehr
(d) Handeln im Rahmen der Befugnisse
(e) Ordnungsgemäße Ermessensausübung hinsichtlich des Zwangsmittels
(4) Zwischenergebnis
dd) Ersatzvornahme im „abgekürzten Verfahren“
(1) Ermächtigungsgrundlage
(2) Formelle Rechtmäßigkeit
(3) Materielle Rechtmäßigkeit
(4) Zwischenergebnis
ee) Kostenschuldner
ff) Ermessensprüfung
Prüfe: Verhältnismäßigkeit der Kostenerhebung
2. Zwischenergebnis
II. Ergebnis

Lösungsvorschlag

Ein gerichtliches Verfahren hätte Erfolg, wenn es zulässig und begründet wäre.

A. Zulässigkeit

I. Verwaltungsrechtsweg

Zunächst müsste der Verwaltungsrechtsweg eröffnet sein.

Eine aufdrängende Sonderzuweisung zu den Verwaltungsgerichten besteht nicht.

Der Verwaltungsrechtsweg könnte über die Generalklausel des § 40 Abs. 1 Satz 1 VwGO eröffnet sein. Dann müsste eine öffentlich-rechtliche Streitigkeit nichtverfassungsrechtlicher Art vorliegen.

Eine Streitigkeit ist öffentlich-rechtlicher Art, wenn die streitentscheidende Norm eine solche des öffentlichen Rechts ist, also notwendig einen Hoheitsträger in dieser Funktion berechtigt oder verpflichtet (modifizierte Subjektstheorie, „Sonderrechtslehre“). Streitentscheidende Normen sind hier die Bestimmungen des VwVG NRW sowie der KostO NRW, die ausschließlich Hoheitsträger zu Zwangsmaßnahmen und deren Abrechnung berechtigen. Somit liegt eine öffentlich-rechtliche Streitigkeit vor. Die Streitigkeit ist nichtverfassungsrechtlicher Art, da keine Verfassungsorgane über materielles Verfassungsrecht streiten (keine „doppelte Verfassungsunmittelbarkeit“).

Eine abdrängende Sonderzuweisung liegt nicht vor. Der Rechtsweg zu den Verwaltungsgerichten ist gemäß § 40 Abs. 1 Satz 1 VwGO eröffnet.

II. Statthafte Klageart

Die statthafte Klageart richtet sich nach dem Rechtsschutzziel bzw. dem klägerischen Begehren (vgl. § 88 VwGO). A begehrt die Rückgewähr der gezahlten 250 Euro. Die bloße Auszahlung von Geldbeträgen ist verwaltungsrechtlich als Realakt einzustufen, der prozessual im Wege der allgemeinen Leistungsklage einzufordern ist. Zu beachten bleibt indes, dass der Kostenbescheid als Verwaltungsakt einen Rechtsgrund („causa“) für die mit der Zahlung eingetretene Vermögensverschiebung darstellt. Da der Bescheid insofern noch Rechtsfolgen entfaltet, hat er sich auch nicht i. S. d. § 43 Abs. 2 VwVfG NRW durch Zahlung erledigt. Ein bloßes Rückzahlungsbegehren ohne parallelen Antrag auf Aufhebung des Kostenbescheides würde daher materiell erfolglos bleiben und entspricht insofern nicht dem wirklichen Begehren des A. Vielmehr ist davon auszugehen, dass A zunächst die Beseitigung des Kostenbescheides anstrebt, um auf dieser Grundlage sodann die Rückzahlung des Geldbetrages zu erreichen. Insoweit ist primär die Anfechtungsklage einschlägig, ggf. kombiniert mit einer allgemeinen Leistungsklage auf Rückzahlung des Geldes.

Fraglich ist, ob A die Anfechtungsklage auf Aufhebung des Kostenbescheides zugleich mit der allgemeinen Leistungsklage auf Rückzahlung kombinieren kann. Hiergegen scheint § 167 Abs. 2 VwGO zu sprechen, demzufolge Urteile auf Anfechtungsklagen nur wegen der Kosten für vorläufig vollstreckbar erklärt werden können. Dies nämlich bedeutet anders gewendet, dass die Aufhebung des Bescheides selbst nicht für vorläufig vollstreckbar erklärt werden kann, so dass ein aufgehobener Bescheid bis zum rechtskräftigen Abschluss des Gerichtsverfahrens wirksam bleibt. Für A könnte dies bedeuten, dass er zunächst in einem gesonderten Anfechtungsprozess die Aufhebung des Kostenbescheides – rechtskräftig – durchkämpfen müsste, bevor er anschließend im Wege der allgemeinen Leistungsklage den Geldbetrag zurückverlangen könnte. Da dieses Prozedere schon aus zeitlichen Gründen nicht zumutbar ist, trifft § 113 Abs. 1 Satz 2 VwGO eine Sonderregelung. Hiernach kann, wenn der Verwaltungsakt schon vollzogen ist, das Gericht auf Antrag auch aussprechen, dass und wie die

Verwaltungsbehörde die Vollziehung rückgängig zu machen hat. Als Vollzugsfolgenbeseitigung gilt auch die Rückzahlung zu Unrecht erhobener Kosten, selbst wenn insofern keine Vollstreckung im eigentlichen Sinne stattgefunden hat, sondern der Bürger die Kosten freiwillig gezahlt hat.

Vertiefung: Zur Anwendung des § 113 Abs. 1 Satz 2 VwGO vgl. *Gerhardt,* in: Schoch/Schneider/Bier, Losebl. (Stand: April 2013), § 113 Rn. 61.
§ 113 Abs. 1 Satz 2 VwGO ist ein Fall der objektiven Klagehäufung und insofern spezieller als § 113 Abs. 4 und § 44 VwGO. Daher ist § 44 VwGO hier nicht zu prüfen. Die Anwendung des § 113 Abs. 1 Satz 2 VwGO führt dazu, dass auf Antrag die Leistungsklage an die Anfechtungsklage „angehängt" wird. Die Zulässigkeitsvoraussetzungen der Leistungsklage richten sich nach denen der Anfechtungsklage.

Einschlägig ist damit die Anfechtungsklage nach § 42 Abs. 1 Alt. 1 VwGO verbunden mit einer allgemeinen Leistungsklage.

III. Klagebefugnis

Die Notwendigkeit der Klagebefugnis ergibt sich für die Anfechtungsklage aus § 42 Abs. 2 VwGO. Danach muss der Kläger eine Rechtsverletzung behaupten und behaupten können. Die Klagebefugnis ist nur dann ausgeschlossen, wenn eine Rechtsverletzung des Klägers offensichtlich und nach jeder erdenklichen Betrachtungsweise ausscheidet. Dies ist vorliegend nicht der Fall. Angesichts des Umstandes, dass das Verkehrsschild zugeschneit war, ist es nicht von vornherein ausgeschlossen, dass die Abschleppmaßnahme unzulässig war.

A kann als Adressat des belastenden Bescheids geltend machen, möglicherweise in seinen Grundrechten, mangels einschlägiger Spezialgrundrechte namentlich dem Grundrecht aus Art. 2 Abs. 1 GG, verletzt zu sein. A ist hinsichtlich der Anfechtungsklage klagebefugt. Gleiches gilt für die Leistungsklage, die sich in ihren Zulässigkeitsvoraussetzungen nach der Anfechtungsklage richtet.

IV. Vorverfahren

Gemäß § 68 Abs. 1 Satz 2 Fall 1 VwGO i. V. m. § 110 Abs. 1 Satz 1 JustG NRW ist ein Widerspruchsverfahren nicht erforderlich, wenn der Verwaltungsakt während des Zeitraums vom 1. November 2007 bis zum 31. Dezember 2014 bekannt gegeben worden ist.

Der Kostenbescheid ist A im Januar 2014 bekanntgegeben worden, so dass das Widerspruchsverfahren entfällt.

V. Klagefrist

Die Erhebung der Anfechtungsklage muss gemäß § 74 Abs. 1 Satz 2 VwGO binnen Monatsfrist nach Bekanntgabe des Verwaltungsakts erfolgen. Mangels entgegenstehender Angaben im Sachverhalt ist davon auszugehen, dass A die Klagefrist einhalten kann.

VI. Klagegegner

Der Klagegegner einer Anfechtungsklage bestimmt sich nach § 78 Abs. 1 Nr. 1 VwGO. Richtiger Klagegegner ist danach die Stadt D als Rechtsträger der Ordnungsbehörde.

Auch für Leistungsklagen gilt im Grundsatz das Rechtsträgerprinzip,[327] so dass die Klage gegen die Stadt D zu richten ist.

VII. Beteiligten- und Prozessfähigkeit

A ist gemäß § 61 Nr. 1 VwGO beteiligten- und nach § 62 Abs. 1 Nr. 1 VwGO prozessfähig.

Die Stadt Dist nach § 61 Nr. 1, Fall 2 VwGO als juristische Person beteiligtenfähig. Für die Stadt D handelt gemäß § 62 Abs. 3 VwGO i. V. m. § 63 Abs. 1 Satz 1 GO NRW der Bürgermeister.

VIII. Allgemeines Rechtsschutzbedürfnis

Ein einfacheres und schnelleres Mittel, mit dem A sein Begehren erreichen könnte, ist nicht ersichtlich. Das allgemeine Rechtsschutzbedürfnis des A ist daher gegeben.

IX. Ergebnis

Sowohl die Anfechtungs- als auch die allgemeine Leistungsklage sind zulässig.

B. Begründetheit

I. Begründetheit der Anfechtungsklage (§ 113 Abs. 1 Satz 1 VwGO)

Die Anfechtungsklage wäre gemäß § 113 Abs. 1 Satz 1 VwGO begründet, wenn der Kostenbescheid rechtswidrig ist und A hierdurch in seinen Rechten verletzt wird.

1. Rechtswidrigkeit des Verwaltungsakts

Zu prüfen ist, ob der Verwaltungsakt rechtswidrig ist.[328] Dies wäre nicht der Fall, wenn er sich auf eine wirksame Ermächtigungsgrundlage stützen kann und die formellen und materiellen Rechtmäßigkeitsvoraussetzungen wahrt.

---

[327] Vgl. *Meissner*, in: Schoch/Schneider/Bier, Losebl. (Stand: April 2013), § 78 Rn. 48.

a) Ermächtigungsgrundlage für den Erlass des Kostenbescheids

Als Ermächtigungsgrundlage für den Erlass des Kostenbescheids durch die Ordnungsbehörde der Stadt D kommt § 77 Abs. 1 Satz 1 VwVG NRW i.V.m. § 11 Abs. 2 Satz 2 Nr. 7 oder 8 KostO NRW in Betracht. Als kostenverursachende Maßnahme könnte entweder eine Ersatzvornahme, eine Sicherstellung oder aber die Anwendung unmittelbaren Zwangs vorliegen.

Klausurtipp: Eine abschließende rechtliche Qualifizierung der einschlägigen Maßnahme ist bereits an dieser Stelle möglich, aber keineswegs erforderlich, vgl. unten c) aa). Soweit es um die kostenrechtliche Relevanz von Maßnahmen der Polizeibehörden geht, ist § 77 VwVG nicht unmittelbar anwendbar. Allerdings schlagen die wichtigsten Befugnisnormen des Polizeirechts eine eigenständige „Brücke" zu § 77 VwVG (vgl. etwa für die Sicherstellung § 46 Abs. 3 Satz 3 PolG NRW und für die Ersatzvornahme § 52 Abs. 1 Satz 2 PolG NRW).

b) Formelle Rechtmäßigkeit des Kostenbescheids

Ein Verwaltungsakt ist formell rechtmäßig, wenn er von der zuständigen Stelle in ordnungsgemäßem Verfahren und der entsprechenden Form erlassen wurde.

aa) Zuständigkeit

Zunächst müsste die zuständige Behörde gehandelt haben.

Gemäß § 77 Abs. 1 Satz 2 VwVG NRW ist für die Erhebung der Kosten grundsätzlich der Rechtsträger zuständig, dessen Behörde die Amtshandlung vorgenommen hat.

Die Amtshandlung, hier also die Abschleppmaßnahme, wurde vom Ordnungsamt der Stadt D als Teil der Behörde Oberbürgermeister durchgeführt. Damit ist diese Behörde auch für den Erlass des Kostenbescheides zuständig. Es hat damit die zuständige Behörde gehandelt.

bb) Handlungsformvorbehalt

Keine Bedenken bestehen dagegen, dass die Behörde ihren Anspruch in Form eines Verwaltungsaktes geltend macht. Dem sog. „Handlungsformvorbehalt" ist durch die subordinationsrechtliche Struktur des Ordnungs- und Vollstreckungsrechts Genüge getan.[329] Auch spricht der Wortlaut des § 77 VwVG deutlich für die Zulässigkeit einer einseitig-autoritativen Durchsetzung von Kostenansprüchen („werden erhoben").

cc) Verfahren und Form

Das Verfahren müsste ordnungsgemäß durchgeführt worden sein.

Gemäß § 28 Abs. 1 VwVfG NRW ist eine Anhörung erforderlich. Insbesondere liegt kein Ausnahmefall des § 28 Abs. 2 Nr. 5 VwVfG NRW vor, da es nicht um Vollstreckungsmaßnahmen, sondern um deren kostenrechtliche Abwicklung

---

[328] Vgl. zum Prüfungsaufbau ÖffR NRW, § 3 Rn. 262.

[329] Hierzu *Dietlein/Dünchheim,* Examinatorium Allgemeines Verwaltungsrecht, 3. Aufl. 2007, S. 118.

geht.[330] Ob eine solche Anhörung erfolgt ist, lässt der Sachverhalt nicht erkennen. Es entspricht den allgemeinen Regeln, in diesem Falle von einem ordnungsgemäß durchgeführten Anhörungsverfahren auszugehen.

Klausurtipp: Es dürfen keine Verfahrensfehler in einen Sachverhalt hineingelesen werden. Wenn über Rechtsbehelfsbelehrungen, Zustellungen oder Anhörungen im Sachverhalt nichts gesagt wird, ist davon auszugehen, dass die gesetzlichen Anforderungen erfüllt wurden. Auf die Möglichkeit der Heilung einer etwa unterbliebenen Anhörung nach § 45 Abs. 1 Nr. 3, Abs. 2 VwVfG NRW sollte daher allenfalls „beiläufig“ hingewiesen werden.

Im Übrigen bestehen keine Bedenken im Hinblick auf Verfahrens- und Formerfordernisse.

dd) Ergebnis

Der Kostenbescheid wurde formell rechtmäßig erlassen.

c) Materielle Rechtmäßigkeit des Kostenbescheids

Die materielle Rechtmäßigkeit des Kostenbescheids richtet sich nach § 77 Abs. 1 VwVG NRW. Danach dürfen nur für „Amtshandlungen nach diesem Gesetz“ Kosten erhoben werden. Entscheidende materielle Voraussetzung für den Erlass eines Kostenbescheides ist damit die „Gesetzmäßigkeit“ der Maßnahme, mithin deren Rechtmäßigkeit.[331] Ferner ist die Frage nach dem Kostenschuldner zu klären. Schließlich bedarf es zur Rechtmäßigkeit der Maßnahme der ordnungsgemäßen Ausübung des Ermessens, soweit dieses eingeräumt ist.

aa) Einordnung der Maßnahme

Um die einschlägige Ermächtigungsgrundlage zu ermitteln, muss zunächst festgestellt werden, welche Maßnahme sich rechtlich hinter der Abschleppmaßnahme verbirgt. Insoweit kommt zunächst eine Sicherstellung (§ 24 Nr. 13 OBG NRW i.V.m. § 43 PolG NRW), aber auch eine Ersatzvornahme (§ 59 VwVG NRW) oder die Anwendung unmittelbaren Zwangs (§ 62 VwVG NRW) in Betracht.

Die Sicherstellung richtet sich auf die Begründung hoheitlichen Gewahrsams an einer Sache. Gegen die Deutung der Abschleppmaßnahme als Sicherstellung spricht, dass es den Beamten gerade nicht darum ging, ein Verwahrungsverhältnis[332] (s. § 24 Nr. 13 OBG NRW i.V.m. § 44 PolG NRW) über das Auto zu begründen, sondern allein darum, den unterstellten Parkverstoß zu beseitigen. Die Ersatzvornahme hat die Durchsetzung einer „vertretbaren Handlung“ des Pflichtigen durch die Behörde zum Inhalt. Gegen eine Ersatzvornahme könnte hier womöglich sprechen, dass die von A geschuldete Handlung in einem „Wegfahren“ des Fahrzeugs aus dem Halteverbotsbereich lag, nicht aber in einem

---

330 ÖffR NRW, § 3 Rn. 259.

331 St. Rspr., vgl. zuletzt OVG NRW, DVBl. 2008, 803 (804); s. ÖffR NRW, § 3 Rn. 260.

332 Kritisch zur Inverwahrungnahme als Folge der Sicherstellung: *Heusch*, in: Schönenbroicher/Heusch, Ordnungsbehördengesetz Nordrhein-Westfalen, 1. Aufl. 2014, § 24 Rn. 45.

„Wegschleppen". Die Abschleppmaßnahme setzte damit u.U. eine andere Handlung durch als die von A geschuldete. Folgte man dieser Sichtweise[333], müsste die Abschleppmaßnahme konsequenterweise als Anwendung unmittelbaren Zwangs gedeutet werden. Der unmittelbare Zwang als ultima ratio muss hier aber gar nicht herangezogen werden, wenn man die geschuldete Handlung nicht eng auf ein „Wegfahren" begrenzt, sondern schlicht im Sinne einer Pflicht zur Entfernung des Fahrzeuges aus der Parkverbotszone deutet. In diesem Falle hätte die Ordnungsbehörde in der Tat stellvertretend die dem A obliegende Handlung durchgeführt. Die letztgenannte Auslegung erscheint vorzugswürdig.

Klausurtipp: Hinsichtlich der dogmatischen Einordnung behördlicher Abschleppmaßnahmen gibt es keine eindeutige Lösung; vielmehr wäre jede der angesprochenen Varianten mit entsprechender Begründung vertretbar (vgl. zu der Problematik ÖffR NRW, § 3 Rn. 199, 245). Die Einordnung als unmittelbarer Zwang wäre jedoch für die weitere Bearbeitung problematisch, weil dann jedenfalls bei polizeilichem Handeln ein Zugriff auf § 77 VwVG ausgeschlossen wäre (str.). Daher ist es „klausurtaktisch" angezeigt, hier von einer Ersatzvornahme auszugehen.

Von dieser Betrachtungsweise ausgehend stellt sich die Maßnahme als Ersatzvornahme des geschuldeten Wegfahrens dar.

bb) Ersatzvornahme im „gestuften Verfahren"

Es könnte sich zunächst um eine Ersatzvornahme im „gestuften Verfahren" handeln.

Vertiefung: Beachten Sie das Schema zum Aufbau von Klausuren für das gestufte Verfahren ÖffR NRW, § 3 Rn. 253. Vertiefende Hinweise zu den Grundlagen des Verwaltungszwangs finden Sie in ÖffR NRW, § 3 Rn. 238 ff.

(1) Ermächtigungsgrundlage. Als Ermächtigungsgrundlage kommt somit § 59 Abs. 1 i.V.m. § 55 Abs. 1 VwVG NRW (Ersatzvornahme im „gestuften Verfahren") in Betracht.

(2) Formelle Rechtmäßigkeit. (a) Zuständigkeit. Die Handlung müsste durch die zuständige Behörde vorgenommen worden sein. Nach der allgemeinen Zuständigkeitsregel des § 56 Abs. 1 VwVG NRW wird ein Verwaltungsakt von der Behörde vollzogen, die ihn erlassen hat. Das Verkehrsschild wurde vom Straßenverkehrsamt der Stadt D aufgestellt, welches ebenfalls ein unselbstständiger Teil der Behörde des Oberbürgermeisters ist. Sieht man in dem Schild einen vollstreckungsfähigen Verwaltungsakt (hierzu unten B I 1c bb 3a), hat die zuständige Behörde gehandelt.

(b) Anhörung. Die Pflicht zur Anhörung nach § 28 Abs. 1 VwVfG NRW gilt nur für belastende Verwaltungsakte. Fraglich ist, ob das Abschleppen einen Verwal-

---

[333] So z. B. *Klenke,* NWVBl. 1994, 288 (288 f.).

tungsakt oder einen Realakt darstellt. Insoweit kommt es auf das Vorliegen eines Regelungscharakters gemäß § 35 Satz 1 VwVfG NRW an. Möglicherweise ist mit dem Abschleppen die Verpflichtung verbunden, den Vorgang zu dulden, so dass ein Verwaltungsakt vorläge.

Vorzugswürdig erscheint allerdings die Ansicht, dass die Ersatzvornahme lediglich ein tatsächliches Handeln ohne Setzung einer Rechtsfolge und mithin einen Realakt darstellt. Mangels Verwaltungsaktsqualität der Maßnahme besteht ein Anhörungserfordernis somit nicht.

Klausurtipp: Wer von einem Verwaltungsakt ausgeht, wird über § 28 Abs. 2 Nr. 5 VwVfG NRW zur Entbehrlichkeit der Anhörung gelangen.

(c) Androhung (§ 63 VwVG NRW). Gemäß § 63 Abs. 1 Satz 1 VwVG NRW grundsätzlich erforderlich ist die Androhung von Vollstreckungsmaßnahmen. Diese ist hier nicht erfolgt. Allerdings kann von der Androhung abgesehen werden, wenn die Umstände des Falles eine solche nicht zulassen, § 63 Abs. 1 Satz 5 VwVG. Hier war A für die Ordnungsbehörde nicht ohne Weiteres erreichbar, so dass von der Androhung abgesehen werden konnte.

(d) Festsetzung (§ 64 VwVG NRW). Unabdingbar im „gestuften Verfahren“ ist die gesonderte Festsetzung des Zwangsmittels gegenüber dem Vollstreckungsschuldner, § 64 Satz 1 VwVG NRW. Diese ist hier schon wegen der Abwesenheit des A nicht erfolgt. Es fehlt somit an einer formellen Rechtmäßigkeitsvoraussetzung.

Klausurtipp: Die im Rahmen der formellen Rechtmäßigkeit geprüften Anforderungen gemäß §§ 63f. VwVG NRW werden teilweise als materielle Vollstreckungsvoraussetzungen gedeutet. Richtigerweise sind sie aber verfahrensrechtlicher Art und daher bereits im Rahmen der formellen Rechtmäßigkeit zu prüfen.

(e) Zwischenergebnis. Die Ersatzvornahme im gestuften Verfahren ist formell rechtswidrig.

(3) Materielle Rechtmäßigkeit. Ungeachtet des Fehlens der formellen Rechtmäßigkeitsvoraussetzungen ist weiter zu prüfen, ob einer Rechtfertigung der Maßnahme als Ersatzvornahme im gestuften Verfahren womöglich auch materiellrechtliche Aspekte entgegen stehen.

Klausurtipp: Die gutachterliche Prüfung verlangt grundsätzlich die Erörterung aller formellen und materiellen Aspekte der Fallprüfung. Die Feststellung der formellen Rechtswidrigkeit einer Maßnahme wäre insoweit kein Grund, die Prüfung sogleich abzubrechen. Die Widrigkeiten scheinbar überflüssiger Schreibarbeit wird in aller Regel – so auch hier – durch die Möglichkeit späterer (Rück-)Verweisungen kompensiert!

(a) Vorliegen eines wirksamen Verwaltungsakts. Nach § 55 Abs. 1 VwVG NRW müsste zunächst ein wirksamer Verwaltungsakt vorliegen. So könnte das Ver-

kehrszeichen als Verwaltungsakt i.S.d. § 35 VwVfG NRW anzusehen sein. In Betracht kommt die Einordnung als Allgemeinverfügung gemäß § 35 Satz 2 VwVfG NRW. Das Verkehrsschild regelt die konkrete Situation des Haltens und Parkens eines Fahrzeugs in dem angegebenen Bereich. Diese Regelung richtet sich an alle Fahrzeugführer und damit an einen bestimmten Adressatenkreis. Es liegt eine konkret-generelle Regelung und damit eine Allgemeinverfügung vor. Das Halteverbotsschild stellt einen Verwaltungsakt dar.

Klausurtipp: Frühere Deutungen von Verkehrszeichen als Rechtsverordnungen können heute als endgültig überwunden angesehen werden und bedürfen zumindest in einer Klausur keiner Diskussion mehr.

Zu überlegen bleibt allenfalls, ob das Verkehrsschild infolge des Zuschneiens seine Wirksamkeit verloren hat. Teilweise wird die Auffassung vertreten, dass ein Verkehrszeichen keine wirksame Anordnung mehr enthält, wenn es in solcher Weise mit Schnee bedeckt ist, dass sein Inhalt nicht mehr erkennbar ist.[334] Dagegen spricht aber, dass ein Verwaltungsakt gemäß § 43 Abs. 2 VwVfG NRW wirksam bleibt, solange er nicht aufgehoben oder erledigt ist. Da das Verkehrszeichen hier ohne Mitwirkung der Behörde unkenntlich geworden ist und die Unkenntlichkeit zudem auch nur vorübergehender Natur ist, liegt weder Aufhebung noch Erledigung vor. Das Verkehrszeichen ist damit auch im eingeschneiten Zustand wirksam.

Klausurtipp: Die Frage, ob die Unkenntlichkeit des Verkehrszeichens ein Vollstreckungshindernis darstellt, betrifft in dogmatischer Hinsicht im gestuften Verfahren das Vorliegen eines durchsetzbaren Grundverwaltungsakts bzw. im Sofortvollzug das Vorliegen einer Gefahr für die öffentliche Sicherheit (ÖffR NRW, § 3 Rn. 257). Weiterhin ist diese Frage bei der Verhältnismäßigkeit der Kostenerhebung zu berücksichtigen.

(b) Verfügungscharakter des Verwaltungsakts. Gemäß § 55 Abs. 1 VwVG NRW müsste der Grundverwaltungsakt auf die Vornahme einer Handlung oder auf Duldung oder Unterlassung gerichtet sein, wobei im Wege der Ersatzvornahme lediglich ein „Tun" durchgesetzt werden kann. Das Verkehrszeichen enthält neben dem Verbot des Haltens auch das Gebot des Wegfahrens, mithin die Verpflichtung zur Vornahme einer Handlung.[335]

(c) Unanfechtbarkeit oder sofortige Vollziehbarkeit des Verwaltungsakts. Der Verwaltungsakt müsste weiterhin unanfechtbar sein oder Rechtsmittel dürften keine aufschiebende Wirkung haben.

Ob das Verkehrszeichen bereits bestandskräftig ist, geht aus dem Sachverhalt nicht hervor. In jedem Fall sind Verkehrszeichen nach h.M. analog § 80 Abs. 2

---

[334] BayObLG, NJW 1984, 2110.

[335] S. BVerwG, NJW 1978, 656 (657); a.A. *Hansen/Meyer,* NJW 1998, 284 (285f.); vgl. auch *Remmert,* NVwZ 2000, 642 (643f.).

Satz 1 Nr. 2 VwGO wie unaufschiebbare Anordnungen und Maßnahmen von Polizeivollzugsbeamten sofort vollziehbar.[336]

(d) Unkenntlichkeit als Vollstreckungshindernis? Zu prüfen bleibt immerhin, ob die Unkenntlichkeit des Verkehrszeichens als (ungeschriebenes) vorübergehendes Vollstreckungshindernis einzustufen ist mit der Folge, dass Vollstreckungsmaßnahmen nicht hätten getroffen werden dürfen. Entsprechende Überlegungen können dort greifen, wo der Betroffene keine Möglichkeit hat, den Regelungsgehalt einer Verfügung zur Kenntnis zu nehmen, was etwa bei einem kompletten Verrosten von Verkehrsschildern der Fall ist. Vorliegend hätte A den Schnee – wie später auch geschehen – durch einen leichten Stoß beseitigen und sich vom Inhalt der Verfügung Kenntnis verschaffen können. Eine entsprechende Maßnahme war ihm im stehenden Verkehr auch zuzumuten. Von einem (ungeschriebenen) Vollstreckungshindernis kann daher nicht ausgegangen werden.

(e) Rechtmäßigkeit des Verwaltungsakts. Umstritten ist, ob die Rechtmäßigkeit des Grundverwaltungsakts als ungeschriebene Tatbestandsvoraussetzung in die Ermächtigungsgrundlage des § 55 Abs. 1 VwVG NRW „hineinzulesen“ ist.[337] Eine Streitlösung ist nach den allgemeinen Grundsätzen des Gutachtenaufbaus dann erforderlich, wenn die beiden Meinungen zu unterschiedlichen Ergebnissen kommen. Dies wäre vorliegend nur dann der Fall, wenn der Verwaltungsakt rechtswidrig wäre. Für die Annahme der Rechtswidrigkeit des Verkehrsschildes gibt es keine Anhaltspunkte. Das Verkehrszeichen wurde auf der Grundlage des § 45 Abs. 1 Satz 1 StVO erlassen. Dessen Tatbestandsvoraussetzungen liegen vor. Ermessensfehler sind nicht ersichtlich. Die Aufstellung des Schildes war rechtmäßig. Daher kann der Streit hier dahinstehen.

(f) Nichtbefolgung der Verfügung. Indem A sein Auto im absoluten Halteverbot geparkt hat, hat er gegen die im Verkehrsschild enthaltenen Anordnungen verstoßen.

(g) Fehlerfreie Ermessensausübung. Auf Rechtsfolgenseite bleibt allein zu untersuchen, ob die Behörde ihr durch § 55 Abs. 1 VwVG NRW eingeräumtes Ermessen ordnungsgemäß ausgeübt hat.

Die Ersatzvornahme war zur Durchsetzung des absoluten Halteverbots sowie zur Räumung der Bewegungszone der Feuerwehr geeignet, erforderlich und angemessen.

(4) Zwischenergebnis. In materieller Hinsicht stünden der Ersatzvornahme im „gestuften Verfahren“ gemäß § 59 Abs. 1 i. V. m. § 55 Abs. 1 VwVG NRW keine Bedenken entgegen. Eine derartige Maßnahme bleibe indes wegen fehlender Festsetzung rechtswidrig. Auch § 46 VwVfG NRW führt insoweit nicht zu einem anderen Ergebnis. Diese Vorschrift regelt zunächst ohnehin nur die „Aufhebbarkeit“ des Verwaltungsakts, nicht aber die Rechtmäßigkeit der Amtshandlung i. S. d. § 77 Abs. 1 Satz 1 VwVG NRW. Überdies dürfte das Festsetzungserfordernis des § 64 Satz 1 VwVG NRW einschließlich des in Satz 2 vorgesehenen Dispenses als lex specialis gegenüber § 46 VwVfG NRW anzusehen sein.

---

[336] Zu Recht krit. gegenüber dieser Analogie *Schoch,* in: Schoch/Schneider/Bier, VwGO, Losebl. (Stand: April 2013), § 80 Rn. 146–152, bes. 150.

[337] Hierzu ÖffR NRW, § 3 Rn. 252.

Schließlich fehlt auch die Voraussetzung des § 46 VwVfG NRW, dass der formelle Fehler die Entscheidung in der Sache offensichtlich nicht beeinflusst hat. Denn im Falle einer Festsetzung hätte sich A womöglich der Wegfahranordnung gebeugt.

cc) Ersatzvornahme im Sofortvollzug

Möglicherweise konnte die Behörde aber im Wege der Ersatzvornahme im sofortigen Vollzug vorgehen.

Vertiefung: Beachten Sie das Schema zum Aufbau von Klausuren für die Verwaltungsvollstreckung im Sofortvollzug in ÖffR NRW, § 3 Rn. 255.

(1) Ermächtigungsgrundlage. Als Ermächtigungsgrundlage dafür kommt § 59 Abs. 1 i.V.m. § 55 Abs. 2 VwVG NRW in Betracht.

(2) Formelle Rechtmäßigkeit. Die Ausführungen zu Zuständigkeit und Anhörung im gestuften Verfahren sind hier gleichermaßen zutreffend. Die Androhung ist beim Sofortvollzug gemäß § 63 Abs. 1 Satz 5 VwVG NRW entbehrlich. Im Unterschied zum gestuften Verfahren findet die Festsetzung beim Sofortvollzug gemäß § 64 Satz 2 VwVG NRW nicht statt.

Eine Ersatzvornahme im sofortigen Vollzug war demnach formell rechtmäßig.

(3) Materielle Rechtmäßigkeit. (a) Fehlen einer Grundverfügung. § 55 Abs. 2 VwVG NRW betrifft den Fall der Vollziehung ohne vorausgehenden Verwaltungsakt. Die Norm findet damit unmittelbare Anwendung nur auf Fälle, in denen ein vollziehbarer Grundverwaltungsakt nicht vorliegt. Ein solcher liegt hier allerdings in Gestalt des Verkehrsschildes vor. Damit fehlt es an einer tatbestandlichen Voraussetzung für die Anwendung des § 55 Abs. 2 VwVG NRW.

Klausurtipp: Auch hier sollten im Rahmen eines Gutachtens die weiteren Rechtmäßigkeitsvoraussetzungen geprüft werden. Insbesondere wird darauf später zurückzukommen sein.

(b) Vorliegen einer „gegenwärtigen Gefahr". Ungeachtet des in § 55 Abs. 2 VwVG nicht vorgesehenen Vorliegens eines Grundverwaltungsaktes bleibt weiter zu prüfen, ob die gem. § 55 Abs. 2 VwVG NRW erforderliche gegenwärtige Gefahr gegeben ist. Das Parken im absoluten Halteverbot stellt eine bereits eingetretene und andauernde Verletzung von § 41 Abs. 2 Nr. 8 StVO dar. Außerdem ist die Bewegungszone der Feuerwehr betroffen. Damit liegt eine gegenwärtige Gefahr vor.

(c) Erforderlichkeit des sofortigen Vollzugs zur Gefahrenabwehr. Zur Abwehr der Verletzung von § 41 Abs. 2 Nr. 8 StVO und zur Räumung der Bewegungszone der Feuerwehr kommt als mildere Maßnahme in Betracht, dass die Ordnungsbehörde den Aufenthaltsort von A ermittelt und diesen zum Wegfahren seines Fahrzeugs angewiesen hätte. Ein solches Vorgehen ist allerdings nicht gleichermaßen effektiv wie der Sofortvollzug, der somit als erforderlich anzusehen ist.

(d) Handeln im Rahmen der Befugnisse. Die Behörde müsste gemäß § 55 Abs. 2 VwVG NRW innerhalb ihrer Befugnisse gehandelt haben. Demnach ist zu prüfen, ob ein fiktiver Grundverwaltungsakt hätte erlassen werden können, der die Vollstreckungsmaßnahme tragen würde. Inhalt einer hypothetischen Grundverfügung wäre die Anordnung, das Fahrzeug aus dem absoluten Halteverbot wegzufahren. Eine derartige Maßnahme liegt im Rahmen der Zuständigkeit der Ordnungsbehörde für die Überwachung des ruhenden Straßenverkehrs gemäß § 48 Abs. 3 Satz 1 OBG. Rechtsgrundlage für die Anordnung ist die ordnungsbehördliche Generalklausel in § 14 Abs. 1 OBG NRW[338]. Der Parkverstoß stellt nach hier vertretener Auffassung trotz der Unkenntlichkeit des Verkehrszeichens eine Gefahr für die öffentliche Sicherheit dar (vgl. dazu oben B I 1c bb 3a). Die Anordnung, das Auto wegzufahren, wäre im Übrigen auch verhältnismäßig und ansonsten ermessensfehlerfrei. Damit hat das Ordnungsamt innerhalb seiner Befugnisse gehandelt.

(e) Ordnungsgemäße Ermessensausübung hinsichtlich des Zwangsmittels. Auf Rechtsfolgenseite ist zu prüfen, ob die Behörde ihr durch § 55 Abs. 2 VwVG NRW eingeräumtes Ermessen ordnungsgemäß ausgeübt hat. Wie bereits zum gestuften Verfahren ausgeführt, war die Ersatzvornahme zur Durchsetzung des absoluten Halteverbots sowie zur Räumung der Bewegungszone der Feuerwehr geeignet, erforderlich und angemessen.

(4) Zwischenergebnis. Die Ersatzvornahme im Sofortvollzug gemäß § 59 Abs. 1 i.V.m. § 55 Abs. 2 VwVG NRW scheitert – allein – an dem Umstand, dass mit dem Verkehrsschild ein wirksamer und sofort vollziehbarer (Grund-)Verwaltungsakt vorlag.

dd) Ersatzvornahme im „abgekürzten Verfahren“

Die vollstreckungsrechtlichen Eingriffsermächtigungen des VwVG NRW laufen – wie dargestellt – im vorliegenden Fall bei formaler Betrachtung deshalb leer, weil die durchgesetzte Wegfahranordnung bereits in einem Grundverwaltungsakt, nämlich dem Verkehrsschild, konkretisiert war. Wenn allerdings § 55 Abs. 2 VwVG NRW schon die Vollstreckung ohne vorausgehenden Verwaltungsakt erlaubt, dann muss diese erst recht erlaubt sein, wenn ein wirksamer Verwaltungsakt vorausgeht (arg. amaiore ad minus – Erst-recht-Schluss). Ansonsten würde aus dem vorausgehenden Verwaltungsakt in der Sache eine Beschränkung der behördlichen Befugnisse resultieren. Folglich kann das Verkehrsschild als Verwaltungsakt einem Vorgehen nach § 55 Abs. 2 VwVG NRW nicht entgegenstehen.[339]

Klausurtipp: Für die weitere Prüfung wird teilweise vorgeschlagen, im Rahmen der Anwendung des Sofortvollzugs gemäß § 55 Abs. 2 VwVG NRW das Bestehen der Grundverfügung schlicht zu ignorieren und hier die Rechtmäßigkeit einer hypothetischen Grundverfügung zu prüfen. Entsprechend der obigen Ausführungen zum Sofortvollzug wäre die Ersatzvornahme dann rechtmäßig. Vorzugswürdig erscheint allerdings die Idee einer

---

[338] Vgl. hierzu i.E. *Schönenbroicher*, in: Schönenbroicher/Heusch, Ordnungsbehördengesetz Nordrhein-Westfalen, 1. Aufl. 2014, § 14.

[339] Vgl. ÖffR NRW, § 3 Rn. 256.

„integrierten“ Berücksichtigung des Grundverwaltungsaktes im Rahmen der Anwendung von § 55 Abs. 2 VwVG NRW. Danach wird im Sofortvollzug nicht etwa die Vollstreckung eines hypothetischen Grundverwaltungsakts geprüft, vielmehr wird insofern auf den bestehenden, vorausgehenden Verwaltungsakt abgestellt. Im Verhältnis zum gestuften Verfahren nach § 55 Abs. 1 VwVG NRW ergibt sich damit für das sog. abgekürzte Verfahren die Verzichtbarkeit auf das Erfordernis einer Festsetzung.

(1) Ermächtigungsgrundlage. Ermächtigungsgrundlage für die Ersatzvornahme ist somit § 59 Abs. 1 i.V.m. § 55 Abs. 2 VwVG NRW.

(2) Formelle Rechtmäßigkeit. Die formellen Voraussetzungen für das abgestufte Verfahren entsprechen jenen des sofortigen Vollzuges und liegen damit – wie oben dargestellt – vor.

(3) Materielle Rechtmäßigkeit. Was die materielle Rechtmäßigkeit angeht, kann auf die Darlegungen zu § 55 Abs. 2 verwiesen werden. Die Voraussetzung eines behördlichen Handelns im Rahmen der Befugnisse wird hierbei durch das Vorliegen eines (rechtmäßigen) Grundverwaltungsaktes substituiert. Das Fehlen eines Grundverwaltungsaktes ist a maiore ad minus nicht erforderlich.

(4) Zwischenergebnis. Die Ersatzvornahme im abgekürzten Verfahren ist damit insgesamt rechtmäßig.

ee) Kostenschuldner

Gemäß § 77 Abs. 1 Satz 1 VwVG NRW ist Kostenschuldner der Pflichtige. A ist somit richtiger Adressat des Kostenbescheides.

ff) Ermessensprüfung

Auf Rechtsfolgenseite ordnet § 77 Abs. 1 Satz 1 VwVG NRW lediglich an, dass „Kosten erhoben“ werden. Dem Wortlaut nach wird der Behörde damit kein Ermessen eingeräumt. Allerdings dürfte sich aus der kostenrechtlichen Verordnungsermächtigung gemäß § 77 Abs. 2 und 4 S. 2 VwVG NRW die Zulässigkeit von Ermessensspielräumen nach Maßgabe der KostO NRW ergeben. Entsprechende Ermessensentscheidungen sieht die KostO NRW namentlich in § 14 Abs. 2 vor. Danach kann die Vollzugsbehörde auf die Erhebung von Kosten unter anderem dann verzichten, wenn die Beitreibung der Kosten für den Schuldner eine unbillige Härte bedeuten werde. Diese Ermessensanordnung ist zugunsten des Bürgers analogiefähig, so dass im Grundsatz die Verhältnismäßigkeit der Kostenerhebung zu überprüfen ist.[340]

Im vorliegenden Fall war die Erhebung der Kosten zum Ausgleich der Auslagen der Behörde geeignet und erforderlich. Fraglich ist allerdings, ob die Kostenbelastung angesichts der Unkenntlichkeit des Verkehrszeichens auch zumutbar war. Hier ist zu berücksichtigen, dass an die Sichtbarkeit von Verkehrszeichen, die den ruhenden Verkehr betreffen, niedrigere Anforderungen zu stellen sind. Denn einen Verkehrsteilnehmer, der sein Fahrzeug abstellt, treffen besondere Sorgfalts- und Informationspflichten hinsichtlich der Beschilderung: Er ist grundsätzlich

---

[340] Vgl. ÖffR NRW, § 3 Rn. 261; s. auch BVerwG, NJW 1997, 1021 (1022); a. A. noch OVG Münster, NVwZ-RR 1996, 59 (59f.).

verpflichtet, sich über etwaige Halteverbotsschilder zu informieren.[341] Hier konnte das Verkehrszeichen durch einen leichten Stoß gegen das Schild freigelegt werden. Somit war die Kostenbelastung für A zumutbar.

2. Zwischenergebnis

Der Kostenbescheid ist damit rechtmäßig.

II. Ergebnis

Sowohl die Anfechtungsklage als auch die Leistungsklage wären zulässig, aber unbegründet. Das gerichtliche Verfahren hätte keinen Erfolg.

---

[341] Vgl. OVG Münster, NJW 1998, 331; dazu ÖffR NRW, § 3 Rn. 257.

13. Klausur: „Anti-Atom-Demo" *

Sachverhalt

Aus Protest gegen die geplanten Castor-Transporte in das Zwischenlager auf dem Gebiet der nordrhein-westfälischen kreisfreien Stadt L ruft eine „Vereinigung gegen Atomkraft" durch ihren Vorsitzenden A als Versammlungsleiter im Mai 2014 zu einer Großkundgebung in der Nähe des Zwischenlagers auf. Bei der Veranstaltung soll dem zuständigen Bundesminister in symbolischer Weise „der Prozess gemacht" und dieser wegen Verbrechen gegen die Natur und die Menschheit zu lebenslanger Haft verurteilt werden. Nach Anmeldung der Versammlung durch A erteilt das zuständige Polizeipräsidium wenige Tage vor der Veranstaltung die Auflage, den geplanten „Prozess" sowie jegliche Verunglimpfung des Bundesministers zu unterlassen.

Aufgrund zu erwartender gewalttätiger Ausschreitungen sollen am Veranstaltungstag die Autos der anreisenden Demonstranten stichprobenartig auf Waffen und Schutzwaffen durchsucht werden. Dies geschieht an einer Kontrollstelle, die das Polizeipräsidium zu diesem Zweck mit Zustimmung des Innenministeriums auf der Zufahrtsstraße zu dem Gelände errichtet hat. Auch B muss die Durchsuchung seines Fahrzeugs dulden.

Während der insgesamt friedlich verlaufenden Demonstration entrollen C und D ein Transparent, auf dem der zuständige Bundesminister als „Verbrecher" bezeichnet wird. Die zuständigen Polizeibeamten versuchen zunächst, den Konflikt friedlich zu lösen. Doch nachdem C und D trotz mehrfacher Aufforderung nicht bereit sind, das Transparent einzurollen, nehmen die Polizisten dieses kurzerhand an sich. Daraufhin gehen C und D dazu über, die auf dem Transparent abgedruckten Parolen in die Menge zu gröhlen. Um weitere Störungen zu vermeiden, schließen die Polizisten C und D von der Versammlung aus und führen sie ab, ohne deren Reaktion abzuwarten. Erst nach Abschluss der Demonstration werden beide wieder auf freien Fuß gesetzt.

A, B, C und D halten die gegen sie gerichteten Maßnahmen für rechtswidrig und erwägen eine Klage.

Hätten etwaige Klagen Aussicht auf Erfolg?

Gliederung

A. Zulässigkeit
- I. Eröffnung des Verwaltungsrechtwegs
  Prüfe: Gefahrenabwehr vs. Strafverfolgung
- II. Statthafte Klageart
  1. Anfechtungsklage
     Prüfe: Rechtscharakter „Auflage"; sonstige Maßnahmen erledigt
  2. Fortsetzungsfeststellungsklage
- III. Klagebefugnis

IV. Qualifiziertes Feststellungsinteresse
V. Vorverfahren
VI. Klagegegner
VII. Beteiligten- und Prozessfähigkeit
VIII. Klagefrist
IX. Zwischenergebnis

B. Begründetheit
I. Auflage der Versammlungsbehörde gegenüber A
1. Ermächtigungsgrundlage
2. Formelle Rechtmäßigkeit
3. Materielle Rechtmäßigkeit
a) Tatbestandsvoraussetzung des § 15 Abs. 1 VersG
b) Adressatenfrage
c) Ermessen
4. Zwischenergebnis
II. Durchsuchung des Fahrzeugs des B
1. Ermächtigungsgrundlage
Prüfe: Anwendbarkeit PolG NRW bei Vorfeldmaßnahme
2. Formelle Rechtmäßigkeit
3. Materielle Rechtmäßigkeit
a) Tatbestandsvoraussetzungen des § 40 Abs. 1 Nr. 6 i. V. m. § 12 Abs. 1 Nr. 4 PolG NRW
b) Adressatenfrage
c) Ermessen
4. Zwischenergebnis
III. Sicherstellung des Transparents
1. Ermächtigungsgrundlage
Prüfe: „Polizeifestigkeit“ des Versammlungsrechts; „Minusmaßnahmen“
a) Versammlungsrechtliche Ermächtigungsgrundlage
b) Einschlägige polizeiliche Standardermächtigung
2. Formelle Rechtmäßigkeit
Prüfe: Sicherstellung nach § 43 oder § 50 PolG NRW
3. Materielle Rechtmäßigkeit
a) Tatbestandsvoraussetzungen des § 15 Abs. 3 VersG i. V. m. § 43 Nr. 1 PolG NRW
b) Adressatenfrage
c) Ermessen
4. Zwischenergebnis
IV. Ausschluss von C und D aus der Versammlung
1. Ermächtigungsgrundlage
2. Formelle Rechtmäßigkeit
3. Materielle Rechtmäßigkeit
a) Tatbestandsvoraussetzungen des § 18 Abs. 3 VersG
b) Adressatenfrage
c) Ermessen
4. Zwischenergebnis
V. Ingewahrsamnahme von C und D
1. Ermächtigungsgrundlage
2. Formelle Rechtmäßigkeit
3. Materielle Rechtmäßigkeit
4. Zwischenergebnis

C. Ergebnis

Lösungsvorschlag

Die Klagen haben Erfolg, wenn sie zulässig und begründet sind.

Hintergrund: Prozessual handelt es sich um vier selbstständige Klagen, die jeweils auch gesondert auf ihre Zulässigkeit und Begründetheit geprüft werden könnten. Im Folgenden soll aus Gründen der Übersichtlichkeit eine „integrierte" Prüfung zumindest der Zulässigkeit aller Klagen erfolgen.

A. Zulässigkeit

I. Eröffnung des Verwaltungsrechtswegs

Zunächst müsste der Verwaltungsrechtsweg eröffnet sein.

Eine aufdrängende Sonderzuweisung zu den Verwaltungsgerichten ist nicht ersichtlich. Der Verwaltungsrechtsweg könnte nach der Generalklausel des § 40 Abs. 1 Satz 1 VwGO eröffnet sein. Dann müssten öffentlich-rechtliche Streitigkeiten nichtverfassungsrechtlicher Art vorliegen. Eine Streitigkeit ist öffentlich-rechtlicher Art, wenn die streitentscheidende Norm eine solche des öffentlichen Rechts ist, also notwendig einen staatlichen Hoheitsträger in dieser Funktion berechtigt oder verpflichtet (modifizierte Subjektstheorie, „Sonderrechtslehre"). Bei der „Auflage" und der Durchsuchung handelt es sich um Maßnahmen nach dem VersG bzw. dem PolG NRW. Hinsichtlich der Wegnahme des Transparents und des Abführens von C und D könnte es sich hingegen auch um Maßnahmen nach der StPO handeln, gegen die der ordentliche Rechtsweg gegeben wäre, § 23 EG GVG. Indes erfolgte das Einschreiten der Polizei ausdrücklich zu dem Zweck, „weitere Störungen zu vermeiden". Auch diese Maßnahmen sind also der Gefahrenabwehr zuzuordnen und finden somit ihre Rechtsgrundlage ebenfalls im VersG oder im PolG NRW. Beide Normenkomplexe berechtigen speziell die Versammlungs- bzw. Polizeibehörden als Träger hoheitlicher Gewalt und sind damit dem öffentlichen Recht zuzuordnen. Somit liegen öffentlich-rechtliche Streitigkeiten vor. Die Streitigkeiten sind auch nichtverfassungsrechtlicher Art, da keine Verfassungsorgane über materielles Verfassungsrecht streiten.

Abdrängende Sonderzuweisungen sind nicht ersichtlich. Für sämtliche Klagen ist daher der Verwaltungsrechtsweg nach § 40 Abs. 1 Satz 1 VwGO eröffnet.

II. Statthafte Klageart

Die statthafte Klageart richtet sich nach dem jeweiligen Rechtsschutzziel bzw. dem klägerischen Begehren (vgl. § 88 VwGO).

1. Anfechtungsklage

Einschlägig könnte zunächst die Anfechtungsklage nach § 42 Abs. 1 VwGO sein. Denn A, B, C und D wenden sich gegen einseitig-autoritative Maßnahmen der Versammlungs- bzw. Polizeibehörden, die inhaltlich als Verwaltungsakte nach § 35 VwVfG zu deuten sind. Dies gilt zunächst für die sog. „Auflage“, die an die Adresse des A als dem Versammlungsleiter gerichtet wurde. Bei dieser „Auflage“ handelt es sich mangels eines vorgelagerten Hauptverwaltungsaktes nicht etwa um eine „Nebenbestimmung“ i.S.d. § 36 VwVfG, sondern um einen selbständigen Verwaltungsakt.[342] Insbesondere zielt die Anmeldung einer Versammlung nicht auf den Erlass einer behördlichen „Genehmigung“, der die Auflage als Nebenbestimmung beigefügt wäre. Versammlungen sind vielmehr genehmigungsfrei zulässig und bedürfen nach Maßgabe des VersG und unter Beachtung der verfassungsrechtlich gebotenen Einschränkungen für Spontan- und Eilversammlungen[343] lediglich einer vorherigen Anmeldung. Eine Einordnung als Verwaltungsakt ergibt sich auch für die Ingewahrsamnahme[344] sowie für die Durchsuchung und die Sicherstellung, die nicht bloß als „Realakt“ begriffen werden können.[345] Zu beachten bleibt freilich, dass sich die betreffenden Maßnahmen der Versammlungs- bzw. Polizeibehörden spätestens mit Ablauf der Demonstration erledigt haben und damit unwirksam geworden sind (§ 43 Abs. 2 VwVfG). So liegt eine Erledigung vor, wenn ein Verwaltungsakt in keinerlei Hinsicht mehr – namentlich auch nicht in kostenrechtlicher Hinsicht – Rechtsfolgen zeitigt. Von einer derartigen Situation ist hier auszugehen. Eine Anfechtungsklage gegen erledigte und damit unwirksame Verwaltungsakte ist nicht möglich.

2. Fortsetzungsfeststellungsklage

In Betracht kommt daher allenfalls eine Fortsetzungsfeststellungsklage nach § 113 Abs. 1 Satz 4 VwGO. Problematisch ist jedoch, dass der Wortlaut des § 113 Abs. 1 Satz 4 VwGO den hier vorliegenden Fall einer Erledigung des Verwaltungsaktes vor Klageerhebung nicht erfasst. Mit Blick auf die Rechtsschutzgarantie des Art. 19 Abs. 4 GG besteht freilich Einigkeit dahingehend, dass in analoger Anwendung des § 113 Abs. 1 Satz 4 VwGO eine Fortsetzungsfeststellungsklage gleichwohl auch dann erhoben werden kann, wenn die Anfechtungsklage zum Zeitpunkt der Erledigung des Verwaltungsakts noch nicht erhoben war. Ansonsten läge offenkundig eine ungewollte Rechtsschutzlücke vor, die mit Art. 19 Abs. 4 GG nicht vereinbar wäre.

Statthafte Klageart ist damit die Fortsetzungsfeststellungsklage nach § 113 Abs. 1 Satz 4 VwGO analog.

Vertiefung: Vergegenwärtigen Sie sich die vier Konstellationen, in denen eine Fortsetzungsfeststellungsklage möglich ist (hierzu ÖffR NRW, § 5 Rn. 12), nämlich:
- Der Verwaltungsakt hat sich nach Erhebung der Anfechtungsklage, aber vor dem Urteilsausspruch erledigt.
- Zur Zeit der Erledigung war die Anfechtungsklage noch nicht erhoben.

---

342 *Dietel/Gintzel/Kniesel*, VersG, 16. Aufl. 2011, § 15 Rn. 43.
343 ÖffR NRW, § 3 Rn. 229.
344 Hierzu ÖffR NRW, § 3 Rn. 171.
345 Vgl. OVG Münster, NVwZ 1982, 46: Fortsetzungsfeststellungsklage.

- Das im Rahmen einer Verpflichtungsklage ursprüngliche Klagebegehren auf Erlass eines Verwaltungsaktes hat sich nach Klageerhebung, aber vor dem Urteilsausspruch erledigt.
- Zur Zeit der Erledigung war die Verpflichtungsklage noch nicht erhoben.

III. Klagebefugnis

Auch im Rahmen der Fortsetzungsfeststellungsklage analog § 113 Abs. 1 Satz 4 VwGO ist in entsprechender Anwendung des § 42 Abs. 2 VwGO eine Klagebefugnis erforderlich, da auch in diesen Fällen Popularklagen vermieden werden sollen. Der Kläger muss geltend machen und geltend machen können, durch den erledigten Verwaltungsakt möglicherweise in subjektiven Rechten verletzt worden zu sein. Eine Klagebefugnis entfällt nach den herabgesetzten Anforderungen der „Möglichkeitstheorie" dann, wenn eine Rechtsverletzung von vornherein und nach jeder erdenklichen Betrachtungsweise ausscheidet. Für den vorliegenden Sachverhalt wird man eine Klagebefugnis bei allen potentiellen Klägern bejahen müssen. Als Adressaten versammlungs- bzw. polizeirechtlicher Verfügungen sind sie möglicherweise in ihren Grundrechten aus Abs. 8 Abs. 1, Art. 5 Abs. 1 Satz 1 oder Art. 2 Abs. 1 GG verletzt worden.

Eine Klagebefugnis von A, B, C und D gem. § 42 Abs. 2 VwGO analog ist gegeben.

IV. Qualifiziertes Feststellungsinteresse

Die Fortsetzungsfeststellungsklage bedarf in analoger Anwendung des § 113 Abs. 1 Satz 4 VwGO eines besonderen, „qualifizierten" Feststellungsinteresses. Dieses Feststellungsinteresse deckt sich in seiner Zielrichtung nicht mit den Anforderungen an die Klagebefugnis, da auch bei einer nicht auszuschließenden Rechtsverletzung durch den erledigten Verwaltungsakt ein berechtigtes Interesse an der nachträglichen Feststellung der Rechtswidrigkeit des Verwaltungsaktes fehlen kann.

Für die nach Eintritt der Erledigung des Verwaltungsaktes erhobene Fortsetzungsfeststellungsklage wird ein besonderes Feststellungsinteresse namentlich dann bejaht, wenn Wiederholungsgefahr besteht oder der Betroffene aufgrund der diskriminierenden Wirkung des Verwaltungsaktes ein Rehabilitationsinteresse geltend machen kann. Hingegen begründet die Vorbereitung einer Amtshaftungsklage im Falle der vor Klageerhebung eintretenden Erledigung kein qualifiziertes Feststellungsinteresse, da der Betroffene sich sogleich an die zuständigen ordentlichen Gerichte wenden kann und muss.[346]

Moderne Ansätze sehen ein qualifiziertes Feststellungsinteresse schließlich auch im Falle einer schwerwiegenden Grundrechtsbetroffenheit für gegeben an, aber auch dann, wenn aufgrund einer typischerweise kurzfristigen Erledigung

[346] BVerwG, NJW 1989, 2486.

der umstrittenen Verwaltungsakte ansonsten gerichtlicher Rechtsschutz nicht erlangt werden könnte.[347]

In den vorliegenden Konstellationen wird man ein qualifiziertes Feststellungsinteresse in mehrfacher Hinsicht bejahen müssen. Zunächst erscheint der Aspekt der Wiederholungsgefahr durchaus naheliegend, auch wenn der Sachverhalt keine genaueren Hinweise über geplante Wiederholungen entsprechender Demonstrationen gibt. Auch ein Rehabilitationsinteresse erscheint keineswegs ausgeschlossen, da jedenfalls die gegen B, C und D ergangenen Maßnahmen die öffentliche Wahrnehmung der Betroffenen negativ beeinflusst haben. Vor allem aber dürften die Aspekte der schwerwiegenden Grundrechtsbeeinträchtigung sowie der typischerweise kurzfristigen Erledigung versammlungs- und polizeibehördlicher Maßnahmen für die Anerkennung eines qualifizierten Rechtsschutzinteresses sprechen.

Vertiefung: Vgl. zum Aspekt der kurzfristigen Erledigung *Kopp/Schenke*, VwGO, 20. Aufl. 2014, § 113 Rn. 145; zum qualifizierten Feststellungsinteresse aufgrund schwerwiegender Grundrechtsbeeinträchtigung BVerfGE 110, 77 (86); OVG Bremen, NVwZ 2004, 508.

V. Vorverfahren

Gemäß § 68 Abs. 1 Satz 2 VwGO i.V.m. § 110 Abs. 1 Satz 1 JustG NRW ist ein Widerspruchsverfahren in NRW generell nicht erforderlich, wenn ein Verwaltungsakt während des Zeitraums vom 1.11.2007 bis zum 31.12.2014 bekannt gegeben worden sind. Die Maßnahmen wurden im Jahre 2014 erlassen, so dass das Widerspruchsverfahren entfällt. Auf die (streitige) Frage, ob es im Falle der kurzfristigen Erledigung überhaupt eines Widerspruchsverfahrens bedarf, kommt es somit nicht an.

Vertiefung: Gegen die Erforderlichkeit eines Widerspruchsverfahrens bei Erledigung vor Ablauf der Widerspruchsfrist z.B. BVerwGE 26, 165; 35, 336; 56, 26; 81, 229; a.A. *Kopp/Schenke*, VwGO, 20. Aufl. 2014, Vor § 68 Rn. 2.

VI. Klagegegner

Die Bestimmung des Klagegegners erfolgt bei der Fortsetzungsfeststellungsklage nach denselben Parametern wie bei der Anfechtungsklage. Die Klagen sind in analoger Anwendung des § 78 Abs. 1 Nr. 1 VwGO gegen die Körperschaft zu richten, deren Behörde den angefochtenen Verwaltungsakt erlassen hat. Handelnde Behörde war hier sowohl im Hinblick auf spezifisch versammlungsrechtliche Maßnahmen (vgl. § 1 VersG-ZuständigkeitsVO NRW) wie auch

---

[347] BVerwGE 61, 164; BVerwG, NVwZ 1999, 991; *Gerhardt*, in: Schoch/Schneider/Bier, VwGO, Losebl. (Stand: April 2013), § 113 Rn. 91; s. auch *Dietlein*, ThürVBl. 1994, 149ff.

im Hinblick auf genuin polizeirechtliche Maßnahmen (vgl. §§ 7, 11 POG) das Polizeipräsidium. Danach ist nach § 1 POG NRW Klagegegner das Land NRW als Träger der Polizei.

VII. Beteiligten- und Prozessfähigkeit

A, B, C und D sind nach § 61 Nr. 1 VwGO als natürliche Personen beteiligtenfähig. Die Beteiligtenfähigkeit des Landes NRW ergibt sich aus § 61 Nr. 1 Fall 2 VwGO.

A, B, C und D sind nach § 62 Abs. 1 Nr. 1 VwGO prozessfähig. Für das Land NRW handelt gemäß § 62 Abs. 3 VwGO der zuständige Fachminister;[348] in NRW ist dies der für die Polizei zuständige Innenminister (vgl. § 5 POG NRW), der kraft interner Delegation durch den jeweiligen Polizeipräsidenten vertreten wird.[349]

VIII. Klagefrist

Streitig ist, ob der Kläger im Rahmen einer Fortsetzungsfeststellungsklage in analoger Anwendung des § 74 Abs. 1 Satz 2 VwGO an die Einhaltung einer Klagefrist gebunden ist. Eine Entscheidung kann im vorliegenden Fall dahin stehen, da die Monatsfrist des § 74 Abs. 1 Satz 2 VwGO eingehalten werden kann.

Vertiefung: Vgl. zu dem Streitstand der analogen Anwendung des § 74 VwGO im Rahmen der Fortsetzungsfeststellungsklage exemplarisch einerseits BVerwGE 109, 203 (207f.) gegen eine Klagefrist, andererseits *Kopp/Schenke*, VwGO, 20. Aufl. 2014, § 113 Rn. 128 für die Anwendung einer Klagefrist analog §§ 74, 58 VwGO.

IX. Zwischenergebnis

Die Klagen von A, B, C und D wären zulässig.

B. Begründetheit

Die Fortsetzungsfeststellungsklagen wären gemäß § 113 Abs. 1 S. 4 VwGO begründet, wenn der jeweilige Verwaltungsakt rechtswidrig gewesen ist und die Kläger dadurch in seinen Rechten verletzt wurden.

Klausurtipp: Die hiernach erforderliche Rechtmäßigkeitsprüfung setzt ein differenzierendes Vorgehen nach Maßgabe der jeweiligen Eingriffsmaßnahme voraus.

---

[348] Vgl. *Kintz*, in: Posser/Wolf, BeckOK-VwGO, 29. Ed. (Stand: April 2014), § 62 Rn. 15.

[349] Vgl. Vertretungserlass NRW (Gem. RdErl.) vom 1.7.2011, Abschn. 2, Nr. 5.

I. Auflage der Versammlungsbehörde gegenüber A

1. Ermächtigungsgrundlage

Die Anordnung einer Auflage für eine angezeigte Versammlung stellt, auch wenn sie zeitlich im „Vorfeld“ der Versammlung stattfindet, eine versammlungsspezifische Maßnahme dar, deren Rechtmäßigkeit sich nach dem VersG bestimmt. Als Ermächtigungsgrundlage ist insoweit § 15 Abs. 1 VersG heranzuziehen.

Vertiefung: Mit der Föderalismusreform I ist die Gesetzgebungskompetenz für das Versammlungswesen auf die Länder übergegangen (ÖffR NRW, § 3 Rn. 295). Da das Land Nordrhein-Westfalen von dieser Kompetenz bislang keinen Gebrauch gemacht hat, gilt das Versammlungsgesetz des Bundes nach Art. 125a Abs. 1 GG fort.

2. Formelle Rechtmäßigkeit

An der Zuständigkeit der Behörde sowie an der Einhaltung der Verfahrens- und Formvorschriften bestehen keine Zweifel. Ob die gemäß § 28 Abs. 1 VwVfG NRW erforderliche Anhörung erfolgt ist, lässt der Sachverhalt zwar nicht erkennen. Es entspricht aber den allgemeinen Regeln, in diesem Falle von einem ordnungsgemäß durchgeführten Anhörungsverfahren auszugehen.

Klausurtipp: Es dürfen keine Rechtsfehler in einen Sachverhalt hineingelesen werden. Wenn über Rechtsbehelfsbelehrungen, Zustellungen oder Anhörungen im Sachverhalt nichts gesagt wird, ist davon auszugehen, dass die gesetzlichen Anforderungen erfüllt wurden. Auf die Möglichkeit der Heilung einer etwa unterbliebenen Anhörung nach § 45 Abs. 1 Nr. 3, Abs. 2 VwVfG NRW sollte daher allenfalls „beiläufig“ hingewiesen werden.

Die Auflage war formell rechtmäßig.

3. Materielle Rechtmäßigkeit

Die Auflage war materiell rechtmäßig, wenn die tatbestandlichen Voraussetzungen des § 15 Abs. 1 VersG erfüllt sind, die Auflage an den richtigen Adressaten gerichtet war und das der Behörde eingeräumte Ermessen fehlerfrei ausgeübt wurde.

a) Tatbestandsvoraussetzungen des § 15 Abs. 1 VersG

§ 15 Abs. 1 VersG setzt voraus, dass nach den zur Zeit des Erlasses der Auflage erkennbaren Umständen bei der Durchführung der Versammlung eine unmittelbare Gefahr für die öffentliche Sicherheit oder Ordnung drohte.

Die öffentliche Sicherheit umfasst den Schutz von Individualrechtsgütern, die Unversehrtheit der objektiven Rechtsordnung sowie den Bestand und die Veranstaltungen des Staates.[350] Durch den geplanten beleidigenden „Prozess“ könnte

---

[350] ÖffR NRW, § 3 Rn. 50–54.

eine unmittelbare Gefahr für die Ehre des Bundesministers als Individualrechtsgut und – über § 185 StGB (Beleidigung) – als Bestandteil der objektiven Rechtsordnung gedroht haben.

Eine Gefahr setzt einen Lebenssachverhalt voraus, der bei ungehindertem Ablauf in absehbarer Zeit mit hinreichender Wahrscheinlichkeit zum Schaden führt. Hier ist eine unmittelbare Gefahr erforderlich, die – wie die gegenwärtige Gefahr – eine besondere zeitliche Nähe des Schadensereignisses verlangt. Die Realisierung der befürchteten Beleidigungen müsste also unmittelbar bevorstehen. Nach den zur Zeit des Erlasses der Verfügung erkennbaren Absicht der Versammlungsteilnehmer standen Beleidigungen eines Bundesministers unmittelbar bevor. Die geplante Verunglimpfung des Bundesministers als Täter von Verbrechen gegen die Natur und die Menschheit hielt sich erkennbar nicht mehr im Rahmen zulässiger Meinungsäußerungen.[351]

Es lag somit insgesamt eine unmittelbare Gefahr für die öffentliche Sicherheit vor.

b) Adressatenfrage

Der richtige Adressat für die Auflage gemäß § 15 Abs. 1 VersG ergibt sich aus § 14 Abs. 1 VersG. Die Auflage ist danach gegen den Veranstalter zu richten.[352] Dies ist hier geschehen.

c) Ermessen

Fraglich ist, ob die Behörde ihr Ermessen ordnungsgemäß ausgeübt hat.

Hinsichtlich der Ausübung des Entschließungs- und Störerauswahlermessens bestehen keine Bedenken. Soweit das Handlungsermessen in Rede steht, ist die Auflage als geeignet, erforderlich und zumutbar anzusehen. Sie war damit verhältnismäßig. Das Ermessen wurde fehlerfrei ausgeübt.

4. Zwischenergebnis

Die Auflage war formell und materiell rechtmäßig.

II. Durchsuchung des Fahrzeugs des B

1. Ermächtigungsgrundlage

Als Ermächtigungsgrundlage für die Durchsuchung des Fahrzeugs des B könnte zunächst die polizeiliche Standardermächtigung des § 40 Abs. 1 Nr. 6 i.V.m. § 12 Abs. 1 Nr. 4 PolG NRW in Betracht kommen. Fraglich ist allerdings, ob das PolG NRW überhaupt anwendbar ist oder ob es sich bei der Durchsuchung um eine spezifisch versammlungsbezogene und damit dem VersG zuzuordnende Maßnahme gehandelt hat. Als versammlungsbezogener bzw. versammlungsspezifischer Eingriff ist eine Maßnahme zu bewerten, die speziell dem Zugriff auf eine Versammlung dient, was ausnahmsweise auch im Vorfeld einer Versamm-

---

[351] Vgl. LG Baden-Baden, NJW 1985, 2431.

[352] Vgl. dazu *Dietel/Gintzel/Kniesel*, VersG, 16. Aufl. 2011, § 15 Rn. 57.

lung dann der Fall sein kann, wenn durch die Maßnahme etwa die Durchführung der Versammlung oder die Teilnahme hieran verhindert werden soll.[353] Entsprechendes wird man für die hier durchgeführten Vorfeldmaßnahmen nicht annehmen können. Somit ist das PolG NRW anwendbar.

2. Formelle Rechtmäßigkeit

An der Zuständigkeit der Behörde sowie an der Einhaltung der Verfahrens- und Formvorschriften bestehen keine Zweifel.

Die Durchsuchung war formell rechtmäßig.

3. Materielle Rechtmäßigkeit

Die Durchsuchung war materiell rechtmäßig, wenn die tatbestandlichen Voraussetzungen des § 40 Abs. 1 Nr. 6 i.V.m. § 12 Abs. 1 Nr. 4 PolG NRW erfüllt sind, der richtige Adressat in Anspruch genommen wurde und keine Ermessensfehler vorliegen.

a) Tatbestandsvoraussetzungen des § 40 Abs. 1 Nr. 6 i.V.m. § 12 Abs. 1 Nr. 4 PolG NRW

Die Rechtmäßigkeit einer Durchsuchung nach § 40 Abs. 1 Nr. 6 PolG setzt zunächst voraus, dass es sich um ein Land-, Wasser- oder Luftfahrzeug handelt, in dem sich eine Person befindet, deren Identität nach § 12 Abs. 1 Nr. 4 PolG festgestellt werden darf. Nach der in Bezug genommenen Regelung des § 12 Abs. 1 Nr. 4 PolG NRW wiederum darf die Maßnahme nur an einer Kontrollstelle vorgenommen werden, die von der Polizei eingerichtet worden ist, um Straftaten u.a. nach § 27 VersG zu verhüten. Diese Strafnorm erfasst vor allem das Verbot von Waffen und Schutzwaffen.

Hier hat die Polizei die Kontrollstelle genau zu diesem Zweck auf der Zufahrtsstraße zum Versammlungsgelände errichtet. Ob die Rechtmäßigkeit der Kontrollstelle Voraussetzung für die Rechtmäßigkeit der Durchsuchung ist, kann offen bleiben, denn es bestehen keine Anhaltspunkte dafür, dass die Kontrollstelle nicht ordnungsgemäß nach § 12 Abs. 1 Nr. 4 Satz 2 PolG errichtet wurde; insbesondere lag die Zustimmung des Innenministeriums vor.

Als B mit seinem Auto auf dem Weg zu der Veranstaltung in die Kontrollstelle fuhr, lagen somit die Tatbestandsvoraussetzungen des § 40 Abs. 1 Nr. 6 i.V.m. § 12 Abs. 1 Nr. 4 PolG NRW vor.

b) Adressatenfrage

Der richtige Adressat ergibt sich hier bereits aus der Ermächtigungsgrundlage. Als Fahrzeugführer auf dem Weg zu der Veranstaltung konnte A in Anspruch genommen werden, als er die Kontrollstelle erreichte.

c) Ermessen

Fraglich ist, ob die Behörde ihr Ermessen ordnungsgemäß ausgeübt hat.

---

[353] ÖffR NRW, § 3 Rn. 307.

Hinsichtlich der Ausübung des Entschließungs- und Störerauswahlermessens bestehen keine Bedenken. Soweit das Handlungsermessen in Rede steht, müsste die Durchsuchung des B geeignet, erforderlich und zumutbar sein. Die stichprobenartige Durchsuchung der anreisenden Fahrzeuge förderte die Verhütung von Straftaten in Bezug auf Waffen und Schutzwaffen. Aufgrund der zu erwartenden Ausschreitungen war ein derartiges Vorgehen erforderlich. Schließlich ist nicht erkennbar, dass der Nachteil des B außer Verhältnis zum Schutzziel der Maßnahme gestanden hätte.

Die Durchsuchung war damit verhältnismäßig. Das Ermessen wurde fehlerfrei ausgeübt.

4. Zwischenergebnis

Die Durchsuchung war ebenfalls formell und materiell rechtmäßig.

III. Sicherstellung des Transparents

1. Ermächtigungsgrundlage

Mit der Sicherstellung des Transparentes haben die Beamten unmittelbar in den Ablauf einer Versammlung eingegriffen. Es liegt eine versammlungsspezifische Maßnahme vor, die aufgrund der sog. „Polizeifestigkeit“ des Versammlungsrechts[354] nicht auf das allgemeine Polizeirecht gestützt werden kann.

a) Versammlungsrechtliche Ermächtigungsgrundlage

Als maßgebliche versammlungsrechtliche Eingriffsermächtigung könnte § 15 Abs. 3 VersG in Betracht kommen. Allerdings gewährt § 15 Abs. 3 VersG seinem Wortlaut nach allein die Befugnis zur „Auflösung“ einer Versammlung, nicht aber zu sonstigen beschränkenden Maßnahmen im Rahmen einer laufenden Versammlung. Bei rein wortlautbezogener Auslegung würde dies bedeuten, dass die Behörde zur Abwehr der in § 15 Abs. 3 VersG genannten Gefahren allein zum Mittel der Auflösung schreiten könnte, wohingegen mildere Maßnahmen wie die hier durchgeführte Sicherstellung nicht zur Verfügung stünden. Ein solches Ergebnis ist in Rechtsprechung und Schrifttum zu Recht schon früh verworfen worden.[355] Vielmehr ist davon auszugehen, dass § 15 Abs. 3 VersG, wenn er sogar Versammlungsauflösungen ermöglicht, erst recht sämtliche minder schweren Eingriffe (Minusmaßnahmen) zulässt.

Vertiefung: Es handelt sich hierbei nicht um eine im Bereich des Gesetzesvorbehalts unzulässige Analogie, sondern um eine Normauslegung nach Maßgabe des sog. „Erst-Recht-Schlusses“, vgl. ÖffR NRW, § 3 Rn. 304.

Die Rechtsprechung neigt dazu, über § 15 Abs. 3 VersG eine „integrierte Anwendung“ der polizeirechtlichen Standardermächtigungen zuzulassen, was zu-

---

[354] ÖffR NRW § 3 Rn. 295.

[355] BVerwG, NJW 1982, 1008; BVerfGE 69, 315, 353.

gleich die (kumulative) Beachtung der dortigen tatbestandlichen Voraussetzungen verlangt.

b) Einschlägige polizeiliche Standardermächtigung

Als einschlägige polizeirechtliche Standardermächtigung kommt hier die Sicherstellung nach § 43 PolG NRW in Betracht. Fraglich bleibt dabei immerhin, ob die Durchführung der Sicherstellung unmittelbar durch § 43 PolG NRW geregelt wird oder aber als Maßnahme der Verwaltungsvollstreckung über § 50 PolG NRW gerechtfertigt werden muss. Die Lösung dieser Streitfrage hängt davon ab, ob man § 43 PolG NRW lediglich als Ermächtigung für ein (ggf. vollstreckungsbedürftiges) polizeiliches Herausgabeverlangen ansieht oder ob man die Sicherstellung als eine sich selbst vollstreckende („self-executing") Zugriffsmaßnahme betrachtet.

Hintergrund: Der Streit ist auch in vorliegendem Kontext nicht nur von akademischer Natur, da eine vollstreckungsrechtliche Einordnung des polizeilichen Zugriffs grundsätzlich die kumulative Beachtung sämtlicher Voraussetzung des gestuften Vollstreckungsverfahrens (Androhung!) erforderlich machte.

Systematische Gründe sprechen für die zuletzt genannte Auslegung,[356] so dass im Rahmen der Anwendung des § 15 Abs. 3 VersG allein die Vorgaben des § 43 PolG NRW eine integrierten Prüfung bedürfen. Rechtsdogmatisch bleibt es insoweit freilich bei der versammlungsgesetzlichen Zuordnung der betreffenden Maßnahmen.

2. Formelle Rechtmäßigkeit

An der Zuständigkeit der Behörde sowie an der Einhaltung der Verfahrens- und Formvorschriften bestehen keine Zweifel.

Die Sicherstellung war formell rechtmäßig.

3. Materielle Rechtmäßigkeit

Die Sicherstellung war materiell rechtmäßig, wenn die Tatbestandsvoraussetzungen des § 15 Abs. 3 VersG i.V.m. § 43 Nr. 1 PolG NRW vorlagen, sie an den richtigen Adressaten gerichtet war und das der Behörde eingeräumte Ermessen fehlerfrei ausgeübt wurde.

a) Tatbestandsvoraussetzungen des § 15 Abs. 3 VersG i.V.m. § 43 Nr. 1 PolG NRW

§ 15 Abs. 3 VersG ist unter anderem dann anwendbar, wenn einer Auflage zuwidergehandelt wird oder wenn die Voraussetzungen zu einem Verbot nach § 15 Abs. 1 VersG gegeben sind.

Das Transparent, auf dem der zuständige Bundesminister als „Verbrecher" bezeichnet wird, ist als Verunglimpfung anzusehen.[357] Insofern wurde gegen die Auflage, jegliche Verunglimpfung des Bundesministers zu unterlassen, verstoßen.

---

[356] Eingehend ÖffR NRW, § 3 Rn. 198.
[357] Vgl. LG Baden-Baden, NJW 1985, 2431.

Zugleich wurde bereits festgestellt (s. o. B I 3a), dass durch die Beleidigung des Bundesministers die Voraussetzungen des § 15 Abs. 1 VersG vorliegen. Insoweit ist hier bereits eine Störung der öffentlichen Sicherheit eingetreten. Somit durfte die Behörde zur Beseitigung dieser Störung auf § 43 Nr. 1 PolG NRW zurückgreifen.

Der Rückgriff auf § 43 Nr. 1 PolG NRW setzt tatbestandlich wiederum eine gegenwärtige Gefahr für die öffentliche Sicherheit voraus.[358] Eine gegenwärtige Gefahr besteht auch dort, wo sich die Gefahr bereits realisiert hat, aber noch fortdauert.[359] Hier war zur Zeit des polizeilichen Einschreitens bereits eine Beleidigung erfolgt, diese dauerte indes noch an. Demnach ist hier eine gegenwärtige Gefahr für die öffentliche Sicherheit gegeben.

b) Adressatenfrage

Die behördliche Maßnahme müsste weiterhin gegen den richtigen Adressaten gerichtet sein. Mangels einschlägiger Regelungen im VersG muss diesbezüglich auf das Polizeigesetz zurückgegriffen werden. C und D müssten Verantwortliche im Sinne des Polizeigesetzes sein.

Durch das Entrollen des beleidigenden Transparents sind C und D Verhaltensverantwortliche i. S. d. § 4 Abs. 1 PolG NRW. Wegen ihrer tatsächlichen Sachherrschaft über das Transparent können sie – ohne dass eine Klärung der Eigentumsfrage notwendig wäre – darüber hinaus auch als Zustandsverantwortliche gemäß § 5 Abs. 1 PolG NRW in Anspruch genommen werden.

Die Sicherstellung des Transparents war somit gegen die richtigen Adressaten gerichtet.

c) Ermessen

Sowohl § 15 Abs. 3 VersG als auch § 43 Nr. 1 PolG NRW ordnen eine Ermessensentscheidung an. Die Ermessenausübung müsste fehlerfrei erfolgt sein. Dazu müsste sich die Sicherstellung insbesondere als verhältnismäßig darstellen.

Zur Beseitigung des beleidigenden Transparents war die Sicherstellung geeignet und stellte sich auch als erforderlich dar, zumal eine friedliche Konfliktlösung gescheitert war und C und D bereits zu erkennen gegeben hatten, dass sie das Transparent nicht einrollen würden. Der Eingriff in ihre Meinungsfreiheit gemäß Art. 5 Abs. 1 S. 1 Alt. 1 GG stand auch nicht außer Verhältnis zum Schutz der Ehre des Bundesministers, dessen allgemeines Persönlichkeitsrecht aus Art. 2 Abs. 1 i. V. m. Art. 1 Abs. 1 GG in die Beurteilung einzubeziehen ist. Mithin war die Sicherstellung auch verhältnismäßig.

4. Zwischenergebnis

Die Sicherstellung war formell und materiell rechtmäßig.

IV. Ausschluss von C und D aus der Versammlung

1. Ermächtigungsgrundlage

Soweit C und D aus der Versammlung ausgeschlossen wurden, handelt es sich ebenfalls um versammlungsspezifische Eingriffe, die nur über eine versamm-

---

[358] Vgl. die Legaldefinition der Gefahr in § 8 Abs. 1 PolG NRW.

[359] ÖffR NRW, § 3 Rn. 66.

lungsrechtliche Eingriffsermächtigung gerechtfertigt werden können. Einschlägig könnte insoweit § 18 Abs. 3 VersG sein, der der Polizei eine eigenständige Eingriffsermächtigung neben dem Versammlungsleiter gibt. Die anschließende Ingewahrsamnahme von C und D wäre, wenn und soweit diese zuvor wirksam aus der Versammlung ausgeschlossen worden sein sollten, dagegen nicht mehr als versammlungsspezifische Maßnahme einzuordnen (vgl. § 18 Abs. 1 i.V.m. § 13 Abs. 2 VersG: Entfernungspflicht!) und folglich nach allgemeinem Gefahrenabwehrrecht zu bewerten (hierzu sub V).

2. Formelle Rechtmäßigkeit

An der Zuständigkeit der Behörde sowie an der Einhaltung der Verfahrens- und Formvorschriften bestehen keine Zweifel.

Der Ausschluss war formell rechtmäßig.

3. Materielle Rechtmäßigkeit

Der Ausschluss war materiell rechtmäßig, wenn die tatbestandlichen Voraussetzungen des § 18 Abs. 3 VersG erfüllt sind, der richtige Adressat in Anspruch genommen wurde und keine Ermessensfehler vorliegen.

a) Tatbestandsvoraussetzungen des § 18 Abs. 3 VersG

Tatbestandliche Voraussetzung für den Ausschluss von C und D aus der Versammlung ist das Vorliegen einer gröblichen Ordnungsstörung durch die betreffenden Personen. C und D haben auf ihrem Transparent den Bundesminister in beleidigender Weise angegriffen. Es liegt keine rechtmäßige Meinungsäußerung mehr vor, sondern eine strafrechtlich relevante Beleidigung (§ 185 StGB). Die Erfüllung eines Straftatbestandes ist stets als gröbliche Ordnungsstörung zu bewerten. Die Tatbestandsvoraussetzungen des § 18 Abs. 3 VersG lagen mithin vor.

b) Adressatenfrage

Die Ermächtigungsgrundlage des § 18 Abs. 3 VersG beschreibt bereits die richtigen Adressaten, nämlich diejenigen, die die Ordnung gröblich stören. Daher sind C und D richtige Adressaten der Maßnahme.

c) Ermessen

Schließlich müsste der Ausschluss ermessensfehlerfrei sein. Anhaltspunkte für eine zweckwidrige Ermessensausübung liegen nicht vor (§ 40 VwVfG NRW). Insbesondere war die Maßnahme geeignet und erforderlich, um das Gröhlen weiterer Beleidigungen durch C und D zu verhindern. Der Ausschluss stand im Übrigen nicht außer Verhältnis zum Schutzziel der Maßnahme und war somit auch zumutbar.

4. Zwischenergebnis

Der Ausschluss war formell und materiell rechtmäßig.

V. Ingewahrsamnahme von C und D

1. Ermächtigungsgrundlage

Wie oben B IV 1 dargestellt, handelt es sich bei der Ingewahrsamnahme der beiden aus der Versammlung ausgeschlossenen C und D nicht mehr um eine versammlungsbezogene Maßnahme, da beide nach ihrem Ausschluss nicht mehr Teilnehmer der Versammlung waren. Einschlägig ist mithin § 35 Nr. 2 PolG NRW.

2. Formelle Rechtmäßigkeit

An der Zuständigkeit der Behörde sowie an der Einhaltung der Verfahrens- und Formvorschriften bestehen keine Zweifel.

Die Ingewahrsamnahme war formell rechtmäßig.

3. Materielle Rechtmäßigkeit

Der Ausschluss war materiell rechtmäßig, wenn die tatbestandlichen Voraussetzungen des § 35 Nr. 2 PolG NRW erfüllt sind, der richtige Adressat in Anspruch genommen wurde und keine Ermessensfehler vorliegen.

Die präventive Ingewahrsamnahme nach § 35 Nr. 2 PolG NRW setzt voraus, dass die Begehung oder Fortsetzung einer Straftat oder einer Ordnungswidrigkeit von erheblicher Bedeutung bevorstand.

Das Nichtentfernen nach dem Ausschluss von einer Versammlung ist gem. § 29 Abs. 1 Nr. 5 VersG ordnungswidrig. Selbst wenn man hierbei von einer Ordnungswidrigkeit von erheblicher Bedeutung ausgehen würde,[360] kann hier indes nicht ohne Weiteres davon ausgegangen werden, dass C und D dagegen verstoßen hätten. Vorliegend haben die Polizisten nämlich gar nicht abgewartet, ob sich C und D aus freien Stücken entfernen würden. Indizien für die Annahme einer Gefahr durch Missachtung der Entfernenspflicht, sei es auch in Gestalt einer Anscheinsgefahr, gibt es keine. Die tatbestandlichen Voraussetzungen des § 35 Nr. 2 PolG NRW liegen somit nicht vor.

4. Zwischenergebnis

Die Ingewahrsamnahme war rechtswidrig und verletzte C und D in ihren Rechten.

C. Ergebnis

Nur die Klagen von C und D wären insoweit begründet und hätten Erfolg, als sie sich gegen die erfolgte Ingewahrsamnahme richteten. Im Übrigen wären die Klagen von A, B, C und D unbegründet und hätten keine Aussicht auf Erfolg.

---

[360] So etwa OLG Celle, NVwZ-RR 2006, 254 für § 29 Abs. 1 Nr. 2 VersG.

14. Klausur: „Bellender Hund“ ***

Sachverhalt

An einem Sonntagabend meldet ein anonymer Anrufer bei der Polizeiwache in der kreisfreien Stadt S, dass in einem leerstehenden Wohnhaus in der S-Straße bereits seit mehreren Tagen ein Hund belle. Eine entsandte Polizeistreife findet das Haus wie beschrieben vor. Das Klingeln der Beamten an der Haustüre bleibt erfolglos. Immerhin können die Beamten durch ein kleines „Bullauge“ in der Türe erkennen, dass im hinteren Teil des Hauses Licht brennt. Den unmittelbar hinter der Türe bellenden Hund selbst können sie durch die kleine Glasscheibe nicht erkennen. Auf der Straße treffen die Beamten zufällig auf den Nachbarn N. Er teilt mit, dass Eigentümer und Hundehalter E vor einigen Tagen ausgezogen sei und in Kürze nach Spanien auswandern wolle. E komme wohl täglich vorbei und werde vermutlich auch nach dem Hund sehen. Näheres wisse er aber nicht. N gibt den Beamten die Handynummer des E, ein Anrufversuch bleibt allerdings ohne Erfolg. Nachdem das Bellen des Hundes nicht aufhört, entschließen sich die Beamten, im Inneren des Hauses nach dem Rechten zu sehen. Es gelingt ihnen, gewaltsam ein kleines Seitenfenster zu öffnen und hierüber in das Hausinnere zu gelangen. Im Inneren des Hauses stellen sie fest, dass dieses weitgehend leer geräumt ist, gleichwohl die Heizung für wohlige Wärme sorgt. Auch der Hund, ein leicht hyperaktiver Terrier, macht einen durch und durch gepflegten Eindruck und ist reichlich mit Wasser, Futter und Spielzeug versorgt. Beruhigt verlassen die Beamten das Haus. Die eingeschlagene Seitenscheibe lassen sie umgehend durch ein beauftragtes Unternehmen provisorisch absichern. Die Kosten der provisorischen Sicherungsmaßnahme in Höhe von 70 Euro stellen sie dem E unter Bezugnahme auf § 46 Abs. 3 PolG NRW per Kostenbescheid in Rechnung.

E, der das zerstörte Fenster kurzfristig für 300 Euro hatte reparieren lassen, ist über das Vorgehen der Polizei massiv verärgert und nicht gewillt, irgendwelche Zahlungen zu entrichten. Im Gegenteil verlangt er von der Polizei die 300 Euro Reparaturkosten zurück. Der Hund sei bestens versorgt gewesen und von ihm mindestens zwei Mal am Tage ausgeführt worden. Für das gewaltsame Eindringen in das Haus habe es keinerlei Veranlassung gegeben. Ein Hund, der kräftig belle, befinde sich offenkundig nicht vor dem Verenden! Jedenfalls sei die Lage sicherlich nicht so dringend gewesen, als dass man nicht mehrere Anrufversuche auf dem Handy hätte durchführen können. Die Polizei beharrt auf ihrer Kostenforderung. Nach der Sachlage vor Ort haben man von einem Verstoß gegen tierschutzrechtliche Regelungen ausgehen müssen. Die von E geltend gemachten 300 Euro will die Polizei in keinem Falle zahlen.

Hätte eine Klage des E gegen den Kostenbescheid Aussicht auf Erfolg? Hat E einen (materiellen) Anspruch gegen die Polizei auf Zahlung der geforderten 300 Euro?

Gliederung

Teil 1: Klage gegen den Kostenbescheid

A. Zulässigkeit
- I. Verwaltungsrechtsweg
- II. Statthafte Klageart
- III. Klagebefugnis
- IV. Vorverfahren
- V. Klagefrist
- VI. Richtiger Klagegegner
- VII. Beteiligten- und Prozessfähigkeit
- VIII. Zuständiges Gericht
- IX. Rechtsschutzbedürfnis
- X. Zwischenergebnis

B. Begründetheit
- I. Eingriffsermächtigung
- II. Formelle Rechtmäßigkeit
  - 1. Zuständigkeit
  - 2. Handlungsformvorbehalt
  - 3. Anhörung
  - 4. Ordnungsgemäße Begründung/Bekanntgabe
- III. Materielle Rechtmäßigkeit
  - 1. Vorliegen einer (abrechnungsfähigen) Sicherstellung?
    - a) Sicherstellung als „Entsetzung“ aus der Sachherrschaft
    - b) Sonderfall der anderweitigen Sicherung
    - c) Kosten der Sicherstellung und Verwahrung
  - 2. Rechtmäßigkeit einer (unterstellten) Sicherstellung
    - a) Formelle Rechtmäßigkeit
      - aa) Zuständigkeit
      - bb) Anhörung
    - b) Materielle Rechtmäßigkeit
      - aa) Tatbestandliche Voraussetzungen des § 43 PolG NRW
        - (1) Alternative der Nr. 1
          - (a) Gefahrenlage
          - (b) Sache als Gefahrenquelle
        - (2) Alternative der Nr. 2
          Prüfe: Tatbestandsvoraussetzung Eigentümerschutz; Wille des E
        - (3) Sicherstellung und Störerverantwortlichkeit
      - bb) Ermessensprüfung
        Prüfe: Erforderlichkeit der Maßnahmen
  - 3. Störereigenschaft des E?
    - a) Zustandsverantwortlichkeit
    - b) Handlungsverantwortlichkeit
    - c) Beschränkung der Kostenhaftung des Störers auf Fälle des § 43 Nr. 1 PolG NRW?
  - 4. Kostenrechtliche Ermessensausübung
    Prüfe: Ermessen bei § 46 Abs. 3 PolG NRW; Ausschluss Kostenforderung bei „unrichtiger Sachbehandlung“ oder „dolo agit“-Einwand?
    - a) Eingriffsermächtigung
      - aa) § 41 PolG NRW
      - bb) § 50 Abs. 2 i. V. m. § 52 PolG NRW
      - cc) § 50 Abs. 2 i. V. m. §§ 55, 57 ff. PolG NRW

b) Formelle Rechtmäßigkeit
Prüfe: Analoge Anwendung § 28 VwVfG NRW auf Realakte?
aa) Zuständige Behörde
bb) Anhörung
cc) Anordnung des Zwangsmittels
dd) Festsetzung des Zwangsmittels
c) Materielle Rechtmäßigkeit
aa) Zur Abwehr einer gegenwärtigen Gefahr notwendig
(1) Gegenwärtige Gefahr
(2) Zur Abwehr notwendig
bb) Handeln innerhalb der Befugnisse
(1) Ermächtigungsgrundlage
(2) Formelle Rechtmäßigkeit
(3) Materielle Rechtmäßigkeit
d) Zwischenergebnis

Teil 2: Haftungsansprüche des E gegen die Polizei (bzw. das Land NRW)
A. Anspruch aus § 39 OBG i. V. m. § 67 PolG
I. Rechtswidrige Maßnahme der Polizei- oder Ordnungsbehörde
II. Kausaler Schaden
III. Kein anderweitiger Ersatz/Kein Mitverschulden
IV. Kein tatsächlicher Schutzerfolg durch die Maßnahme
V. Anspruchsgegner
VI. Ergebnis
B. Anspruch aus § 839 BGB i. V. m. Art. 34 GG
I. Handeln in Ausübung eines anvertrauten Amtes
II. Verletzung einer einem Dritten gegenüber obliegenden Amtspflicht
III. Verschulden
IV. Schaden
V. Keine anderweitige Ersatzmöglichkeit
VI. Kein Versäumnis von Rechtsbehelfen
VII. Kein Mitverschulden
VIII. Anspruchsgegner
IX. Zwischenergebnis
C. Folgenbeseitigungsanspruch
D. Anspruch aus enteignendem oder enteignungsgleichem Eingriff
E. Gesamtergebnis

Lösungsvorschlag

Eine Klage des E gegen den Kostenbescheid hat Erfolg, wenn sie zulässig und begründet ist.

Teil 1: Klage gegen den Kostenbescheid

A. Zulässigkeit

I. Verwaltungsrechtsweg

Mangels aufdrängender Sonderzuweisung richtet sich die Eröffnung des Verwaltungsrechtswegs nach § 40 Abs. 1 Satz 1 VwGO. Es müsste also zunächst eine öffentlich-rechtliche Streitigkeit vorliegen. Dies ist der Fall, wenn die streitentscheidenden Normen solche des öffentlichen Rechts sind. Hier kommen § 20 Abs. 2 Satz 2 Nr. 7 VO VwVG NRW i.V.m. § 77 Abs. 1 VwVG NRW i.V.m. § 46 Abs. 3 Satz 3 PolG NRW als streitentscheidende Normen in Betracht, da sich der Kostenbescheid auf sie gründet. Eine Norm ist dann eine solche des öffentlichen Rechts, wenn sie einen Träger hoheitlicher Gewalt in dieser Funktion berechtigt oder verpflichtet (modifizierte Subjektstheorie). Die vorbezeichneten Vorschriften berechtigen ausschließlich die Vollstreckungsbehörden zur Erhebung von Kosten, die durch eine Maßnahme des Verwaltungszwangs bzw. einer Sicherstellung entstehen. Mithin handelt es sich bei ihnen um solche des öffentlichen Rechts, womit eine öffentlich-rechtliche Streitigkeit gegeben ist. Mangels doppelter Verfassungsunmittelbarkeit ist die Streitigkeit auch nicht verfassungsrechtlicher Art. In Ermangelung einer abdrängenden Sonderzuweisung zu einem anderen Rechtsweg ist der Verwaltungsrechtsweg eröffnet.

II. Statthafte Klageart

Die statthafte Klageart richtet sich nach dem Begehren des Klägers, vgl. § 88 VwGO. E möchte die Aufhebung des Kostenbescheids erreichen, da dieser die Grundlage seiner Zahlungsverpflichtung darstellt. Der Kostenbescheid stellt eine hoheitliche Regelung mit Außenwirkung, mithin einen Verwaltungsakt im Sinne des § 35 Satz 1 VwVfG NRW dar. Somit ist die Anfechtungsklage die statthafte Klageart.

III. Klagebefugnis

E müsste gemäß § 42 Abs. 2 VwGO auch klagebefugt sein, d.h. er müsste die Möglichkeit der Verletzung eigener Rechte geltend machen können. Hier ist E Adressat eines belastenden Verwaltungsaktes, der ihn im Falle seiner Rechtswidrigkeit – die hier nicht von vornherein und nach jeder nur erdenklichen Betrachtungsweise ausgeschlossen erscheint – jedenfalls in seinem Grundrecht aus Art. 2 Abs. 1 GG verletzen würde (Adressatentheorie). Demgemäß ist E klagebefugt.

IV. Vorverfahren

Vor der Anfechtungsklage ist grundsätzlich gemäß § 68 Abs. 1 VwGO ein Vorverfahren durchzuführen. Eine Ausnahme besteht jedoch nach § 68 Abs. 1 Satz 2 Var. 1 VwGO dann, wenn ein Gesetz bestimmt, dass ein Vorverfahren nicht durchzuführen ist. In Nordrhein-Westfalen ist die Pflicht zur Durchführung eines Vorverfahrens nach § 110 Abs. 1 JustG NRW grundsätzlich ausgeschlossen. Ein Ausnahmefall liegt nicht vor, so dass ein Vorverfahren hier nicht durchzuführen ist.

V. Klagefrist

Die Klagefrist beträgt nach § 74 Abs. 1 Satz 2 VwGO einen Monat ab der Bekanntgabe des Kostenbescheides gegenüber E. Eine Verfristung ist nicht eingetreten.

VI. Richtiger Klagegegner

Richtiger Klagegegner ist nach § 78 Abs. 1 Nr. 1 VwGO die Körperschaft, deren Behörde den Verwaltungsakt erlassen hat (Rechtsträgerprinzip). Hier hat das Polizeipräsidium den Kostenbescheid erlassen, das als Kreispolizeibehörde i.S.d. § 2 Abs. 1 Nr. 1 POG NRW eine Behörde des Landes NRW ist. Richtiger Klagegegner ist deshalb das Land Nordrhein-Westfalen.

VII. Beteiligten- und Prozessfähigkeit

E ist als natürliche Person nach § 61 Nr. 1 Fall 1 VwGO beteiligten- und nach § 62 Abs. 1 Nr. 1 VwGO prozessfähig. Das Land NRW ist als juristische Person nach § 61 Nr. 1 Fall 2 VwGO beteiligtenfähig und handelt vor Gericht gemäß § 62 Abs. 3 VwGO durch einen Vertreter.[361]

VIII. Zuständiges Gericht

Die Zuständigkeit des Verwaltungsgerichts ergibt sich aus §§ 45, 52 Nr. 3 VwGO.

IX. Rechtsschutzbedürfnis

Mangels einfacherer und effektiverer Rechtsschutzmöglichkeit ist das Rechtsschutzbedürfnis gegeben.

X. Zwischenergebnis

Dementsprechend ist die Klage zulässig.

---

[361] Grds. vertritt nach Art. 57 LVerf. NRW die Landesregierung das Land nach außen. Gem. § 8 Abs. 1 LOG NRW wird diese ihrerseits durch die jeweiligen Bezirksregierungen allgemein vertreten. Davon abweichend sieht der Vertretungserlass des Landes NRW vom 1.7.2011 (Gem. RdErl. d. Ministerpräsidentin u.a. Ministerien) über Abschnitt 1.4 sowie 2.5 vor, dass eine Vertretung des Landes NRW in gerichtlichen Verfahren grds. durch die für ihren Bereich zuständigen Polizeibehörden erfolgt. Somit kann hier ein mit der Vertretung in Rechtsstreitigkeiten beauftragter Beamter des Polizeipräsidiums der Stadt S als Vertreter vor Gericht auftreten.

B. Begründetheit

Die Klage ist begründet, soweit der angegriffene Verwaltungsakt rechtswidrig ist und der Kläger hierdurch in seinen Rechten verletzt wird, § 113 Abs. 1 Satz 1 VwGO. Zu prüfen ist damit die Rechtmäßigkeit des Kostenbescheides. Dieser muss sich als belastende Maßnahme auf eine verfassungsgemäße Eingriffsermächtigung stützen können (I) sowie formell und materiell rechtmäßig sein (II).

I. Eingriffsermächtigung

Als Eingriffsermächtigung für den Erlass des Kostenbescheides kommt zunächst § 46 Abs. 3 Satz 3 PolG NRW i.V.m. § 77 Abs. 1 VwVG NRW, § 20 Abs. 2 Satz 2 Nr. 7 VO VwVG NRW in Betracht.

II. Formelle Rechtmäßigkeit

1. Zuständigkeit

Die Zuständigkeit der Kreispolizeibehörde (Polizeipräsident) zum Erlass des Kostenbescheides folgt aus § 46 Abs. 3 Satz 1 und 3 PolG NRW i.V.m. § 11 POG NRW, § 77 Abs. 1 Satz 2 VwVG NRW.

2. Handlungsformvorbehalt

Die Befugnis der Behörde, einen Kostenanspruch aus Sicherstellung und Vollstreckung speziell im Wege des Kostenbescheides (Verwaltungsaktes) geltend zu machen, ergibt sich inzident aus dem Wortlaut des § 77 VwVG NRW („werden erhoben"), ist aber unausgesprochen auch aus dem subordinationsrechtlichen Charakter des PolG NRW/VwVG NRW abzuleiten.[362]

3. Anhörung

Da sich nichts Abweichendes aus dem Sachverhalt ergibt, ist von einer ordnungsgemäßen Anhörung des E auszugehen. Die Anhörung ist auch nicht etwa aufgrund des § 28 Abs. 2 Nr. 5 VwVfG NRW entbehrlich, da die kostenrechtliche Abwicklung regelmäßig kein Element des Vollstreckungsverfahrens ist.[363]

---

[362] Vgl. *Dietlein/Dünchheim*, Examinatorium Allgemeines Verwaltungsrecht, 3. Aufl. 2007, Fall 176.

[363] ÖffR NRW, § 3 Rn. 259; OVG NRW, NJW 1983, 1441.

Etwas anderes wird teilweise für den Fall angenommen, dass die Kosten der Ersatzvornahme im Vorhinein geltend gemacht werden; dies dann, wenn man in der diesbezüglichen Kostenanforderung ein Instrument der Willensbeugung gegenüber dem renitenten Verantwortlichen sieht.

4. Ordnungsgemäße Begründung/Bekanntgabe

Auch hinsichtlich der Begründung und Bekanntgabe des Leistungsbescheides lässt der Sachverhalt keine Rechtsfehler erkennen.

III. Materielle Rechtmäßigkeit

Im Rahmen der materiellen Rechtmäßigkeitsprüfung ist zu untersuchen, ob die sachlichen Voraussetzungen für eine kostenrechtliche Inanspruchnahme des E vorliegen. Hierzu müsste (1.) überhaupt eine Sicherstellungsmaßnahme i.S.d. § 43 PolG NRW vorliegen, (2.) diese Maßnahme formell und materiell rechtmäßig gewesen sein, (3.) E Verantwortlicher i.S.d. § 46 Abs. 3 Satz 1 PolG NRW sein sowie (4.) ein etwaiges kostenrechtliches Ermessen fehlerfrei ausgeübt worden sein. Dagegen scheidet der Rückgriff auf eine öffentlich-rechtliche Geschäftsführung ohne Auftrag aufgrund der Spezialregelungen des PolG NRW aus.[364]

1. Vorliegen einer (abrechnungsfähigen) Sicherstellung?

Voraussetzung für die Heranziehung der kostenrechtlichen Eingriffsermächtigung aus § 46 Abs. 3 PolG NRW ist zunächst, dass es sich bei der provisorischen Reparatur des Fensters überhaupt um eine Sicherstellung i.S.d. § 43 PolG NRW gehandelt hat. Ob dies der Fall war, erscheint durchaus fraglich.

a) Sicherstellung als „Entsetzung“ aus der Sachherrschaft

In Betracht käme zunächst eine Sicherstellung des Hausrates (Inventars), ggf. auch des Hauses selbst (Sicherung vor Vandalismus). Ob insoweit eine Sicherstellung vorliegt, ist allerdings zweifelhaft. So ist die Sicherstellung ihrer Konstruktion nach darauf gerichtet, den Gewahrsam des bisherigen Gewahrsamsinhabers zu beenden[365] und regelmäßig durch ein behördliches Verwahrungsverhältnis über die sichergestellten Sachen zu ersetzen (§ 44 Abs. 1 Satz 1 PolG NRW). Gerade aus dieser Besonderheit erklärt sich die Regelung des § 46 Abs. 1 PolG NRW, wonach eine sichergestellte Sache wieder „herauszugeben“ ist, sobald die Voraussetzungen für die Sicherstellung entfallen sind. Von dieser Grundkonzeption weicht die vorliegende Konstellation insoweit ab, als es zu keiner Zeit dazu gekommen ist, dass die gesicherten Gegenstände (Haus/Hausrat) dem Zugriff des E entzogen wurden. Die Gegenstände sind vielmehr nicht nur faktisch im Zugriffsbereich des E verblieben, sondern auch rechtlich sollte die Stellung des Gewahrsamsinhabers unangetastet bleiben. Dementsprechend haben sich die Beamten mit der Durchführung der Maßnahme nicht einmal parallele eigene Zugriffsmöglichkeiten auf die gesicherten Gegenstände verschafft, sondern die ausschließliche Sachherrschaft des E über die vermeintlich sichergestellten Sachen zu keiner Zeit in Frage gestellt. Eine Deutung der Maßnahme als „Sicherstellung“ erschiene insoweit nicht plausibel.

---

[364] ÖffR NRW, § 3 Rn. 259.

[365] OVG NRW, NVwZ-RR 1991, 556; Hess.VGH, NJW 1995, 2123 (2124); *Schoch*, in: Schoch, Besonderes Verwaltungsrecht, 15. Aufl. 2013, 2. Kap. Rn. 320.

b) Sonderfall der anderweitigen Sicherung

Anderes könnte sich immerhin mit Blick darauf ergeben, dass § 44 Abs. 1 Satz 2 PolG NRW neben der Inverwahrungnahme durch die Polizei oder Dritte explizit die Möglichkeit vorsieht, sichergestellte Sachen „auf andere geeignete Weise (...) zu sichern".[366] Diese Alternative macht deutlich, dass die Sicherstellung nicht notwendig im Wege einer Inverwahrungnahme des sichergestellten Gegenstandes durch die Polizei erfolgen muss. Ob damit jede Form der „Sicherung" von Sachen als Sicherstellung angesehen werden kann, erscheint gleichwohl fraglich. Hiergegen spricht, dass die Handlungsalternative der „anderweitigen Sicherung" nach dem Gesetzeswortlaut ebenso eine vorangegangene „Sicherstellung" voraussetzt, wie dies beim Regelfall der Verwahrung der Fall ist (§ 44 Abs. 1 PolG NRW). Das Gesetz unterscheidet also streng zwischen der Sicherstellung und der weiteren Behandlung der sichergestellten Sache, die entweder in der Inverwahrungnahme dieses Gegenstandes liegen kann oder aber in deren anderweitiger Sicherung. Folgt man diesem Gesetzesverständnis, liegt allein in der Sicherung eines Gegenstandes, die ein bestehendes Gewahrsamsverhältnis des Eigentümers vollständig unberührt lässt, keine Sicherstellung.

Das provisorische Verschließen des Fensters ist danach keine Sicherstellung und kann damit auch nicht über § 46 Abs. 3 PolG NRW abgerechnet werden.

c) Kosten der Sicherstellung und Verwahrung

Selbst wenn man entgegen dem hier vertretenen Ansatz von dem Vorliegen einer Sicherstellung ausginge, bliebe die Abwälzbarkeit der Kosten über § 46 Abs. 3 PolG NRW fraglich. So ist zu beachten, dass der Kostenerstattungsanspruch aus § 46 Abs. 3 PolG NRW speziell auf die „Kosten der Sicherstellung und Verwahrung" bezogen ist, es vorliegend aber um die Kosten einer (anderweitigen) „Sicherung" geht, die in § 44 Abs. 1 Satz 2 PolG NRW explizit als Alternative zu der kostenrechtlich relevanten „Inverwahrungnahme" einer sichergestellten Sache genannt ist. Über die Kosten einer anderweitigen Sicherung trifft § 46 Abs. 3 Satz 1 PolG NRW insoweit also keine Aussage. Ob hier von einem bloßen Redaktionsversehen ausgegangen und eine Kostenpflicht auch für eine anderweitige Sicherung sichergestellter Sachen angenommen werden kann, erscheint mit Blick auf den Grundsatz vom „Vorbehalt des Gesetzes" eher fraglich und ist nach hiesiger Auffassung zu verneinen.

Auch wenn man daher von dem Vorliegen einer Sicherstellung ausginge, findet sich damit in § 46 Abs. 3 PolG NRW keine Rechtsgrundlage für eine Abwälzung der Kosten einer anderweitigen Sicherung.

2. Rechtmäßigkeit einer (unterstellten) Sicherstellung

Soweit man – entgegen dem hier gefundenen Ergebnis – gleichwohl von dem Vorliegen einer Sicherstellung ausgeht, wird man die Abwälzung der entstandenen Kosten in entsprechender Anwendung der vollstreckungsrechtlichen Rechtsprechung[367] weiter davon abhängig machen müssen, dass die durchge-

---

[366] So VG Düsseldorf, BeckRS 2011, 45332.
[367] Vgl. hierzu OVG NRW, NVwZ-RR 2008, 437.

führte Sicherstellungsmaßnahme ihrerseits rechtmäßig war. Denn als (kostenpflichtige) Sicherstellung i.S.d. § 46 Abs. 3 Satz 1 PolG NRW i.V.m. § 77 VwVG NRW wird man allein die Sicherstellungen nach „den gesetzlichen Vorgaben“, also rechtmäßige Sicherstellungen, ansehen können. Für rechtswidrige Maßnahmen kommen Kostenforderungen dagegen nicht in Betracht (vgl. hierzu auch § 24 VO VwVG NRW). Zu prüfen ist daher zunächst, ob die Maßnahme formell und materiell rechtmäßig war, insbesondere ob die Eingriffsvoraussetzungen des § 43 PolG NRW vorlagen und die Behörde ihrer Ermessen fehlerfrei ausgeübt hat.

a) Formelle Rechtmäßigkeit

aa) Zuständigkeit

Die Zuständigkeit der Beamten des Polizeipräsidiums zum Vollzug des Polizeigesetzes bzw. der dortigen Eingriffsermächtigungen ergibt sich aus § 2 Abs. 1, §§ 7 und 10 POG NRW.

Fraglich könnte sein, ob der Subsidiaritätsgrundsatz des § 1 Abs. 1 Satz 3 PolG NRW dem Einsatz der Polizei entgegenstand. Hierzu müsste der Subsidiaritätsgrundsatz zunächst überhaupt einschlägig gewesen sein. Dies wäre dann nicht der Fall, wenn es um den Schutz allein privater Rechte gegangen sein sollte (§ 1 Abs. 2 PolG NRW). Denn der Subsidiaritätsgrundsatz erfasst allein die Konstellationen in Absatz 1; zudem ist der Schutz privater Rechte den Ordnungsbehörden nicht zugewiesen, so dass auch die Notwendigkeit einer Subsidiaritätsregelung zu Lasten der Polizei nicht besteht.

Soweit es um eine Maßnahme zum Schutz des Eigentums des E gegangen sein sollte (§ 43 Nr. 2 PolG NRW), ist dies eine Konstellation des Schutzes privater Rechte, so dass der Subsidiaritätsgrundsatz von vornherein nicht greift. Eine Zuständigkeit der Polizei läge danach vor.

Soweit – was im weiteren Verlauf der Prüfung zu klären ist – eine Maßnahme der klassischen Gefahrenabwehr vorgelegten haben sollte, wäre der Subsidiaritätsgrundsatz zwar einschlägig, ein vorrangiger Zugriff der Ordnungsbehörden aber aus zeitlichen Gründen (Sonntagabend) offensichtlich nicht möglich gewesen, so dass hier dann ebenfalls eine („Eil“-)Kompetenz der Polizei bestand.

bb) Anhörung

Zu prüfen ist, ob eine Anhörung des E erfolgen musste und erfolgt ist. Eine Anhörung ist gemäß § 28 Abs. 1 VwVfG (NRW) grundsätzlich erforderlich, soweit durch Verwaltungsakt in Rechte eines Beteiligten eingegriffen werden soll. Die Sicherstellung müsste dann ein Verwaltungsakt gewesen sein. Hiergegen spricht, dass die Maßnahme in Abwesenheit des E und damit gleichsam „adressatenlos“ bzw. als „Realakt“ durchgeführt wurde.[368]

Zwar wird teilweise auch eine analoge Anwendung des § 28 VwVfG (NRW) auf bloße Realakte erwogen.[369] Die diesbezügliche Streitfrage erlangte im hiesigen Kontext indes erst dann an Relevanz, wenn es sich bei der (unterstellten) Sicherstellung um einen für E belastenden Realakt handeln würde. Denn nur vor

---

[368] So auch OVG NRW, NVwZ-RR 2000, 429.

[369] Vgl. *Kallerhoff*, in: Stelkens/Bonk/Sachs, VwVfG, 8. Aufl. 2014, § 28 Rn. 25 m.w.N.

dem Ergehen eingreifender Maßnahmen, d.h. solcher, bei denen der bestehende *status quo* in einen *status quo minus* verschlechtert wird[370], kann der rechtsstaatliche Zweck der Anhörung, dem Betroffenen zuvor Gelegenheit zur Äußerung zu verschaffen, Raum greifen. An dieser Stelle kommt jedoch erneut die Besonderheit der vorliegenden Maßnahme – die sich gerade dadurch von einer klassischen Sicherstellung unterscheidet – zum Tragen, dass durch die Abdichtung des Fensters dem E keinerlei Gewahrsam entzogen wird, sondern ihm vielmehr zusätzlich eine Sicherung seiner Hausratsgegenstände zuteil wird. Dann kann aber nicht davon gesprochen werden, dass die Sicherungsmaßnahme als solche belastenden Charakter hätte[371] und deshalb zuvor eine Anhörung erfordern würde.

b) Materielle Rechtmäßigkeit

aa) Tatbestandliche Voraussetzungen des § 43 PolG NRW

Da § 43 Nr. 3 PolG NRW ersichtlich nicht in Betracht kommt, reduziert sich die Prüfung auf die Eingriffsvarianten der Nr. 1 und 2.

(1) Alternative der Nr. 1. Ein Einschreiten wäre nach Nr. 1 zunächst zur Abwehr einer „gegenwärtige Gefahr" möglich gewesen. Fraglich ist, ob eine solche gegenwärtige Gefahr vorlag.

(a) Gefahrenlage. Als Gefahr bezeichnet das Polizeirecht einen Lebenssachverhalt, der bei ungehindertem Ablauf in absehbarer Zeit mit hinreichender Wahrscheinlichkeit zu einem Schaden an den polizeilichen Schutzgütern der öffentlichen Sicherheit oder öffentlichen Ordnung führt. Je höher die Wertigkeit des betroffenen Schutzgutes einzustufen ist, umso geringer gestalten sich die Anforderungen an die Eintrittswahrscheinlichkeit.[372] Gegenwärtig ist eine Gefahr allerdings nur dann, wenn die Störung bereits eingetreten ist oder ihr Eintritt mit an Sicherheit grenzender Wahrscheinlichkeit unmittelbar bevorsteht.[373] Vorliegend bestand nach dem Aufbrechen des Seitenfensters unzweifelhaft ein gewisses Risiko, dass Diebe in das Haus einsteigen und noch verbliebende Einrichtungsgegenstände entwenden oder zerstören könnten bzw. auch der Hund durch die Öffnung entweichen könnte. Insofern standen der Schutz von Individualrechtsgütern des E sowie die Wahrung der Unversehrtheit der Rechtsordnung (§§ 242, 303 StGB) als Bestandteile der öffentlichen Sicherheit in Rede. Ob das festzustellende Risiko im Hinblick auf die „Eintrittswahrscheinlichkeit" bereits die Schwelle zur „Gefahr" überschritten hatte, erscheint indes fraglich. Das Risiko eines zerstörten und laut Sachverhalt „kleinen" Seitenfensters dürfte nämlich kaum höher zu bewerten sein als das eines jeden geöffneten (geklappten) Fensters. Zudem übte der an der Türe bellende Hund zweifellos eine erhöhte Abschreckungswirkung

---

[370] Vgl. BVerwGE 66, 184 (186).

[371] Anderes ergibt sich auch nicht aus dem Gesichtspunkt einer etwaigen Kostenbelastung aus der Maßnahme, da dies ein Aspekt ist, der erst auf der Kostenabwicklungsebene virulent wird und dort vor Ergehen eines Kostenbescheides ohnehin eine Anhörung erforderlich macht.

[372] Zum Gefahrenbegriff ÖffR NRW, § 3 Rn. 61.

[373] S. *Schoch*, in: Schoch, Besonderes Verwaltungsrecht, 15. Aufl. 2013, 2. Kap. Rn. 150.

auf mögliche Diebe aus. Die Annahme einer polizeilichen „Gefahr“ erscheint daher zweifelhaft und im Ergebnis eher nicht begründet. Fragwürdig wäre aber spätestens die Gegenwärtigkeit einer unterstellten Gefahr, da ein Zugriff von Einbrechern weder erfolgt war noch mit an Sicherheit grenzender Wahrscheinlichkeit unmittelbar bevorstand. Gleiches muss für die nur spekulative Möglichkeit eines Entweichens des Hundes gelten, zumal über die Lage der Fensteröffnung nichts Weiteres bekannt ist.

(b) Sache als Gefahrenquelle. Unabhängig hiervon bleibt zu berücksichtigen, dass § 43 Nr. 1 PolG NRW nur solche Gefahrenlagen meint, die von der Sache „ausgehen“, wobei die Gefährlichkeit entweder der Sache selbst innewohnen kann (Bombe), in den Verwendungsabsichten des Gewahrsamsinhabers begründet sein kann (Küchenmesser in der Hand des tobenden Ehemannes) oder durch die „Lage“ der Sache „im Raum“ (entlaufener Hund auf der Autobahn).[374] In der vorliegenden Konstellation aber sind Haus und Hausrat unzweifelhaft nicht selbst Quelle der Gefahr, sondern im Gegenteil potentielles Ziel rechtswidriger Angriffe Dritter. Auch insoweit muss der Rückgriff auf § 43 Nr. 1 PolG NRW im Ergebnis scheitern.

(2) Alternative der Nr. 2. Die Sicherstellung könnte aber über § 43 Nr. 2 PolG NRW gerechtfertigt sein. Nach Nr. 2 ist eine Sicherstellung von Sachen ferner möglich, „um den Eigentümer (…) vor Verlust oder Beschädigung der Sache zu schützen“.

Wie diese Tatbestandsvoraussetzung zu verstehen ist, erscheint keineswegs eindeutig. Bei formaler Auslegung scheint allein die subjektive Zweckrichtung (Intention) der handelnden Beamten maßgeblich zu sein, die darauf gerichtet sein muss, die sichergestellten Sachen zu schützen. Ein solches Abstellen allein auf „innere Tatsachen“ in der Person der handelnden Polizeibeamten würde freilich dem Zweck polizeilicher Eingriffsermächtigungen, polizeiliche Interventionen zu begrenzen, nicht gerecht. Stellt man auf die gefahrenpräventive Funktion des Polizeirechts ab, könnte alternativ erwogen werden, eine nach der (Legal-) Definition des § 8 PolG NRW zu bestimmende „Gefahr“ des Verlustes oder der Beschädigung der sichergestellten Sachen zu verlangen.[375] Notwendig wäre dann eine Situation, die bei ungehindertem Ablauf in absehbarer Zeit mit hinreichender Wahrscheinlichkeit zum Verlust oder zur Beschädigung der Sache führen wird. Eine solche Auslegung stünde zunächst gewiss nicht in Widerspruch zu der Konstellation der Nr. 1, da hier sogar eine „gegenwärtige Gefahr“ verlangt, vor allem aber vorausgesetzt wird, dass die Gefahr von der Sache selbst ausgeht,[376] während in der Konstellation der Nr. 2 die Sache durch externe Einwirkungen – z.B. Wetterunbilden oder Diebstahl – „bedroht“ wird, ohne selbst gefahrenträchtig zu sein. Auch dieser gefahrenspezifische Auslegungsansatz erscheint indes fragwürdig. Denn der Zugriff nach § 43 Nr. 2 PolG NRW soll letztlich den Interessen des Eigentümers oder Besitzers dienen, dessen Sachen einem erhöhten Verlust- oder Beschädigungsrisiko ausgesetzt sind. Dem

---

[374] ÖffR NRW, § 3 Rn. 201.

[375] Vgl. dazu OVG RP, NVwZ-RR 1989, 299 (301); VG Stuttgart, NVwZ-RR 2000, 591 (592).

[376] Vgl. *Rachor*, in: Lisken/Denninger, Hdb. des Polizeirechts, 5. Aufl. 2012, F 742.

entspricht die im Schrifttum vorherrschende Auslegung der Zugriffsvariante in § 43 Nr. 2 PolG NRW als kodifizierter Fall einer „öffentlich-rechtlichen Geschäftsführung ohne Auftrag“[377] bzw. als „Sonderleistung“ der Polizei.[378] Dieser spezifische Hintergrund spricht dafür, Sicherungsmaßnahmen nach Nr. 2 nicht erst dann für zulässig zu erachten, wenn eine konkrete „Gefahr“ des Verlustes besteht, sondern – ggf. unter herabgesetzten Anforderungen – immer schon dann, wenn eine Sicherung im tatsächlichen oder mutmaßlichen Interesse des Eigentümers liegt, insbesondere eine besondere „Risikosituation“ für die betroffenen Sachen vorliegt, die der Eigentümer nicht vorausgesehen hat und deren Fortdauer er tatsächlich oder mutmaßlich entgegen getreten will.[379]

Legt man dieses Verständnis zugrunde, erscheint höchst fraglich, ob sich die Beamten hier auf ein mutmaßliches Schutzinteresse des E berufen konnten. Denn aus der Ankoppelung der polizeilichen Zugriffsbefugnisse an das tatsächliche bzw. mutmaßliche Interesse des Eigentümers folgt, dass die Polizei vor einer eigenständigen Bewertung der Interessenlage des Eigentümers („Geschäftsherrn“) die bestehenden Möglichkeiten einer Rückfrage bei diesem nutzen muss, um – soweit möglich – dessen tatsächlichen Willen zu ermitteln.[380] Ein entsprechender Versuch der Rückfrage ist hier indes nicht erfolgt. Zwar hatte die Polizei *vor* dem gewaltsamen Eindringen in das Haus einen (einmaligen) Versuch unternommen, per Handy Kontakt mit dem Hauseigentümer aufzunehmen. Vor der zeitlich nachfolgenden Sicherung des gewaltsam geöffneten Fensters hat es indes weitere Versuche der Kontaktaufnahme nicht mehr gegeben. Solche Versuche waren auch nicht wegen des einmaligen Scheiterns der Kontaktaufnahme entbehrlich, da aus dem einmaligen Fehlschlagen des Anrufs vor dem Eindringen in das Haus nicht gefolgert werden konnte, dass E auch in der Folgezeit über das Handy nicht erreichbar sein würde. Das unabgestimmte Vorgehen der Polizeibeamten genügte damit den rechtlichen Anforderungen an die Beachtung primär des tatsächlichen Willens des Eigentümers nicht. Vor diesem Hintergrund konnte sich die Polizei auch nicht ersatzweise auf einen „mutmaßlichen“ Willen des E berufen.

Die Zugriffsvoraussetzungen der Nr. 2 waren danach nicht erfüllt. Auch insoweit erscheint die Maßnahme der Beamten rechtswidrig.

(3) Sicherstellung und Störerverantwortlichkeit. Im Rahmen der Prüfung der (materiellen) Rechtmäßigkeit der Sicherstellung stellt sich weiter die Frage, ob die Sicherstellung nach § 43 Nr. 2 PolG NRW eine „Verantwortlichkeit“ des E voraussetzt, die hier fraglich sein könnte.

Eine Verantwortlichkeit ist nach § 4 Abs. 4 bzw. § 5 Abs. 4 PolG NRW ausnahmsweise nicht zu prüfen, „soweit Vorschriften dieses Gesetzes (…) bestimmen, gegen wen die Maßnahme zu richten ist“. Im Rahmen des § 43 Nr. 2 PolG NRW ergibt sich insoweit die Besonderheit, dass die Sicherstellung im Interesse

---

[377] Vgl. OLG Hamm, NZV 1998, 374; VG Stuttgart, NVwZ-RR 2000, 591 (592).

[378] OVG RLP, DVBl. 1989, 1011 (1012); *Rachor*, in: Lisken/Denninger, Hdb. des Polizeirechts, 5. Aufl. 2012, F 755 f.; *Schoch*, in: Schoch, Besonderes Verwaltungsrecht, 15. Aufl. 2013, 2. Kap. Rn. 319.

[379] ÖffR NRW, § 3 Rn. 203.

[380] So auch VG Berlin, LKV 2002, 293: Halternachfrage vor Sicherstellung eines Fahrzeugs mit eingeschlagener Seitenscheibe.

des Eigentümers oder Besitzers erfolgt und daher gerade nicht an eine polizeiliche Verantwortlichkeit des Eigentümers oder Besitzers anknüpft.

Entsprechendes dürfte hier anzunehmen sein, so dass sich die Frage einer Verantwortlichkeit des E – zumindest an dieser Stelle – nicht stellt.[381]

bb) Ermessensprüfung

Schließlich müssten die Beamten im Rahmen der (hilfsweise unterstellten) Sicherstellung das ihnen in § 43 PolG NRW eingeräumte Ermessen fehlerfrei ausgeübt haben. Hier könnte eine Ermessensüberschreitung dadurch erfolgt sein, dass die Beamten die Grenzen der Verhältnismäßigkeit überschritten haben, ihre Maßnahme also entweder ungeeignet, nicht erforderlich oder aber unzumutbar war.

Von der Geeignetheit der Sicherungsmaßnahme als Mittel zum Schutz vor einem Abhandenkommen des Inventars bzw. einer Beschädigung des Hauses ist auszugehen.

Fraglich erscheint allerdings die Erforderlichkeit der Maßnahmen. Die Erforderlichkeit, eine Sicherung des Hausinventars im mutmaßlichen Willen des E durchzuführen, wäre nämlich dann zu verneinen, wenn man – als minder schweres Mittel – vorab eine eigene Entscheidung des E hätte einholen können. Hier hatten die Beamten nach Betreten und Kontrolle des Hauses – wie bereits dargestellt – nicht mehr versucht, mit E fernmündlich Kontakt aufzunehmen, sondern sogleich ihre Sicherungsmaßnahme durchgeführt. Hatte dies oben dazu geführt, dass sich die Beamten nicht mehr auf einen „mutmaßlichen Willen" des E berufen konnten, bedeutet dies im hiesigen Kontext, dass die Maßnahme nicht „erforderlich" war und damit den Anforderungen des Erforderlichkeitsgrundsatzes nicht genügen kann.

Zusätzlich würde die Zumutbarkeit (Verhältnismäßigkeit i.e.S.) fehlen, wenn die Nachteile der Maßnahme außer Verhältnis zu dem verfolgten Zweck gestanden hätten. Dies ist indes nicht erkennbar.

Insofern ist die Maßnahme also wegen Verletzung des Erforderlichkeitsgrundsatzes unverhältnismäßig und damit rechtswidrig.

3. Störereigenschaft des E?

Eine kostenrechtliche Inanspruchnahme des E setzt nach § 46 Abs. 3 Satz 1 PolG NRW weiter voraus, dass dieser „Verantwortlicher" nach den §§ 4 und 5 PolG NRW war. Ob dies der Fall ist, erscheint fraglich.

a) Zustandsverantwortlichkeit

Zu denken wäre zunächst an eine Zustandsverantwortlichkeit des E als Eigentümer und Inhaber der tatsächlichen Gewalt über das Haus sowie Hausinventar (§ 5 Abs. 1 und 2 PolG NRW). Eine Zustandsverantwortlichkeit würde allerdings voraussetzen, dass von dem Haus bzw. dem Inventar i.S.d. § 5 Abs. 1 PolG NRW eine Gefahr ausging. Die Gefahr muss hierbei der Sache immanent sein bzw. durch deren „Lage im Raum" begründet sein. Soweit es hier um das

---

[381] Freilich könnte auch erwogen werden, hier eine „Duldungspflicht" des E zu unterstellen und diese mit einer (Zustands-) Verantwortlichkeit des E zu begründen.

Risiko von Diebstählen aus dem unzureichend gesicherten Haus geht, besteht eine solche Gefahr nicht. Denn zum einen kann nach den Ausführungen oben nicht davon ausgegangen werden, dass, überhaupt eine „konkrete Gefahr" vorlag. Zum anderen ginge – selbst wenn man dies entgegen hier vertretener Auffassung annähme – diese Gefahr nicht von dem Haus bzw. dem Inventar aus, sondern von einem unbekannten Dritten (Dieb/Einbrecher) als freiverantwortlich handelnder Person.

Vor diesem Hintergrund kann von einer Zustandsverantwortlichkeit des E nicht ausgegangen werden.[382]

b) Handlungsverantwortlichkeit

Auch eine Handlungsverantwortlichkeit i.S. einer Ursächlichkeit des E für das Vorliegen einer Gefahr ist aus den genannten Gründen nicht gegeben. So fehlt es – wie oben dargestellt – richtigerweise bereits an einer Gefahr im polizeirechtlichen Sinne. Soweit eine solche gleichwohl angenommen wird, wäre diese auch hier wiederum dem jeweiligen Täter als freiverantwortlich handelnder Person zuzuordnen.[383]

Auch eine Handlungsverantwortlichkeit des E liegt damit nicht vor. Eine kostenrechtliche Inanspruchnahme kommt nach dem Normwortlaut somit nicht in Betracht.

c) Beschränkung der Kostenhaftung des Störers auf Fälle des § 43 Nr. 1 PolG NRW?

Zu überlegen bliebe, ob § 46 Abs. 3 PolG NRW tatbestandlich zu weit gefasst ist („verdeckte Lücke") und die Forderung einer Störereigenschaft des Kostenschuldners nur auf Konstellationen einer Sicherstellung nach § 43 Nr. 1 PolG NRW bezogen sein soll.[384] Denn immerhin ist zu konstatieren, dass die Suche nach einem Verantwortlichen im Falle der Sicherstellung nach § 43 Nr. 2 PolG NRW vielfach ins Leere laufen wird. Ob dieser Umstand eine Gesetzeskorrektur im Wege einer teleologischen Reduktion rechtfertigt, erscheint gleichwohl fraglich. Denn auch in den Fällen des § 43 Nr. 2 PolG NRW ist eine (Handlungs-) Verantwortlichkeit Dritter durchaus denkbar, etwa bei der Verursachung eines Verkehrsunfalls, in dessen Folge Sachen des verletzt abtransportierten Opfers zur Vermeidung eines Verlustes in Verwahrung genommen werden. Insofern bleibt die Beschränkung der Kostenpflicht auf Verantwortliche auch im Falle des § 43 Nr. 2 PolG NRW durchaus sinnvoll und praktikabel. Der Nachweis einer verdeckten Lücke ist nicht zu führen. Ein Verzicht auf den Nachweis der Verantwortlichkeit im Falle von Sicherstellungen nach § 43 Nr. 2 PolG NRW ist damit nicht gerechtfertigt und als faktische Haftungserweiterung mit dem Grundsatz vom Vorbehalt des Gesetzes unvereinbar.
Eine kostenrechtliche Inanspruchnahme des E scheitert mithin auch daran, dass E nicht Verantwortlicher i. S. d. §§ 4 und 5 PolG NRW ist.

---

[382] A. A. VG Düsseldorf, BeckRS 2011, 45332, das eine Zustandsverantwortlichkeit des Eigentümers unterstellt und damit die gesetzlichen Voraussetzungen verfehlt.

[383] Anders als etwa für PKWs gibt es auch keine formale Rechtspflicht des Eigentümers (Halters), unbefugten Dritten durch Verschließen der Türen den Zugang zu verwehren.

[384] In diese Richtung *Tegtmeyer/Vahle*, PolG NRW, 11. Aufl. 2014, § 46 Rn. 6.

4. Kostenrechtliche Ermessensausübung

Zu prüfen bleibt schlussendlich, ob die kostenrechtliche Inanspruchnahme des E – von den bislang festgestellten Fehlern abgesehen – den rechtlichen Anforderungen an eine fehlerfreie Ermessensausübung genügt.

Hierzu ist zunächst zu klären, ob § 46 Abs. 3 PolG NRW überhaupt eine Ermessensnorm darstellt.[385] Hiergegen könnte der Normwortlaut sprechen, der im Sinne einer „gebundenen Entscheidung“ festlegt, dass die Kosten der Sicherstellung dem Verantwortlichen „zur Last fallen“. In die gleiche Richtung scheint § 77 VwVG NRW zu weisen, den § 46 Abs. 3 Satz 3 PolG NRW für anwendbar erklärt, wenn dort festgelegt wird, dass Kosten „erhoben werden“.[386] Andererseits ist aber auch zu sehen, dass Kosten gemäß § 77 Abs. 1 Satz 1 VwVG NRW „nach näherer Bestimmung einer Kostenordnung“ erhoben werden, die sich in der Ausführungsverordnung VwVG NRW (VO VwVG NRW) findet.[387] Der dortige § 24 VO VwVG NRW sieht hierbei neben einem obligatorischen Absehen von der Kostenerhebung im Falle einer unrichtigen Sachbehandlung (Abs. 1) die im behördlichen Ermessen stehende Möglichkeit einer „abweichenden Kostenberechnung“ in bestimmten Einzelfällen (Abs. 2) vor.[388] Auch wenn die Regelung des Abs. 2 angesichts ihres begrenzten Anwendungsbereiches gewiss keine allgemeine „Ermessensnorm“ darstellt, dürfte gleichwohl eine analoge Anwendung der Norm auch auf solche Fälle nahe liegen, in denen die Inanspruchnahme eines Kostenschuldners aus sonstigen Gründen als unbillige Härte bzw. unverhältnismäßig anzusehen wäre.[389] Insofern kann nach hiesiger Auffassung nicht von einer statischen „gebundenen“ Entscheidung ausgegangen werden.[390]

Hier könnte bereits der (obligatorische) Ausschlussgrund einer „unrichtigen Behandlung der Sache“ (§ 24 Abs. 1 VO VwVG NRW) vorliegen mit der Folge, dass die gleichwohl vorgenommene Kostenüberwälzung zulasten des E – ungeachtet der Frage, ob man von einer Ermessensentscheidung ausgeht oder nicht – als rechtswidrig anzusehen wäre. Dies nämlich dann, wenn man das gewaltsame Öffnung des Fensters, welches den Grund für die spätere Sicherungsmaßnahme darstellte, als Teilelement der „Sachbehandlung“ i.S.d. § 24 Abs. 1 VO VwVG NRW ansähe und dieses Öffnen des Fensters als rechtswidrig einzustufen gewesen wäre.

---

[385] Zum Streitstand generell *Muckel*, JA 2012, 355 (360f.).

[386] So *Muckel*, JA 2012, 355 (361).

[387] Auch dort bestimmen allerdings § 20 Abs. 2 und 4 der VO zunächst ganz im Sinne eines gebundenen Verständnisses eine *Pflicht* zur Erstattung von Auslagen, die der Behörde i.R. einer Sicherstellung entstanden sind.

[388] Ob sich diese Ausnahme nach § 24 der VO jedoch auch auf die Auslagenersatzpflicht nach § 20 Abs. 4 der VO bezieht, erscheint angesichts des allein in § 20 Abs. 5 VO enthaltenen Verweises auf § 24 VO fraglich.

[389] S. ÖffR NRW, § 3 Rn. 261; a.A. *Muckel*, a.a.O., der aufgrund der engen Fassung des § 24 Abs. 2 VO VwVG NRW annimmt, dass das ins behördliche Ermessen gestellte Absehen von der Kostenbeitreibung die Ausnahme sein soll und dementsprechend wohl nicht analogiefähig ist.

[390] Selbst wenn man aber diesen kostenrechtsspezifischen Punkt anders sähe, bliebe gleichwohl ein Ausschluss des Kostenerstattungsanspruchs nach allgemeinen Grundsätzen von Treu und Glauben zu prüfen, die auch im öffentlichen Recht in analoger Anwendung des § 242 BGB zu beachten sind, vgl. dazu sogleich.

Vor diesem Hintergrund ist zu prüfen, ob das gewaltsame Öffnen des Fensters durch die Polizei rechtmäßig war oder nicht. Rechtmäßig wäre die Maßnahme dann gewesen, wenn es eine Eingriffsermächtigung gab (a) und das Handeln der Polizei formell (b) und materiell (c) rechtmäßig war.

a) Eingriffsermächtigung

aa) § 41 PolG NRW

Soweit es um das Eindringen der Beamten in das Haus des E geht, könnte die Standardermächtigung des § 41 Abs. 1 PolG NRW die spezielle Eingriffsermächtigung sein. Von der Rechtsfolgenseite her erfasst die Norm das Betreten und Durchsuchen einer Wohnung. Problematisch ist, dass die hier zu prüfende Maßnahme des gewaltsamen Öffnens eines Fensters kein „Betreten" darstellt, da sich die Beamten auch anschließend noch außerhalb der Wohnung befanden. Auch ist das gewaltsamen Öffnen von Türen und Fenstern keineswegs notwendig „integraler Bestandteil" eines Betretens einer Wohnung; dies selbst dann nicht, wenn dieses Betreten „ohne Einwilligung des Inhabers" der Wohnung erfolgt. Denn auch in dieser Situation ist vom Regelfall auszugehen, dass der Wohnungsinhaber die Haustüre öffnet, um anschließend den Beamten den Zutritt zur Wohnung zu gestatten oder zu verweigern. Das gewaltsame Aufbrechen von Fenstern und Türen ist somit richtigerweise als zusätzlicher Eingriffsakt in die Rechtssphäre des Wohnungseigentümers zu werten, der von § 41 PolG NRW nicht erfasst ist.[391]

bb) § 50 Abs. 2 i.V.m. § 52 PolG NRW

Das gewaltsame Öffnen des Fensters könnte aber eine Ersatzvornahme im sofortigen Vollzug gewesen sein, die ihre Rechtsgrundlage in § 50 Abs. 2 i.V.m. § 52 PolG NRW findet. Dies würde freilich voraussetzen, dass mit der Polizeimaßnahme eine von dem E geforderte bzw. (hypothetisch) einforderbare (vertretbare) Handlung ersatzweise vorgenommen wurde, die von diesem nicht erfüllt wurde. Zwischen der durchgesetzten und der eingeforderten bzw. einforderbaren Handlung müsste dabei Identität bestehen. Insofern käme eine Ersatzvornahme hier in Betracht, wenn die Polizei eine dem E obliegende Pflicht durchgesetzt hätte, das Fenster „aufzubrechen". Eine solche Pflicht bestand aber nicht und hätte E aus Gründen der Verhältnismäßigkeit auch nicht auferlegt werden können. Denn gegenüber dem Hauseigentümer reicht es regelmäßig aus, diesen zur regulären Öffnung der Türe oder eines Fenster zu verpflichten, sodass weitergehende Anordnungen zur Zerstörung dieser Einrichtungsbestandteile als nicht erforderlich und damit unverhältnismäßig anzusehen wären. Eine Ersatzvornahme (im sofortigen Vollzug) liegt daher ebenfalls nicht vor.

cc) § 50 Abs. 2 i.V.m. §§ 55, 57ff. PolG NRW

Vor diesem Hintergrund ist davon auszugehen, dass es sich bei der durchgeführten Maßnahme rechtlich um eine Maßnahme des unmittelbaren Zwanges im sofortigen Vollzug handelte.

---

[391] ÖffR NRW, § 3 Rn. 192; a.A. *Schenke*, Polizei- und Ordnungsrecht, 8. Aufl. 2013, Rn. 152.

b) Formelle Rechtmäßigkeit

aa) Zuständige Behörde

Zur Durchführung unmittelbaren Zwangs sind die Polizeibeamten des Polizeipräsidiums als Kreispolizeibehörde nach Maßgabe des § 2 Abs. 1 Nr. 1 i.V.m. § 7 Abs. 1 und § 11 Abs. 1 Nr. 1 POG NRW zuständig.

bb) Anhörung

Fraglich erscheint, ob die Beamten vor Durchführung der Maßnahme gehalten waren, E anzuhören. § 28 VwVfG NRW schreibt dies vor dem Ergehen eines Eingriffsverwaltungsaktes grundsätzlich vor, weshalb zu prüfen ist, ob sich das gewaltsame Öffnen des Fensters hier als solcher darstellt. Dagegen spricht bereits, dass auch diese Maßnahme in Abwesenheit des E und damit „adressatenlos“ erfolgt ist, es mithin schon an der für die Wirksamkeit eines Verwaltungsaktes konstitutiven Bekanntgabe i.S.d. § 43 Abs. 1 VwVfG NRW fehlt.

Ist das Aufbrechen des Fensters somit als Realhandeln zu qualifizieren, stellt sich lediglich noch die Frage, ob das Anhörungserfordernis des § 28 VwVfG NRW analog auch auf belastende Realakte zu beziehen ist.

Dafür könnte angeführt werden, dass der Zweck einer Anhörung, dem von einer belastenden Maßnahme Betroffenen zuvor eine Deliberationsfrist zu gewähren, um verständig auf eine Behördenentscheidung Einfluss zu nehmen,[392] bei einem Realakt womöglich ebenso zum Tragen kommen könnte wie bei einem Verwaltungsakt. Für die inhaltliche Belastungswirkung beim Maßnahmenadressaten macht die rechtliche Qualität des Behördenhandelns häufig keinen Unterschied. Maßgebliche und vorrangige Voraussetzung für eine analoge Normanwendung ist allerdings das Vorliegen einer planwidrigen Lücke. Von einer solchen unbeabsichtigten Regelungslücke wird man in Anbetracht der ausdrücklichen Begrenzung der Norm auf den Erlass belastender Verwaltungsakte nicht ausgehen können. Auch verfassungsrechtliche Gründe können diesem Ergebnis nicht entgegen gestellt werden.

Dies gilt namentlich für den von Befürwortern einer analogen Anwendung des § 28 Abs. 1 VwVfG (NRW) vereinzelt herangezogenen Grundsatz der Gewährung rechtlichen Gehörs.[393] Denn dieser Grundsatz gilt gemäß Art. 103 Abs. 1 GG nur vor Gericht und ist dementsprechend nicht ohne Weiteres verallgemeinerungsfähig.

Eine analoge Anwendung des § 28 Abs. 1 VwVfG (NRW) auf belastende Realakte ist daher abzulehnen. Überdies wäre selbst bei abweichender Sicht dann auch § 28 Abs. 2 Nr. 5 VwVfG analog anzuwenden, der eine Anhörung im Vollstreckungsverfahren entbehrlich macht. Einer Anhörung des E bedurfte es folglich hier nicht.[394]

cc) Androhung des Zwangsmittels

Die grundsätzlich erforderliche Androhung des Zwangsmittels als Verfahrensvoraussetzung für die Anwendung auch des unmittelbaren Zwangs (vgl.

---

[392] Vgl. *Kopp/Ramsauer*, VwVfG, 14. Aufl. 2013, § 28 Rn. 1 ff.

[393] Vgl. dazu BGH, NJW 1992, 2769 (2770); *Herrmann*, in: Bader/Ronellenfitsch, BeckOK-VwVfG, 23. Ed. (Stand: April 2014), § 28 Rn. 18.

[394] Soweit der Gegenmeinung gefolgt wird, entfiele das Anhörungserfordernis aber im Ergebnis gleichsam jedenfalls nach § 28 Abs. 2 Nr. 5 VwVfG NRW analog.

§ 56 Abs. 1 Satz 1 PolG NRW) ist i.R.d. Sofortvollzuges typischerweise entbehrlich. Unabhängig davon, ob hier eine sofort abzuwehrende gegenwärtige Gefahr vorliegt[395], konnte in Anbetracht der Abwesenheit des E angenommen werden, dass die Umstände eine Androhung des Zwangsmittels nicht zuließen.

dd) Festsetzung des Zwangsmittels

Eine Festsetzung des Zwangsmittels findet im Polizeirecht – anders als nach § 64 VwVG NRW – nicht statt. Dementsprechend wurden die Verfahrensvoraussetzungen der Zwangsvollstreckung eingehalten.

c) Materielle Rechtmäßigkeit

In materieller Hinsicht wäre tatbestandlich zunächst zu prüfen, ob die Maßnahme „*zur Abwehr einer gegenwärtigen Gefahr notwendig*“ war (1) und die Polizei „*innerhalb ihrer Befugnisse*“ gehandelt hat (2); ferner müsste die Durchführung der Zwangsmaßnahme auf der Rechtsfolgenseite („*kann*“) ermessensfehlerfrei erfolgt sein (3).

aa) Zur Abwehr einer gegenwärtigen Gefahr notwendig

(1) Gegenwärtige Gefahr. Fraglich ist zunächst, ob die Situation bei Eintreffen der Beamten vor dem Hause – aus der ex-ante-Perspektive der Beamten vor Ort – eine „gegenwärtige Gefahr“ darstellte. Eine solche Gefahr hätte vorgelegen, wenn die Beamten davon ausgehen mussten, dass tierschutzrechtliche Regelungen zum Halten von Hunden verletzt wurden, hier insbesondere § 8 TierSchHuVO, wonach Hunde ordnungsgemäß betreut und versorgt werden müssen. Ob die Beamten von einer solchen Situation ausgehen mussten, erscheint indes fraglich. So ergab sich keine eindeutige Erkenntnislage, die das Vorliegen einer tatsächlichen Gefahr (aus der ex-ante-Sicht) belegte. Für die Beamten bestand vielmehr eine völlig ungeklärte Erkenntnislage, die systematisch mit dem Begriff des „Gefahrenverdachts“ bezeichnet wird. Ob der Gefahrenverdacht als Gefahr anzusehen ist, ist streitig.[396] Vielfach wird es nur um Risikolagen im Vorfeld einer Gefahr gehen, die weitere Gefahrenerforschungsmaßnahmen (von Amts wegen) notwendig machen. Die Einordnung einer Situation als „Gefahrenverdacht“ schließt es freilich nicht aus, dass es sich im Einzelfall doch um einen Sachverhalt handelt, der bei ungehindertem Ablauf in absehbarer Zeit mit hinreichender Wahrscheinlichkeit zu einem Schaden an den polizeilichen Schutzgütern führt und daher polizeirechtlich als Gefahr zu subsumieren ist. Dies erscheint insbesondere in solchen Fällen denkbar, in denen ein hohes Schadensausmaß droht und ein Zuwarten trotz ungesicherter Sachlage nicht vertretbar ist.[397]

Ob dies hier der Fall ist, erscheint indes fraglich. So war zum einen das drohende Schadensausmaß eher begrenzt, zum anderen konnte kaum davon ausgegangen werden, dass dem Hund, der augenscheinlich äußerst lebhaft war, kurz-

---

[395] Vgl. dazu sogleich unter c) (1) (a).

[396] ÖffR NRW, § 3 Rn. 64.

[397] Vgl. etwa die Situation einer Bombendrohung für eine Kinoveranstaltung, hierzu ÖffR NRW, § 3 Rn. 64 m.w.N.

fristig ein Schaden an Leib und Leben drohte. Der Gefahrenverdacht hatte hier daher die Schwelle zur Gefahr im polizeirechtlichen Sinne nicht überschritten. Eine gegenwärtige Gefahr lag nicht vor.

Das Eindringen der Beamten in die Wohnung war insofern nicht zulässig.

(2) Zur Abwehr notwendig. Ebenfalls fraglich ist, ob die Maßnahme zur Abwehr der (unterstellten) Gefahr i.S.d. § 50 Abs. 2 PolG NRW „notwendig“ war. Die Prüfung der Notwendigkeit einer polizeilichen Maßnahme bildet gemeinhin einen Aspekt der Ermessensprüfung auf der Rechtsfolgenseite, indem nicht notwendige (nicht erforderliche) Maßnahmen als unverhältnismäßig einzustufen und ihre Durchführung als Ermessensüberschreitung anzusehen sind.[398] In § 50 Abs. 2 PolG NRW wird die Frage der „Notwendigkeit“ einer Maßnahme zur Gefahrenabwehr auf die Tatbestandsseite gezogen und soll dementsprechend – als umfassende Verhältnismäßigkeitsprüfung – hier beantwortet werden.

An der grundsätzlichen Eignung des Einsteigens in die Wohnung des E bestehen keine Zweifel. Immerhin aber ergibt sich hinsichtlich der Notwendigkeit der Zwangsmaßnahme in der vorliegenden Konstellation die Besonderheit, dass die Beamten lediglich einen einzigen Versuch unternommen haben, um mit E fernmündlich Kontakt aufzunehmen. Es ist aber nicht ersichtlich, weshalb es die Sachlage nicht gestattet hätte, vor dem Einsatz von Zwangsmitteln weitere Versuche der Kontaktaufnahme – u.U. im Abstand von mehreren Stunden – zu unternehmen. Denn nachdem der Hund offenkundig bereits mehrere Tage in dem von den Beamten vorgefundenen Zustand gelebt hatte, konnte kaum davon ausgegangen werden, dass nunmehr ein Einschreiten binnen weniger Minuten notwendig war. Insofern wären durchaus weitere Versuche einer telefonischen Abklärung als milderes Mittel in Betracht gekommen. Unabhängig hiervon[399] spricht viel dafür, dass es hinsichtlich des gewaltsamen Zugriffs an der Proportionalität fehlt, da die Nachteile außer Verhältnis standen zu dem Erfolg, ein (hier zu unterstellendes) bereits länger währendes Fehlverhalten des Hundehalters abzustellen.

bb) Handeln innerhalb der Befugnisse

Die Tatbestandsvoraussetzung des „Handelns innerhalb der Befugnisse“ verlangt, dass die Beamten den Verwaltungsakt, der aus Zeitgründen nicht mehr erlassen werden konnte, aber über § 50 Abs. 2 PolG NRW faktisch durchgesetzt wurde, rechtlich hätten erlassen können. Zu prüfen ist damit die Rechtmäßigkeit einer „fiktiven Grundverfügung“, die über die Zwangsmaßnahme durchgesetzt wurde. Diese hätte hier gegenständlich in der Verpflichtung des E bestanden, den Beamten Zutritt zur Wohnung zu gewähren.

(1) Ermächtigungsgrundlage. Als Ermächtigungsgrundlage käme hier erneut § 41 PolG NRW in Betracht, sofern man davon neben dem Betreten der Woh-

---

[398] Eingehend ÖffR NRW, § 3 Rn. 138.

[399] An der Erforderlichkeit des Sofortvollzuges kann es im Einzelfall auch fehlen, wenn auf das gestreckte Verfahren nach § 50 Abs. 1 PolG NRW zurückgegriffen werden kann; das ist insb. bei Anwesenheit des Polizeipflichtigen der Fall, vgl. OVG NRW, NVwZ-RR 2008, 437.

nung auch die Ermächtigung erfasst sieht, den Beamten die Wohnung zu öffnen. Nach hiesiger Ansicht wäre dieser vorgelagerte Akt der Wohnungsöffnung nicht unmittelbar von § 41 erfasst und dann auf § 8 PolG NRW zu gründen.[400]

(2) Formelle Rechtmäßigkeit. (aa) Zuständigkeit. Die Zuständigkeit der Polizeibeamten des Polizeipräsidiums als Kreispolizeibehörde ergibt sich auch i.R.d. Maßnahme aus § 2 Abs. 1 Nr. 1 i.V.m. §§ 7, 11 Nr. 1 POG NRW.

(bb) Anhörung. Wegen des fiktiven Charakters der Grundverfügung ist das Anhörungserfordernis hier nicht zu prüfen.

(3) Materielle Rechtmäßigkeit. Auch insoweit wäre allerdings eine Gefahr für die öffentliche Sicherheit oder Ordnung zu verlangen, die nach den Ausführungen oben nicht vorliegt. Eine Prüfung der Verantwortlichkeit des E erübrigt sich damit. Sonstige Fehler – insbesondere bei der Ermessensausübung – sind nicht ersichtlich. Insgesamt ergibt sich damit, dass die Beamten nicht innerhalb ihrer Befugnisse gehandelt haben.

d) Zwischenergebnis

In der Gesamtschau ist damit von der Rechtswidrigkeit des gewaltsamen Öffnens des Fensters auszugehen. Es liegt damit eine unrichtige Sachbehandlung i.S.d. § 24 VO VwVG NRW vor, die eine Abwälzung der nachfolgenden Kosten der Sicherung des zerstörten Fensters ausschließt.

Der Kostenbescheid ist damit auch insoweit rechtswidrig.

Teil 2: Haftungsansprüche des E gegen die Polizei (bzw. das Land NRW)

A. Anspruch aus § 39 OBG NRW i.V.m. § 67 PolG

E könnte einen Anspruch auf Entschädigung der 300 € Reparaturkosten aus § 39 Abs. 1 lit. b) OBG i.Vm. § 67 PolG haben.

I. Rechtswidrige Maßnahme der Polizei- oder Ordnungsbehörde

Eine rechtswidrige Maßnahme der Polizeibehörde liegt wie oben gezeigt vor. Ein Verschulden ist dafür i.R.d. § 39 Abs.1 lit. b) OBG nicht erforderlich.

II. Kausaler Schaden

Der Schaden liegt hier in der Beschädigung des Fensters bzw. der Reparaturkosten, die durch die rechtswidrige Öffnung des Fensters kausal entstanden sind.

[400] Die gegenteilige Auslegung ist gut vertretbar.

III. Kein anderweitiger Ersatz/ Kein Mitverschulden

E hat hier keinen anderen Ersatz für die Reparaturkosten erlangt, § 39 Abs. 2 lit. a) OBG. Mitverschulden liegt mangels Verantwortlichkeit des E ebenfalls nicht vor.

IV. Kein tatsächlicher Schutzerfolg durch die Maßnahme

E dürfte aber durch das Öffnen des Fensters nicht tatsächlich selbst, oder in seinem Vermögen geschützt worden sein, § 39 Abs. 2 lit. b) OBG. Eine entsprechende Zielsetzung der Maßnahme war hier zwar vorhanden, reicht aber nicht aus; das Schutzziel muss tatsächlich erreicht worden sein.[401] Hier wurde der Hund des E durch die rechtswidrige Maßnahme nicht geschützt, sondern war die gesamte Zeit wohlauf. Damit war eine Erreichung des Schutzziels unmöglich und ein tatsächlicher Schutzerfolg ausgeschlossen.

V. Anspruchsgegner

Entschädigungspflichtiger ist nach § 42 Abs. 1 Satz 1, § 45 Abs. 1 Satz 1 OBG i.V.m. § 67 PolG („entsprechnde Anwendung“) das Land NRW.

VI. Ergebnis

E hat einen Anspruch auf Entschädigung in Höhe von 300 € nach § 39 Abs. 1 lit. b) OBG i.V.m. § 67 PolG.

B. Anspruch aus § 839 BGB i.V.m. Art. 34 GG

E könnte einen Amtshaftungsanspruch auf Entschädigung der 300 € für die Reparatur des Fensters gemäß § 839 BGB i.V.m. Art. 34 GG haben.

I. Handeln in Ausübung eines anvertrauten Amtes

Die Beamteneigenschaft der handelnden Polizeibeamten ist sowohl nach dem statusrechtlichen als auch nach dem hier maßgeblichen „haftungsrechtlichen Beamtenbegriff“ zu bejahen, da die Polizeibeamten in Ausübung eines ihnen anvertrauten Amtes gehandelt haben.

II. Verletzung einer einem Dritten gegenüber obliegenden Amtspflicht

Es müsste weiter eine drittschützenden Amtspflicht verletzt worden sein. Der Beamte muss die Aufgaben und Befugnisse der juristischen Person des öffentli-

---

[401] ÖffR NRW, § 3 Rn. 279.

chen Rechts, in deren Namen und Rechtskreis er tätig wird, im Einklang mit dem objektiven Recht wahrnehmen. Es besteht also eine Amtspflicht zu gesetzesmäßigen Verhalten.[402] Hier liegt eine Verletzung der Vorgaben für polizeiliche Vollstreckungsmaßnahmen vor. Diese Vorgaben dienen dem Schutz der betroffenen Adressaten und sind drittschützend. Im Übrigen wird E hier durch die Zerstörung in seinem Eigentumsrecht aus Art. 14 Abs. 1 GG direkt betroffen. Damit liegt die Verletzung einer drittgerichteten Amtspflicht vor.

III. Verschulden

Die Amtshaftung verlangt schuldhaftes Handeln. Hiernach hätten die Beamten vorsätzlich oder fahrlässig pflichtwidrig handeln müssen. Vorsatz ist dann anzunehmen, wenn der Beamte die Tatsachen, die die Pflichtwidrigkeit begründen, kennt und sich dieser Pflichtwidrigkeit bewusst ist, zumindest eine solche Pflichtwidrigkeit in Kauf nimmt. Dies kann hier nicht angenommen werden, da die Beamten von der Rechtmäßigkeit ihres Handelns überzeugt waren.

In Betracht kommt aber ein fahrlässiges Handeln. Dieses liegt gemeinhin vor, wenn die im Verkehr erforderliche Sorgfalt außer Acht gelassen wurde. In der fehlerhaften Rechtsanwendung könnte ein entsprechender Verstoß liegen. Insoweit bleibt allerdings zu beachten, dass nicht jeder Rechtsanwendungsfehler einen Fahrlässigkeitsvorwurf begründet. So schließt etwa ein entschuldbarer Irrtum Fahrlässigkeit aus. Insbesondere bei neuartigen Problemen der Rechtsanwendung schließt eine spätere abweichende Bewertung den Fahrlässigkeitsvorwurf aus, wenn der Beamte nach gewissenhafter Prüfung zwar zu einer unzutreffenden, gleichwohl aber vertretbaren Lösung gelangt ist.[403] In diesem Sinne wird auch die kollegialgerichtliche Bestätigung einer später verworfenen Auslegung regelmäßig als Entlastung von dem Verschuldensvorwurf verstanden.[404] Ob sich in dem vorliegenden Falle die Normauslegung der Beamten noch in dem hiermit vorgezeichneten Rahmen gehalten hat, erscheint fraglich und dürfte eher zu verneinen sein.[405]

IV. Schaden

Ein Schaden in Form der Zerstörung des Fensters liegt vor.

V. Keine anderweitige Ersatzmöglichkeit

Eine anderweitige Ersatzmöglichkeit besteht nicht. Keine anderweitige Ersatzmöglichkeit ist insbesondere der Entschädigungsanspruch nach § 39 OBG; vielmehr stehen beide Ansprüche nebeneinander, § 40 Abs. 5 OBG.

---

[402] *Papier*, in: Säcker, MüKO BGB, 6. Aufl. 2013, 5. Band, § 839 Rn. 193.
[403] BGH, NJW 1994, 3158.
[404] BGHZ 117, 240, 250 – st. Rspr.
[405] Vgl. aber auch die bestätigende Ausgangsentscheidung des VG Düsseldorf, BeckRS 2011, 45332, die in concreto zu einem Ausschluss des Verschuldensvorwurfs geführt hätte.

VI. Kein Versäumnis von Rechtsbehelfen

E hat hier auch keinen Rechtsbehelf versäumt.

VII. Kein Mitverschulden

Ein Mitverschulden des E liegt mangels Verantwortlichkeit nicht vor.

VIII. Anspruchsgegner

Als Anspruchsgegner benennt Art. 34 GG „den Staat oder die Körperschaft, in deren Dienst er steht“ (der Beamte). Die Beamten des Polizeipräsidenten in einer kreisfreien Stadt stehen stets im Dienst des Landes (§ 2 Abs. 1 Nr. 1 POG). Anspruchsgegner ist demnach das Land NRW als Anstellungskörperschaft der handelnden Polizeibeamten.

IX. Zwischenergebnis

Ein Amtshaftungsanspruch ist somit gegeben.

C. Folgenbeseitigungsanspruch[406]

Möglicherweise könnte E einen Anspruch auf Erstattung der Reparaturkosten gegen das Land NRW auch aus dem (ungeschriebenen) Folgenbeseitigungsanspruch haben. Dieser Anspruch auf Beseitigung der rechtswidrigen Folgen hoheitlichen Handelns wird aus dem Rechtsstaatsprinzip des Art. 20 Abs. 3 GG bzw. aus der abwehrrechtlichen Funktion der Freiheitsgrundrechte abgeleitet. Teilweise wird eine einfachrechtliche Begründung in den in §§ 862, 1004 BGB zum Ausdruck kommenden Rechtsgedanken gesehen.[407] Die Existenz des Folgenbeseitigungsanspruchs ist unabhängig von seiner rechtsdogmatischen Begründung gewohnheitsrechtlich anerkannt, sodass eine abschließende Festlegung letztlich dahinstehen kann.[408]

Ob das Anspruchsziel des E im Wege des Folgenbeseitigungsanspruchs erreicht werden kann, erscheint fraglich. M verlangt nicht die Wiederherstellung des status quo ante, d.h. die Reparatur des Fensters. Vielmehr hat er das Fenster bereits selbst reparieren lassen und möchte die von ihm hierfür entrichteten Kosten ersetzt bekommen. Es geht mithin nicht um die Beseitigung der (unmittelbaren) rechtswidrigen Folgen hoheitlichen Handelns, sondern um die Liqui-

---

[406] Dazu: *Dietlein/Peters*, Ad Legendum, 2014, 39 (43).

[407] Vgl. zu den verschiedenen Ansätzen zusammenfassend *Dietlein*, in: Stern, Staatsrecht, Band IV/2, 2121 f. m.w.N.

[408] Offenlassend BVerwG, NJW 1989, 2272 (2277); NVwZ 1994, 275 (276).

dierung der Kosten der vom Geschädigten selbst vorgenommenen Folgenbeseitigung.

Ob dem Folgenbeseitigungsanspruch auch ein solcher „Folgenentschädigungsanspruch“ entnommen werden kann, ist nicht abschließend geklärt. Teilweise wird angenommen, der Anspruch auf Folgenbeseitigung wandele sich in einen auf Geldersatz gerichteten Folgenentschädigungsanspruch, etwa wenn die Folgenbeseitigung (tatsächlich) unmöglich oder unzumutbar ist.[409] Andere Stimmen wollen eine Verwirklichung von Entschädigungszahlungen in Geld nur nach Maßgabe der allgemeinen öffentlich-rechtlichen Entschädigungsansprüche zulassen und lehnen eine Erstreckung des Folgenbeseitigungsanspruchs auf eine Folgenentschädigung ab.[410] Hier war die Instandsetzung des Fensters des E weder unmöglich, noch wäre der Aufwand der Folgenbeseitigung unzumutbar gewesen. Damit liegt nach keiner Ansicht eine Konstellation vor, in der ein Umschlagen des Folgenbeseitigungsanspruchs in einen Folgenentschädigungsanspruch angenommen werden könnte. Mangels Kompatibilität mit dem Anspruchsziel der M scheidet ein Folgenbeseitigungsanspruch aus.

D. Anspruch aus enteignendem Eingriff/enteignungsgleichem Eingriff

Ein Anspruch des E auf Erstattung der Reparaturkosten des Fensters könnte sich aus enteignendem Eingriff ergeben. Hierbei handelt es sich um einen „echten Aufopferungsanspruch“, der Nebenfolgen rechtmäßigen Hoheitshandelns umfasst. Vorliegend war das Handeln der Behörde aber nicht rechtmäßig, so dass ein Anspruch nicht in Betracht kommt.

Auch ein Anspruch aus enteignungsgleichem Eingriff scheitert vorliegend daran, dass bezüglich der Zerstörung des Fensters keine unbeabsichtigte Nebenfolge staatlichen Handelns vorliegt, sondern eine zielgerichtete Aktion der Polizei. Im Übrigen sind beide ungeschriebenen Ansprüche gegenüber den normierten Amtshaftungsansprüchen subsidiär.

E hat Entschädigungsansprüche aus § 39 OBG i.V.m. § 67 PolG sowie § 839 BGB i.V.m. Art. 34 GG.

E. Gesamtergebnis

Die Klage des E gegen den Kostenbescheid ist somit zulässig und begründet. Zugleich hat E einen Anspruch auf Zahlung der 300 €.

---

409 Vgl. BVerwG NJW 1989, 2484 (2485 f.); *Dietlein*, in: Stern, Staatsrecht, Band IV/2, 2121 f.; *Ossenbühl/Cornils*, Staatshaftungsrecht, S. 388 u. 398.

410 *Maurer*, Allgemeines Verwaltungsrecht, 18. Aufl. 2011, § 30 Rn. 17.

§ 4. Öffentliches Baurecht

15. Klausur: „Bebauungsplan für einen Hypermarkt" ***

Sachverhalt

Der Handelskonzern T-AG sucht einen Standort für ein geplantes großes SB-Warenhaus, einen sog. Hypermarkt, mit einer Geschossfläche von ca. 15.000 m^2. Die nordrhein-westfälische Stadt S hat großes Interesse an einer Ansiedlung der T-AG und bietet dem Unternehmen daher ein passendes, bislang brachliegendes Grundstück an. Das Grundstück liegt, an seiner West-, Süd- und Ostgrenze von einer schon länger bestehenden Bebauung umgeben, am nördlichen Stadtrand von S.

Dieses Ansiedlungsvorhaben vorbereitend hat die Stadt S ein Gutachten in Auftrag gegeben, das – methodisch einwandfrei und sachlich zutreffend – u.a. zu dem Ergebnis kommt, dass für einen solchen Hypermarkt im vorgesehenen Gebiet Bedarf besteht, da im weiteren Umkreis Einkaufsmöglichkeiten für die zentrumsnahe Versorgung nicht vorhanden sind; den durch den neuen Einzelhandelsbetrieb künftig verursachten Kaufkraftabfluss aus der im Norden an S angrenzenden Gemeinde N prognostiziert das Gutachten auf ca. 4 Prozent.

Der Stadtrat von S fasst einen – ortsüblich bekanntgemachten – Beschluss zur Aufstellung eines Bebauungsplans für das bislang unbeplante Gebiet, das nun als „Sondergebiet großflächiger Einzelhandel" festgesetzt werden soll. Außerdem soll der Bebauungsplan eine großzügig konzipierte Zufahrtsstraße vorsehen, um den zu erwartenden starken Zu- und Abfahrtsverkehr aufzunehmen, der sich sonst durch die vorhandenen schmalen Straßen quälen müsste und vorhersehbar schon bei der Zufahrt zum und Abfahrt vom künftigen Betriebsgrundstück sowie im angrenzenden Gebiet regelmäßig länger anhaltende Verkehrsstauungen verursachen würde.

Weil die T-AG gleichzeitig nach alternativen Standorten in Nachbarstädten Ausschau hält, erwägt der Oberbürgermeister von S, der T-AG nach Stellung eines entsprechenden Antrags schon jetzt, ohne den weiteren Fortgang und Abschluss des Bebauungsplanverfahrens abzuwarten, eine sog. Bebauungsgenehmigung (d.h. einen die bauplanungsrechtliche Zulässigkeit des Vorhabens feststellenden Bauvorbescheid) für den Hypermarkt zu erteilen. Das Bauordnungsamt hat dazu die – sachlich zutreffende – Auskunft gegeben, dass die ringsum vorhandene Bebauung der Nutzungsart nach den Charakter eines Gewerbegebietes i.S.v. § 8 BauNVO aufweise. Nunmehr bittet der Oberbürgermeister das Rechtsamt um eine Stellungnahme zu der Frage, ob die Erteilung einer Bebauungsgenehmigung materiellrechtlich zulässig wäre.

Frage 1:

Erstatten Sie die vom Rechtsamt erbetene gutachtliche Stellungnahme!

Um kommunalpolitische Querelen und eine Rufschädigung zu vermeiden, hat die T-AG zunächst davon Abstand genommen, eine Bebauungsgenehmigung zu beantragen. Das Bebauungsplanverfahren wird fortgeführt. Die frühzeitige Öffentlichkeits- und Behördenbeteiligung, an der die N sich nicht beteiligt hat, wird durchgeführt und der vorgeschriebene Umweltbericht erstellt, der für die fragliche Brachfläche keine nennenswerten Umweltbelange zu Tage fördert. Daraufhin stimmt der Rat der Stadt S dem Bebauungsplanentwurf zu, der ein „Sondergebiet großflächiger Einzelhandel" mit einer maximal überbaubaren Fläche von 25.000 m^2 und einer maximalen Verkaufsfläche von 15.000 m^2 sowie die Zufahrtsstraßenplanung vorsieht. Der Planentwurf wird daraufhin ordnungsgemäß öffentlich ausgelegt. Im Rahmen der förmlichen Öffentlichkeitsbeteiligung erfährt auch die Nachbargemeinde N, die bei der förmlichen Beteiligung der Behörden und Träger öffentlicher Belange von S nicht einbezogen worden ist, von dem Planungsvorhaben der S; sie macht fristgemäß geltend, dass der geltende Flächennutzungsplan der S die beabsichtigte Bebauungsplanung nicht zulasse, weil dort die zu überplanende Fläche nur zu etwa vier Fünfteln als „Sonderbaufläche großflächiger Einzelhandel", im Übrigen aber ein Streifen am südlichen Grundstücksrand als gewerbliche Baufläche dargestellt sei.

Bei der anschließenden Beratung im Stadtrat von S werden die eingegangenen Stellungnahmen erörtert. Hinsichtlich der Einwendung der N kommt der Stadtrat mehrheitlich zu der Einschätzung, dass diese unerheblich sei, weil die gewerbliche Baufläche, insbesondere soweit sie die zur Beplanung anstehende Fläche umgibt, sich in den letzten Jahren zunehmend in Richtung von Einzelhandelsnutzungen entwickelt habe. Den zu erwartenden Kaufkraftabzug von N im Umfang von 4 % hält er für eine ganz normale, hinzunehmende Kaufkraftschwankung. Sonstige Abwägungsprobleme sieht der Stadtrat nach ordnungsgemäßer Ermittlung, Bewertung und Ausgleichung der relevanten Belange – zutreffend – nicht. Der Bebauungsplan wird in der öffentlich ausgelegten Fassung vom Rat der Stadt S beschlossen, ausgefertigt und ortsüblich bekanntgemacht.

Inzwischen ist in der Nachbargemeinde N der Widerstand gegen diese Bauleitplanung der S immer stärker geworden. Die N meint, der Stadt S sei schon im Planaufstellungsverfahren ein Fehler unterlaufen; zudem hält sie den Bebauungsplan wegen Unvereinbarkeit mit dem Flächennutzungsplan und wegen der rücksichtslosen Planung auf Kosten einer Nachbargemeinde, deren Einzelhandel durch Abzug von Umsatzchancen geschädigt werde, für nichtig.

Frage 2:

Erstellen Sie ein Gutachten zu den Erfolgsaussichten eines gerichtlichen Vorgehens der N gegen den Bebauungsplan der S!

Gliederung

Frage 1: Materielle Rechtmäßigkeit einer Bebauungsgenehmigung
A. Anwendbarkeit der §§ 30 bis 37 BauGB
B. Vereinbarkeit mit §§ 30 bis 37 BauGB
I. § 34 BauGB
1. Anwendbarkeit von § 34 BauGB

2. Zulässigkeit nach § 34 BauGB
II. § 33 BauGB
Frage 2: Erfolgsaussichten eines gerichtlichen Vorgehens gegen den Bebauungsplan
A. Zulässigkeit
I. Verwaltungsrechtsweg
II. Statthafte Antragsart
III. Antragsbefugnis
1. Antragsbefugnis als Behörde
2. Antragsbefugnis als juristische Person
a) Mögliche Verletzung von subjektiven Rechten des Antragstellers
aa) § 4 Abs. 2 Satz 1 BauGB
bb) Entwicklungsgebot (§ 8 Abs. 2 Satz 1 BauGB)
cc) § 2 Abs. 2 Satz 1 BauGB
dd) Abwägungsgebot (§ 1 Abs. 7 BauGB)
b) Präklusion (§ 47 Abs. 2a VwGO)
IV. Beteiligten- und Prozessfähigkeit
V. Zuständiges Gericht
VI. Antragsfrist und Form
VII. Rechtsschutzbedürfnis
B. Begründetheit
I. Formelle Rechtmäßigkeit
1. Zuständigkeit
2. Verfahren
a) Frühzeitige Öffentlichkeits- und Behördenbeteiligung (§§ 3 Abs. 1, 4 Abs. 1 BauGB)
b) Förmliche Öffentlichkeits- und Behördenbeteiligung (§ 3 Abs. 2 BauGB)
c) Förmliche Behördenbeteiligung (§ 4 Abs. 2 BauGB)
d) Ordnungsgemäßer Ratsbeschluss
e) Sonstige formellrechtliche Anforderungen
II. Materielle Rechtmäßigkeit
1. Erforderlichkeit (§ 1 Abs. 3 BauGB)
2. Beachtung der strikt zu beachtenden Planungsleitsätze
3. Zulässigkeit und hinreichende Bestimmtheit der Festsetzungen
4. Verhältnis zum Flächennutzungsplan (§ 8 Abs. 2 BauGB)
5. Beachtung des interkommunalen Abstimmungsgebotes
6. Abwägungsgebot (§ 1 Abs. 7 BauGB)

Lösungsvorschlag

Frage 1: Materielle Rechtmäßigkeit einer Bebauungsgenehmigung

Die Erteilung einer sog. Bebauungsgenehmigung ist nach §§ 71 Abs. 1 und 2, 75 Abs. 1 Satz 1 BauO NRW materiellrechtlich zulässig, wenn dem beantragten Vorhaben keine bauplanungsrechtlichen Vorschriften entgegenstehen.

A. Anwendbarkeit der §§ 30 bis 37 BauGB

Fraglich ist zunächst die Anwendbarkeit der bauplanungsrechtlichen Bestimmungen der §§ 30 bis 37 BauGB. Sie folgt aus § 29 Abs. 1 BauGB, da die Errichtung eines Einzelhandelszentrums die Errichtung einer baulichen Anlage darstellt. Auch greift § 38 BauGB nicht ein.

B. Vereinbarkeit mit §§ 30 bis 37 BauGB

Fraglich ist somit die Vereinbarkeit mit den bauplanungsrechtlichen Vorgaben der §§ 30 bis 37 BauGB.

I. § 34 BauGB

Maßgeblich könnte § 34 BauGB sein.

1. Anwendbarkeit von § 34 BauGB

Die Anwendbarkeit von § 34 BauGB setzt zunächst voraus, dass das fragliche Baugrundstück nicht im räumlichen Geltungsbereich eines i.S.v. § 30 Abs. 1 BauGB qualifizierten Bebauungsplans liegt. Dies ist, da das Gelände laut Sachverhalt bislang unbeplant ist, der Fall.

Weiterhin müsste das Baugrundstück sich innerhalb eines im Zusammenhang bebauten Ortsteils befinden. Da laut Sachverhalt das Grundstück an drei Seiten von Bebauung umgeben ist, ist dies anzunehmen.

Klausurtipp: Angesichts der Sachverhaltsangaben ist hier eine nähere Prüfung des Tatbestandsmerkmals weder möglich noch erforderlich.

Vertiefung: Ein im Zusammenhang bebauter Ortsteil erfordert in einer allgemeinen Definition eine gegebene Bebauung, die nach der Zahl der vorhandenen Bauten ein gewisses Gewicht hat und Ausdruck einer organischen Siedlungsstruktur ist. Die äußere Begrenzung des so definierten Innenbereichs liegt grundsätzlich unmittelbar hinter dem letzten Haus des im Zusammenhang bebauten Ortsteils (vgl. näher ÖffR NRW, § 4 Rn. 150ff.).

2. Zulässigkeit nach § 34 BauGB

Nach § 34 Abs. 1 (i.V.m. Abs. 2) BauGB setzt die Zulässigkeit eines Vorhabens im unbeplanten Innenbereich voraus, dass es sich nach Art und Maß der baulichen Nutzung, nach Bauweise und zu überbauender Grundstücksfläche in die nähere Umgebung einfügt. Dabei beurteilt sich die Zulässigkeit im Hinblick auf die Nutzungsart allein nach den Vorschriften der BauNVO, wenn die Eigenart der näheren Umgebung einem der dort geregelten Baugebiet entspricht (§ 34 Abs. 2 BauGB). Hier entspricht die Eigenart der näheren Umgebung einem Gewerbegebiet i.S.v. § 8 BauNVO. Zulässig sind danach Vorhaben nach § 6 Abs. 2

BauNVO, d.h. u.a. Gewerbebetriebe aller Art (§ 6 Abs. 2 Nr. 1 BauNVO), worunter auch Einzelhandelsbetriebe fallen. Nach § 11 Abs. 3 Satz 1 BauNVO sind jedoch großflächige Einzelhandelsbetriebe, die nicht nur unwesentliche Auswirkungen auf die städtebauliche Entwicklung und Ordnung haben können, nur in Kern- oder für sie festgesetzten Sondergebieten zulässig. Der Hypermarkt ist ein großflächiger Einzelhandelsbetrieb i.S.v. § 11 Abs. 3 Satz 1 Nr. 2 BauNVO. Nicht nur unwesentliche Auswirkungen sind nach der Vermutungsregel des § 11 Abs. 3 Satz 3 BauNVO, die diese bei solchen Betrieben mit einer Geschoßfläche von mehr als 1200 m^2 regelmäßig annimmt, zu unterstellen. Demnach wäre der geplante Hypermarkt nur in einem Kern- oder Sondergebiet, nicht aber in einem Gewerbegebiet zulässig. Angesichts der einem Gewerbegebiet entsprechenden näheren Umgebung ist er deshalb auch nach § 34 Abs. 1, 2 BauGB unzulässig.

Vertiefung: Da das Vorhaben sich hier schon in die nähere Umgebung nicht i.S.v. § 34 Abs. 1 Satz 1, Abs. 2 BauGB einfügt, kommt es nicht mehr darauf an, ob es nach § 34 Abs. 3 BauGB unzulässige sog. Fernwirkungen – hier wegen der möglichen Beeinträchtigung des zentralen Versorgungsbereichs der Nachbargemeinde N – entfalten würde (vgl. ÖffR NRW, § 4 Rn. 160). Entscheidend käme es insoweit darauf an, ob die zu erwartende Kaufkraftabschöpfung in einem vertretbaren Rahmen bleibt (vgl. näher *Uechtritz*, NVwZ 2004, 1025 [1031 f.]).

Das Vorhaben ist nach § 34 BauGB unzulässig.

II. § 33 BauGB

Als weiterer Zulässigkeitstatbestand könnte § 33 BauGB in Betracht kommen.

Hintergrund: §§ 30, 34, 35 BauGB umschreiben abschließend die planungsrechtlichen Bereiche i.S.d. BauGB; hiernach beurteilt sich zunächst die bauplanungsrechtliche Zulässigkeit von Vorhaben. Ein danach derzeit unzulässiges Vorhaben kann jedoch nach § 33 BauGB bereits im Vorgriff auf die Festsetzungen eines zukünftigen, im Aufstellungsverfahren befindlichen Bebauungsplans, in dessen räumlichen Geltungsbereich das Grundstück sich befindet, zulässig sein. In dieser Konstellation kann § 33 BauGB als zusätzlicher Zulässigkeitstatbestand – und nur als solcher – ergänzend hinzutreten (vgl. näher ÖffR NRW, § 4 Rn. 186).

Das setzt zunächst voraus, dass für das fragliche Gebiet ein Beschluss über die Aufstellung eines Bebauungsplans vorliegt. Das ist hier der Fall.
Weiter muss grundsätzlich die sog. formelle Planreife gegeben sein, d.h. die förmliche Öffentlichkeits- und Behördenbeteiligung nach §§ 3 Abs. 2, 4 Abs. 2 BauGB durchgeführt worden sein (§ 33 Abs. 1 Nr. 1 BauGB). Das ist hier noch nicht geschehen. Zuvor kann ein Vorhaben nach § 33 Abs. 2 und 3 BauGB nur in den in § 4a Abs. 3 Satz 1 BauGB bzw. §§ 13, 13a BauGB geregelten Fällen zugelassen werden. Es liegt jedoch weder der Fall der Änderung oder Ergänzung eines Bebauungsplanentwurfs nach der förmlichen Öffentlichkeits- und Behör-

denbeteiligung (§ 4a Abs. 3 Satz 1 BauGB) noch eine Änderung oder Ergänzung eines bestehenden Bebauungsplans im vereinfachten Verfahren (§ 13 BauGB) noch auch die Aufstellung eines Bebauungsplans der Innenentwicklung im beschleunigten Verfahren (§ 13a BauGB) vor. Mangels formeller Planreife ist deshalb eine Zulassung des Vorhabens nach § 33 BauGB ausgeschlossen.

Vertiefung: Darüber hinaus könnte dem Vorhaben derzeit entgegenstehen, dass die Erschließung nicht gesichert ist (§ 33 Abs. 1 Nr. 4 BauGB). Die grundstücksbezogene Erschließung verlangt mindestens den Anschluss des Grundstücks an das öffentliche Straßennetz, die Energie- und Wasserversorgung sowie die Abwasserbeseitigung (vgl. ÖffR NRW, § 4 Rn. 194). Diese Erschließung muss im Zeitpunkt der Beurteilung des Vorhabens noch nicht vorhanden sein, es muss jedoch nach objektiven Kriterien nach aller Erfahrung damit gerechnet werden können, dass die Erschließungsanlagen bis zur Fertigstellung des Vorhabens benutzbar sein werden (vgl. ÖffR NRW, § 4 Rn. 195). Hieran könnte es vorliegend – allein – mit Blick auf die wegemäßige Erschließung fehlen. Sie setzt näher voraus, dass öffentliche Fahrzeuge das Grundstück erreichen können und weiter der zu erwartende Verkehr nicht zu einer Überlastung der Straße führt. Letzteres verlangt, dass die vorhandene Straße den durch das Vorhaben ausgelösten Verkehr im Regelfall bewältigen kann (vgl. BVerwG, NVwZ 1997, 389). Daran fehlt es hier, weil der zu erwartende starke Zu- und Abfahrtsverkehr auf den vorhandenen Straßen vorhersehbar regelmäßig länger anhaltende Verkehrsstauungen verursachen würde. Die vorhandenen Straßen bieten deshalb keine ausreichende wegemäßige Erschließung. Diese könnte erst durch die in dem beabsichtigten Bebauungsplan vorgesehene Zufahrtstraße geschaffen werden; deren rechtzeitige Benutzbarkeit ist derzeit aber noch nicht gesichert anzunehmen. Es fehlt also in wegemäßiger Hinsicht an der gesicherten Erschließung.

Die Erteilung einer Bebauungsgenehmigung kommt also auch nach § 33 BauGB und damit aus materiellrechtlichen Gründen insgesamt nicht in Betracht.

Frage 2: Erfolgsaussichten eines gerichtlichen Vorgehens gegen den Bebauungsplan

Das Begehren der N ist darauf gerichtet, gegen den Bebauungsplan der Stadt B gerichtlich vorzugehen. Für ein solches gerichtliches Vorgehen kommt – allein – eine verwaltungsgerichtliche Normenkontrolle (§ 47 VwGO) in Betracht. Ein solcher Antrag der N hat Aussicht auf Erfolg, wenn er zulässig und begründet ist.

A. Zulässigkeit

I. Verwaltungsrechtsweg

Es müsste zunächst der Verwaltungsrechtsweg eröffnet sein. Da eine aufdrängende Sonderzuweisung nicht in Betracht kommt, könnte dieser nach der verwaltungsgerichtlichen Generalklausel des § 40 Abs. 1 VwGO eröffnet sein. Die danach zunächst erforderliche öffentlich-rechtliche Streitigkeit soll grundsätzlich vorliegen, wenn die streitentscheidenden Normen dem öffentlichen Recht zuzurechnen sind; wenn der Streitgegenstand in der Gültigkeit einer Rechtsnorm, hier einer Satzungsnorm besteht, gilt die Streitigkeit – in einer diesen Obersatz modifizierenden Formulierung – dann als öffentlich-rechtlich, wenn es um einen Rechtssatz geht, zu dessen Vollzug im Verwaltungsrechtsweg anfechtbare Verwaltungsakte ergehen oder aus dessen Anwendung sich sonstige öffentlich-rechtliche Streitigkeiten ergeben können.[411] Da der hier streitige Bebauungsplan eine Satzung ist, deren Vollzug durch Verwaltungsakte, etwa Baugenehmigungen, erfolgt und die deshalb dem öffentlichen Recht zuzurechnen ist, liegt hier eine öffentlich-rechtliche Streitigkeit vor. Diese ist, da keine Streitigkeit zwischen Verfassungsorganen über Verfassungsrecht vorliegt, auch nichtverfassungsrechtlicher Art. Da keine abdrängende Sonderzuweisung eingreift, ist der Verwaltungsrechtsweg eröffnet.

II. Statthafte Antragsart

Nach dem maßgeblichen Begehren der N, das auf die Überprüfung der Gültigkeit des Bebauungsplans der S gerichtet ist, kommt als Verfahrensart die verwaltungsgerichtliche Normenkontrolle gemäß § 47 VwGO in Betracht. Ein Antrag in dieser Verfahrensart ist statthaft, wenn der Bebauungsplan insoweit ein tauglicher Antragsgegenstand ist. Dies ergibt sich, da der Bebauungsplan eine nach den Vorschriften des BauGB erlassene Satzung (vgl. § 10 Abs. 1 BauGB) ist, schon aus § 47 Abs. 1 Nr. 1 VwGO.

Vertiefung: Nach § 47 Abs. 1 Nr. 1 VwGO sind schon kraft Bundesrechts auf der Grundlage des BauGB erlassene Satzungen (insbes. Bebauungspläne, Veränderungssperren) sowie Rechtsverordnungen nach § 246 Abs. 2 BauGB mit der verwaltungsgerichtlichen Normenkontrolle angreifbar. Flächennutzungspläne, die nicht als Satzungen erlassen werden, fallen nicht hierunter (vgl. ÖffR NRW, § 4 Rn. 30, 109).
Von der Option des § 47 Abs. 1 Nr. 2 VwGO, durch Landesrecht die Normenkontrolle auch gegen sonstige im Rang unter dem Landesgesetz stehende Rechtsvorschriften zuzulassen, hat NRW im JustG NRW keinen Gebrauch gemacht.

III. Antragsbefugnis

1. Antragsbefugnis als Behörde

Nach § 47 Abs. 2 Satz 1 Hs. 2 VwGO ist jede Behörde im Normenkontrollverfahren antragsbefugt. Die N ist zwar als Gemeinde Behörde i.S.v. § 1 Abs. 4 VwVfG NRW. Allein die Behördeneigenschaft reicht jedoch nicht aus. Vielmehr muss die Behörde auch mit dem Vollzug der Norm befasst sein oder die Norm bei

---

[411] BVerwGE 99, 88 (96); vgl. *Kahl*, JA 2005, 280 (281).

Erfüllung der eigenen öffentlichen Aufgaben beachten müssen.[412] Die N ist aber weder mit dem Vollzug des Bebauungsplanes der Stadt S befasst, noch muss sie diesen Bebauungsplan bei der Erfüllung eigener Aufgaben beachten. Die N ist damit nicht bereits nach § 47 Abs. 2 Satz 1 Hs. 1 VwGO antragsbefugt.

2. Antragsbefugnis als juristische Person

a) Mögliche Verletzung von subjektiven Rechten des Antragstellers

Die N könnte jedoch nach § 47 Abs. 2 Satz 1 Hs. 1 VwGO antragsbefugt sein. Danach ist jede juristische Person, die geltend macht, durch die Rechtsvorschrift oder deren Anwendung in ihren Rechten verletzt zu sein oder in absehbarer Zeit verletzt zu werden, antragsbefugt. Die Gemeinde N ist Gebietskörperschaft (§ 1 Abs. 2 GO NRW) und damit juristische Person des öffentlichen Rechts. Fraglich ist aber, ob hier Rechtspositionen der N möglicherweise verletzt sind.

Vertiefung: Während die Antragsbefugnis natürlicher oder juristischer Personen früher lediglich einen möglichen Nachteil voraussetzte, verlangt § 47 Abs. 2 Satz 1 VwGO seit 1997 – in Anlehnung an § 42 Abs. 2 VwGO – die Geltendmachung einer möglichen Verletzung in subjektiv-öffentlichen Rechten, ohne dass damit freilich eine erkennbare sachliche Verschärfung eingetreten wäre. Das beruht vor allem darauf, dass die Rspr. ein aus § 1 Abs. 7 BauGB folgendes subjektiv-öffentliches Recht auf fehlerfreie Abwägung eines eigenen (privaten), in der konkreten Planungssituation städtebaulich relevanten Belangs anerkennt, so dass die hinreichend substantiierte Darlegung der Möglichkeit der fehlerhaften Abwägung eines solchen eigenen – nicht geringfügigen und schützwürdigen – privaten Belangs für die Begründung der Antragsbefugnis hinreicht (BVerwGE 107, 215 [220ff.]; OVG NRW, NVwZ 2005, 1201 [1202]).

aa) § 4 Abs. 2 Satz 1 BauGB

Die Antragsbefugnis könnte zunächst schon aus einer möglichen Verletzung von Vorschriften über das Verfahren zur Aufstellung eines Bebauungsplans, nämlich einem Verstoß gegen § 4 Abs. 2 Satz 1 BauGB wegen der Nichtbeteiligung der N an der förmlichen Behördenbeteiligung folgen. Eine Verletzung dieser Vorschrift erscheint möglich. Fraglich ist jedoch, ob dieser Verfahrensvorschrift subjektive Rechte der N zu entnehmen sind. Nach der h.M. dienen die Verfahrensvorschriften des BauGB lediglich im öffentlichen Interesse der Informationsgewinnung der Behörden, so dass sie kein subjektives Recht begründen. Anderes soll nur gelten können, wo Verfahrensregelungen dem betroffenen Bürger in spezifischer Weise und unabhängig vom materiellen Recht eine eigene, selbstständig durchsetzbare verfahrensrechtliche Rechtsposition gewähren sollen.[413] Danach kann insbesondere den Regelungen über die Öffentlichkeitsbeteiligung nachbarschützende Wirkung zuerkannt werden. Für die Regelung über die förmliche Beteiligung von Behörden und Trägern öffentlicher Belange kommt hingegen die Annahme eines Drittschutzes nicht in Betracht.

---

412 BVerwG, ZfBR 1989, 272 (272f.).
413 OVG NRW, NWVBl. 1993, 179 (179).

bb) Entwicklungsgebot (§ 8 Abs. 2 Satz 1 BauGB)

Weiter könnte die Antragsbefugnis aus einer möglichen Verletzung des sog. Entwicklungsgebots (§ 8 Abs. 2 Satz 1 BauGB) folgen. Ein Verstoß gegen dieses Gebot erscheint möglich, weil der Bebauungsplan mit der Festsetzung eines Sondergebiets „Großflächiger Einzelhandel“ durch die Inanspruchnahme einer im Flächennutzungsplan als gewerbliche Baufläche dargestellten Teilfläche von der räumlichen Abgrenzung der Bauflächen im Flächenutzungsplan abweicht. Jedoch fehlt es auch hier an der drittschützenden Wirkung der Norm, so dass die Antragsbefugnis hierauf nicht gestützt werden kann.

cc) § 2 Abs. 2 Satz 1 BauGB

Die Antragsbefugnis der N könnte sich jedoch aus einer möglichen Verletzung in einem subjektiven Recht aus § 2 Abs. 2 Satz 1 BauGB ergeben.

Das setzt zunächst voraus, dass ein Verstoß gegen § 2 Abs. 2 Satz 1 BauGB nicht ausgeschlossen ist. Das sog. interkommunale Abstimmungsgebot des § 2 Abs. 2 Satz 1 BauGB, das sich als eine besondere Ausprägung des Abwägungsgebots darstellt, ist verletzt, wenn ein Bebauungsplan nicht die gebotene planerische Rücksichtnahme auf berechtigte Interessen von Nachbarstädten walten lässt. Eine mögliche Verletzung der Rechte benachbarter Kommunen, die auf einem qualifizierten Abstimmungsbedarf beruht, soll sich bei der Planung großflächiger Einzelhandelsvorhaben und Einkaufzentren bereits unmittelbar aus der Regelung des § 11 Abs. 3 BauNVO ergeben,[414] weil diese Bestimmung zum Ausdruck bringt, dass Einkaufszentren und sonstige großflächige Einzelhandelsbetriebe unter den dort genannten Voraussetzungen regelmäßig geeignet sind, Nachbargemeinden in gewichtiger Weise zu beeinträchtigen; als mögliche Beeinträchtigungen nennt § 11 Abs. 3 Satz 2 BauNVO beispielhaft nachteilige Auswirkungen auf die Versorgung der Bevölkerung im Einzugsbereich des jeweiligen Betriebs sowie auf die Entwicklung zentraler Versorgungsbereiche in der Gemeinde oder in anderen Gemeinden.[415] Danach ist auch hier die Verletzung der N in ihrem Recht aus § 2 Abs. 2 Satz 1 BauGB nicht ausgeschlossen.

Das möglicherweise verletzte interkommunale Abstimmungsgebot entfaltet darüber hinaus, da es gerade den Interessen der Nachbargemeinden zu dienen bestimmt ist, zu ihren Gunsten drittschützende Wirkung.[416]

Die N kann somit eine mögliche Verletzung von § 2 Abs. 2 Satz 1 BauGB als subjektives Recht rügen.

dd) Abwägungsgebot (§ 1 Abs. 7 BauGB)

Schließlich könnte die Antragsbefugnis sich auch aus einer möglichen Verletzung des Abwägungsgebots nach § 1 Abs. 7 BauGB ergeben. Da sich jedoch das interkommunale Abstimmungsgebot des § 2 Abs. 2 BauGB als eine besondere Ausprägung des allgemeinen Abwägungsgebots darstellt,[417] kommt für die Geltendmachung nachbargemeindlicher Interessen eine Berufung hierauf nicht in

[414] Vgl. dazu BVerwG, NVwZ 2003, 86.

[415] Vgl. OVG NRW, NVwZ 2005, 1201 (1202).

[416] Vgl. BVerwGE 84, 209 (214f.); 117, 25 (33); OVG NRW, NVwZ 2005, 1201 (1202); BauR 2014, 221 (222).

[417] OVG NRW, BauR 2014, 221 (224).

Betracht. Die Nachbargemeinde N kann somit nicht die Verletzung von § 1 Abs. 7 BauGB rügen.

b) Präklusion (§ 47 Abs. 2a VwGO)

Die Antragsbefugnis der N als juristische Person könnte jedoch entfallen, weil sie mit ihren Einwendungen nach § 47 Abs. 2a VwGO präkludiert sein könnte. Danach ist ein Antrag einer natürlichen oder juristischen Person gegen einen Bebauungsplan dann unzulässig, wenn der Antragsteller nur Einwendungen geltend macht, die er im Rahmen der öffentlichen Auslegung nach § 3 Abs. 2 BauGB (oder im Rahmen der Beteiligung der betroffenen Öffentlichkeit nach §§ 13 Abs. 2 Nr. 2, 13a Abs. 2 Nr. 1 BauGB) nicht oder nur verspätet geltend gemacht hat, aber hätte geltend machen können, und wenn auf diese Rechtsfolge im Rahmen der Beteiligung hingewiesen worden ist. N hat hier im Rahmen der Anhörung nach § 3 Abs. 2 BauGB einzelne Einwendungen, namentlich den – die Antragsbefugnis tragenden – Hinweis auf die mögliche Verletzung des Gebots interkommunaler Abstimmung, nicht geltend gemacht, obgleich ihr das möglich gewesen wäre und der Rechtsfolgenhinweis erfolgt ist. Vorgebracht hat sie nur die Abweichung vom Flächennutzungsplan und damit die mögliche Verletzung von § 8 Abs. 2 Satz 1 BauGB. Ob sie dadurch die Präklusion vermieden hat, erscheint deshalb fraglich, weil diese Einwendung sich nur auf eine objektiv-rechtliche, die Antragsbefugnis der N nicht begründende Regelung stützt, so dass N im Verfahren nach § 3 Abs. 2 BauGB keine die Antragsbefugnis stützende Einwendung geltend gemacht hat. Nach dem Wortlaut des § 47 Abs. 2a VwGO ist der Antrag jedoch nur unzulässig, wenn nur, d.h. ausschließlich in diesem Verfahren nicht erhobene Einwendungen geltend gemacht werden, während andernfalls der Antrag nicht unzulässig sein soll, so dass auch die erst nunmehr erhobenen, antragsbefugnisbegründenden Einwendungen nicht ausgeschlossen sind. Dies wird entstehungsgeschichtlich dadurch belegt, dass die ursprüngliche Entwurfsfassung die Unzulässigkeit des Antrags vorgesehen hatte, soweit der Antragsteller Einwendungen geltend macht, die er bereits im Rahmen der Öffentlichkeitsbeteiligung hätte geltend machen können.[418] Mit dem Abgehen von dieser Formulierung hat der Gesetzgeber deutlich gemacht, dass der Antragsteller sich, wenn er eine Einwendung rechtzeitig geltend gemacht hat, im späteren Normenkontrollverfahren auch auf nicht rechtzeitig erhobene Einwendungen zur Begründung seiner Antragsbefugnis berufen kann.[419] N ist mithin nicht nach § 47 Abs. 2a VwGO präkludiert und wegen der möglichen Verletzung von § 2 Abs. 2 Satz 1 BauGB antragsbefugt.

IV. Beteiligten- und Prozessfähigkeit

Die N ist nach § 47 Abs. 2 Satz 1 VwGO beteiligtenfähig, Die Stadt S ist als die Körperschaft, die die Rechtsvorschrift erlassen hat, nach § 47 Abs. 2 Satz 2 VwGO beteiligtenfähig.

Die Beteiligten müssen sich im Verfahren vor dem Oberverwaltungsgericht nach § 67 Abs. 4 Satz 1 VwGO durch Prozessbevollmächtigte vertreten lassen, die nach § 67 Abs. 4 Satz 4 VwGO jedoch auch Beschäftigte der Gemeinde sein können, sofern sie die Befähigung zum Richteramt haben.

---

[418] Vgl. BR-Drs. 558/06, S. 11, 37f.

[419] Vgl. *Ziekow*, BauR 2007, 1169 (1176f.).

V. Zuständiges Gericht

Zuständiges Gericht ist nach § 47 Abs. 1 VwGO i.V.m. § 16 JustG NRW das Oberverwaltungsgericht Münster.

VI. Antragsfrist und Form

Nach § 47 Abs. 2 Satz 1 VwGO ist der Antrag binnen eines Jahres nach Bekanntmachung zu stellen. Diese Jahresfrist kann hier noch eingehalten werden.

Vertiefung: Anstelle der 1997 eingeführten Antragsfrist von zwei Jahren besteht seit dem 1. Januar 2007 für den Normenkontrollantrag eine Antragsfrist von einem Jahres ab Bekanntmachung, die der Rügefrist in § 215 BauGB korrespondiert (vgl. ÖffR NRW, § 4 Rn. 113).

Der Normenkontrollantrag ist nach § 81 Abs. 1 Satz 1 VwGO schriftlich beim OVG Münster zu erheben.

VII. Rechtsschutzbedürfnis

Für ein Fehlen des Rechtsschutzbedürfnisses bestehen keine Anhaltspunkte. Ein Normenkontrollantrag der Nachbargemeinde N gegen den Bebauungsplan der Stadt S wäre vor dem OVG Münster zulässig.

B. Begründetheit

Der Normenkontrollantrag der N ist nach § 47 Abs. 5 VwGO begründet, wenn der angegriffene Bebauungsplan der Stadt B formell oder materiell rechtswidrig ist und dieser Fehler auch beachtlich ist.

Vertiefung: Als objektives Kontrollverfahren ist das Normenkontrollverfahren nach § 47 VwGO – anders als etwa die Anfechtungsklage (vgl. §§ 42 Abs. 1 und 2, 113 Abs. 1 Satz 1 VwGO) – nicht allein auf die Überprüfung der Verletzung subjektiver Rechte des Antragsstellers beschränkt. Der Prüfungsumfang erstreckt sich vielmehr auf alle formellen oder materiellen Fehler des Bebauungsplans.

I. Formelle Rechtmäßigkeit

Der hier angegriffene Bebauungsplan der Stadt B könnte bereits formell rechtswidrig sein.

1. Zuständigkeit

Die Zuständigkeit für die Aufstellung von Bebauungsplänen ist zunächst im Hinblick auf die sog. Verbandskompetenz der Gemeinde festzustellen. Diese folgt aus § 2 Abs. 1 Satz 1 BauGB.

Innerhalb der Gemeinde ergibt sich die sog. Organkompetenz des Rates für den Beschluss über den Bebauungsplan aus § 41 Abs. 1 lit. g) GO NRW.

2. Verfahren

a) Frühzeitige Öffentlichkeits- und Behördenbeteiligung (§§ 3 Abs. 1, 4 Abs. 1 BauGB)

Die frühzeitige Öffentlichkeitsbeteiligung nach § 3 Abs. 1 Satz 1 BauGB ist ebenso wie die frühzeitige Behördenbeteiligung nach § 4 Abs. 1 Satz 1 BauGB ordnungsgemäß vorgenommen worden.

b) Förmliche Öffentlichkeits- und Behördenbeteiligung (§ 3 Abs. 2 BauGB)

Auch die in §§ 3 Abs. 2 BauGB vorgeschriebene förmliche Öffentlichkeitsbeteiligung, an der auch die Nachbarstadt N als Trägerin eigener Rechte aus Art. 28 Abs. 2 GG zu beteiligen war,[420] ist – soweit aus dem Sachverhalt ersichtlich – ordnungsgemäß durchgeführt worden.

c) Förmliche Behördenbeteiligung (§ 4 Abs. 2 BauGB)

Ein Verfahrensfehler könnte jedoch darin liegen, dass im Rahmen des nach § 4 Abs. 2 Satz 1 BauGB vorgeschriebenen Verfahrens der förmlichen Behördenbeteiligung die S keine Stellungnahme der N eingeholt hat. Die Nachbarstadt N ist nicht nur Trägerin eigener Rechte, sondern zugleich auch Trägerin öffentlicher Belange,[421] deren Aufgabenbereich hier durch die fragliche Bauleitplanung der S berührt werden kann. In der Nichtbeteiligung der N liegt daher ein Verstoß gegen § 4 Abs. 2 Satz 1 BauGB.

Dieser Verstoß könnte jedoch nach § 214 Abs. 1 Satz 1 BauGB unbeachtlich sein. Danach ist ein Verstoß gegen Verfahrens- oder Formvorschriften des BauGB für die Rechtswirksamkeit eines Bebauungsplans nur beachtlich, soweit dies in § 214 Abs. 1 Satz 1 Nr. 1 bis 4 BauGB angeordnet ist. Die Regelung ist, da der hier verletzte § 4 Abs. 2 Satz 1 BauGB Verfahrensvorschrift des BauGB ist, einschlägig. Ein Verstoß gegen § 4 Abs. 2 BauGB ist nach § 214 Abs. 1 Satz 1 Nr. 2 BauGB grundsätzlich beachtlich; jedoch soll der in der Nichtbeteiligung einzelner Träger öffentlicher Belange liegende Verstoß u.a. dann unbeachtlich sein, wenn die entsprechenden Belange in der Entscheidung berücksichtigt worden sind. Das ist, da die Auswirkungen auf die N bei der Beschlussfassung über den Bebauungsplan Berücksichtigung gefunden haben, der Fall gewesen. Dieser Verfahrensverstoß ist daher gemäß § 214 Abs. 1 Satz 1 Nr. 2 BauGB für die Rechtswirksamkeit des Bebauungsplans unbeachtlich.

---

[420] OVG NRW, NVwZ 2005, 1201 (1202).

[421] *Battis*, in: Battis/Krautzberger/Löhr, BauGB, 12. Aufl. 2014, § 2 Rn. 22.

d) Ordnungsgemäßer Ratsbeschluss

Auch die Beschlussfassung über den Bebauungsplan, für die insbesondere die einschlägigen Regelungen der GO NRW maßgeblich sind, ist laut Sachverhalt formell fehlerfrei gewesen.

e) Sonstige formellrechtliche Anforderungen

Hinsichtlich sonstiger formellrechtlicher Anforderungen an den Bebauungsplan, etwa im Hinblick auf Form und Begründung (§ 9 Abs. 8 BauGB), das Anzeigeverfahren, die Ausfertigung und ortsübliche Bekanntmachung, bestehen keine Bedenken.

II. Materielle Rechtmäßigkeit

1. Erforderlichkeit (§ 1 Abs. 3 BauGB)

Zunächst müsste dem Erfordernis der Planrechtfertigung gemäß § 1 Abs. 3 BauGB genüge getan worden sein. Das ist der Fall, wenn hinreichende städtebauliche Belange erkennbar sind, die für den Erlass des Bebauungsplans sprechen. Da es hier um die Wiedernutzbarmachung eines brachliegenden Grundstücks, also die Erneuerung, Fortentwicklung, Anpassung und den Umbau eines vorhandenen Ortsteils (vgl. § 1 Abs. 6 Nr. 4 BauGB) und weiter um Belange der Wirtschaft im Interesse einer verbrauchernahen Versorgung der Bevölkerung und der Erhaltung, Sicherung und Schaffung von Arbeitsplätzen (vgl. § 1 Abs. 6 Nr. 8 lit. a) und c) BauGB) geht, ist der Bebauungsplan in diesem Sinne erforderlich.

2. Beachtung der strikt zu beachtenden Planungsleitsätze

Anhaltspunkte dafür, dass strikt zu beachtende Planungsleitsätze[422] wie die Gebote konkreter und positiver Planung missachtet wären, gibt es nicht.

3. Zulässigkeit und hinreichende Bestimmtheit der Festsetzungen

Festsetzungen in Bebauungsplänen sind nur zulässig, soweit sie sich auf eine gesetzliche Ermächtigung durch den Katalog zulässiger Festsetzungen in § 9 Abs. 1 bis 4 BauGB stützen können.

Für die Zufahrtsstraßenplanung ergibt sich diese Ermächtigung aus § 9 Abs. 1 Nr. 11 BauGB, wonach Verkehrsflächen festgesetzt, also auch Straßenplanungen vorgenommen werden können.

Näherer Untersuchung bedarf die Zulässigkeit der Festsetzungen bzgl. des „Sondergebiets großflächiger Einzelhandel“. Es handelt sich insoweit um Festsetzungen von Art und auch Maß der baulichen Nutzung i.S.v. § 9 Abs. 1 Nr. 1 BauGB, deren Zulässigkeit durch die auf § 9a BauGB beruhende BauNVO näher bestimmt wird. Für die – die Art der Nutzung betreffende – Sondergebietsfestsetzung kommt, da § 10 BauNVO sich auf der Erholung dienen-

---

[422] Vgl. ÖffR NRW, § 4 Rn. 56ff.

de Sondergebiete beschränkt und darum hier nicht einschlägig ist, allein § 11 BauNVO in Betracht. Voraussetzung für die Festsetzung eines sonstigen Sondergebietes ist, dass das geplante Sondergebiet sich von anderen Baugebieten nach den §§ 2 bis 10 BauNVO wesentlich unterscheidet.[423] Nach der beispielhaften Aufzählung in § 11 Abs. 2 Satz 2 BauNVO kommen insbesondere Sondergebiete für Einkaufszentren und großflächige Handelsbetriebe in Betracht. Konkretisierend regelt § 11 Abs. 3 BauNVO, dass großflächige Einzelhandelsbetriebe – außer in Kerngebieten – nur in für sie festgesetzten Sondergebieten zulässig sind, sofern sie sich auf die Verwirklichung der Ziele der Raumordnung und Landesplanung oder auf die städtebauliche Entwicklung und Ordnung nicht nur unwesentlich auswirken (§ 11 Abs. 3 Satz 1 Nr. 2 BauNVO); für diese Auswirkungen besteht nach § 11 Abs. 3 Satz 3 BauNVO eine (widerlegliche) Regelvermutung hinsichtlich Betrieben mit einer Geschossfläche von mehr als 1200 m^2 und einer Verkaufsfläche von mehr als 800 m^2. Soll – wie hier – ein Gebiet für eine großflächige Einzelhandelsnutzung mit einer maximalen Verkaufsfläche von 15.000 m^2 vorgesehen werden, ist danach die Festsetzung eines Sondergebiets nach § 11 BauNVO, sofern kein Kerngebiet in Betracht kommt, zwingend und zulässig. Mit der Festsetzung eines „Sondergebiets großflächiger Einzelhandel" ist auch die Anforderung des § 11 Abs. 2 Satz 1 BauNVO, die Zweckbestimmung und die Art der Nutzung im Bebauungsplan mit hinreichender Bestimmtheit festzusetzen, erfüllt. Dabei ist es auch zulässig, die Art der baulichen Nutzung durch nach Quadratmetergrenzen bestimmte Regelungen über die höchstzulässige Verkaufs- oder Geschoßfläche, die nicht etwa – unzulässige – Regelungen des Maßes der baulichen Nutzung sind, zu konkretisieren.[424] Hinsichtlich der Festsetzungen über die Art der baulichen Nutzung ist der Bebauungsplan folglich nicht zu beanstanden. Auch mit Blick auf die Festsetzungen über das Maß der baulichen Nutzung (vgl. §§ 16ff. BauNVO) bestehen keine Bedenken.

4. Verhältnis zum Flächennutzungsplan (§ 8 Abs. 2 BauGB)

Der Bebauungsplan könnte jedoch gegen das sog. Entwicklungsgebot (§ 8 Abs. 2 Satz 1 BauGB) verstoßen. Danach ist ein Bebauungsplan aus dem Flächennutzungsplan zu entwickeln. „Entwickeln" bedeutet, dass der Bebauungsplan durch seine Festsetzungen die zu Grunde liegenden Darstellungen des Flächennutzungsplans konkreter ausgestaltet und damit zugleich verdeutlicht.[425] Zu den dabei zu beachtenden Darstellungen gehört gerade auch die Zuordnung der einzelnen Bauflächen zueinander und zu den von Bebauung freizuhaltenden Gebieten.[426] Danach könnte hier ein Verstoß gegen das Entwicklungsgebot vorliegen, weil der Bebauungsplan die im Flächennutzungsplan vorgegebene räumliche Abgrenzung von gewerblicher und Sonderbaufläche verschiebt, indem er ein Sondergebiet teilweise auch für ein als gewerbliche Baufläche dargestelltes Gebiet festsetzt. Diese Festsetzung entspricht in der Sache nicht der

[423] OVG Lüneburg, BauR 2002, 447 (448).
[424] Vgl. BVerwG, NVwZ 1990, 1071 (1173).
[425] Vgl. BVerwGE 48, 70 (73ff.); 56, 283 (285f.).
[426] Vgl. BVerwGE 48, 70 (75).

Eigenart der gewerblichen Baufläche i.S.v. § 1 Abs. 1 Nr. 3 BauNVO, die allein durch gewerbliche Nutzungen, wie sie sich insbesondere in Gewerbe- und Industriegebieten (§§ 8, 9 BauNVO) finden; geprägt wird.[427] Die im Bebauungsplan vorgenommene Konkretisierung schließt jedoch Abweichungen von vorgegebenen Darstellungen des Flächennutzungsplans nicht aus, solange sie sich aus dem Übergang in eine konkretere Planungsstufe rechtfertigen und die Grundkonzeption des Flächennutzungsplans – bezogen auf den engeren Bereich des fraglichen Bebauungsplangebiets – unberührt lassen.[428] Unter diesen Voraussetzungen muss ein Bebauungsplan sich deshalb auch nicht notwendig strikt an die im Flächennutzungsplan dargestellten räumlichen Grenzen halten.[429] Für die Wahrung der Grundkonzeption spricht im vorliegenden Fall zunächst der Umstand, dass die Abweichung nur eine Teilfläche von untergeordneter Größe erfasst. Hinzu kommt, dass in der Umgebung dieser Teilfläche sich – zulässigerweise – eine Einzelhandelsnutzung entwickelt hat, die mit der im Bebauungsplan vorgesehenen großflächigen Einzelhandelsnutzung verwandt und mit ihr verträglich erscheint. Danach liegt hier ein Verstoß gegen das Entwicklungsgebot nicht vor.

Vertiefung: Angesichts der notwendig unvollständigen Schilderung im Sachverhalt erscheint es nicht unvertretbar, auch einen Verstoß gegen § 8 Abs. 2 Satz 1 BauGB anzunehmen. Ein solcher Verstoß könnte dann jedoch nach § 214 Abs. 2 Nr. 2 BauGB unbeachtlich sein, sofern hierdurch die sich aus dem Flächennutzungsplan ergebende geordnete städtebauliche Entwicklung nicht beeinträchtigt worden ist. Daraus ergibt sich, dass eine Verletzung des Entwicklungsgebots rechtlich nicht gleichbedeutend mit einer Beeinträchtigung der sich aus dem Flächennutzungsplan ergebenden geordneten städtebaulichen Entwicklung ist; vielmehr sollen aus Gründen der Planerhaltung Abweichungen des Bebauungsplans von dem Flächennutzungsplan in einer Größenordnung, die keine Auswirkungen auf das städtebauliche Gesamtkonzept des Flächennutzungsplans haben, unbeachtlich sein. Für diese Frage ist nicht auf den engeren Bereich des Bebauungsplangebiets abzustellen, sondern die planerische Konzeption des Flächennutzungsplans für den größeren Raum, d.h. für das gesamte Gemeindegebiet oder einen über das Bebauungsplangebiet hinausreichenden Ortsteil in den Blick zu nehmen und zu fragen, ob die über den Bereich des Bebauungsplans hinausgehenden, übergeordneten Darstellungen des Flächennutzungsplans beeinträchtigt werden; maßgeblich ist, ob der Flächennutzungsplan seine Bedeutung als kommunales Steuerungsinstrument der städtebaulichen Entwicklung „im Großen und Ganzen" behalten oder verloren hat (BVerwG, NVwZ 2000, 197 [198]). Jedenfalls für eine solche Beeinträchtigung der übergeordneten städtebaulichen Steuerungsfunktion des Flächennutzungsplans gibt es hier keine Anhaltspunkte.

---

[427] Vgl. *Söfker*, in: Ernst/Zinkahn/Bielenberg/Krautzberger, BauGB (Stand: August 2013), § 1 BauNVO Rn. 35.

[428] BVerwG, NVwZ 2000, 197 (198).

[429] Vgl. BVerwGE 48, 70 (72 ff.); BauR 1979, 206 (208); NVwZ 2000, 197 (198); OVG Münster, BauR 2000, 358 (359).

5. Beachtung des interkommunalen Abstimmungsgebotes

Der Bebauungsplan könnte gegen das interkommunale Abstimmungsgebot aus § 2 Abs. 2 Satz 1 BauGB verstoßen. Es verlangt, dass – wenn benachbarte Gemeinden sich objektiv in einer Konkurrenzsituation befinden – keine von ihrer Planungshoheit rücksichtslos zum Nachteil der anderen Gebrauch macht. Vielmehr sind eine Koordination und ein Interessenausgleich zwischen den Gemeinden notwendig.

Hintergrund: Die Vorschrift betrifft das materielle Verhältnis der Bauleitplanungen benachbarter Gemeinden zueinander. Sie dient dem Schutz des in Art. 28 Abs. 2 Satz 1 GG gewährleisteten gemeindlichen Selbstverwaltungsrechts, das dem Interesse der Nachbargemeinde, vor Nachteilen bewahrt zu werden, besonderes Gewicht verleiht. Ihr liegt die Vorstellung zugrunde, dass benachbarte Gemeinden sich mit ihrer Planungsbefugnis im Verhältnis der Gleichordnung gegenüber stehen.
Das Gebot des § 2 Abs. 2 Satz 1 BauGB steht in engem sachlichen Zusammenhang mit § 1 Abs. 7 BauGB; das interkommunale Abstimmungsgebot stellt sich als eine besondere Ausprägung des Abwägungsgebots dar (vgl. BVerwGE 117, 25 [32]; OVG NRW, NVwZ 2005, 1201 [1203]).

Ein Verstoß gegen das kommunale Abstimmungsgebot könnte hier allein in den Auswirkungen der Bebauungsplanung der S auf den Einzelhandel der N begründet sein. Dass solche Auswirkungen auf den Einzelhandel von Nachbarstädten beachtenswerte und zu berücksichtigende Belange sein können, verdeutlichen bereits §§ 1 Abs. 6 Nr. 8 lit. a), 2 Abs. 2 Satz 2 BauGB, 11 Abs. 3 BauNVO, die die Beachtung der Auswirkungen auf den Versorgungshandel – auch übergemeindlich – vorschreiben. Städtebaulich geht es jedoch nicht um rein wettbewerbliche bzw. wirtschaftliche Auswirkungen; das interkommunale Abstimmungsgebot schützt nicht, wie die N mit dem bloßen Hinweis auf Umsatzeinbußen geltend macht, den in der Nachbargemeinde vorhandenen Einzelhandel vor Konkurrenz. Vielmehr schützt das BauGB nur die Nachbargemeinde als Selbstverwaltungskörperschaft und Trägerin eigener Planungshoheit; die befürchteten Auswirkungen müssen sich folglich auf die städtebauliche Ordnung und Entwicklung in der Nachbargemeinde beziehen.[430] Solche nachteiligen Auswirkungen auf die städtebauliche Ordnung und Entwicklung in der Nachbargemeinde können etwa eintreten, wenn eine Schädigung des Einzelhandels in der Nachbargemeinde die verbrauchernahe Versorgung der dortigen Bevölkerung in Frage stellt oder die Zentrenstruktur der Nachbargemeinde nachteilig verändert.[431] Die städtebauliche Relevanzschwelle ist daher erst dann überschritten, wenn ein Umschlag von rein wirtschaftlichen zu städtebaulichen Auswirkungen stattzufinden droht. Als ein wesentlicher Indikator hierfür kann der Abfluss bisher in der Nachbargemeinde absorbierter Kaufkraft, der typischerweise die Kerngröße für die Ermittlung der Intensität der Belastung der Nachbarkommunen ist, he-

---

[430] Vgl. BVerwG, NVwZ 1995, 266 (267); OVG NRW, NVwZ 2005, 1201 (1203).
[431] OVG NRW, NVwZ 2005, 1201 (1203).

rangezogen werden. Die Bandbreite der angenommenen Werte für die städtebauliche Relevanzschwelle reicht in der Rechtsprechung von mindestens 10 Prozent über 10 bis 20 Prozent bis hin zu etwa 30 Prozent, doch ist die Tendenz erkennbar, erst Umsatzverluste ab einer Größenordnung von 10 Prozent als gewichtig anzusehen.[432] Auch wenn ungeklärt ist, ob ein Schwellenwert von 10 Prozent für alle Fallkonstellationen gelten kann, sind danach jedenfalls dann städtebaulich relevante Beeinträchtigungen nicht zu befürchten, wenn der Kaufkraftabfluss nach einem methodisch und sachlich einwandfreien Einzelhandelsgutachten unter 5 Prozent bleibt. Da im vorliegenden Fall durch ein zutreffendes Gutachten ein Kaufkraftabfluss aus N von 4 Prozent prognostiziert wird, ist demnach von städtebaulich relevanten Auswirkungen auf N nicht auszugehen.

Das interkommunale Abstimmungsgebot ist daher nicht verletzt.

6. Abwägungsgebot (§ 1 Abs. 7 BauGB)

Dass im Übrigen das Gebot des § 1 Abs. 7 BauGB, die betroffenen öffentlichen und privaten Belange gegeneinander und untereinander gerecht abzuwägen, beachtet worden ist, ergibt sich aus dem Sachverhalt.

Der Bebauungsplan der Stadt S ist somit auch materiell rechtmäßig.

Ein hiergegen gerichteter Normenkontrollantrag der N wäre danach zwar zulässig, aber unbegründet.

---

[432] Vgl. OVG NRW, NVwZ 2005, 1201 (1203 ff.); BauR 2014, 221 (225).

16. Klausur: „Nachbarschutz im unbeplanten Innenbereich" **

Sachverhalt

Die im Gebiet der nordrhein-westfälischen kreisfreien Stadt S ansässige, als eingetragener Verein organisierte Religionsgemeinschaft R plant zur Erweiterung ihres Gemeindelebens ein Gemeindezentrum einzurichten, das Gläubigen aus ganz Nordrhein-Westfalen zur Verfügung stehen soll. Zu diesem Zweck hat sie ein Grundstück an der A-Straße in S erworben, auf dem sich ein leer stehendes Wohnhaus befindet. Die A-Straße befindet sich in einem dem Innenbereich der Stadt S zuzuordnenden Gebiet, für das ein Bebauungsplan nicht existiert. In der näheren Umgebung befinden sich zwei- und dreigeschossige Wohnhäuser.

Das auf dem von R erworbenen Grundstück befindliche Wohnhaus wurde im Jahr 1960 errichtet. Dabei wurde bei der Errichtung der westlichen Hauswand der zum östlichen Nachbargrundstück erforderliche Grenzabstand von drei Metern um einen Meter unterschritten. Aus diesem Grund hatte der Rechtsvorgänger des heutigen Eigentümers N des Nachbargrundstückes seinerzeit eine Baulast zugunsten des nachbarlichen Grundstücks bewilligt; in der Bewilligungserklärung, auf die im Baulastenverzeichnis verwiesen wird, hieß es, dass die Baulast für die Errichtung des Wohnhauses auf dem Nachbargrundstück bewilligt werde.

R beantragt nunmehr beim Oberbürgermeister von S, ihr die Genehmigung zur Nutzungsänderung des Erdgeschosses des von ihr erworbenen Wohnhauses in ein religiöses Gemeindezentrum zu erteilen; ferner beantragt sie, hiermit einhergehende bauliche Veränderungen zu genehmigen, bei denen die Außenwände des Gebäudes allerdings nicht verändert werden sollen. Der Oberbürgermeister erteilt mit Bescheid vom 7. Januar 2014 die begehrte Genehmigung. In der Begründung heißt es unter anderem, der Grenzabstand des Gebäudes der R müsse zwar – was zutrifft – nach § 6 Abs. 6 BauO NRW drei Meter betragen; N müsse sich aber die von seinem Rechtsvorgänger bewilligte Baulast entgegenhalten lassen, so dass die von R beantragte Nutzungsänderung zu genehmigen sei.

Als R am 10. März 2014 mit den Bauarbeiten beginnt, erfährt auch N von der erteilten Baugenehmigung. Er ist hierüber empört und meint, ein religiöses Gemeindezentrum passe nicht in das sonst so ruhige Wohngebiet. Außerdem habe er für das Zentrum keine Baulast bewilligt, und für eine Befreiung von den Vorschriften über die Abstandflächen sei kein Raum. Er möchte daher so schnell wie möglich gegen die Baugenehmigung vorgehen, damit R nicht vollendete Tatsachen schaffen kann.

Frage 1:
Was ist N zu raten?

R hat auf einem nahegelegenen Grundstück in demselben Wohngebiet ein weiteres Wohnhaus erworben und plant, dieses in eine kleine Pension für ihre auswärtigen Mitglieder umzuwandeln. Hierfür erteilt ihr der Oberbürgermeister von S zunächst am 10. März 2014 einen Bauvorbescheid, in dem festgestellt wird, dass das Vorhaben der R bauplanungsrechtlich zulässig ist. Nachdem dies bekannt geworden ist, kommt es zu einer kontroversen Diskussion im Stadtrat. Die Gegner der R setzen sich dort schließlich durch, so dass der Stadtrat am 1. April 2014 – formell ordnungsgemäß – beschließt, für das fragliche Gebiet einen Bebauungsplan aufzustellen, der unter anderem vorsehen soll, dass Beherbergungsbetriebe dort unzulässig sein sollen. Zugleich wird für das Gebiet des künftigen Bebauungsplans – ebenfalls formell ordnungsgemäß – eine Veränderungssperre beschlossen, die Vorhaben im Sinne von § 29 BauGB für unzulässig erklärt.

Angesichts dieser Beschlussfassung im Stadtrat, mit Rücksicht auf die schützenswerte Eigenart des Gebiets möchte der Oberbürgermeister auch den der R bereits erteilten Bauvorbescheid wieder aufheben.

Frage 2:
Wäre eine Aufhebung dieses Bauvorbescheids materiell rechtmäßig?

Gliederung

1. § 49 Abs. 2 Nr. 3 VwVfG NRW
2. § 49 Abs. 2 Nr. 4 VwVfG NRW
   a) Bebauungsplan als geänderte Rechtsvorschrift
   b) Veränderungssperre als geänderte Rechtsvorschrift
   c) Kein Gebrauchmachen
   d) Gefährdung öffentlicher Interessen
3. Ergebnis

B. Rechtsfolge: Ermessen
C. Ausschluss des § 49 Abs. 2 Nr. 4 VwVfG NRW durch § 14 Abs. 3 BauGB
   I. Anwendbarkeit von § 14 Abs. 3 BauGB auf Bauvorbescheide
   II. Verhältnis von § 14 Abs. 3 BauGB zu § 49 Abs. 2 Nr. 4 VwVfG NRW

Lösungsvorschlag

Frage 1: Gutachten zum Vorgehen des N

N geht es um ein möglichst schnelles Vorgehen gegen die der R erteilte Baugenehmigung. Die Erhebung einer Anfechtungsklage wäre zwar möglich, führte allein jedoch nicht zu dem gewünschten schnellen Erfolg des N. Darüber hinaus hätte die Anfechtungsklage gegen die Baugenehmigung gemäß § 80 Abs. 2 Satz 1 Nr. 3 VwGO i. V. m. § 212a Abs. 1 BauGB keine aufschiebende Wirkung, so dass R wie geplant mit dem Bau beginnen könnte. N wird daher die Möglichkeiten des vorläufigen Rechtsschutzes zu prüfen haben.

In Betracht kommt vor diesem Hintergrund ein Antrag nach §§ 80a Abs. 3, 80 Abs. 5 VwGO auf Anordnung der aufschiebenden Wirkung einer noch zu erhebenden Anfechtungsklage gegen die Baugenehmigung. Ein solcher ist erfolgreich, wenn er zulässig und begründet ist.

A. Zulässigkeit

I. Verwaltungsrechtsweg

Der Verwaltungsrechtsweg ist für den einstweiligen Rechtsschutz nach §§ 80a, 80 VwGO eröffnet, wenn dies auch im Hauptsacheverfahren der Fall ist. Vorliegend wendet sich N in der Hauptsache gegen eine dem Nachbarn erteilte Baugenehmigung. Hierfür ist eine aufdrängende Sonderzuweisung nicht einschlägig, jedoch liegt eine öffentlich-rechtliche Streitigkeit nichtverfassungsrechtlicher Art vor, so dass, da auch keine abdrängende Sonderzuweisung eingreift, der Verwaltungsrechtsweg nach § 40 Abs. 1 Satz 1 VwGO eröffnet ist.

II. Statthafte Antragsart

Nach dem Begehren des N, das auf einstweiligen Rechtsschutz gegen den Vollzug der Baugenehmigung durch R gerichtet ist, kommt als statthafte Antragsart ein Antrag nach §§ 80a Abs. 3, 80 Abs. 5 VwGO in Betracht. Dieser Antrag ist statthaft und vor demjenigen nach § 123 VwGO vorrangig (vgl. § 123 Abs. 5 VwGO), wenn der Antragsteller die Anordnung oder Wiederherstellung der aufschiebenden Wirkung von Widerspruch oder Anfechtungsklage gegen einen Verwaltungsakt mit Doppelwirkung (vgl. § 80 Abs. 1 Satz 2 VwGO) begehrt. Die Baugenehmigung begünstigt den Bauherrn, belastet aber den Nachbarn; es handelt sich daher um einen Verwaltungsakt mit Doppelwirkung nach § 80a Abs. 1 VwGO. Mit Blick auf eine hiergegen gerichtete Anfechtungsklage, die wegen § 212a Abs. 1 BauGB i. V. m. § 80 Abs. 2 Satz 1 Nr. 3 VwGO keine aufschiebende Wirkung hat, begehrt N die Anordnung der aufschiebenden Wirkung. Der Antrag nach §§ 80a Abs. 3, 80 Abs. 5 VwGO ist statthaft.

Vertiefung: Für Konstellationen wie die vorliegende ist streitig, ob es sich um einen Antrag auf Aussetzung der Vollziehung nach §§ 80a Abs. 3 Satz 1, Abs. 1 Nr. 2 VwGO oder – wohl vorzugswürdig – um einen Antrag auf Anordnung der aufschiebenden Wirkung nach §§ 80a Abs. 3 Satz 2, 80 Abs. 5 Satz 1 VwGO handelt (vgl. *Kopp/Schenke*, VwGO, 20. Aufl. 2014, § 80a Rn. 17). Dieser Streit ist jedoch eher akademischer und terminologischer Natur und für die Fallbearbeitung und die rechtliche Lösung hier ohne weitere Bedeutung.

III. Antragsbefugnis

N müsste analog § 42 Abs. 2 VwGO antragsbefugt sein. Dies ist er als Dritter, der sich gegen die einem anderen erteilte Baugenehmigung wendet, nur dann, wenn er die mögliche Verletzung dritt- oder nachbarschützender Normen durch die Baugenehmigung geltend machen kann.

Vertiefung: Für die dritt- oder nachbarschützende Wirkung einer Rechtsnorm ist nach der Schutznormtheorie grundsätzlich maßgeblich, ob eine Norm nicht nur dem Interesse der Allgemeinheit, sondern zumindest auch dem Interesse eines Personenkreises, der sich aus individualisierenden Merkmalen der Norm entnehmen lässt und von der Allgemeinheit unterscheidet, zu dienen bestimmt ist (vgl. ÖffR NRW, § 4 Rn. 314).

Eine mögliche Verletzung subjektiv-öffentlicher Rechte des N könnte zum einen mit Blick auf die von N gerügte Verletzung der Regelungen über die Abstandflächen in § 6 BauO NRW gegeben sein. Für diese Regelungen ist, weil sie jedenfalls auch den Interessen der Nachbarn zu dienen bestimmt sind, anerkannt, dass sie drittschützenden Charakter haben.[433] Wegen der – nach dem Sachverhalt feststehenden – Unterschreitung der grundsätzlich vorgeschriebenen Abstandfläche von drei Metern erscheint deren Verletzung auch nicht ausgeschlossen, so dass N sich insoweit auf eine drittschützende Norm (§ 6 BauO NRW) stützen kann.

Zum anderen könnte die Antragsbefugnis auch aus dem Einwand des N abzuleiten sein, das Gemeindezentrum sei bauplanungsrechtlich in dem fraglichen Gebiet unzulässig. In Betracht käme insoweit, da das Grundstück im unbeplan-

---

433 OVG NRW, NWVBl. 1994, 418 (420).

ten Innenbereich liegt, ein Verstoß gegen Regelungen des § 34 BauGB, und zwar im Hinblick auf die zulässige Art der baulichen Nutzung; weil die Eigenart der näheren Umgebung einem in der BauNVO definierten Baugebiet, nämlich dem reinen Wohngebiet entsprechen und mit den dafür einschlägigen Vorgaben des § 3 BauNVO nicht vereinbar sein könnte, erscheint es möglich, dass das Vorhaben insoweit gegen § 34 Abs. 2 BauGB i.V.m. den einschlägigen Regelungen der BauNVO verstößt. Die möglicherweise verletzte Regelung des § 34 Abs. 2 BauGB i.V.m. § 3 BauNVO müsste weiter auch nachbarschützend sein. Insoweit gilt zunächst, dass die im Rahmen von § 34 Abs. 2 BauGB heranzuziehenden Regelungen der BauNVO auch hier insoweit nachbarschützend sind, wie sie es in einem beplanten Baugebiet wären.[434] Weiterhin begründen die Regelungen der BauNVO über die Art der baulichen Nutzung schon kraft Bundesrechts, ohne Rücksicht auf die Regelungsintention des Satzungsgebers, die nachbarschützende Wirkung der Festsetzung der zulässigen Art der baulichen Nutzung.[435] § 34 Abs. 2 BauGB i.V.m. § 3 BauNVO wirkt damit zugunsten der näheren Umgebung, also auch zugunsten des N nachbarschützend.

N ist daher wegen der möglichen Verletzung seiner Rechte sowohl aus § 6 BauO NRW wie auch aus § 34 Abs. 2 BauGB i.V.m. § 3 BauNVO antragsbefugt.

IV. Antragsgegner

Der Antrag ist analog § 78 Abs. 1 Nr. 1 VwGO gegen die Körperschaft zu richten, deren Behörde den angegriffenen Verwaltungsakt erlassen hat, hier also gegen S.

V. Beteiligten- und Prozessfähigkeit

Antragsteller N ist als natürliche Person nach § 61 Nr. 1 Alt. 1 VwGO beteiligten- und nach § 62 Abs. 1 Nr. 1 VwGO prozessfähig. S ist als juristische Person nach § 61 Nr. 1 Alt. 2 VwGO beteiligten- und gemäß § 62 Abs. 3 VwGO, vertreten durch den Oberbürgermeister, prozessfähig.

VI. Frist

Der Antrag nach §§ 80a, 80 Abs. 5 VwGO ist selbst nicht fristgebunden.

VII. Rechtsschutzbedürfnis

1. Erhebung des Hauptsacherechtsbehelfs

Der Antragsteller muss zunächst in der Hauptsache Widerspruch oder Anfechtungsklage erhoben haben. Dies wird zwar unter Verweis auf § 80 Abs. 5

---

[434] BVerwG, DVBl. 1994, 284 (286).
[435] Vgl. BVerwGE 94, 151 (155ff.).

Satz 2 VwGO teilweise anders gesehen. Richtigerweise gilt die Norm aber dann nicht, wenn der betreffende Verwaltungsakt direkt mit der Anfechtungsklage anzugreifen, das Widerspruchsverfahren also nicht statthaft ist. Dies ist vorliegend wegen § 110 Abs. 1 Satz 1 JustG NRW i.V.m. § 68 Abs. 1 Satz 2 Hs. 1 VwGO der Fall. Erhebt der Antragsteller nicht zugleich Anfechtungsklage, gäbe es keinen Rechtsbehelf, dessen aufschiebende Wirkung das Gericht anordnen oder wiederherstellen könnte.

N ist daher zu raten, zeitgleich mit dem Antrag nach §§ 80a, 80 VwGO auch Anfechtungsklage gegen die der R erteilte Baugenehmigung zu erheben.

2. Keine offensichtliche Unzulässigkeit des Hauptsacherechtsbehelfs

Die von N zu erhebende Anfechtungsklage dürfte nicht offensichtlich unzulässig sein. Problematisch ist vorliegend allein die Einhaltung der Klagefrist gemäß § 74 Abs. 1 Satz 2 VwGO. Diese beträgt einen Monat und beginnt mit der Bekanntgabe des anzufechtenden Verwaltungsaktes. Die von N im Hauptsacheverfahren anzufechtende Baugenehmigung ist ihm bisher nicht bekannt gegeben worden; folglich läuft für ihn auch keine Anfechtungsfrist. In Betracht zu ziehen ist allenfalls eine Verwirkung des Abwehranspruches des N. Diese wird insbesondere von der Rechtsprechung dann angenommen, wenn der Kläger, obwohl er den Klagegrund bereits über einen längeren Zeitraum kannte, seine Klage erst zu einem Zeitpunkt erhebt, da der Beklagte mit einer Klage nicht mehr rechnen musste. Vor Ablauf der in § 58 Abs. 2 VwGO für fehlerhafte oder unterbliebene Rechtsbehelfsbelehrungen normierten Jahresfrist wird eine Verwirkung indes auch von der Rechtsprechung in der Regel nicht angenommen.[436] Diese ist, da R die Baugenehmigung erst im Januar 2014 erteilt wurde, im März 2014 noch nicht abgelaufen; N hat auch durch sein Verhalten nicht den Eindruck erweckt, dass er das Vorhaben der R hinnehmen werde, so dass auch insofern eine Verwirkung seines Klagerechts nicht eingetreten sein kann. Die von N in der Hauptsache zu erhebende Anfechtungsklage wäre damit nicht verfristet und nicht offensichtlich unzulässig.

3. Vorheriger Antrag bei der Behörde

Umstritten ist des Weiteren die Frage, ob der Antragsteller eines Verfahrens nach § 80a VwGO verpflichtet ist, nach §§ 80a Abs. 3 Satz 2, 80 Abs. 6 VwGO zunächst einen Antrag bei der Behörde auf Anordnung der aufschiebenden Wirkung des Hauptsacherechtsbehelfs zu stellen. Dies wird von einem Teil der obergerichtlichen Rechtsprechung unter Verweis auf den Wortlaut des § 80a Abs. 3 Satz 2 VwGO bejaht.[437] Nach der wohl überzeugenderen Gegenauffassung[438] bedarf es eines solchen Antrags nicht, da die Verweisung in § 80a Abs. 3 Satz 2 VwGO ein Redaktionsversehen und als Rechtsgrundverweisung zu ver-

---

436 Vgl. BVerwG, NVwZ 1991, 1182 (1183f.).

437 Vgl. OVG Lüneburg, NVwZ-RR 2005, 69; NVwZ-RR 2011, 185; OVG Frankfurt, LKV 1998, 489; OVG Weimar, ThürVBl. 1995, 64.

438 OVG Koblenz, NVwZ-RR 2004, 224; VGH Mannheim, NVwZ 1998, 766 (767); VGH Kassel, NVwZ 1993, 491 (492).

stehen sei; danach bedarf es zwingend eines vorherigen Antrages nur im Falle der Anforderung von Kosten und Abgaben.

Der Streit kann im vorliegenden Fall allerdings dahinstehen, wenn zugunsten des N jedenfalls die Sonderregelung des § 80 Abs. 6 Satz 2 Nr. 2 VwGO eingreift, d.h. wenn eine Vollstreckung droht. Bei Erlaubnissen fällt auch der bevorstehende oder bereits begonnene Gebrauch unter den Begriff der „Vollstreckung".[439] Da N erst mit Baubeginn von der Existenz der Baugenehmigung erfahren hat, droht nunmehr unmittelbar deren Inanspruchnahme und damit deren Vollstreckung i.S.d. § 80 Abs. 6 Satz 2 Nr. 2 VwGO.

N kann sich daher unmittelbar an das Verwaltungsgericht wenden und braucht nicht zuvor einen Antrag beim Oberbürgermeister zu stellen.

VIII. Beiladung

Die R ist gemäß § 65 Abs. 2 VwGO beizuladen, da die gerichtliche Entscheidung in ihre Rechte eingreifen kann. Die Regelungen über die Beiladung sind auch im vorläufigen Rechtsschutzverfahren anwendbar.

Vertiefung: Die Beiladung stellt streng genommen keine Zulässigkeitsvoraussetzung für die verwaltungsgerichtliche Klage dar. Vielmehr handelt es sich um eine vom Gericht zu beachtende Verfahrensvorschrift. Gleichwohl wird die Beiladung verbreitet unter den Zulässigkeitsvoraussetzungen erörtert.

IX. Ergebnis

Ein Antrag des N auf Anordnung der aufschiebenden Wirkung seiner noch zu erhebenden Anfechtungsklage gegen die der R erteilte Baugenehmigung wäre zulässig.

B. Begründetheit

Der Antrag auf Anordnung der aufschiebenden Wirkung ist begründet, wenn das Aussetzungsinteresse des Antragstellers das Vollzugsinteresse überwiegt. Das Gericht hat folglich eine Interessenabwägung zu treffen, bei der es sich regelmäßig an den Erfolgsaussichten des Hauptsacheverfahrens orientiert. An dem Vollzug eines offensichtlich rechtswidrigen Verwaltungsaktes kann nämlich ein öffentliches Interesse grundsätzlich nicht bestehen.

Folglich kommt es maßgeblich darauf an, ob die von N gleichzeitig zu erhebende Anfechtungsklage begründet wäre. Dies wäre der Fall, wenn die angefochtene Baugenehmigung rechtswidrig wäre und N in seinen Rechten verletzte (vgl. § 113 Abs. 1 Satz 1 VwGO).

---

[439] *Kopp/Schenke*, VwGO, 20. Aufl. 2014, § 80 Rn. 186.

Klausurtipp: Dem Gesichtspunkt der Rechtsverletzung kommt hier eine besondere Bedeutung zu, da es sich um die Anfechtung eines für den Adressaten begünstigenden Verwaltungsaktes durch einen Dritten handelt. In der Prüfung ist dieser Punkt daher besonders zu erörtern.
Es kommen grundsätzlich zwei – prinzipiell gleichwertige – Aufbauvarianten in Betracht:
(1) Es kann – in einem zweistufigen Aufbau – zunächst umfassend die Rechtmäßigkeit des angefochtenen Verwaltungsakts geprüft und erst dann untersucht werden, ob auch eine Rechtsverletzung vorliegt, d.h. ob eine der verletzten Normen nachbarschützend ist.
(2) Es kann aber auch – in einem einstufigen Aufbau – unmittelbar nach der Verletzung nachbarschützender Normen durch den angefochtenen Verwaltungsakt gefragt werden; dann ist bei jeder einzelnen herangezogenen Norm jeweils zu klären, ob sie nachbarschützend und ob sie verletzt ist.

I. Rechtmäßigkeit der Baugenehmigung

Die Baugenehmigung ist nach § 75 Abs. 1 Satz 1 BauO NRW zu erteilen, wenn öffentlich-rechtliche Vorschriften nicht entgegenstehen. Grundsätzlich sind danach sämtliche öffentlich-rechtliche Zulässigkeitsvoraussetzungen des Bauvorhabens zu prüfen.[440] Als entgegenstehende Normen kommen hier solche des Bauplanungs- und Bauordnungsrechtes in Betracht.

1. Bauplanungsrecht

Die der R erteilte Baugenehmigung könnte gegen Bauplanungsrecht verstoßen, und zwar, da das Grundstück im unbeplanten Innenbereich liegt, gegen § 34 BauGB. Im Hinblick auf die allein fragliche Zulässigkeit der Art der baulichen Nutzung ist dabei vorrangig ein Verstoß gegen § 34 Abs. 2 BauGB i.V.m. § 3 BauNVO zu untersuchen.

a) Anwendbarkeit von § 34 Abs. 2 BauGB i.V.m. § 3 BauNVO

Gemäß § 34 Abs. 2 Hs. 1 BauGB beurteilt sich die Zulässigkeit eines Vorhabens im Hinblick auf seine Art nach der aufgrund von § 9a BauGB erlassenen BauNVO, wenn die Eigenart der näheren Umgebung einem der in der BauNVO aufgelisteten Baugebiete entspricht. Die nähere Umgebung der Grundstücke von N und R könnte den Vorgaben des § 3 BauNVO über reine Wohngebiete entsprechen. Diese dienen nach § 3 Abs. 1 BauNVO dem Wohnen; uneingeschränkt zulässig sind dort dementsprechend nach § 3 Abs. 2 BauNVO nur Wohnhäuser. Da sich in der näheren Umgebung der Grundstücke von N und R ausschließlich Wohnhäuser befinden, entspricht diese einem reinen Wohngebiet nach § 3 BauNVO. Die Zulässigkeit des von R geplanten Vorhabens richtet sich seiner Art nach folglich nach § 34 Abs. 2 BauGB i.V.m. § 3 BauNVO.

---

[440] OVG NRW, DÖV 2004, 302 (303).

b) Zulässigkeit des Vorhabens nach § 3 BauNVO

Nach § 3 Abs. 2 BauNVO sind in einem reinen Wohngebiet Wohnhäuser zulässig. Bei dem von R geplanten Vorhaben handelt es sich nicht um ein Wohnhaus, sondern um ein der Religionsausübung dienendes Gebäude.

Nach § 3 Abs. 3 Nr. 2 BauNVO können in einem reinen Wohngebiet ausnahmsweise Anlagen für den Bedürfnissen der Bewohner dienende Anlagen für kirchliche Zwecke zugelassen werden. Um eine Anlage für kirchliche Zwecke handelt es sich vorliegend. Diese wäre ausnahmsweise zulässig, wenn sie den Bedürfnissen der Bewohner „des Gebiets" diente. Unter das Tatbestandsmerkmal „Gebiet" fällt dabei nicht das Gemeindegebiet oder ganze Gebietsteile der politischen Gemeinde, da die Einschränkung in § 3 Abs. 3 Nr. 2 BauNVO leer liefe, wenn ein solch weiter Einzugsbereich gemeint wäre.[441] Vielmehr ist, wie sich auch aus einem Vergleich mit § 4 Abs. 2 Nr. 2 BauNVO ergibt, das konkrete reine Wohngebiet gemeint. Das von R geplante Gemeindezentrum soll Gläubigen aus ganz Nordrhein-Westfalen als Anlaufstelle dienen. Damit geht der Einzugsbereich weit über den des konkreten Wohngebietes hinaus. Dies hat zur Folge, dass das von R geplante Gemeindezentrum in dem reinen Wohngebiet auch ausnahmsweise nicht zugelassen werden kann.

Die der R erteilte Baugenehmigung verstößt somit gegen bauplanungsrechtliche Vorschriften.

2. Bauordnungsrecht

In Betracht kommt des Weiteren ein Verstoß gegen § 6 BauO NRW wegen Nichtbeachtung der Abstandflächenvorschriften.

a) Verpflichtung zur Einhaltung von Abstandflächen

Nach § 6 Abs. 1 Satz 1 BauO NRW besteht die Verpflichtung zur Einhaltung der Abstandflächen vor den Außenwänden von Gebäuden, hier also des Wohnhauses von R. Eine Ausnahme nach § 6 Abs. 1 Satz 2 BauO NRW ist nicht gegeben.

Fraglich ist allein, ob die Einhaltung der notwendigen Abstandflächen auch dann zu prüfen ist, wenn lediglich die Änderung der Nutzung eines hinsichtlich seiner Außenwände unverändert gebliebenen Gebäudes beabsichtigt wird. Dies ist aber jedenfalls dann der Fall, wenn die neue Nutzung sich auf die nachbarlichen Belange nachteiliger auswirkt als die bisherige Nutzung; in diesem Fall wird die Genehmigungsfrage auch im Hinblick auf die Abstandvorschriften neu aufgeworfen.[442] Das bei der hier beabsichtigten Umnutzung der Fall.

b) Einhaltung der gesetzlich vorgegebenen Abstandflächen

Die Tiefe der erforderlichen Abstandfläche beträgt vorliegend nach § 6 Abs. 6 BauO NRW drei Meter, wobei die Abstandflächen grundsätzlich gemäß § 6 Abs. 2 Satz 1 BauO NRW auf dem zu bebauenden Grundstück selbst liegen müssen. Diese Vorgabe wird um einen Meter unterschritten.

---

[441] Vgl. BVerwG, NJW 1998, 3792 (3792f.).
[442] OVG NRW, NVwZ-RR 1998, 614 (615).

c) Baulast (§ 6 Abs. 2 Satz 3 BauO NRW)

Allerdings könnte die vom Rechtsvorgänger des N erteilte Baulast nach § 6 Abs. 2 Satz 3 BauO NRW sicherstellen, dass die erforderliche Abstandfläche von drei Metern unter Hinzurechnung einer Fläche auf dem Grundstück des N erreicht wird.

Hintergrund: Die Baulast (vgl. § 83 BauO NRW) ist ein bauordnungsrechtliches Instrument zur dinglichen, öffentlich-rechtlichen Sicherung grundstücksbezogener, nicht schon gesetzlich begründeter Verpflichtungen des Grundstückseigentümers. Sie wird herbeigeführt durch eine öffentlich-rechtliche Willenserklärung des Grundstückseigentümers gegenüber der Bauaufsichtsbehörde; mit der Eintragung in das von der Bauaufsichtsbehörde geführte Baulastenverzeichnis wird sie wirksam (vgl. ÖffR NRW, § 4 Rn. 261).

In persönlicher Hinsicht steht der Umstand, dass die Baulast von dem Rechtsvorgänger des N erteilt worden ist, nicht entgegen. Die Baulast bindet auch den Rechtsnachfolger, hier den N (§ 83 Abs. 1 Satz 3 BauO NRW).

In sachlicher Hinsicht ist auf Grund der Baulast die Abstandfläche mit Blick auf die bisherige Nutzung des Gebäudes als Wohnhaus gemäß § 6 Abs. 2 Satz 3 BauO NRW gewahrt gewesen. Fraglich ist aber, ob die erteilte Baulast auch das neue Vorhaben der R abdeckt. Dies hängt maßgeblich davon ab, inwieweit Baulasten nur auf ein konkretes Vorhaben bezogen bewilligt und herangezogen werden oder aber auch etwaige spätere Nutzungsänderungen abdecken können. Letzteres wäre ausgeschlossen, wenn Baulasten nach nordrhein-westfälischem Landesrecht stets nur konkret vorhabenbezogen bewilligt würden.[443] Dies ist jedoch landesgesetzlich nicht vorgegeben. Eine Baulast, die aus Anlass der Errichtung eines bestimmten Bauvorhabens übernommen wurde, muss nicht stets nur die Errichtung eben dieses Vorhabens sichern. Eine Einschränkung der Baulast auf die Sicherung eines konkreten Vorhabens setzt vielmehr voraus, dass das Vorhaben in der Baulasterklärung unmissverständlich und eindeutig so konkret bezeichnet wird, dass sich die Rechtswirkungen der Baulast hinreichend verlässlich eingrenzen lassen.[444] Eine Baulast kann aber auch mit dem Inhalt übernommen werden, dass sie über die Errichtung des ihren Anlass bildenden Vorhabens hinaus auch künftige Änderungen eben dieses Vorhabens deckt, wenn und soweit solche Änderungen mit dem Inhalt der übernommenen Verpflichtung vereinbar sind.[445] Auch nach diesen Vorgaben dürfte die vom Rechtsvorgänger des N erteilte Baulast die von R angestrebte Nutzungsänderung jedoch nicht mehr abdecken. Denn in der Baulasterklärung heißt es, dass diese für die Errichtung des Wohnhauses auf dem Nachbargrundstück bewilligt werde. Die nunmehr geplante Nutzung weicht so wesentlich von der vormaligen Wohnnutzung ab, dass nicht davon ausgegangen werden kann, dass die damalige Baulast auch diese Nut-

---

[443] Zur älteren, die Vorhabenbezogenheit betonenden Rechtsprechung vgl. OVG NRW BRS 49 Nr. 130; OVG NRW BRS 54 Nr. 158.

[444] OVG NRW, NVwZ-RR 2005, 459 (460).

[445] OVG NRW, NVwZ-RR 2005, 459 (460); ebenso VGH Mannheim, BauR 2001, 759 (763).

zungsänderung abdecken könnte. Dies kommt in der Baulasterklärung auch hinreichend deutlich zum Ausdruck, da dort auf das konkrete Bauvorhaben Bezug genommen wird. N ist der Einwand, dass der Grenzabstand zu gering sei, daher nicht wegen der vorhandenen Baulast verwehrt.

d) Ausnahme nach § 6 Abs. 15 BauO NRW

Unter den Voraussetzungen des § 6 Abs. 15 Satz 1 BauO NRW sind bestimmte Änderungen und Nutzungsänderungen bei Gebäuden, die bereits mit einem zu geringen Grenzabstand errichtet wurden, zulässig. Die nach § 6 Abs. 15 Satz 1 Nr. 2 und 3 BauO NRW für das Vorhaben der R in Betracht kommenden zulässigen Nutzungsänderungen setzen allerdings voraus, dass der Grenzabstand mindestens 2,50 Meter beträgt. Diese Voraussetzung ist bei dem Vorhaben der R nicht gegeben, da der Grenzabstand hier nur 2,00 Meter beträgt.

Nach § 6 Abs. 15 Satz 2 BauO NRW können über § 6 Abs. 15 Satz 1 BauO NRW hinausgehende Nutzungsänderungen sowie geringfügige bauliche Änderungen bestehender Gebäude, die Länge und Höhe der den Nachbargrenzen zugekehrten Wände unverändert lassen, unter Würdigung nachbarlicher Belange und der Belange des Brandschutzes gestattet werden. Um eine bloße Nutzungsänderung bzw. geringfügige bauliche Änderung handelt es sich bei dem Vorhaben der R. Die ausnahmsweise Zulassung durch die Bauaufsichtsbehörde setzt aber eine Würdigung der nachbarlichen Belange und der Belange des Brandschutzes voraus. Die Bauaufsichtsbehörde hat demnach eine Ermessensentscheidung zu treffen. Maßgeblich ist dabei eine am Grundsatz der Verhältnismäßigkeit orientierte Abwägung der Interessen des Bauherrn an der geänderten Nutzung mit der Schutzbedürftigkeit nachbarlicher Belange.[446] Eine solche Abwägung hat der Oberbürgermeister von S nicht vorgenommen, da er lediglich auf die existierende Baulast verwiesen hat; auch insoweit ist die erteilte Baugenehmigung daher fehlerhaft. Überdies ist fraglich, ob die Verringerung des Grenzabstandes unter Würdigung nachbarlicher Belange überhaupt ermessensfehlerfrei zugelassen werden könnte, da ein religiöses Gemeindezentrum eine intensivere Nutzung als ein Wohnhaus darstellt. Hiergegen spricht, dass die Abstandflächen gerade auch dazu dienen, dem Nachbarn eine „Sozialsphäre" zu erhalten. Diese wäre bei der Vielzahl der zu erwartenden Besucher des Gemeindezentrums im Fall des N voraussichtlich erheblich beeinträchtigt, so dass eine fehlerfreie Ermessensausübung wohl nur zu dem Ergebnis gelangen könnte, dass eine Ausnahme nicht zuzulassen wäre.

e) Ausnahme nach § 73 BauO NRW

Nach § 73 Abs. 1 Satz 1 BauO NRW kann die Bauaufsichtsbehörde Abweichungen von bauaufsichtlichen Anforderungen der BauO NRW zulassen, wenn sie unter Berücksichtigung des Zwecks der jeweiligen Anforderungen und unter Würdigung der nachbarlichen Interessen mit den öffentlichen Belangen vereinbar sind.

Problematisch ist allerdings, ob die Vorschrift für Nutzungsänderungen von errichteten Gebäuden Anwendung findet, da insoweit § 6 Abs. 15 BauO NRW

---

[446] OVG NRW, BauR 2007, 1023.

eine abschließende Sonderregelung darstellen könnte. Dies ist jedoch nicht der Fall, wie auch § 73 Abs. 1 Satz 2 BauO NRW zeigt. Systematisch gilt lediglich ein Vorrang des § 6 Abs. 15 BauO NRW vor § 73 Abs. 1 BauO NRW, da es keiner Abweichung nach letzterer Vorschrift mehr bedarf, wenn eine Baugenehmigung auf § 6 Abs. 15 BauO NRW gestützt werden kann.[447]

Allerdings setzt § 73 Abs.1 BauO NRW wiederum die Würdigung nachbarlicher Interessen voraus, die der Oberbürgermeister von S nicht vorgenommen hat. Auf § 73 Abs. 1 Satz 2 BauO NRW kann sich R darüber hinaus nicht berufen, da die geplante Nutzungsänderung eine erhebliche Mehrbelastung für den Nachbarn N mit sich bringt und diesen daher nicht nur unwesentlich stärker in seinen Interessen beeinträchtigt. Schließlich ist § 73 Abs. 1 BauO NRW im Übrigen restriktiv anzuwenden und kommt grundsätzlich nur dann in Betracht, wenn eine atypische Grundstückssituation vorliegt, in der es bei strikter Anwendung der bauordnungsrechtlichen Regelungen zu einer nicht beabsichtigten Härte käme. Hierfür ist vorliegend nichts ersichtlich.

Die erteilte Baugenehmigung verstößt somit auch gegen bauordnungsrechtliche Vorschriften.

II. Rechtsverletzung

N wird durch die rechtswidrige Baugenehmigung auch in seinen Rechten verletzt. Sowohl § 34 Abs. 2 BauGB als auch § 6 BauO NRW vermitteln – wie oben gesehen – dem Nachbarn Rechte, die durch eine rechtswidrig erteilte Baugenehmigung verletzt werden können.

III. Ergebnis

Ein Antrag auf Anordnung der aufschiebenden Wirkung einer Anfechtungsklage wäre zulässig und begründet. N ist daher zu raten, eine Anfechtungsklage gegen die der R erteilte Baugenehmigung zu erheben und einen entsprechenden Antrag zu stellen.

Frage 2: Gutachten zur materiellen Rechtmäßigkeit der Aufhebung des Bauvorbescheids

Als gesetzliche Ermächtigungsgrundlage für eine Aufhebung des Bauvorbescheids kommen allein die allgemeinen verwaltungsverfahrensrechtlichen Vorschriften der §§ 48 oder 49 VwVfG NRW in Betracht. Vorrangig zu untersuchen ist hier § 49 VwVfG NRW. Ein hierauf gestützter Widerruf des Bauvorbescheids wäre materiell rechtmäßig, wenn die Tatbestandsvoraussetzungen von § 49 VwVfG NRW vorliegen und die gewählte Rechtsfolge nicht fehlerhaft ist.

---

[447] *Schulte*, in: Boeddinghaus/Hahn/Schulte, Bauordnung für das Land NRW (Stand: Juli 2013), § 73 Rn. 40.

A. Tatbestandsvoraussetzungen von § 49 VwVfG NRW

I. Rechtmäßigkeit des Ausgangs-Verwaltungsakts

Für die tatbestandliche Anwendbarkeit von § 49 VwVfG NRW ist – in Abgrenzung zu § 48 VwVfG NRW – ausschlaggebend, ob der aufgehobene Bauvorbescheid ursprünglich rechtmäßig war. Da es sich bei dem Bauvorbescheid um eine sog. Bebauungsgenehmigung handelt, die das Vorhaben für bauplanungsrechtlich zulässig erklärt, ist hierfür maßgeblich allein die bauplanungsrechtliche Zulässigkeit des Vorhabens. Auch in reinen Wohngebieten können nach § 3 Abs. 3 Nr. 1 BauNVO i. V. m. § 34 Abs. 2 BauGB kleine Betriebe des Beherbergungsgewerbes bauplanungsrechtlich zugelassen werden. Hierunter fällt die von R vorgesehene kleine Pension. Der Bauvorbescheid war also rechtmäßig, und § 49 VwVfG NRW ist die einschlägige Aufhebungsvorschrift.

II. Begünstigender Verwaltungsakt

Der Bauvorbescheid ist auch ein begünstigender Verwaltungsakt (vgl. § 48 Abs. 1 Satz 2 VwVfG NRW), da er einen rechtlich erheblichen Vorteil begründet. Er dürfte daher nur unter den Voraussetzungen des § 49 Abs. 2 bis 4 VwVfG NRW widerrufen werden.

III. Vorliegen eines Widerrufsgrundes

Da der Bauvorbescheid keine (einmalige oder laufende) Geld- oder Sachleistung gewährt oder hierfür Voraussetzung ist, gilt für seinen Widerruf § 49 Abs. 2 VwVfG NRW. Es bedarf daher eines Widerrufsgrundes.

1. § 49 Abs. 2 Nr. 3 VwVfG NRW

In Betracht kommt zunächst der in § 49 Abs. 2 Nr. 3 VwVfG NRW normierte Widerrufsgrund des nachträglichen Eintritts von Tatsachen, aufgrund derer die Behörde berechtigt wäre, den Verwaltungsakt nicht zu erlassen; ferner müsste ohne den Widerruf das öffentliche Interesse gefährdet sein.

Fraglich ist, ob der nachträglich gefasste Entschluss zur Aufstellung eines Bebauungsplanes, der Beherbergungsbetriebe ausschließt, eine nachträglich eingetretene Tatsache darstellt. Auch der nachträgliche Erlass einer Veränderungssperre könnte als nachträglich eingetretene Tatsache aufgefasst werden. § 49 Abs. 2 Nr. 3 VwVfG NRW kommt als Widerrufsgrund allerdings nur dann in Frage, wenn sich die zugrunde liegende Rechtslage nicht verändert hat; ist insoweit eine Änderung eingetreten, ist § 49 Abs. 2 Nr. 4 VwVfG NRW als Spezialregelung vorrangig.[448] § 49 Abs. 2 Nr. 3 VwVfG NRW tritt daher hier zurück und ist nicht anwendbar.

---

[448] *Sachs*, in: Stelkens/Bonk/Sachs, VwVfG, 8. Aufl. 2014, § 49 Rn. 68.

2. § 49 Abs. 2 Nr. 4 VwVfG NRW

In Betracht kommt nur ein Widerruf nach § 49 Abs. 2 Nr. 4 VwVfG NRW. Als Widerrufsgrund ist dort vorgesehen, dass die Behörde aufgrund einer geänderten Rechtsvorschrift berechtigt wäre, den Verwaltungsakt nicht zu erlassen, dass der Begünstigte von dem aufzuhebenden Verwaltungsakt noch keinen Gebrauch gemacht hat, und dass ohne den Widerruf das öffentliche Interesse gefährdet wäre.

a) Bebauungsplan als geänderte Rechtsvorschrift

Als geänderte Rechtsvorschrift könnte der als Satzung zu erlassende Bebauungsplan (vgl. § 10 Abs. 1 BauGB) in Betracht kommen. Auch Satzungen als Rechtsnormen sind Rechtsvorschriften i. S. v. § 49 Abs. 2 Nr. 4 VwVfG NRW. Der von der Stadt S geplante Bebauungsplan ist allerdings noch nicht förmlich verabschiedet worden; es existiert vielmehr bisher lediglich ein Planaufstellungsbeschluss nach § 2 Abs. 1 Satz 2 BauGB. Rechtswirkungen entfaltet der angestrebte Bebauungsplan aus diesem Grunde noch nicht. Auf den Erlass eines Bebauungsplans kann ein Widerruf daher jedenfalls zum jetzigen Zeitpunkt nicht gestützt werden.

b) Veränderungssperre als geänderte Rechtsvorschrift

Als eine veränderte Rechtsvorschrift kommt jedoch auch die von S erlassene Veränderungssperre in Betracht. Da auch die Veränderungssperre in Gestalt einer Satzung (§ 16 Abs. 1 BauGB) erlassen wird, handelt es sich um eine Rechtsvorschrift i.S.v. § 49 Abs. 2 Nr. 4 VwVfG NRW.

Der Wortlaut des § 49 Abs. 2 Nr. 4 VwVfG NRW scheint allerdings nahezulegen, dass diese Norm nur dann eingreift, wenn eine bereits bestehende Rechtsvorschrift nachträglich geändert wird, nicht hingegen im Fall des Neuerlasses einer bisher nicht existenten Rechtsnorm. Durch diesen ändert sich nicht eine Rechtsvorschrift, sondern allein die Rechtslage, auf die § 49 Abs. 2 Nr. 4 VwVfG NRW gerade nicht Bezug nimmt; insoweit lässt sich – auch unter Verweis auf § 51 Abs. 1 Nr. 1 VwVfG NRW und § 48 Abs. 1 Satz 1 SGB X, die auf eine veränderte „Rechtslage“ abstellen – vertreten, dass der Fall des nachträglichen Erlasses einer Rechtsvorschrift nicht unter den Wortlaut des § 49 Abs. 2 Nr. 4 VwVfG NRW zu subsumieren ist.[449] Dieses Wortlautargument kann jedoch angesichts der Vergleichbarkeit der Interessenlagen bei Änderung einer bestehenden und bei Erlass einer neuen Rechtsnorm nicht überzeugen; daher ist § 49 Abs. 2 Nr. 4 VwVfG NRW so zu lesen, dass auch der Neuerlass einer Rechtsvorschrift als maßgebliche Änderung anzusehen ist.[450] Auch der Umstand, dass durch die Veränderungssperre nicht eine bestehende Rechtsnorm geändert, sondern eine neue Rechtsnorm erlassen wird, steht also der Anwendung von § 49 Abs. 2 Nr. 4 VwVfG NRW nicht entgegen.

c) Kein Gebrauchmachen

Die R hat von dem Bauvorbescheid bislang noch keinen Gebrauch gemacht.

---

[449] In diesem Sinne etwa VG Arnsberg, NVwZ 1990, 592.
[450] *Sachs*, in: Stelkens/Bonk/Sachs, VwVfG, 8. Aufl. 2014, § 49 Rn. 79.

d) Gefährdung öffentlicher Interessen

Eine Gefährdung öffentlicher Interessen könnte ohne den Widerruf eintreten, wenn R auf der Basis des Bauvorbescheides ihr Vorhaben umsetzen und damit eine zulässige Planung der Gemeinde vereiteln könnte. Dies könnte geschehen, indem R auf der Grundlage der bestandskräftigen Bebauungsgenehmigung ohne erneute bauplanungsrechtliche Prüfung eine Baugenehmigung erlangen und auf dieser Grundlage ihr Vorhaben verwirklichen könnte. Dies wiederum könnte die Planungsabsichten der S, die durch die Veränderungssperre vorläufig geschützt und in der in Angriff genommenen Bebauungsplanänderung verbindlich gemacht werden sollen, vereiteln. Eine Gefährdung öffentlicher Interessen lässt sich somit bejahen.

Klausurtipp: Es ist auch vertretbar anzunehmen, dass eine Gefährdung öffentlicher Interessen allein auf Grund des Erlasses einer Veränderungssperre noch nicht angenommen werden könne, da der Ausgang des Bebauungsplan(änderungs)verfahrens noch ungewiss sei. Danach wäre schon tatbestandlich ein Widerruf nicht bereits nach Erlass einer Veränderungssperre, sondern erst nach Erlass des Bebauungsplans möglich (vgl. *Gailus*, NvwZ 1990, 536 [538]).

3. Ergebnis

Ein Widerruf könnte grundsätzlich auf § 49 Abs. 2 Nr. 4 VwVfG NRW gestützt werden.

B. Rechtsfolge: Ermessen

Der Widerruf nach § 49 Abs. 2 VwVfG NRW steht im Ermessen der zuständigen Behörde. Ermessensfehler sind insoweit nicht ersichtlich.

C. Ausschluss des § 49 Abs. 2 Nr. 4 VwVfG NRW durch § 14 Abs. 3 BauGB

Ein Widerruf nach § 49 Abs. 2 Nr. 4 VwVfG NRW könnte aber durch § 14 Abs. 3 BauGB ausgeschlossen sein, wenn § 14 Abs. 3 BauGB auf Bauvorbescheide anwendbar ist und eine abschließende, insbesondere die Anwendbarkeit von § 49 VwVfG NRW ausschließende Sonderregelung darstellt.

I. Anwendbarkeit von § 14 Abs. 3 BauGB auf Bauvorbescheide

Voraussetzung für die Anwendbarkeit von § 14 Abs. 3 BauGB ist zunächst, dass Vorhaben, für die ein Bauvorbescheid in Gestalt eines Bebauungsgenehmigung erteilt worden ist, i.S.v. § 14 Abs. 3 Alt. 1 BauGB als genehmigt anzusehen sind. Während früher § 14 Abs. 3 BauGB lediglich auf die förmlich erteilte Baugenehmigung angewandt wurde, erstreckt die Rechtsprechung heute zu Recht den Anwendungsbereich der Norm auch auf Bauvorbescheide, sofern es sich um eine „Bebauungsgenehmigung“ handelt.[451] Dies rechtfertigt sich insbesondere aus der Funktion eines Bauvorbescheides, der gemäß § 71 Abs. 1 Satz 1 BauO NRW verbindlich bestimmte Fragen des Bauvorhabens entscheidet und somit mit bindender Wirkung für das Baugenehmigungsverfahren vorwegnimmt; für den von dem Bauvorbescheid umfassten Teil des Vorhabens tritt daher dieselbe Bindungswirkung ein wie durch eine Baugenehmigung. Wenn – wie hier – durch den Bauvorbescheid abschließend über die bauplanungsrechtliche Zulässigkeit eines Vorhabens entschieden wird, ist daher die Anwendbarkeit von § 14 Abs. 3 BauGB auf den Bauvorbescheid zu bejahen.

II. Verhältnis von § 14 Abs. 3 BauGB zu § 49 Abs. 2 Nr. 4 VwVfG NRW

Fraglich ist, ob der somit anwendbare § 14 Abs. 3 BauGB einen Widerruf des Bauvorbescheides nach § 49 Abs. 2 Nr. 4 VwVfG NRW ausschließt. Diese Frage ist umstritten.[452] Für die Widerrufsmöglichkeit wird geltend gemacht, dass die Bebauungsgenehmigung keine Privilegierung gegenüber anderen begünstigenden Verwaltungsakten verdiene, § 14 Abs. 3 BauGB deshalb nur als deklaratorische Bekräftigung der allgemeinen Bestandskraftregeln anzusehen sei und der Begünstigte durch § 49 VwVfG NRW, insb. den Entschädigungsanspruch nach § 49 Abs. 5 VwVfG NRW, hinreichend geschützt sei; umgekehrt würde der Ausschluss der Widerrufsmöglichkeit die planerische Gestaltungsfreiheit der Gemeinde übermäßig einschränken. Dem wird entgegengehalten, dass § 14 Abs. 3 BauGB einen besonderen Bestandsschutz intendiere, der auch über die Anwendbarkeit von § 49 Abs. 2 Nr. 4 VwVfG NRW nicht ausgehöhlt werden dürfe; ihren sachlichen Grund soll diese besondere Regelung gerade bei der Veränderungssperre darin haben, dass die Veränderungssperre – anders als der Bebauungsplan – noch keine definitive Rechtsänderung bewirke, sondern bloß einen vorläufigen Zustand regele und der Bauherr von den Unsicherheiten des Bebauungsplanverfahrens entlastet werden solle. Folgt man dieser Auffassung, ist der Widerruf der Bebauungsgenehmigung über § 49 Abs. 2 Nr. 4 VwVfG NRW nicht möglich.

Der Widerruf der Bebauungsgenehmigung durch den Oberbürgermeister wäre daher materiell rechtswidrig.

Vertiefung: Das Verhältnis von § 14 Abs. 3 BauGB und § 49 Abs. 2 Nr. 4 VwVfG NRW ist in Rechtsprechung und Literatur nicht abschließend geklärt. Es wird teilweise als Problem des möglichen Ausschlusses der Anwendbarkeit von § 49 Abs. 2 Nr. 4 VwVfG NRW, teilweise aber auch als im Rahmen der Tatbestandsmerkmale dieser Norm zu bearbeitendes Problem (etwa: Begründet bereits die Veränderungssperre ein öffentliches Interesse i.S.v. § 49 Abs. 2 Nr. 4 VwVfG NRW?) behandelt. Auch im Ergebnis besteht Uneinigkeit. An dieser Stelle sind deshalb sowohl ein abweichender Aufbau wie auch ein anderes Ergebnis als gleichermaßen vertretbar anzusehen.

---

[451] BVerwGE 69, 1 (3 f.); BGHZ 96, 385.

[452] Zum Streitstand vgl. *Sennekamp*, in: Brügelmann, BauGB (Stand: Oktober 2013), § 14 Rn. 85; *Gailus*, NVwZ 1990, 536.

17. Klausur: „Nutzungsänderungen im Außenbereich“ ***

Sachverhalt

Die ländlich gelegene Gemeinde G (Landkreis K, NRW) befindet sich schon seit einigen Jahren in einem Strukturwandel. Betroffen davon ist auch A. Er ist Eigentümer eines einsam gelegenen ehemaligen Gehöftes in einem Randgebiet von G, für das der Flächennutzungsplan der G als Nutzungsart „Flächen für die Landwirtschaft“ vorsieht; ein Bebauungsplan besteht nicht. Im Jahr 2006 hat A die landwirtschaftliche Nutzung seines Hofes eingestellt.

Nach einigen Überlegungen entschloss sich A, in den ehemals landwirtschaftlich genutzten Gebäuden seines Hofes nunmehr ein Sägewerk zu betreiben. Die ihm hierfür Ende 2007 erteilte – formell und materiell rechtmäßige – Baugenehmigung begründete die zuständige Bauaufsichtsbehörde B damit, dass ein Sägewerk zwar grundsätzlich in einem der beiden Industriegebiete der G unterzubringen sei, mit Rücksicht auf die angestrebte Umnutzung des landwirtschaftlichen Betriebs aber zugelassen werde. Mitte 2009 beantragte A bei der B eine Genehmigung für die Vergrößerung seiner als Holzlagerhalle für das Sägewerk genutzten ehemaligen Scheune, da diese – was bereits bei Errichtung des Sägewerkes absehbar war – für einen rentablen Betrieb des Sägewerkes erheblich zu klein war. Die Baugenehmigung wurde ihm einige Wochen später mit der Begründung erteilt, die durch den Ausbau bewirkte Vergrößerung der Betriebsfläche des Sägewerkes um knapp 25 Prozent halte sich nach den üblichen Maßstäben und auch nach den Umständen des Einzelfalles in einer vertretbaren Relation zum vorhandenen Betrieb. Mitte 2010 erhielt A eine weitere Genehmigung für bauliche Erweiterungen, die die vorhandene Betriebsfläche noch einmal um etwa 15 Prozent vergrößerten.

Im August 2013 beantragte A erneut die Genehmigung für eine Erweiterung seiner Lagerhalle um weitere knapp 15 Prozent der jetzt vorhandenen Betriebsgröße. Die um die Erteilung ihres Einvernehmens gebetene G versagte im September 2013 jedoch ihr Einvernehmen zu diesem Vorhaben des A; sie hält das erneute Erweiterungsvorhaben für bauplanungsrechtlich unzulässig, da zwar – was zutrifft – sonstige öffentliche Belange nicht beeinträchtigt seien, jedoch der Flächennutzungsplan entgegenstehe. Mitte November 2013 erteilte die Bauaufsichtsbehörde B nach rechtzeitiger Anhörung der G dem A unter Ersetzung des fehlenden Einvernehmens der G die beantragte Baugenehmigung. G möchte gegen die Entscheidung der B verwaltungsgerichtlich vorgehen. Sie wendet sich unmittelbar nach Zugang des auch die Ersetzungsentscheidung enthaltenden Baugenehmigungsbescheides an ihren Rechtsanwalt und bittet diesen um eine gutachtliche Einschätzung ihrer Chancen in der Hauptsache, um über ihr weiteres Vorgehen entscheiden zu können.

Frage 1:

Erstatten Sie das von dem Rechtsanwalt erbetene, auf alle aufgeworfenen Rechtsfragen – erforderlichenfalls hilfsgutachtlich – eingehende Gutachten zu den Erfolgsaussichten einer verwaltungsgerichtlichen Klage der G!

Ebenso wie A ist auch C Eigentümer eines – im Außenbereich der mittleren kreisangehörigen Stadt S (Landkreis K, NRW) gelegenen – Bauernhofes. Auch C hat die landwirtschaftliche Nutzung seines Hofes im Jahre 2006 eingestellt. Die vormals landwirtschaftlich genutzten Gebäude standen seitdem zunächst leer. Nachdem die Nachfrage nach ökologisch erzeugten Lebensmitteln in den letzten Jahren immer weiter angestiegen ist, fasste C Anfang 2008 den Entschluss, seinen landwirtschaftlichen Betrieb nunmehr als „Biohof" wieder aufzunehmen. Hierfür beabsichtigte er den Bau eines größeren neuen Stallgebäudes, um den geänderten Erfordernissen einer artgerechten Tierhaltung gerecht zu werden. Die Stadt S (Bauaufsichtsbehörde) wies ihn – zutreffend – darauf hin, dass für dieses Vorhaben eine im sog. vereinfachten Genehmigungsverfahren zu erteilende Baugenehmigung erforderlich sei. Im Februar 2008 beantragte C bei der Stadt S die Baugenehmigung unter Einschluss aller weiter evtl. erforderlichen Genehmigungen.

Nachdem gut vier Monate vergangen waren, erkundigte sich C bei der Bauaufsichtsbehörde nach dem Stand seines Verfahrens. Ein Mitarbeiter der Bauaufsichtsbehörde teilte ihm daraufhin mit, dass ihm eine Baugenehmigung nicht erteilt werden könne. Zwar sei die Bauaufsichtsbehörde zu dem – rechtlich zutreffenden – Ergebnis gekommen, dass dem Erweiterungsvorhaben keine bauplanungsrechtlichen Gründe entgegenstünden. Das fragliche Grundstück des C befinde sich jedoch im Geltungsbereich eines Landschaftsplanes, der grundsätzlich ein Bauverbot vorsehe, weshalb es für das Vorhaben einer Befreiung nach dem Landschaftsgesetz NRW bedürfe. Man habe seinen auch hierauf bezogenen Antrag an die zuständige Landschaftsbehörde des Landes weitergeleitet, diese habe die Befreiung jedoch verweigert. Diese Ablehnung sei zwar nach der – rechtlich zutreffenden – Prüfung durch die Bauaufsichtsbehörde unberechtigt, da dem C die nötige Befreiung gewährt werden müsse, doch sehe sie sich solange an der Erteilung der Baugenehmigung gehindert, wie die zuständige Landschaftsbehörde diese Befreiung nicht ausgesprochen habe.

C ist über diese Auskunft empört. Wenn nach Auffassung der Bauaufsichtsbehörde in der Sache keinerlei rechtliche Bedenken gegen sein Vorhaben bestünden, habe er einen Anspruch auf sofortige Erteilung der Baugenehmigung, mit der er angesichts der klaren Rechtslage wohl binnen drei Monaten habe rechnen dürfen. Durch deren Vorenthaltung, die den Baubeginn bereits erheblich verzögert habe, seien ihm schon jetzt Mehrkosten (Bereitstellungszinsen, Kosten der Stornierung von Aufträgen an Handwerker etc.) entstanden, und weitere erhebliche Mehrkosten drohten. Wenn die Baugenehmigung nicht unverzüglich gewährt werde, werde er sämtliche weitere Mehrkosten von der Stadt S einfordern.

Frage 2:

Erstatten Sie ein Gutachten darüber, ob C einen Anspruch auf Ersatz der ihm entstehenden Mehrkosten gegen die Stadt S hat!

Gliederung

Frage 1: Erfolgsaussichten einer verwaltungsgerichtlichen Klage der G gegen die dem A erteilte Baugenehmigung

A. Zulässigkeit

I. Verwaltungsrechtsweg

II. Statthafte Klageart
1. Anfechtungsklage gegen die Ersetzungsentscheidung
2. Anfechtungsklage gegen die Baugenehmigung
III. Klagebefugnis
IV. Vorverfahren
V. Klagefrist
VI. Zwischenergebnis
B. Begründetheit
I. Rechtswidrigkeit der erteilten Baugenehmigung
1. Formelle Rechtmäßigkeit der Baugenehmigung
a) Zuständigkeit
b) Verfahren: Das gemeindliche Einvernehmen (§ 36 BauGB) und dessen Ersetzung
aa) Zulässigkeit als privilegiertes Vorhaben (§ 35 Abs. 1 BauGB)
bb) Zulässigkeit als nichtprivilegiertes Vorhaben (§ 35 Abs. 2, 4 BauGB)
(1) Widerspruch zum Flächennutzungsplan
(2) Zulässigkeit nach § 35 Abs. 2, 4 Satz 1 Nr. 6 BauGB
2. Materielle Rechtmäßigkeit der Baugenehmigung
II. Rechtsverletzung
Frage 2: Anspruch des C auf Ersatz der Mehrkosten gegen die Stadt S
A. Amtshaftungsanspruch (Art. 34 GG, § 839 BGB)
I. Handeln eines „jemand" in Ausübung eines öffentlichen Amtes
II. Verletzung einer drittgerichteten Amtspflicht
1. Landschaftsschutzrecht als entgegenstehendes öffentliches Recht
2. Entgegenstehen der fehlenden Befreiung durch die Landschaftsschutzbehörde
B. Anspruch gemäß § 39 Abs. 1 lit. b) OBG NRW

Lösungsvorschlag

Frage 1: Erfolgsaussichten einer verwaltungsgerichtlichen Klage der G gegen die dem A erteilte Baugenehmigung

Die Klage der G gegen die dem A erteilte Baugenehmigung hat Aussicht auf Erfolg, wenn sie zulässig und begründet ist.

A. Zulässigkeit

I. Verwaltungsrechtsweg

In Ermangelung einer sog. aufdrängenden Sonderzuweisung könnte der Verwaltungsrechtsweg nach § 40 Abs. 1 Satz 1 VwGO eröffnet sein. Eine öffentlich-rechtliche Streitigkeit liegt vor, da die streitentscheidenden Normen, hier namentlich §§ 35, 36 BauGB, öffentlich-rechtlicher Natur sind; die Streitigkeit ist auch nichtverfassungsrechtlicher Art. Da auch keine abdrängende Sonderzuweisung eingreift, ist der Verwaltungsrechtsweg eröffnet.

II. Statthafte Klageart

Die statthafte Klageart richtet sich nach dem Klagebegehren der G, das auf Aufhebung des Bescheids der B gerichtet ist.

1. Anfechtungsklage gegen die Ersetzungsentscheidung

Danach könnte zunächst eine gegen die Ersetzung des gemeindlichen Einvernehmens gerichtete Anfechtungsklage nach § 42 Abs. 1 VwGO in Betracht kommen.

Dann müsste die Ersetzungsentscheidung nach § 36 Abs. 2 Satz 3 BauGB ein Verwaltungsakt i.S.v. § 35 VwVfG NRW sein. Fraglich ist da eine hoheitliche Maßnahme einer Behörde auf dem Gebiet des öffentlichen Rechts zur Regelung eines Einzelfalls vorliegt, allein deren Außenwirkung. Da die Regelung die Gemeinde in ihrem eigenen Wirkungskreis, nämlich in ihrer einfachgesetzlich in § 36 Abs. 1 Satz 1 BauGB, verfassungsrechtlich durch Art. 28 Abs. 2 Satz 1 GG geschützte Planungshoheit berührt, ist auch diese zu bejahen.[453] Die Ersetzung ist als ein Verwaltungsakt.

Eine hiergegen gerichtete Anfechtungsklage könnte jedoch unzulässig sein, weil die Ersetzung eine behördliche Verfahrenshandlung i.S.d. § 44a Satz 1 VwGO darstellt. Dass sie ein Verwaltungsakt ist, steht dem nicht zwingend entgegen.[454] Für die Annahme einer bloßen Verfahrenshandlung im Rahmen des Baugenehmigungsverfahrens spricht insbesondere, dass es andernfalls zu einer problematischen Doppelspurigkeit des Rechtsschutzes kommen könnte. Deshalb sprechen die besseren Gründe dafür, eine Anfechtungsklage unmittelbar gegen die Ersetzung des Einvernehmens als nach § 44a Satz 1 VwGO unzulässig anzusehen.[455]

2. Anfechtungsklage gegen die Baugenehmigung

In Betracht kommt danach nur noch eine Anfechtungsklage gegen die dem A erteilte Baugenehmigung. Da diese eine Maßnahme einer Behörde auf dem Gebiet des öffentlichen Rechts, die einen Einzelfall mit Außenwirkung regelt, ist, ist sie ein Verwaltungsakt i.S.v. § 35 VwVfG NRW, so dass die hiergegen gerichtete Anfechtungsklage die statthafte Klageart ist.

Vertiefung: Ist ein nach § 36 Abs. 1 Satz 1 BauGB erforderliches gemeindliches Einvernehmen von der Gemeinde versagt und nach § 36 Abs. 2 Satz 2 BauGB ersetzt worden, führt die gegen die Baugenehmigung gerichtete An-

---

[453] *Söfker*, in: Ernst/Zinkahn/Bielenberg/Krautzberger, BauGB, (Stand: Januar 2014), § 36 Rn. 43; a.A. *Klinger*, BayVBl. 2002, 481 (484).

[454] *Stelkens*, in: Schoch/Schneider/Bier, VwGO, 25. Aufl. (Stand: April 2013), § 44a Rn. 16f.

[455] *Kopp/Schenke*, VwGO, 20. Aufl. 2014, § 44a Rn. 6; die Zulässigkeit einer Anfechtungsklage demgegenüber bejahend *Lasotta*, BayVBl. 1998, 609 (615); i.Erg. ebenso OVG Lüneburg, NVwZ 1999, 1005; BayVGH, NVwZ-RR 2001, 364.

fechtungsklage somit auch zu einer impliziten Überprüfung der Ersetzungsentscheidung. Der zum 31. Dezember. 2012 außer Kraft getretene § 2 Nr. 4 lit. a) Abs. 3 Satz 4 Bürokratieabbaugesetz I NRW hatte ausdrücklich geregelt, dass die Genehmigung, soweit sie als Ersatzvornahme gilt, nicht gesondert als Aufsichtsmaßnahme angefochten werden kann, so dass ein gerichtliches Vorgehen allein gegen die Ersetzungsentscheidung ausdrücklich ausgeschlossen war.

III. Klagebefugnis

Die Klagebefugnis (§ 42 Abs. 2 VwGO) der G liegt vor, da sie geltend machen kann, durch eine Baugenehmigung, die auf einer rechtswidrigen Ersetzung des gemeindlichen Einvernehmens nach § 36 Abs. 2 Satz 3 BauGB beruht, möglicherweise in ihrem Recht auf gemeindliche Planungshoheit aus Art. 28 Abs. 2 Satz 1 GG verletzt zu sein.

IV. Vorverfahren

Der Durchführung eines Vorverfahrens bedarf es gemäß § 110 Abs. 1 Satz 1 JustG NRW nicht.

V. Klagefrist

Die Klagefrist des § 74 Abs. 1 VwGO ist zu beachten.

VI. Zwischenergebnis

Die Klage der G ist damit zulässig.

B. Begründetheit

Die Klage der G ist begründet, wenn die erteilte Baugenehmigung rechtswidrig ist und die G in ihren Rechten verletzt (§ 113 Abs. 1 Satz 1 VwGO).

I. Rechtswidrigkeit der erteilten Baugenehmigung

Zu prüfen ist zunächst, ob die Baugenehmigung formell und materiell rechtmäßig ist.

1. Formelle Rechtmäßigkeit der Baugenehmigung

a) Zuständigkeit

Nach den Angaben des Sachverhalts wurde die Baugenehmigung von B als der zuständigen Bauaufsichtsbehörde erlassen. Gemäß § 60 Abs. 1 Nr. 3 lit. b) BauO NRW ist dies der Kreis K als Ordnungsbehörde.

b) Verfahren: Das gemeindliche Einvernehmen (§ 36 BauGB) und dessen Ersetzung

Des Weiteren müsste das Genehmigungsverfahren ordnungsgemäß durchgeführt worden sein. Das erfordert nach § 36 Abs.1 Satz 1 BauGB als besonderes Verfahrenserfordernis das gemeindliche Einvernehmen, wenn im bauaufsichtlichen Verfahren über die Zulässigkeit von Vorhaben nach den §§ 31, 33 bis 35 BauGB zu entscheiden ist. Die bauplanungsrechtliche Zulässigkeit der Erweiterung der als Lagerhalle genutzten ehemaligen Scheune des A richtet sich, da es sich um die Errichtung einer baulichen Anlage und damit ein Vorhaben im Sinne von § 29 Abs. 1 Satz 1 BauGB handelt, nach den §§ 30 bis 37 BauGB. Da das Vorhaben des A sich nicht im Geltungsbereich eines Bebauungsplans befindet und damit nicht nach § 30 BauGB, sondern nach §§ 34, 35 BauGB zu beurteilen ist, ist zur Erteilung der Baugenehmigung das Einvernehmen der G nach § 36 Abs. 1 BauGB erforderlich gewesen. G hat ihr Einvernehmen versagt, doch ist das fehlende Einvernehmen durch B zugleich mit der Erteilung der Baugenehmigung gemäß § 36 Abs. 2 Satz 3 BauGB ersetzt worden. Das Einvernehmenserfordernis ist hierdurch jedoch nur dann erfüllt, wenn diese Ersetzungsentscheidung formell und materiell rechtmäßig gewesen ist.

Die Zuständigkeit der B für die Ersetzung ergibt sich aus § 36 Abs. 2 Satz 3 BauGB, § 2 Abs. 3 Satz 1 BauGB DVO NRW. Für Verfahrens- oder Formfehler gibt es keine Anhaltspunkte, insbesondere erfolgte eine rechtzeitige Anhörung der G.

Materiellrechtlich hängt die Rechtmäßigkeit der Ersetzungsentscheidung gemäß § 36 Abs. 2 Satz 3 BauGB davon ab, ob die Versagung des Einvernehmens durch G gemäß § 36 Abs. 2 Satz 1 BauGB rechtswidrig ist. Dies ist dann der Fall, wenn dem Vorhaben keine sich aus den §§ 31, 33 bis 35 BauGB ergebenden Gründe entgegenstehen. Für die Zulässigkeit des Vorhabens ist, da es einsam in einem Randbereich der G und damit nicht im sog. – unbeplanten – Innenbereich (§ 34 BauGB) gelegen ist, § 35 BauGB maßgeblich. Materiellrechtlich könnten also allein Gründe aus § 35 BauGB entgegenstehen.

aa) Zulässigkeit als privilegiertes Vorhaben (§ 35 Abs. 1 BauGB)

Die Erweiterung der Lagerhalle des von A betriebenen Sägewerks könnte zunächst als privilegiertes Vorhaben nach § 35 Abs. 1 Nr. 1 BauGB zulässig sein. Die Erweiterung des Sägewerks dient jedoch zum einen nicht mehr einem landwirtschaftlichen Betrieb. Zum anderen dient die Erweiterung auch keinem forstwirtschaftlichen Betrieb, da hierunter die auf Dauer angelegte, planmäßige Bewirtschaftung, d.h. Pflege, Nutzung und Wiederaufforstung größerer Waldflächen zu verstehen ist; der Betrieb eines Sägewerks erfüllt diese Voraussetzungen nicht.[456]

Für die Zulässigkeit des Vorhabens nach § 35 Abs. 1 Nr. 3 BauGB fehlt es bei einem Sägewerk an der Voraussetzung für die Annahme eines ortsgebundenen gewerblichen Betriebs. Hierfür wird verlangt, dass das betreffende Gewerbe aus geographischen und geologischen Gründen auf den konkreten Standort angewiesen ist, weil es unmittelbar nach seinem Gegenstand und Wesen nur an der

---

[456] *Mitschang/Reidt*, in: Battis/Krautzberger/Löhr, BauGB, 12. Aufl. 2014, § 35 Rn. 16, 67.

fraglichen Stelle betrieben werden kann.[457] Nicht ausreichend ist, dass der fragliche Betrieb an der Stelle, insbesondere aus Gründen der Rentabilität, besonders gut zu betreiben oder zweckmäßig unterzubringen ist.[458]

Schließlich scheidet auch eine privilegierte Zulassung des Vorhabens nach § 35 Abs. 1 Nr. 4 BauGB aus, weil das Sägewerk ebenso gut in einem Industrie- oder Gewerbegebiet der G untergebracht werden kann und daher kein Betrieb ist, der wegen seiner besonderen Anforderungen an die Umgebung oder wegen nachteiliger Wirkungen, hier insbesondere anzunehmender Geräuschemissionen, nur im Außenbereich ausgeführt werden soll.[459]

bb) Zulässigkeit als nichtprivilegiertes Vorhaben (§ 35 Abs. 2, 4 BauGB)

Das Vorhaben des A könnte daher nur als sog. nichtprivilegiertes Vorhaben i.S.v. § 35 Abs. 2 BauGB zulässig sein. Das setzt voraus, dass durch seine Ausführung oder Benutzung öffentliche Belange nicht beeinträchtigt werden und weiterhin die Erschließung gesichert ist.

(1) Widerspruch zum Flächennutzungsplan. Eine Beeinträchtigung öffentlicher Belange könnte hier aus einem Widerspruch zu den Darstellungen des einschlägigen Flächennutzungsplans folgen (vgl. § 35 Abs. 3 Satz 1 Nr. 1 BauGB). Dieser sieht für das konkrete Gebiet Flächen für die Landwirtschaft vor. Mit dieser Darstellung ist das Vorhaben des A sachlich nicht vereinbar. Wegen des Widerspruch zu Darstellungen des Flächennutzungsplans sind somit öffentliche Belange beeinträchtigt und ist das Vorhaben des A nach § 35 Abs. 2, 3 Satz 1 Nr. 1 BauGB nicht zulässig.

(2) Zulässigkeit nach § 35 Abs. 2, 4 Satz 1 Nr. 6 BauGB. Die Zulässigkeit des Vorhabens könnte sich jedoch aus § 35 Abs. 2, 4 Satz 1 Nr. 6 BauGB ergeben. Danach könnte dem Vorhaben, das laut Sachverhalt andere öffentliche Belange nicht beeinträchtigt, der Widerspruch zu den Darstellungen des Flächennutzungsplans nicht entgegengehalten werden, wenn es unter § 35 Abs. 4 Satz 1 Nr. 6 BauGB fällt. Dazu müsste es sich um die bauliche Erweiterung eines zulässigerweise errichteten gewerblichen Betriebs handeln, die im Verhältnis zum vorhandenen Gebäude und Betrieb angemessen ist. Die Vergrößerung der Lagerhalle ist die bauliche Erweiterung eines zulässigerweise errichteten gewerblichen Betriebs. Auch der erforderliche funktionale Zusammenhang zwischen den vorhandenen baulichen Anlagen und der fraglichen Erweiterung[460] liegt vor. Problematisch ist allein die Angemessenheit der beabsichtigten Erweiterung im Verhältnis zum vorhandenen Gebäude.

Um dieser Voraussetzung zu genügen, darf die hinzutretende Erweiterung in Relation zum vorhandenem Baubestand nicht unverhältnismäßig sein und nicht zu einer erheblichen zusätzlichen Beeinträchtigung führen.[461] Dabei ist eine schematische Begrenzung nicht möglich, sondern letztlich auf die Beurteilung

---

[457] BVerwGE, NJW 1975, 550.

[458] *Mitschang/Reidt*, in: Battis/Krautzberger/Löhr, BauGB, 12. Aufl. 2014, § 35 Rn. 30.

[459] *Mitschang/Reidt*, in: Battis/Krautzberger/Löhr, BauGB, 12. Aufl. 2014, § 35 Rn. 33.

[460] BVerwG, NVwZ 1992, 477.

[461] *Söfker*, in: Ernst/Zinkahn/Bielenberg/Krautzberger, BauGB (Stand: September 2013), § 35 Rn. 162b.

des jeweiligen Einzelfalls abzustellen.[462] Ein wichtiges Indiz für die Ermittlung der Angemessenheit ist der Umfang der – unter Berücksichtigung der jeweiligen Art des Gewerbebetriebs zu beurteilenden – Erweiterung.[463] Hinsichtlich des danach im Einzelfall möglichen Umfangs zulässiger Betriebserweiterung gehen die Auffassungen in Rechtsprechung und Literatur relativ weit auseinander; Zulässigkeit ist für Erweiterungen bis etwa 25 Prozent, Unzulässigkeit für Erweiterungen schon um 30 Prozent oder um 42 Prozent, vereinzelt auch erst ab 50 Prozent angenommen worden.[464] Danach ist die von A nunmehr beabsichtigte Erweiterung in Relation zum derzeit vorhandenen Bestand, die knapp 15 Prozent ausmacht, bei separater Betrachtung als angemessen zu beurteilen. Das Vorhaben könnte jedoch anders zu beurteilen sein, wenn auch die beiden in den Vorjahren vorgenommenen Erweiterungen in die Beurteilung mit einzubeziehen sind. Bei einer zusammenfassenden Betrachtung wäre die Erweiterung um mittlerweile etwa zwei Drittel der ursprünglichen Betriebsgröße, auch unter Berücksichtigung der Besonderheiten der Betriebsart wie evtl. eines größeren Platzbedarfs, der sich bei dem Betrieb eines Sägewerkes ergeben mag, nämlich nicht mehr als angemessene Betriebserweiterung zu bewerten. Ausschlaggebend ist somit, ob auch die beiden in den Vorjahren vorgenommenen Erweiterungen in die Beurteilung mit einzubeziehen sind. Der Wortlaut von § 35 Abs. 4 Satz 1 Nr. 6 BauGB trifft zu mehrmaligen Erweiterungen keine Aussage. Aus dem Zweck des § 35 BauGB lässt sich jedoch – wie auch die Gesetzesmaterialien bestätigen[465] – erschließen, dass mehrmalige Erweiterungen, soweit sie einen Missbrauch der Vorschrift darstellen, nicht von der Teilbegünstigung nach § 35 Abs. 4 Satz 1 Nr. 6 BauGB erfasst werden können. Daraus folgt zunächst, dass bei wiederholten Erweiterungen für die Angemessenheitsprüfung nicht immer und nur die jeweilige Einzelmaßnahme zugrunde zu legen ist. Nicht ganz unumstritten ist allerdings, unter welchen Voraussetzungen bei mehrmaligen Erweiterungen eine als Gesamtvorhaben zusammengefasst zu beurteilende Erweiterung vorliegt. Dies wird teilweise ohne weitere Einschränkung für jede mehrmalige Erweiterung angenommen;[466] teilweise wird einschränkend darauf abgestellt, ob es dem Betriebsinhaber von Anfang an um eine Ausweitung des Betriebs über das Angemessene hinaus im Wege der „Salamitaktik“ ging oder ob ein hinreichender zeitlicher Abstand zwischen den mehreren Erweiterungsmaßnahmen, für den manche deutlich mehr als zwei Jahre, andere gar zehn Jahre fordern, gelegen hat.[467] Auch nach diesen einschränkenden Auffassungen sprechen die bes-

---

[462] Vgl. *Roeser*, in: Berliner Kommentar zum BauGB, 3. Aufl. (Stand: Mai 2014), § 35 Rn. 126, der deshalb etwa prozentuale Festlegungen ablehnt.

[463] *Söfker*, in: Ernst/Zinkahn/Bielenberg/Krautzberger, BauGB (Stand: September 2013), § 35 Rn. 162b.

[464] Vgl. *Dürr*, in: Brügelmann, BauGB (Stand: Okt. 2013), § 35 Rn. 165; *Söfker*, in: Ernst/Zinkahn/Bielenberg/Krautzberger, BauGB (Stand: September 2013), § 35 Rn. 162b f., jeweils m.w.N.

[465] Vgl. *Guldi*, NVwZ 1996, 849 (851).

[466] *Mitschang/Reidt* in: Battis/Krautzberger/Löhr, BauGB, 12. Aufl. 2014, § 35 Rn. 163; *Söfker*, in: Ernst/Zinkahn/Bielenberg/Krautzberger, BauGB (Stand: September 2013), § 35 Rn. 162b.

[467] Vgl. *Dürr*, in: Brügelmann, BauGB (Stand: Oktober 2013), § 35 Rn. 167; *Guldi*, NVwZ 1996, 849 (852).

seren Gründe dafür, dass die mehrfache Erweiterung des Sägewerks hier als Gesamtvorhaben anzusehen ist. Es war von vornherein absehbar, dass die Holzlagerhalle in ihrer ursprünglichen Größe für den Betrieb des Sägewerkes erheblich zu klein war; das legt jedenfalls nahe, dass auch bei A von Anfang ein Wille zur Gesamterweiterung bestand. Zudem erfolgten die drei Erweiterungen, die neuerlich beantragte Erweiterung mit einbezogen, jeweils in einem zeitlichen Abstand von weniger als zwei Jahren. Daraus wird man auch auf einen einheitlichen Lebenssachverhalt schließen können. Das Vorhaben des A ist daher nicht nach § 35 Abs. 2, 4 Satz 1 Nr. 6 BauGB zulässig.

Klausurtipp: Eine abweichende Beurteilung ist bei entsprechendem Begründungsaufwand nicht völlig unvertretbar. Sie könnte sich vor allem auf das Erfordernis eines anfänglichen Vorsatzes des Bauherrn berufen und diesen hier für A – angesichts des insoweit nicht deutlichen Sachverhalts – bestreiten. In diesem Falle müsste die Klage im Ergebnis als unbegründet angesehen werden.

Damit stehen aus § 35 BauGB folgende Gründe dem Vorhaben des A entgegen, so dass die Versagung des Einvernehmens durch G nicht rechtswidrig ist. Die Ersetzung des Einvernehmens durch B ist damit materiell rechtswidrig.

Die Baugenehmigung ist somit wegen fehlenden gemeindlichen Einvernehmens bereits formell rechtswidrig.

2. Materielle Rechtmäßigkeit der Baugenehmigung

In materiellrechtlicher Hinsicht gilt nach § 75 Abs. 1 Satz 1 BauO NRW, dass die Baugenehmigung zu erteilen ist, wenn dem Vorhaben keine öffentlichrechtlichen Vorschriften entgegenstehen. Hier stehen, da das Vorhaben des A – wie im Rahmen der Prüfung der Rechtmäßigkeit der Einvernehmensersetzung festgestellt – nach § 35 BauGB unzulässig ist, bauplanungsrechtliche Vorschriften entgegen. Die Baugenehmigung ist also auch materiell rechtswidrig.

II. Rechtsverletzung

Durch die auf eine rechtswidrige Ersetzung des zuvor von G versagten Einvernehmens gestützte Baugenehmigung wird die G in ihrem Recht auf gemeindliche Planungshoheit aus Art. 28 Abs. 2 Satz 1 GG verletzt.

Die Klage der G ist somit begründet.

Frage 2: Anspruch des C auf Ersatz der Mehrkosten gegen die Stadt S

A. Amtshaftungsanspruch (Art. 34 GG, § 839 BGB)

C könnte einen Anspruch auf Ersatz der Mehrkosten gegen die Stadt S gemäß Art. 34 GG, § 839 BGB haben.

I. Handeln eines „jemand“ in Ausübung eines öffentlichen Amtes

Dann müsste bei der Verweigerung der Erteilung der Baugenehmigung durch die Bauaufsichtsbehörde „jemand“ in Ausübung eines öffentlichen Amtes gehandelt haben. Jemand i.S.v. Art. 34 Satz 1 GG, d.h. ein sog. Beamter im haftungsrechtlichen Sinn, ist – ohne Rücksicht auf organisatorische Eingliederung oder Status – jeder, dem die Wahrnehmung hoheitlicher Aufgaben anvertraut ist; darunter fallen auch die handelnden Mitarbeiter der Bauaufsichtsbehörde der S. Handeln in Ausübung des öffentlichen Amtes verlangt öffentlich-rechtliches Handeln, was bei einem Handeln nach Maßgabe der BauO NRW der Fall ist. Als Handeln kommt dabei auch ein Unterlassen in Betracht. In Rede steht hier auch ein Handeln „in Ausübung“ des Amtes, d.h. ein Handeln in innerem und äußerem Zusammenhang mit der Amtsausübung, nicht nur bei Gelegenheit des öffentlich-rechtlichen Handelns.

II. Verletzung einer drittgerichteten Amtspflicht

Fraglich ist, ob die Bauaufsichtsbehörde der S dadurch, dass sie bis zur vorherigen Gewährung der Befreiung durch die Landschaftsschutzbehörde die Baugenehmigung verweigert, eine – einem Dritten gegenüber bestehende – Amtspflicht verletzt. In Betracht kommt eine Verletzung der Amtspflicht zur Bearbeitung und – positiven – Bescheidung eines Antrags innerhalb angemessener Frist. Sie wäre verletzt, wenn C zum jetzigen Zeitpunkt einen Anspruch nach § 75 Abs. 1 Satz 1 BauO NRW auf Erteilung der Baugenehmigung hätte. Die Bauaufsichtsbehörde hat hier eine angemessene Bearbeitungszeit ausgeschöpft und in dieser Zeit eine abschließende Prüfung der Rechtslage vorgenommen, die zu dem zutreffenden Ergebnis geführt hat, dass dem Vorhaben des C keine bauplanungs- und bauordnungsrechtlichen Vorschriften entgegenstehen.

Klausurtipp: Eine weitere Prüfung insbesondere der bauplanungsrechtlichen Zulässigkeit ist demgemäß entbehrlich und nicht angezeigt. In der Sache lässt sich die Annahme der bauplanungsrechtlichen Zulässigkeit des Vorhabens damit begründen, dass das Bauvorhaben als privilegiertes Vorhaben nach § 35 Abs. 1 Nr. 1 BauGB eingestuft werden kann. Ein Entgegenstehen öffentlicher Belange, namentlich das Entgegenstehen von Darstellungen in einem Landschaftsplan oder die Beeinträchtigung von Belangen des Naturschutzes und der Landschaftspflege (vgl. § 35 Abs. 3 Satz 1 Nr. 2 und 5 BauGB), konnte von der Bauaufsichtsbehörde deshalb verneint werden, weil das von dem Landschaftsplan aufgestellte Bauverbot nicht absolut gilt; vielmehr steht es unter einem Befreiungsvorbehalt, dessen Voraussetzungen die Bauaufsichtsbehörde nach dem Sachverhalt vorliegend zu Recht bejaht.

Danach könnte allenfalls noch die fehlende landschaftsschutzrechtliche Befreiung dem Vorhaben entgegenstehen. Eine Amtspflichtverletzung scheidet daher nur dann aus, wenn die Baugenehmigung nach § 75 Abs. 1 Satz 1 BauO NRW mit Rücksicht auf die bislang nicht erteilte landschaftsschutzrechtliche Befreiung vorläufig verweigert werden darf, weil bis zu deren Gewährung öffentlich-rechtliche Vorschriften dem Vorhaben i.S.v. § 75 Abs. 1 Satz 1 BauO NRW entgegenstehen.

1. Landschaftsschutzrecht als entgegenstehendes öffentliches Recht

Das setzt zunächst voraus, dass landschaftsschutzrechtliche Regelungen überhaupt als öffentlich-rechtliche Vorschriften nach § 75 Abs. 1 Satz 1 BauO NRW heranzuziehen sind. § 75 BauO NRW enthält – anders als Parallelvorschriften in anderen Bundesländern – keine Einschränkungen im Hinblick auf die im Rahmen der Zulässigkeitsprüfung eines Bauvorhabens zu berücksichtigenden öffentlich-rechtlichen Vorschriften. Daher sind grundsätzlich sämtliche öffentlichrechtliche Zulässigkeitsvoraussetzungen, auch die über das Bauordnungs- und Bauplanungsrecht hinausreichenden öffentlich-rechtlichen Vorschriften zu prüfen.[468] Damit handelt es sich auch bei den Vorschriften des Landschaftsgesetz NRW, die das Erfordernis der Erteilung einer Befreiung von dem durch den Landschaftsplan statuierten Bauverbot vorsehen, um sonstige öffentlich-rechtliche Vorschriften i.S.v. § 75 Abs. 1 BauO NRW.

2. Entgegenstehen der fehlenden Befreiung durch die Landschaftsschutzbehörde

Materiellrechtlich stehen dem Vorhaben des C auch unter Einschluss des Landschaftsschutzrechts, da nach der – zutreffenden – Feststellung der Bauaufsichtsbehörde die danach erforderliche Befreiung zu erteilen ist, keine öffentlichrechtlichen Vorschriften entgegen. Die Befreiung ist jedoch durch die zuständige Landesbehörde nicht erteilt worden, und auch die Fiktion nach § 72 Abs. 2 Satz 1 BauO NRW scheidet von vornherein aus, weil es nicht bloß um Zustimmung, Einvernehmen oder Benehmen einer anderen Behörde, sondern um einen dem Antragsteller zu erteilenden Verwaltungsakt geht. Fraglich ist deshalb, ob aus formellrechtlichen Gründen die Baugenehmigung wegen der fehlenden Befreiung durch die Landschaftsschutzbehörde vorläufig zu verweigern ist.

Die Baugenehmigung wäre zu erteilen, wenn – nach dem sog. Konzentrationsmodell – die Bauaufsichtsbehörde über die Kompetenz verfügte, im Rahmen der Entscheidung über die Erteilung der Baugenehmigung auch über die Erteilung der nach sonstigen öffentlich-rechtlichen Vorschriften erforderlichen Genehmigungen zu entscheiden, so dass die erteilte Baugenehmigung die nach anderen Vorschriften erforderlichen Genehmigungen für das Vorhaben einschlösse. Danach könnte die Bauaufsichtsbehörde die Baugenehmigung für das Vorhaben des C erlassen, sofern sie nach eigener Prüfung zu dem Ergebnis gelangt, dass dem Vorhaben des C eine landschaftsrechtliche Befreiung erteilt werden kann. Nach diesem Modell käme der sodann erteilten Baugenehmigung die sog. Konzentrationswirkung dergestalt zu, dass die Baugenehmigung auch die nach dem Landschaftsgesetz erforderliche Befreiung enthält. Der Annahme des Konzentrationsmodells stehen jedoch die Vorschriften der BauO NRW entgegen. Nach § 75 Abs. 3 Satz 2 BauO NRW lässt die Baugenehmigung die aufgrund anderer Vorschriften bestehenden Verpflichtungen zum Einholen von Genehmigungen etc. unberührt. Die Baugenehmigung ersetzt danach also nicht die nach anderen Vorschriften erforderlichen Genehmigungen. Nach § 72 Abs. 1

---

[468] OVG NRW, DÖV 2004, 302 (303); vgl. ÖffR NRW, § 4 Rn. 271.

Satz 1 Nr. 2 BauO NRW hat die Bauaufsichtsbehörde innerhalb einer Woche nach Eingang des Bauantrages zu prüfen, ob die Erteilung der Baugenehmigung von der Erteilung einer weitern Genehmigung oder Erlaubnis einer anderen Behörde abhängig ist. Danach hat die Bauaufsichtsbehörde lediglich eine sog. Vorprüfungskompetenz, sie darf nicht selbst prüfen und entscheiden, ob die Voraussetzungen für die Erteilung der anderen Genehmigungen vorliegen, bzw. gar die Genehmigungen selbst erteilen, da ihr hierzu die Kompetenz fehlt. In NRW scheidet das Konzentrationsmodell damit aus.

Die Baugenehmigung könnte jedoch, ohne i. S. d. Konzentrationsmodells diesen anderen Verwaltungsakt mit zu umfassen, ungeachtet der fehlenden landschaftsschutzrechtlichen Genehmigung zu erteilen sein. Dies könnte der Fall sein nach dem sog. Separationsmodell, wonach die Baugenehmigung die Erforderlichkeit etwaiger nach sonstigen öffentlich-rechtlichen Vorschriften erforderlicher Genehmigungen usw. unberührt lässt, jedoch ohne Rücksicht auf deren Erteilung durch die hierfür zuständige Behörde zu erteilen ist.[469] Für die Geltung des Separationsmodells in NRW wird die Vorschrift des § 75 Abs. 3 Satz 2 BauO NRW geltend gemacht, wonach die Baugenehmigung die aufgrund anderer Vorschriften bestehenden Verpflichtungen zum Einholen von Genehmigungen etc. unberührt lässt. Aus dieser Norm solle sich ergeben, dass die nach anderen Vorschriften erforderlichen Genehmigungen im Baugenehmigungsverfahren keinerlei Bedeutung haben, so dass eine Baugenehmigung unabhängig vom Vorhandensein der sonstigen Genehmigungen erteilt werden könne. Dieser Begründung wird allerdings entgegengehalten,[470] dass § 75 Abs. 3 Satz 2 BauO NRW lediglich das Verhältnis der nach anderen Vorschriften erforderlichen Genehmigungen zur bereits erteilten Baugenehmigung regele, nicht aber das Verhältnis dieser Genehmigungen zu der im laufenden Baugenehmigungsverfahren zu erteilenden Baugenehmigung. Während sich aus § 75 Abs. 3 Satz 2 BauO ausschließlich ergebe, dass einer erteilten Baugenehmigung keine Konzentrationswirkung zukomme, erläutere § 72 Abs. 1 Satz 1 Nr. 2 BauO NRW den Prüfauftrag der Bauaufsichtsbehörde im Baugenehmigungsverfahren. Aus der hiernach begründeten Pflicht der Bauaufsichtsbehörde zur Prüfung, ob eine weitere Genehmigung einzuholen sei, ergebe sich, dass die Bauaufsichtsbehörde die Baugenehmigung gerade nicht unabhängig vom Vorliegen der sonstigen Genehmigungen erteilen dürfe. Etwas anderes soll sich auch nicht für das sog. vereinfachte Genehmigungsverfahren aus § 68 Abs. 1 Satz 4 Nr. 4 BauO NRW ergeben, der hier die Prüfung der Vereinbarkeit mit in anderen Genehmigungs-, Erlaubnis- oder sonstigen Zulassungsverfahren zu prüfenden öffentlich-rechtlichen Vorschriften durch die Bauaufsichtsbehörde ausdrücklich ausschließt; hierdurch soll die Bauaufsichtsbehörde nicht ihrer Pflicht zur Prüfung der Genehmigungsbedürftigkeit nach anderen Vorschriften enthoben sein. Schließlich spricht auch der Wortlaut des § 75 Abs. 1 Satz 1 BauO NRW gegen die Annahme des Separationsmodells, da dieser – anders als in anderen Bundesländern – keine Einschränkungen auf das Entgegenstehen lediglich baurechtlicher Vorschriften enthält, so dass die Bauaufsichtsbehörde eine Baugenehmigung bei Entgegenstehen sonstiger öffentlich-rechtlicher Genehmigungserfordernisse in NRW nicht erteilen darf.

---

[469] So früher OVG NRW, NVwZ-RR 2002, 564 (567).
[470] Zum Folgenden vgl. OVG NRW, DÖV 2004, 302 (303 f.).

Danach dürfte für die BauO NRW das sog. Koordinationsmodell gelten, wonach die Baugenehmigung erst bei Vorliegen der für die Zulässigkeit des Vorhabens nach sonstigen öffentlich-rechtlichen Vorschriften erforderlichen Genehmigungen erteilt werden darf und damit den Schlusspunkt der für Bauvorhaben durchzuführenden öffentlich-rechtlichen Zulässigkeitsprüfung bildet.[471] Diese Auffassung steht einerseits im Einklang mit § 75 Abs. 1 Satz 1 BauO NRW, wonach die Baugenehmigung nur zu erteilen ist, wenn dem Vorhaben keine öffentlich-rechtlichen Vorschriften entgegenstehen. Sie entspricht andererseits auch dem traditionellen Verständnis, wonach die Baugenehmigung die öffentlich-rechtliche Zulässigkeit des Vorhabens umfassend und abschließend feststellt. Zudem wird diese Auffassung durch die Vorschrift des § 72 Abs. 1 Satz 1 Nr. 2 BauO NRW gestützt. Nach § 72 Abs. 1 Satz 1 Nr. 2 BauO NRW hat die Bauaufsichtsbehörde innerhalb einer Woche nach Eingang des Bauantrags zu prüfen, ob die Erteilung der Baugenehmigung von der Erteilung einer weiteren Genehmigung oder Erlaubnis einer anderen Behörde abhängig ist. Danach sind also etwaige weitere Genehmigungen rechtliche Voraussetzung für die Erteilung der Baugenehmigung. Andernfalls bedürfte es der Verpflichtung zur Prüfung nicht. Der Bauaufsichtsbehörde kommt damit im baurechtlichen Genehmigungsverfahren eine Koordinierungsfunktion zu. Sie darf die nach anderen öffentlich-rechtlichen Vorschriften für die Zulässigkeit eines Vorhabens erforderlichen Genehmigungen nicht selbst einholen, hat aber die Einholung der weiteren Genehmigungen im Wege eines „Sternverfahrens“ zu veranlassen, und darf erst anschließend, bei Vorliegen der Genehmigungen, auch nicht schon vorher, etwa unter der aufschiebenden Bedingung des Vorliegens der erforderlichen sonstigen Genehmigung, die Baugenehmigung erteilen.

Danach durfte die Bauaufsichtsbehörde, dem Koordinationsmodell entsprechend, C die von diesem begehrte Baugenehmigung bislang nicht erteilen. Mit der vorläufigen Verweigerung der Baugenehmigung hat sie damit keine Amtspflichtverletzung begangen.

Ein Amtshaftungsanspruch des C gegen die Stadt S scheidet damit aus.

Klausurtipp: Ein Amtshaftungsanspruch dürfte im Übrigen auch dann ausscheiden, wenn man mit der früheren Rechtsprechung des OVG NRW (NVwZ-RR 2002, 564 [567]) dem sog. Separationsmodell folgt. In diesem Fall hätte die Bauaufsichtsbehörde zwar mit der – vorläufigen – Verweigerung der Baugenehmigung gegen die Amtspflicht zur (positiven) Bescheidung des Antrags binnen angemessener Frist verstoßen. Die Verletzung dieser drittgerichteten Amtspflicht dürfte jedoch nicht kausal werden für etwaige weitere Verzögerungsschäden, weil auch bei Erteilung der Baugenehmigung mit der Ausführung des Vorhabens erst nach Erteilung der weiter erforderlichen Genehmigung, hier der landschaftsrechtlichen Befreiung, begonnen werden dürfte.
Ein etwaiger Ersatzanspruch könnte sich daher nur gegen den Rechtsträger der Behörde richten, die für die verzögerte Erteilung dieser anderen Genehmigung verantwortlich ist.

---

[471] So nunmehr OVG NRW, DÖV 2004, 302 (303 f.); vgl. zum Ganzen ÖffR NRW, § 4 Rn. 271.

B. Anspruch gemäß § 39 Abs. 1 lit. b) OBG NRW

Als Anspruchsgrundlage für einen Anspruch des C auf Ersatz der Mehrkosten gegen die Stadt S kommt weiter § 39 Abs. 1 lit. b) OBG NRW in Betracht. Der Ersatzanspruch wäre begründet, wenn C durch eine rechtwidrige Maßnahme einer Ordnungsbehörde einen Schaden erlitten hat.

Vertiefung: Der ordnungsbehördliche Entschädigungsanspruch aus § 39 Abs. 1 lit. b) OBG NRW ist eine spezialgesetzliche Ausprägung des Entschädigungsanspruchs wegen enteignungs- (und aufopferungs-)gleichen Eingriffs und schließt den Rückgriff auf dieses richterrechtlich begründete, auf den allgemeinen Aufopferungsgedanken gestützte Haftungsinstitut aus (vgl. *Maurer*, Allgemeines Verwaltungsrecht, 18. Aufl. 2011, § 27 Rn. 103).

Die Stadt S müsste also zunächst als Ordnungsbehörde gehandelt haben. Bei der Behandlung des Bauantrags des C hat sie als (untere) Bauaufsichtsbehörde und damit, wie § 60 Abs. 1 BauO NRW ausdrücklich anordnet, als Ordnungsbehörde fungiert.

Die ordnungsbehördliche Maßnahme könnte hier in der Verweigerung der Baugenehmigung gelegen haben. Das setzt voraus, dass auch ein Unterlassen eine Maßnahme i.S.v. § 39 Abs. 1 OBG NRW sein kann. Das wird für die schlichte Untätigkeit der Behörde verneint,[472] für ein sog. qualifiziertes Unterlassen, d.h. bei einem in den Rechtskreis des Betroffenen eingreifenden Handeln, jedoch bejaht. Danach wird jedenfalls für die förmliche Versagung einer beantragten Baugenehmigung das Vorliegen einer ordnungsbehördlichen Maßnahme angenommen.[473] Dem gleich gestellt wird aber auch ihre faktische Vorenthaltung jedenfalls dann, wenn nicht bloße Untätigkeit der Behörde, sondern ein eindeutiges, als Ausdruck endgültig ablehnender Haltung aufzufassendes Verhalten vorliegt.[474] Danach liegt hier auf Grund der eindeutigen Erklärung der Stadt S, die Baugenehmigung bis auf Weiteres nicht erteilen zu wollen, eine ordnungsbehördliche Maßnahme vor.

Es fehlt jedoch auch hier, weil – wie gesehen – für die Erteilung der Baugenehmigung nach der BauO NRW die sog. Schlusspunkttheorie gilt, an der Rechtswidrigkeit der ordnungsbehördlichen Maßnahme.

Klausurtipp: Wollte man unter Zugrundelegung des sog. Separationsmodells die Rechtswidrigkeit annehmen, würde es im Übrigen auch hier an der Kausalität für den Schaden fehlen (s.o.).

Auch nach § 39 Abs. 1 lit. b) OBG NRW besteht somit kein Anspruch des C auf Ersatz der ihm entstehenden Verzögerungsschäden gegen die Stadt S.

Im Ergebnis steht C ein Anspruch auf Ersatz der Verzögerungsschäden gegen die Stadt S nicht zu.

---

472 *Prior*, BauR 1987, 157 (159).

473 Vgl. BGHZ 102, 350 (364); 125, 258 (261f., 264).

474 Vgl. *Ossenbühl/Cornils*, Staatshaftungsrecht, 6. Aufl. 2013, S. 309, der i.Ü. für eine weitergehende Anerkennung von Unterlassen als Maßnahme eintritt.

18. Klausur: „Bauaufsichtliches Vorgehen gegen Werbeanlagen" *

Sachverhalt

Ausgangsfall:

A und B betreiben schon seit langem gemeinsam als gleichberechtigte Eigentümerinnen die Produktion ausgefallener Kleidung im Stil der 1960er Jahre. In der kreisangehörigen Stadt S (35.000 Einwohner) in Nordrhein-Westfalen haben sie ihre Produktionsstätte in einem als Mischgebiet festgesetzten Gebiet an einer viel befahrenen Bundesstraße. Das Grundstück, auf dem sich die Produktionshalle befindet, steht im gemeinsamen Eigentum von A und B.

Nachdem die Geschäfte anfangs gut liefen, stellen A und B fest, dass sich Mode im Stil der 60er Jahre nicht mehr gut verkaufen lässt. Um diesen Umstand zu ändern, planen sie eine groß angelegte Werbeoffensive. Zum einen greifen Sie ein Vorhaben auf, für das sie sich bereits vor vier Jahren eine Baugenehmigung haben erteilen lassen, von dem sie dann aber vorläufig wieder Abstand genommen hatten; auf dem Dach ihrer 5 m hohen Produktionshalle errichten sie in den Maßen 6 × 3 m einen Leuchtschriftzug „60ies Lifestyle" in blauer Farbe, der alle zwei Minuten pinkfarben aufblitzt. Zum anderen mieten A und B, um auswärtige Besucher der Stadt S für das Angebot ausgefallener Mode in S zu sensibilisieren, von einem Bekannten einen alten, aber noch zum Straßenverkehr zugelassenen Bauwagen, lassen diesen – ihrem Mode-Label entsprechend – hellblau anstreichen und mit pinkfarbenen Blumen bemalen; einen weiteren Hinweis auf das Modelabel lassen A und B nicht an dem Bauwagen anbringen. Für diesen Bauwagen schließen A und B mit einem Bauern einen Vertrag, der ihnen erlaubt, den Bauwagen auf dessen im Außenbereich liegende und weiter nur von Acker und Wiesen umgebene, an die Bundesstraße angrenzende Wiese für die Dauer von fünf Jahren zu Werbezwecken aufzustellen.

Schon nach einigen Wochen fallen dem Bauamt der Stadt S die umfangreichen Werbemaßnahmen auf. Es sendet an die A ein Schreiben, in dem ihr mitgeteilt wird, dass gegen sie eine auf Bauplanungs- und Bauordnungsrecht gestützte Ordnungsverfügung ergehen solle, mit der ihr aufgegeben werde, sowohl den Leuchtschriftzug wie auch den Bauwagen zu entfernen. Die A ist empört über dieses Schreiben und antwortet der Stadt S, dass diese Werbemaßnahmen die Baubehörde doch gar nicht zu interessieren hätten, jedenfalls nicht zu beanstanden wären und schon gar nicht sie allein verantwortlich gemacht werden könnte. Bald darauf ergeht die angekündigte Ordnungsverfügung der Stadt S, die im Übrigen auch eine ordnungsgemäße Rechtsbehelfsbelehrung enthält.

Die A sucht einen Rechtsanwalt auf und bittet um ein Rechtsgutachten zu dem Erfolgsaussichten einer verwaltungsgerichtlichen Klage gegen die angekündigte Verfügung. Erstatten Sie dieses Gutachten!

Abwandlung:

A ist gegen die Ordnungsverfügungen nicht vorgegangen, hat sie aber auch nicht befolgt. Das Bauamt der Stadt S hat dies sechs Wochen später festgestellt und ist in seinen internen Beratungen über das weitere Vorgehen zu dem Entschluss gekommen, dass zunächst die auf Beseitigung des Leuchtschriftzugs gerichtete Ordnungsverfügung zwangsweise vollstreckt werden soll, weil dieser als besonders störend empfunden wird. Zwischenzeitlich ist A jedoch verstorben; ihr gesamtes Vermögen einschließlich ihrer Beteiligung an dem Modelabel hat sie ihrem Ehemann E hinterlassen. Die Stadt S will gleichwohl nun endlich ordnungsgemäße Zustände herbeiführen und droht nunmehr dem E ein Zwangsgeld in Höhe von 1000 Euro für den Fall an, dass er die Leuchtschrift nicht binnen einer Frist von drei Wochen beseitigt.

Prüfen Sie die Rechtmäßigkeit der Zwangsgeldandrohung!

Gliederung

Ausgangsfall I:
A. Zulässigkeit
- I. Eröffnung des Verwaltungsrechtswegs
- II. Statthafte Klageart
- III. Klagebefugnis
- IV. Vorverfahren
- V. Klagefrist
- VI. Klagegegner
- VII. Beteiligten- und Prozessfähigkeit
- VIII. Objektive Klagehäufung

B. Begründetheit
- I. Rechtmäßigkeit der Beseitigungsverfügungen
  - 1. Ermächtigungsgrundlage
  - 2. Formelle Rechtmäßigkeit
    - a) Zuständigkeit
    - b) Verfahren
    - c) Form
  - 3. Materielle Rechtmäßigkeit
    - a) Baurechtswidrigkeit
      - aa) Baurechtswidrigkeit der Dachinstallation
        - (1) Formelle Illegalität
        - (2) Materielle Illegalität
        - (3) Zwischenergebnis
      - bb) Baurechtswidrigkeit des Bauwagens
        - (1) Formelle Illegalität
        - (2) Materielle Illegalität
      - cc) Zwischenergebnis
    - b) Richtiger Adressat
      - aa) Dachinstallation
      - bb) Bauwagen
    - c) Ermessensausübung der Behörde
- II. Rechtsverletzung und Ergebnis

Abwandlung:
- I. Ermächtigungsgrundlage
- II. Formelle Rechtmäßigkeit
  - 1. Zuständigkeit
  - 2. Verfahren
  - 3. Form
- III. Materielle Rechtmäßigkeit
  - 1. Allgemeine Vollstreckungsvoraussetzungen
    - a) Wirksamer Grundverwaltungsakt
    - b) Befehlender Charakter des Grundverwaltungsakts

c) Unanfechtbarkeit oder sofortige Vollziehbarkeit
d) Nichtbefolgung der Verfügung
e) Fehlen von Vollstreckungshindernissen
2. Ergebnis

Lösungsvorschlag

Ausgangsfall

A könnte gegen die Beseitigungsverfügungen im Wege einer verwaltungsgerichtlichen Anfechtungsklage vorgehen. Diese Klage hat Erfolg, wenn sie zulässig und begründet ist.

A. Zulässigkeit

I. Eröffnung des Verwaltungsrechtswegs

Da keine aufdrängende Sonderzuweisung ersichtlich ist, könnte der Verwaltungsrechtsweg nach der Generalklausel des § 40 Abs. 1 Satz 1 VwGO eröffnet sein. Das setzt zunächst eine öffentlich-rechtliche Streitigkeit voraus, die gegeben ist, wenn die streitentscheidenden Normen öffentlich-rechtlicher Natur sind. Dies ist nach der modifizierten Subjektstheorie der Fall, wenn durch die fragliche Norm Träger hoheitlicher Gewalt gerade als solche berechtigt oder verpflichtet werden. Bei der hier in Betracht kommenden Norm des § 61 Abs. 1 Satz 2 BauO NRW ist das der Fall, so dass eine öffentlich-rechtliche Streitigkeit vorliegt. Diese ist keine Streitigkeit von Verfassungsorganen über verfassungsrechtliche Rechte und Pflichten und daher auch nichtverfassungsrechtlicher Art. Da auch keine abdrängende Sonderzuweisung einschlägig ist, ist der Verwaltungsrechtsweg gemäß § 40 Abs. 1 Satz 1 VwGO eröffnet.

II. Statthafte Klageart

M müsste ihr Begehren mit der statthaften Klageart verfolgen. Diese wird bestimmt durch das i.S.v. § 88 VwGO maßgebliche Begehren des Klägers. Das Begehren des M ist auf Aufhebung der Beseitigungsverfügungen gerichtet. Danach ist die Anfechtungsklage statthaft, wenn es sich bei diesen Beseitigungsverfügungen um Verwaltungsakte i.S.v. § 35 Satz 1 VwVfG NRW handelt. Dies ist der Fall, so dass die Anfechtungsklage statthaft ist.

III. Klagebefugnis

Die Anfechtungsklage ist nur zulässig, soweit die Klägerin geltend machen kann, durch die Beseitigungsverfügungen in einem ihrer Rechte verletzt zu sein (§ 42 Abs. 2 VwGO), d.h. soweit eine Verletzung von subjektiv-öffentlichen Rechten der M möglich erscheint. Eine solche mögliche Rechtsverletzung folgt hier bereits daraus, daß die M Adressatin mehrerer belastender Verwaltungsakte ist (sog. Adressatentheorie).

Klausurtipp: Ob die M *richtiger Adressat* der Ordnungsverfügung ist, ob die Beseitigungsverfügung gegen sie allein ergehen durfte bzw. die M allein dagegen vorgehen kann, ist für die Frage der Klagebefugnis unerheblich. Es wäre deshalb verfehlt, auf diese Fragen bereits im Rahmen der Klagebefugnis einzugehen.

IV. Vorverfahren

Das gemäß § 68 Abs. 1 Satz 1 VwGO vor Erhebung der Anfechtungsklage grundsätzlich durchzuführende Vorverfahren hat hier nicht stattgefunden. Gemäß § 68 Abs. 1 Satz 2 VwGO, § 110 Abs. 1 Satz 1 JustG NRW ist jedoch in Nordrhein-Westfalen für Anfechtungsklagen gegen in der Zeit vom 1. November 2007 bis zum 31. Dezember 2014 bekanntgegebene Verwaltungsakte kein Vorverfahren mehr durchzuführen.

V. Klagefrist

Der Rechtsanwalt müsste die Anfechtungsklage fristwahrend erheben, also binnen eines Monates nach Bekanntgabe der Beseitigungsverfügungen (§ 74 Abs. 1 Satz 2 VwGO).

VI. Klagegegner

Richtiger Klagegegner ist gemäß § 78 Abs. 1 Nr. 1 VwGO die Körperschaft, deren Behörde den angegriffenen Verwaltungsakt erlassen hat, hier also die S.

VII. Beteiligten- und Prozessfähigkeit

M ist als natürliche Person beteiligten- und prozessfähig gemäß §§ 61 Nr. 1, 62 Abs. 1 Nr. 1 VwGO.
S ist als juristische Person nach § 61 Nr. 1 Alt. 2 VwGO beteiligten- und gemäß § 62 Abs. 3 VwGO, vertreten durch den Bürgermeister, prozessfähig.

VIII. Objektive Klagehäufung

Da M die Aufhebung von zwei Beseitigungsverfügungen begehrt, stellt sich die Frage nach der Zulässigkeit einer objektiven Klagehäufung. Die Verfolgung mehrerer Klagebegehren mit einer Klage ist nach § 44 VwGO zulässig, wenn sich diese gegen denselben Beklagten richten, im Zusammenhang stehen und dasselbe Gericht zuständig ist. Das ist hier der Fall.

B. Begründetheit

Die Anfechtungsklage ist begründet, soweit die angegriffenen Verwaltungsakte rechtswidrig sind und die M in ihren Rechten verletzen (§ 113 Abs. 1 Satz 1 VwGO).

Klausurtipp: Für die Begründetheitsprüfung bestehen mehrere Aufbaumöglichkeiten. Es kann von vornherein die Begründetheit der einzelnen Klagebegehren getrennt untersucht werden; dies erscheint bei objektiver Klagehäufung insbesondere da zwingend, wo jeweils unterschiedliche Rechtsgrundlagen in Betracht kommen und heranzuziehen sind. Wenn die mehreren Klagebegehren nach Maßgabe derselben Rechtsgrundlage zu beurteilen sind, kann es gutachtlich geschickter, weil Wiederholungen vermeidend sein, zunächst die mehreren Klagebegehren gemeinsam zu prüfen und erst später zwischen ihnen zu differenzieren.

I. Rechtmäßigkeit der Beseitigungsverfügungen

Die angefochtenen Verwaltungsakte sind rechtmäßig, wenn sie auf einer Ermächtigungsgrundlage beruhen und in formell und materiell rechtmäßiger Weise ergangen sind.

1. Ermächtigungsgrundlage

Als Ermächtigungsgrundlage für beide Beseitigungsverfügungen kommt allein § 61 Abs. 1 Satz 2 BauO NRW in Betracht, der die Bauaufsichtsbehörde zu einem Einschreiten der gegen baurechtswidrige Zustände ermächtigt. Ungeachtet des nicht ganz eindeutigen Wortlauts ist die Vorschrift selbst Ermächtigungsgrundlage, des ergänzenden Rückgriffs auf die ordnungsbehördliche Generalklausel des § 14 OBG NRW bedarf es daher nicht.[475]

2. Formelle Rechtmäßigkeit

Die formelle Rechtmäßigkeit der Beseitigungsverfügungen setzt insbesondere voraus, dass sie von der zuständigen Behörde, nach ordnungsgemäßem Verfahren und in der richtigen Form erlassen worden sind.

a) Zuständigkeit

Die Stadt S war gemäß § 62 BauO NRW sachlich zuständig, wenn sie untere Bauaufsichtsbehörde ist. Untere Bauaufsichtsbehörde sind gemäß § 60 Abs. 1 Nr. 3 lit. b) BauO NRW u.a. die mittleren kreisangehörigen Städte. Nach der Definition in § 4 Abs. 2 GO NRW ist davon auszugehen, dass die Stadt S mit ihren 35.000 Einwohnern mittlere kreisangehörige Stadt ist. Sie ist somit sachlich zuständig gewesen.

Die örtliche Zuständigkeit der Stadt S lässt sich vertretbar auf §§ 12 Abs. 2, 4 Abs. 1 OBG NRW oder auch § 3 Abs. 1 Nr. 1 VwVfG NRW stützen.

b) Verfahren

Nach § 28 Abs. 1 VwVfG NRW war, da es sich bei den Beseitigungsverfügungen um belastende Verwaltungsakte handelt, die Verfahrensvorschrift der Anhörungspflicht zu beachten. Die Stadt S hat der A im Vorfeld Gelegenheit gegeben,

---

[475] Vgl. ÖffR NRW, § 4 Rn. 284.

sich zu den in Aussicht gestellten Ordnungsverfügungen zu äußern, so dass die vorgeschriebene Anhörung erfolgt ist.

c) Form

Das Schriftformerfordernis, das aus §§ 12 Abs. 2, 20 Abs. 1 OBG NRW folgt, da die Bauaufsicht dem besonderen Ordnungsrecht zugehört, ist beachtet worden; die Beseitigungsverfügungen sind schriftlich ergangen.

3. Materielle Rechtmäßigkeit

Die Beseitigungsverfügungen sind materiell rechtmäßig, wenn die Tatbestandsvoraussetzungen des § 61 Abs. 1 Satz 2 BauO NRW erfüllt sind und die Behörde die richtige Rechtsfolge gesetzt hat.

a) Baurechtswidrigkeit

Tatbestandlich setzt § 61 Abs. 1 Satz 2 BauO NRW einen im Rahmen von § 61 Abs. 1 Satz 1 BauO NRW beachtlichen Verstoß gegen öffentlich-rechtliche Vorschriften, die sog. Baurechtswidrigkeit voraus.

aa) Baurechtswidrigkeit der Dachinstallation

(1) Formelle Illegalität. Die Dachinstallation könnte zunächst formell illegal sein. Dies ist der Fall, wenn sie ohne eine baurechtlich erforderliche Genehmigung errichtet worden ist. Die baurechtliche Genehmigungspflichtigkeit könnte sich aus § 63 Abs. 1 Satz 1 BauO NRW ergeben. Dann müsste die Dachinstallation eine bauliche Anlage i. S. d. § 2 Abs. 1 Satz 1 BauO NRW sein. Da es sich um eine aus Bauprodukten hergestellte Anlage handelt, die als Aufbau auf dem Gebäude mittelbar mit dem Erdboden verbunden ist, was der Definition genügt,[476] ist das der Fall. Weiter dürfte keine Ausnahme von der Genehmigungspflicht gemäß §§ 65 bis 67, 79 und 80 BauO NRW gegeben sein. Die allein in Betracht kommende Ausnahme für Werbeanlagen nach § 65 Abs. 1 Nr. 33 BauO NRW greift nicht ein, da die Dachinstallation größer als 1 m² ist. Es bestand also Genehmigungspflichtigkeit.

Die somit erforderliche Genehmigung könnte in Gestalt der vor vier Jahren für die Anlage erteilten Baugenehmigung vorliegen. Nach § 77 Abs. 1 BauO NRW erlischt eine Baugenehmigung jedoch nach drei Jahren, wenn mit der Ausführung des Vorhabens nicht begonnen worden und auch keine Verlängerung nach § 77 Abs. 2 BauO NRW erfolgt ist. Da die Baugenehmigung hier vier Jahre ungenutzt geblieben ist, ist sie erloschen und besteht nicht mehr.
Die Anlage ist also formell illegal.

(2) Materielle Illegalität. Die Anlage ist darüber hinaus auch materiell illegal, wenn sie gegen materiell-rechtliche Vorschriften des öffentlichen Rechts verstößt. Hier kommt ein Verstoß gegen bauordnungsrechtliche Vorschriften, und zwar namentlich gegen § 13 BauO NRW in Betracht.

§ 13 BauO NRW ist tatbestandlich einschlägig, wenn es sich bei der Dachinstallation um eine Werbeanlage i.S.v. § 13 Abs. 1 BauO NRW handelt. Da es sich dabei um eine vom öffentlichen Verkehrsraum aus sichtbare, ortsfeste Ein-

---

[476] Vgl. OVG Hbg., NVwZ-RR 2002, 562 (563).

richtung handelt, die der Anpreisung dient bzw. dem Hinweis auf das Gewerbe von A und B dient (vgl. § 13 Abs. 1 Satz 1 BauO NRW) und weiter Lichtwerbung in § 13 Abs. 1 Satz 2 BauO NRW ausdrücklich genannt ist, handelt es sich um eine Werbeanlage i. S. v. § 13 BauO NRW.

Diese Werbeanlage ist nach § 13 Abs. 2 Satz 1 BauO NRW unzulässig, wenn sie bauliche Anlagen oder das Straßen-, Orts- oder Landschaftsbild verunstaltet oder die Sicherheit und Ordnung des Verkehrs gefährdet. Für eine Verunstaltung gibt der Sachverhalt keine Anhaltspunkte. Es könnte jedoch eine Gefährdung der Sicherheit und Ordnung des Straßenverkehrs vorliegen. Diese ist insbesondere dann gegeben, wenn die Anlage durch ihre Auffälligkeit zu einer Ablenkung der Verkehrsteilnehmer führt. Fraglich ist, ob hier ein solcher Ablenkungseffekt besteht. Die Möglichkeit einer Straßenverkehrgefährdung ist zunächst dadurch grundsätzlich eröffnet, dass die Anlage sich an einer viel befahrenen Bundesstraße befindet. Das Gebäude, auf dem sich die Anlage befindet, ist auch nur 5 m hoch, so dass der Schriftzug auch in das Blickfeld der Autofahrer gerät. Allerdings dürfte der blaue Schriftzug allein noch nicht zu einer Verkehrsgefährdung führen. Etwas anderes könnte freilich daraus folgen, dass die Leuchtschrift alle zwei Minuten pinkfarben aufblitzt. Das ist zunächst eine auffällige Farbgebung. Zudem sind die zeitlichen Intervalle so gestaltet, dass ein sich nähernder Verkehrsteilnehmer nicht schon von weitem erahnen kann, dass eine Anlage mit Farbwechsel an der Straße liegt; das Aufblitzen geschieht für die Autofahrer und auch für andere Verkehrsteilnehmer unerwartet und führt insbesondere zu einem Überraschen und Erschrecken. Das überraschende Aufblitzen einer auffällig farbigen Leuchtschrift begründet deshalb einen Ablenkungseffekt und damit eine Gefährdung der Sicherheit und Ordnung des Straßenverkehrs (§ 13 Abs. 2 Satz 1 BauO NRW).

Die Dachinstallation ist deshalb nach § 13 BauO NRW materiell baurechtswidrig.

(3) Zwischenergebnis. Abschließend bleibt zu fragen, ob damit die von § 61 Abs. 1 Satz 2 BauO NRW tatbestandlich geforderte Baurechtswidrigkeit gegeben ist. Soweit diese Vorschrift als Ermächtigungsgrundlage für Beseitigungsverfügungen herangezogen wird, ist der Begriff der Baurechtswidrigkeit nämlich mit Rücksicht auf das verfassungsrechtliche Verhältnismäßigkeitsgebot restriktiv auszulegen; zumindest grundsätzlich soll weder die bloß formelle noch die bloß materielle Baurechtswidrigkeit hinreichen, vielmehr soll die sog. doppelte, formelle und materielle Baurechtswidrigkeit gefordert sein, so dass eine Beseitigungs- oder Abrissverfügung tatbestandlich nur zugelassen ist, wenn ein Vorhaben seit seiner Errichtung im Widerspruch zu materiellem Baurecht steht und nicht durch eine Baugenehmigung gedeckt ist.[477] Wie soeben gesehen ist die Dachinstallation jedenfalls materiell baurechtswidrig. Mit Blick auf die formelle Baurechtswidrigkeit bleibt zu erwägen, ob unter Verhältnismäßigkeitsgesichtspunkten die früher erteilte, dann jedoch erloschene Baugenehmigung für die Anlage einer Beseitigungsverfügung entgegensteht. Die Unzulässigkeit einer Beseitigungsverfügung in der Situation materieller Illegalität, aber formeller Legalität wird damit begründet, dass die rechtsverbindliche Feststellung vorliegt oder vorgelegen hat, dass die Anlage mit den öffentlich-rechtlichen Vorschriften überein-

[477] Vgl. ÖffR NRW, § 4 Rn. 294.

stimmt. Auch in solchen Konstellationen soll jedoch, wenn die Baugenehmigung zuvor bestandskräftig oder zumindest sofort vollziehbar zurückgenommen worden ist, eine Beseitigungsverfügung möglich sein.[478] Entsprechend kann auch eine zwischenzeitlich erteilte, jedoch durch Zeitablauf nach § 77 Abs. 1 BauO NRW erloschene Baugenehmigung der Annahme formeller Illegalität und der tatbestandlichen Zulässigkeit einer Beseitigungsverfügung nicht entgegenstehen. Damit ist die von § 61 Abs. 1 Satz 1 und 2 BauO NRW geforderte doppelte, sowohl formelle wie auch materielle Baurechtswidrigkeit gegeben.

Vertiefung: Anders als in anderen Bundesländern bildet in NRW die bauordnungsrechtliche Generalklausel des § 61 Abs. 1 Satz 2 BauO NRW die Ermächtigungsgrundlage für sämtliche Eingriffsmaßnahmen der Baurechtsbehörden einschließlich der wichtigsten Typen, nämlich der Stilllegungsverfügung, der Nutzungsuntersagung sowie der Abriss- oder Beseitigungsverfügung. In der Anwendung auf diese verschiedenen Typen von Verfügung wird die Generalklausel mit Rücksicht auf den verfassungsrechtlichen Grundsatz der Verhältnismäßigkeit jedoch unterschiedlich ausgelegt und angewandt (vgl. näher ÖffR NRW, § 4 Rn. 290 ff.):
(1) Für die Stilllegungsverfügung und für die Nutzungsuntersagung soll tatbestandlich (mit Blick auf das Merkmal der Baurechtswidrigkeit) und grundsätzlich auch im Rahmen des Ermessens die formelle Illegalität zureichen.
(2) Für die Abrissverfügung wird hingegen die sog. doppelte Baurechtswidrigkeit, also die formelle und materielle Illegalität gefordert; sie soll – nur – zulässig sein, wenn das Vorhaben seit seiner Errichtung im Widerspruch zum materiellen Baurecht steht und nicht durch eine Baugenehmigung gedeckt ist.

bb) Baurechtswidrigkeit des Bauwagens

Mit Blick auf die zweite Beseitigungsverfügung ist weiter fraglich, ob auch der Bauwagen formell und materiell baurechtswidrig ist.

(1) Formelle Illegalität. Formelle Illegalität setzt – wie gesehen – zunächst voraus, dass das Aufstellen des Bauwagens baugenehmigungspflichtig gewesen ist. Genehmigungspflichtig sind nach § 63 Abs. 1 Satz 1 BauO NRW die Errichtung, Änderung, Nutzungsänderung und der Abbruch baulicher Anlagen. Das Aufstellen des Bauwagens müsste also als Errichtung einer baulichen Anlage i.S.v. § 2 Abs. 1 BauO NRW anzusehen sein. Gemäß § 2 Abs. 1 Satz 1 BauO NRW erfordert dies zunächst, dass die fragliche Anlage aus Bauprodukten i. S. v. § 2 Abs. 9 BauO NRW hergestellt ist; dies ist bei einem Bauwagen der Fall. Weiter müsste die Anlage mit dem Erdboden verbunden sein, wobei die Erdverbundenheit hier nur gemäß § 2 Abs. 1 Satz 2 BauO NRW dadurch begründet sein kann, dass die Anlage durch eigene Schwere auf der Erde ruht oder nach ihrem Verwendungszweck dazu bestimmt ist, überwiegend ortsfest benutzt zu werden. Ein Ruhen durch eigene Schwere auf dem Boden setzt eine gewisse Verfestigung voraus, so dass nur solche Anlagen erfasst werden, die nicht ohne technische

[478] OVG NRW, NVwZ 1988, 942 (943 f.).

Hilfsmittel wegbewegt werden können; da es irgendeines Zuggeräts, etwa eines Traktors bedarf, um einen Bauwagen zu bewegen, ist schon dieses Kriterium des Ruhens durch eigene Schwere erfüllt. Ferner könnte auch der Verwendungszweck einer ortsfesten Benutzung vorliegen. Zwar ist ein Bauwagen grundsätzlich eine ortsveränderliche Anlage, doch wird eine solche zu einer ortsfesten Anlage, wenn sie so aufgestellt wird, dass sie nicht ohne technische Hilfsmittel bewegt werden kann; ferner wird der Bauwagen hier für einen längeren Zeitraum von 5 Jahren aufgestellt, so dass er auch seinem Zweck nach ortfest verwandt wird.[479] Also liegt eine bauliche Anlage vor. Diese ist auch nicht gemäß §§ 65 bis 67, 79 und 80 BauO NRW genehmigungsfrei (vgl. § 63 Abs. 1 Satz 1 BauO NRW).

Die somit erforderliche Baugenehmigung für das Aufstellen des Bauwagens ist nicht erteilt worden.

Mithin liegt formelle Illegalität vor.

(2) Materielle Illegalität. Materielle Illegalität könnte hier durch einen Verstoß gegen materiell-rechtliche Vorschriften des Bauplanungs- oder des Bauordnungsrechts begründet sein.

Das Aufstellen des Bauwagens könnte gegen § 13 Abs. 3 BauO NRW verstoßen. Danach sind Werbeanlagen im Außenbereich unzulässig. Fraglich ist aber, ob der Bauwagen eine Werbeanlage i.S.v. § 13 Abs. 1 BauO NRW ist. Um eine ortsfeste Einrichtung handelt es sich bei dem Bauwagen. Ferner müsste er eine werbliche Funktion erfüllen. Dies ist der Fall, wenn sein Zweck darin besteht, Aufmerksamkeit zu erregen und das Verhalten des Betrachters zu beeinflussen. Ein Schriftzug als Werbung ist dafür nicht erforderlich. Jedoch ist eine abstrakte Darstellung – wie die Blumenbemalung ohne einen Schriftzug – nur dann Werbung, wenn sie für den Betrachter verständlich ist. Ein buntbemalter Bauwagen lässt nicht den sicheren Schluss zu, dass er auf das Modelabel hinweist, insbesondere weil kein weiterer örtlicher Zusammenhang, etwa Nähe zu einer Verkaufsstelle, besteht. Mithin liegt keine Werbeanlage i.S.v. § 13 Abs. 1 BauO NRW und kein Verstoß gegen § 13 Abs. 3 BauO NRW vor.

Das Aufstellen des Bauwagens könnte aber bauplanungsrechtlich unzulässig sein, insbesondere gegen § 35 BauGB verstoßen. Die Anwendbarkeit von § 35 BauGB setzt zunächst voraus, dass es sich bei dem Bauwagen um eine bauliche Anlage im bauplanungsrechtlichen Sinne handelt (§ 29 Abs. 1 BauGB). Für diesen Begriff der baulichen Anlage enthält das BauGB keine Legaldefinition, und aus kompetenzrechtlichen Gründen kann für das Bauplanungsrecht auch nicht ohne weiteres der in der BauO NRW definierte Begriff der baulichen Anlage (im bauordnungsrechtlichen Sinne) herangezogen werden. Die bauliche Anlage im bauplanungsrechtlichen Sinn ist dadurch definiert, dass sie gebaut sein und bodenrechtliche Relevanz besitzen muss.[480] Bauen wird definiert als das Schaffen einer künstlichen Anlage, die auf Dauer mit dem Erdboden verbunden ist, wobei auch hier ein Ruhen auf dem Erdboden durch eigene Schwere als ausreichend angenommen wird; diese Merkmal erfüllt der Bauwagen. Bodenrechtliche Relevanz ist gegeben, wenn Belange des § 1 Abs. 6 BauGB in einer Weise berührt werden können, die geeignet ist, ein Bedürfnis nach einer die Zulässigkeit eines

---

[479] Vgl. auch OVG NRW, BRS 60 Nr. 130.

[480] Vgl. ÖffR NRW, § 4 Rn. 127ff.

derartigen Vorhabens regelnden verbindlichen Bauleitplanung hervorzurufen; auch eine solche planungsrechtliche Relevanz kommt einem Bauwagen auf einer Wiese im Außenbereich angesichts seiner Wirkung auf die Umgebung zu. Auf das Aufstellen des Bauwagens sind somit §§ 30 bis 37 BauGB anwendbar, hier namentlich § 35 BauGB, da der Bauwagen im Außenbereich aufgestellt werden soll. Zu prüfen ist somit die Zulässigkeit nach § 35 BauGB. Da ein privilegiertes Vorhaben i. S. v. § 35 Abs. 1 BauGB nicht vorliegt, ist § 35 Abs. 2 BauGB maßgeblich. Es dürften also keine öffentlichen Belange insbesondere des § 35 Abs. 3 BauGB durch das Aufstellen des Bauwagens beeinträchtigt sein. In Betracht kommt eine Beeinträchtigung der Belange nach § 35 Abs. 3 Nr. 5 BauGB durch Verunstaltung des Landschaftsbildes. Eine ausschließlich durch Acker und Wiesen geprägte Landschaft wird durch das Aufstellen eines hellblau angestrichenen und mit pinkfarbenen Blumen bemalten Bauwagens verunstaltet, so dass eine Beeinträchtigung dieses öffentlichen Belangs vorliegt. Da insoweit auch eine Teilprivilegierung nach § 35 Abs. 4 BauGB ausscheidet, ist das Vorhaben mit § 35 BauGB unvereinbar, also bauplanungsrechtswidrig und daher auch materiell rechtswidrig.

cc) Zwischenergebnis

Da sowohl bzgl. der Dachinstallation wie auch bzgl. des Bauwagens formelle und materielle Illegalität gegeben ist, liegen insoweit die Voraussetzungen für eine Beseitigungsverfügung vor.

b) Richtiger Adressat

Die Behörde müsste sich mit ihrer Ordnungsverfügung an den richtigen, d.h. den ordnungspflichtigen Adressaten gewandt haben. Maßgeblich sind insoweit, da es im Bauordnungsrecht an eigenen Regelungen mangelt und es sich bei dem Bauordnungsrecht um besonderes Ordnungsrecht handelt, die allgemeinen Regelungen zur ordnungsrechtlichen Verantwortlichkeit in §§ 17ff. OBG.[481]

aa) Dachinstallation

Hinsichtlich des auf dem Dach installierten Leuchtschriftzuges ist die A als (Mit-)Eigentümerin Zustandsstörerin i.S.v. § 18 OBG NRW.
Problematisch könnte sein, dass A allein in Anspruch genommen wurde, gegen die Miteigentümerin B, die insoweit ebenfalls Zustandsstörerin i.S.v. § 18 OBG NRW ist, hingegen keine Ordnungsverfügung ergangen ist. Die gleichzeitige Störereigenschaft mehrerer Personen lässt jedoch die Verantwortlichkeit jedes einzelnen Störers unberührt; die Ordnungsbehörde kann daher auch nur einen von mehreren Miteigentümern und Störern in Anspruch nehmen.[482]

bb) Bauwagen

Als Mieterin und Aufstellerin des Bauwagens ist die A Verhaltensstörerin i.S.v. § 17 OBG NRW.

c) Ermessensausübung der Behörde

Da somit die tatbestandlichen Voraussetzungen erfüllt sind, bleibt die Entscheidung der Baubehörde auf Ermessensfehler zu überprüfen (vgl. § 114 VwGO).

---

[481] Vgl. ÖffR NRW, § 4 Rn. 283.
[482] ÖffR NRW, § 3 Rn. 124.

Dafür, dass das – dem „Ob“ des Einschreitens geltende – Entschließungsermessen rechtsfehlerhaft ausgeübt worden wäre, gibt es keinen Anhaltspunkt.

Weiter müsste auch das Störerauswahlermessen, das die Behörde bei mehreren Störern grundsätzlich hat, rechtsfehlerfrei ausgeübt worden sein. Auch hinsichtlich der Entscheidung, die A und nicht (auch) die B als Störerin in Anspruch zu nehmen, sind keine Anhaltspunkte für einen Ermessensfehler ersichtlich.

Schließlich müsste auch das sog. Handlungsermessen fehlerfrei ausgeübt worden sein, d.h. die Entscheidung über die getroffenen Maßnahmen ermessensfehlerfrei gewesen sein. Das hierauf bezogene Ermessen könnte insoweit fehlerhaft ausgeübt worden sein, wie der A mit der Beseitigungsverfügung eine Handlung aufgegeben worden ist, die sie zu einem Eingreifen in das Eigentum anderer verpflichtet. Mit der Anordnung der Beseitigung des Bauwagens ist dies nicht geschehen; diese Anordnung beinhaltet keine Verpflichtung zu substanzverletzenden Eingriffen in das Eigentum anderer, namentlich des Eigentümers des Bauwagens oder der Wiese. Die allein an die A adressierte Anordnung zur Beseitigung des Leuchtschriftzuges verpflichtet diese hingegen zu einer Handlung, mit der sie in das (Mit-)Eigentum der B eingreifen würde. Fraglich ist, ob die Behörde auch die B insoweit öffentlich-rechtlich in die Pflicht hätte nehmen, d.h. auch gegenüber B eine Beseitigungsverfügung oder aber eine Duldungsverfügung hätte erlassen müssen, die sie zur Duldung der Beseitigung durch A verpflichtet hätte. Die fehlende Duldungsverfügung gegen B hindert jedoch lediglich die Vollstreckbarkeit der gegen A ausgesprochenen Beseitigungsverfügung durch die Behörde, führt jedoch nicht zur Rechtswidrigkeit und Ermessensfehlerhaftigkeit der ausgesprochenen Ordnungsverfügung.[483] Diese ist also ermessensfehlerfrei.

II. Rechtsverletzung und Ergebnis

Da die Ordnungsverfügung somit insgesamt, hinsichtlich der beiden Beseitigungsverfügungen, rechtmäßig ist, ist die Klägerin A auch nicht in ihren Rechten verletzt.

Die Klage gegen die beiden Beseitigungsverfügungen ist somit zwar zulässig, aber unbegründet.

Abwandlung

Zu untersuchen ist, ob die gegen E gerichtete Zwangsgeldandrohung rechtmäßig ist.

I. Ermächtigungsgrundlage

Als Ermächtigungsgrundlage für die Zwangsgeldandrohung kommen, da das VwVG NRW auch auf die Vollstreckung von Maßnahmen der unteren Bauauf-

[483] BVerwGE 40, 101 (103).

sichtsbehörden als Sonderordnungsbehörden anwendbar ist,[484] §§ 55 Abs. 1, 57 Abs. 1 Nr. 2, 60, 63 Abs. 1 VwVG NRW in Betracht.

II. Formelle Rechtmäßigkeit

1. Zuständigkeit

Die untere Bauaufsichtsbehörde ist als die Behörde, die den Grundverwaltungsakt erlassen hat, für die Zwangsgeldandrohung gemäß § 56 Abs. 1 VwVG NRW zuständig.

2. Verfahren

Eine Anhörung ist vor der Zwangsgeldandrohung, da diese eine Maßnahme in der Zwangsvollstreckung ist, gemäß § 28 Abs. 2 Nr. 5 VwVfG NRW nicht erforderlich gewesen.

3. Form

Es ist davon auszugehen, dass das für die Zwangsgeldandrohung bestehende Schriftformerfordernis (§ 63 Abs. 1 Satz 1 VwVG NRW) beachtet worden ist.

III. Materielle Rechtmäßigkeit

1. Allgemeine Vollstreckungsvoraussetzungen

a) Wirksamer Grundverwaltungsakt

Es müsste ein wirksamer Grundverwaltungsakt vorliegen (§ 55 Abs. 1 VwVfG NRW).

Dieser könnte hier gegeben sein in Gestalt der Ordnungsverfügung, die gegen M ergangen ist. Ihr gegenüber ist der Verwaltungsakt bekannt gegeben worden, mithin auch wirksam geworden i.S.v. § 43 Abs. 1 VwVfG NRW. Die Wirksamkeit entfällt auch nicht wegen Nichtigkeit (§ 44 VwVfG NRW).

Fraglich ist jedoch, ob dieser Verwaltungsakt auch Wirksamkeit gegenüber E entfaltet und als Grundlage einer gegen ihn gerichteten Verwaltungsvollstreckungsmaßnahme tauglich ist. Das könnte der Fall sein, wenn E als Gesamtrechtsnachfolger der A auch in die durch die Ordnungsverfügung begründete Verpflichtung der A eingetreten ist. Eine solche Rechtsnachfolge wird für solche Verwaltungsakte angenommen, die keine auf eine konkrete Person bezogene, sondern sachbezogene Anordnungen treffen.[485] Bei der gegenüber A ergangenen bauaufsichtlichen Ordnungsverfügung handelt es sich nicht um einen personen-,

---

[484] Vgl. ÖffR NRW, § 3 Rn. 239.

[485] Vgl. *Maurer*, Allg. Verwaltungsrecht, 18. Aufl. 2011, § 9 Rn. 56; *Pieroth/Schlink/Kiesel*, Polizei- und Ordnungsrecht, 7. Aufl. 2012, § 9 Rn. 54; ausführlich und krit. ÖffR NRW, § 3 Rn. 109ff.

sondern um einen sachbezogenen Verwaltungsakt, dem deshalb auch Geltung gegenüber dem Rechtsnachfolger zukommt. Die gegen A als frühere Eigentümerin gerichtete Verfügung ist daher auch für E als deren Gesamtrechtsnachfolger rechtsverbindlich und tauglicher Grundverwaltungsakt für eine gegen ihn gerichtete Verwaltungsvollstreckungsmaßnahme.[486]

b) Befehlender Charakter des Grundverwaltungsakts

Als Grundverwaltungsakt kommt nach § 55 Abs. 1 VwVG NRW nur ein Verwaltungsakt in Betracht, der auf die Vornahme einer Handlung oder auf Duldung oder Unterlassung gerichtet ist. Die Ordnungsverfügung ist hier auf Beseitigung der Leuchtschrift und damit auf Vornahme einer Handlung gerichtet.

c) Unanfechtbarkeit oder sofortige Vollziehbarkeit

Der Grundverwaltungsakt müsste unanfechtbar oder sofort vollziehbar sein (§ 55 Abs. 1 VwVG NRW). Unanfechtbar ist er geworden, wenn die Rechtsbehelfsfristen, hier also die Frist für die Anfechtungsklage abgelaufen ist. Diese Frist betrug hier, da der Ordnungsverfügung eine ordnungsgemäße Rechtsbehelfsbelehrung beigefügt war (vgl. § 58 Abs. 1 VwGO), einen Monat ab Bekanntgabe des Verwaltungsakts (§ 74 Abs. 1 Satz 2 VwGO). In dieser Frist ist kein Rechtsbehelf eingelegt worden und damit Unanfechtbarkeit eingetreten.

Die Frage, ob der Grundverwaltungsakt darüber hinaus auch rechtmäßig sein muss, kann hier schon deshalb dahinstehen, weil dieser – wie bei der gutachtlichen Untersuchung der gegen sie gerichteten Anfechtungsklage (s. 1. Teil) gesehen – rechtmäßig ist. Im übrigen kommt es auch die Rechtmäßigkeit des Grundverwaltungsaktes nach h.M. schon im Falle sofortiger Vollziehbarkeit,[487] nach wohl einhelliger Auffassung jedenfalls aber dann nicht an, wenn der Verwaltungsakt – wie hier der Fall – bestandskräftig geworden ist.[488]

d) Nichtbefolgung der Verfügung

Die Verhängung von Verwaltungsvollstreckungsmaßnahmen, auch die Zwangsgeldandrohung kommt nur in Betracht, wenn der Grundverwaltungsakt vom Pflichtigen nicht befolgt worden ist, hier also die aufgegebene Handlung noch nicht vorgenommen worden ist. Dies ist der Fall.

e) Fehlen von Vollstreckungshindernissen

Der Zwangsgeldandrohung könnte jedoch ein Vollstreckungshindernis entgegenstehen. Ein solches Vollstreckungshindernis liegt vor allem dann vor, wenn dem Pflichtigen die Befolgung des Grundverwaltungsakts aus tatsächlichen oder rechtlichen Gründen nicht mehr möglich ist.[489] Hier könnte der Vollstreckung der Ordnungsverfügung rechtliche Unmöglichkeit deshalb entgegenstehen, weil früher A, jetzt E nicht Alleineigentümer des Grundstücks mit der Produktionshalle bzw. des zu entfernenden Leuchtschriftzuges ist und E deshalb zur Umsetzung der Ordnungsverfügung in eine Rechtsposition eines Dritten, der Miteigen-

---

[486] Vgl. ÖffR NRW, § 4 Rn. 289.

[487] A.A. VGH Kassel, NVwZ 1982, 514 (515).

[488] Vgl. ÖffR NRW, § 3 Rn. 252; *Pieroth/Schlink/Kiesel*, Polizei- und Ordnungsrecht, 7. Aufl. 2012, § 24 Rn. 32.

[489] *Pieroth/Schlink/Kiesel*, Polizei- und Ordnungsrecht, 7. Aufl. 2012, § 24 Rn. 34.

tümerin B eingreifen müsste; durch ein Entfernen des Leuchtschriftzuges würde E in der Tat in deren Eigentum eingreifen. B ist jedoch ihrerseits rechtlich nicht verpflichtet, diesen Leuchtschriftzug zu entfernen bzw. seine Entfernung durch den Miteigentümer E zu dulden. Erst durch eine gegen B gerichtete behördliche Duldungsverfügung könnte B zur Duldung dieser Beseitigung verpflichtet werden. Solange eine solche Duldungsverfügung nicht vorliegt, ist es E folglich rechtlich unmöglich, die aufgegebene Handlung vorzunehmen. Der Durchsetzung seiner Verpflichtung im Wege des Verwaltungszwangs steht deshalb ein Vollstreckungshindernis entgegen.

2. Ergebnis

Aufgrund fehlender Vollstreckungsvoraussetzungen ist die Zwangsgeldandrohung rechtswidrig.

19. Klausur: „Power-Paintball-Halle" ***

Sachverhalt

E ist Eigentümer einer gewerblich genutzten Sportanlage. Die Anlage befindet sich, umgeben von sonstigen baulichen Anlagen mit gewerblicher Nutzung (Bürogebäude, Lagerhallen etc.), in einem Gewerbegebiet der kreisfreien Stadt B, für das ein Bebauungsplan nicht existiert. Bislang ist die Nutzung der Sportanlage durch einen Fitnessbereich, Hallentennisplätze und eine Saftbar geprägt. Hinter den aktuell genutzten Gebäudeteilen liegt ein Anbau, der über einen separaten Eingang verfügt und nur über eine Zuwegung erreichbar ist, die über ein anderes Grundstück führt. Weil dieser Anbau von den sonstigen Bereichen der Sportanlage aus nicht zugänglich ist, hat er bislang ungenutzt leergestanden.

Da die Geschäfte schlecht laufen, möchte E nun auch diesen Anbau einer Nutzung zuführen. Dazu möchte er ihn dem in der Umgebung ansässigen „Power-Paintball e. V." zum Paintballspielen zur Verfügung stellen. E beantragt bei der zuständigen Bauaufsichtsbehörde die Nutzungsänderung. Die zum Bauantrag eingereichte Betriebsbeschreibung enthält hinsichtlich des Paintballspiels die folgenden Angaben: „Zugang zu dem Paintballspiel erhalten allein die Mitglieder des Vereins „Power-Paintball e. V.". Diese sind allesamt erwachsen. Sie erkennen das Regelwerk des Vereins an und halten ihr Spiel ausschließlich nach dem offiziellen Paintballregelwerk ab. Die mit Farbmarkierern und Schutzkleidung ausgestatteten beiden gegnerischen Mannschaften sollen versuchen, die gegnerische Flagge der anderen Mannschaft zu erobern. Dies geschieht auf einer speziellen Spielfläche, wobei die beiden Mannschaften versuchen werden, einerseits die jeweils gegnerische Flagge zu erobern und andererseits den Versuch der Eroberung der eigenen Flagge durch die gegnerische Mannschaft durch den Einsatz von Schüssen mit Farbkugeln auf den Körper der anderen Gegner zu verhindern. Sowohl die Eroberung der gegnerischen Fahne als auch jeder getroffene Gegenspieler werden mit einer Punktvergabe belohnt. Die Mitglieder der beiden Mannschaften dürfen weder Tarnanzüge noch kriegsähnliche Uniformierungen bei der Ausführung des Paintballspiels tragen. Es werden ausschließlich blaue und grüne Farbkugeln verwendet." Die vorgesehene Spielfläche befindet sich in einem nur den Mitgliedern des Vereins zugänglichen und von außen nicht einsehbaren Bereich.

Die Bauaufsichtsbehörde lehnt die beantragte Nutzungsänderung des E ab und begründet dies damit, dass das Vorhaben nicht den Vorschriften der Bauordnung NRW genüge, insbesondere einen Verstoß gegen § 3 Abs. 1 Satz 1 BauO NRW darstelle, da das Paintballspielen nicht mit der Menschenwürde vereinbar sei. So werde der Spielteilnehmer durch den Abschuss gegen Punkte zum bloßen Objekt des Punktesammelns gemacht, was seine Subjektqualität prinzipiell in Frage stelle. Der Schutz der Menschenwürde sei Verpflichtung aller staatlichen Gewalt, so dass die Bauaufsichtsbehörde daran gehindert sei, dem Antrag auf Nutzungsänderung stattzugeben. Darüber hinaus sei die für ein solches Vorhaben nötige Zuwegung nicht ausreichend vorhanden, da durch die zusätzliche Nutzung des bisher leerstehenden Hallenanbaus zeitweise mit einem erhöhten Verkehrsaufkommen durch die Vereinsmitglieder und mit hoher Wahrscheinlichkeit zu zeitweiligen Staubildungen zu rechnen sei.

E sieht sich durch die ablehnende Entscheidung in seinen Rechten verletzt. Er meint, er habe einen Anspruch auf Erteilung der Baugenehmigung. Die Betriebsbeschreibung verdeutliche, dass sein Vorhaben nicht gegen Rechtsvorschriften verstoße und er hinreichende Vorkehrungen zur Einhaltung der bauordnungsrechtlichen Vorschriften getroffen habe. Weiterhin sei die Zuwegung zu der Paintballhalle über das davor liegende Privatgrundstück ausreichend, da diese durch eine Baulast gesichert sei. Die Zufahrt sei – was zutrifft – selbst für einen Lastwagen hinreichend breit, nur ca. 30 Meter lang und von beiden Enden aus vollständig einsehbar. Ein zeitweise erhöhtes Verkehrsaufkommen sei nicht schädlich, zumal die Nutzung der Paintballhalle durch die Vereinsmitglieder vorwiegend auf werktägliche Abendstunden und Wochenendzeiten beschränke.

E begehrt Eilrechtsschutz bei dem zuständigen Verwaltungsgericht. Das Abwarten auf den Ausgang eines Hauptsacheverfahrens sei ihm nicht zuzumuten, da sich dieses über einen langen Zeitraum hinziehen werde und die ihm zugemutete Rechtsbeeinträchtigung rückwirkend nicht mehr auszugleichen sei; er wäre finanziell ruiniert, müsste er auf ein Ergebnis im Hauptsacheverfahren warten.

Hat der Antrag des E Aussicht auf Erfolg?

Gliederung

Lösungsvorschlag

Der Antrag des E hat Aussicht auf Erfolg, soweit er zulässig und begründet ist.

A. Zulässigkeit

Der Antrag des E müsste zulässig sein.

I. Verwaltungsrechtsweg

In dem von E angestrebten Verfahren des einstweiligen Rechtsschutzes richtet sich die Eröffnung des Verwaltungsrechtswegs nach dem Rechtsweg des Hauptsacheverfahrens. Ist in der Hauptsache der Verwaltungsrechtsweg eröffnet, so gilt dies auch für das einstweilige Rechtsschutzverfahren. In der Hauptsache begehrt E die Aufhebung der ablehnenden Entscheidung der Bauaufsichtsbehörde und die bauaufsichtliche Genehmigung der beabsichtigten Nutzungsänderung. Da eine aufdrängende Sonderzuweisung nicht in Betracht kommt, müsste die Streitigkeit nach § 40 Abs. 1 Satz 1 VwGO öffentlich-rechtlicher und nichtverfassungsrechtlicher Art sein, was bei dem nach § 75 Abs. 1 Satz 1 BauO NRW zu beurteilenden Anspruch auf Erlass einer Nutzungsänderungsgenehmigung der Fall ist. Darüber hinaus liegt in diesem Fall keine abdrängende Sonderzuweisung vor, so dass der Verwaltungsrechtsweg gemäß § 40 Abs. 1 Satz 1 VwGO eröffnet ist.

II. Statthafte Antragsart

Die statthafte Antragsart richtet sich nach dem gemäß §§ 122 Abs. 1, 88 VwGO maßgeblichen Begehren des Klägers. E begehrt einstweiligen Rechtsschutz im Hinblick auf eine ihm verweigerte bauaufsichtliche Nutzungsänderungsgenehmigung. In Betracht kommt insoweit ein Antrag nach § 80 Abs. 5 VwGO oder einer nach § 123 VwGO. Beiden Anträge stehen, wie sich aus § 123 Abs. 5 VwGO ergibt, in einem Exklusivitätsverhältnis zueinander; danach ist der Antrag nach § 123 VwGO nur statthaft, sofern in der Hauptsache keine Anfechtungsklage gegeben ist. Das Klagebegehren des E ist im Hauptsacheverfahren auf die Erteilung einer Nutzungsänderungsgenehmigung, also auf den Erlass eines Verwaltungsaktes i. S. d. § 35 Satz 1 VwVfG gerichtet. Da dieses Begehren mit der Verpflichtungsklage gemäß § 42 Abs. 1 Alt. 2. VwGO zu verfolgen ist, kommt als statthafte Antragsart nur die einstweilige Anordnung nach § 123 VwGO in Betracht.

Weiterhin ist zu unterscheiden, ob eine Sicherungsanordnung (§ 123 Abs. 1 Satz 1 VwGO) oder eine Regelungsanordnung (§ 123 Abs. 1 Satz 2 VwGO) vorliegt. Die Sicherungsanordnung hat das Ziel, die Sicherung eines bestehenden Zustands sicherzustellen, während mit der Regelungsanordnung das Ziel der Erweiterung einer Rechtsposition verfolgt werden soll.[490] Da E hier das Ziel der

---

[490] *Kopp/Schenke*, VwGO, 20. Aufl. 2014, § 123 Rn. 6.

Genehmigung einer Nutzungsänderung durch die Bauaufsichtsbehörde verfolgt, also eine Erweiterung seiner Rechtsposition anstrebt, ist vorliegend die Regelungsanordnung die statthafte Antragsart.

III. Antragsbefugnis

Analog § 42 Abs. 2 VwGO muss der Antragsteller im Verfahren der einstweiligen Anordnung nach § 123 VwGO antragsbefugt sein. Das verlangt zunächst, dass er geltend machen kann, dass die Ablehnung des begehrten Verwaltungsakts rechtswidrig gewesen ist und ihn in einem eigenen Recht verletzt hat, d.h. dass er einen möglichen Anspruch auf Erteilung des Verwaltungsaktes hat. Ein solcher Anspruch könnte hier aus § 75 Abs. 1 Satz 1 BauO NRW folgen. Danach hat E als Bauherr einen gebundenen Anspruch auf die Erteilung einer Nutzungsänderungsgenehmigung, sofern seinem Vorhaben keine öffentlich-rechtlichen Vorschriften entgegenstehen. Das Bestehen eines solchen Anspruchs des E gemäß § 75 Abs. 1 Satz 1 BauO NRW ist nicht ausgeschlossen. Weiterhin ist auch ein Anordnungsgrund hinreichend dargetan, so dass E antragsbefugt ist.

IV. Antragsgegner

Der Antrag ist gemäß § 78 Abs. 1 Nr. 1 VwGO analog gegen den Bund, das Land oder die Körperschaft zu richten, die den beantragten Verwaltungsakt unterlassen hat. Das ist hier die Stadt B.

V. Beteiligten- und Prozessfähigkeit

E ist gemäß § 61 Nr. 1, § 62 Abs. 1 Nr. 1 VwGO beteiligten- und prozessfähig.

Die Stadt B ist gemäß § 61 Nr. 1 VwGO beteiligten- und gemäß § 62 Abs. 3 VwGO prozessfähig.

VI. Rechtsschutzbedürfnis

Das Rechtschutzbedürfnis könnte fraglich sein, wenn E sich zuvor an die Behörde hätte wenden müssen. Im Gegensatz zu dem Antrag nach § 80 Abs. 5 VwGO hat der Antrag nach § 123 VwGO jedoch grundsätzlich nicht zur Voraussetzung, dass ein vorheriges Befassen der Behörde mit der Sache stattgefunden haben muss.[491] Die Frage kann vorliegend zudem mit Blick auf die von E beantragte und von B abgelehnte Nutzungsänderungsgenehmigung dahinstehen. Darüber hinaus macht E geltend, dass er ein besonderes Interesse an der Vorabentscheidung hat, da ihm ansonsten wirtschaftliche, unumkehrbar existenzbedrohende Konsequenzen aus dem Abwarten auf eine Entscheidung in der

---

[491] *Kopp/Schenke*, VwGO, 20. Aufl. 2014, § 123 Rn. 22, m.w.N. auch zur a.A.

Hauptsache drohen. Das allgemeine Rechtsschutzbedürfnis des E ist daher zu bejahen.

VII. Zwischenergebnis

Der Antrag des E auf Erlass einer einstweiligen Anordnung nach § 123 VwGO ist zulässig.

B. Begründetheit

Der Antrag auf Erlass einer einstweiligen Anordnung i.S.d. § 123 VwGO ist begründet, wenn und soweit der Antragsteller einen Anordnungsgrund und einen Anordnungsanspruch darlegen und die zugrunde liegenden Tatsachen gemäß § 123 Abs. 3 VwGO i.V.m. §§ 920 Abs. 2, 294 ZPO glaubhaft machen kann.

I. Anordnungsanspruch

Ein Anordnungsanspruch des E ist gegeben, sofern er einen Anspruch auf Erteilung der begehrten Nutzungsänderungsgenehmigung hat. Dieser kann sich aus § 75 Abs. 1 Satz 1 BauO NRW ergeben.

1. Formelle Anspruchsvoraussetzungen

Den erforderlichen Antrag bei der zuständigen Behörde hat E gestellt.

2. Materielle Anspruchsvoraussetzungen

E hat einen Anspruch auf Erteilung der Nutzungsänderungsgenehmigung gemäß § 75 Abs. 1 Satz 1 BauO NRW, sofern seinem Vorhaben keine öffentlich-rechtlichen Vorschriften entgegenstehen. Der Prüfungsumfang erstreckt sich daher auf sämtliche öffentlich-rechtlichen Vorschriften.[492] Vorliegend kommen als entgegenstehende Vorschriften solche des Bauplanungs- und des Bauordnungsrechts in Betracht.

a) Verstoß gegen §§ 29ff. BauGB

Zunächst könnte ein Verstoß gegen die bauplanungsrechtlichen Vorschriften der §§ 29ff. BauGB in Betracht kommen.

aa) Anwendbarkeit von §§ 30ff. BauGB

Nach § 29 Abs. 1 BauGB könnten die §§ 30ff. BauGB anwendbar sein, weil das Vorhaben des E die Nutzungsänderung einer baulichen Anlage zum Inhalt hat. Bei der Paintballhalle handelt es sich um eine bauliche Anlage im Sinne dieser Vorschrift. Ob eine Nutzungsänderung in ihrem Sinne vorliegt, hängt von

---

[492] OVG NRW, ZfBR 2004, 384.

deren bodenrechtlicher Relevanz ab; sie ist zu bejahen, wenn die Funktion der Anlage in einer Weise geändert wird, die zu einer anderen planungsrechtlichen Beurteilung führt, so dass die Genehmigungsfrage sich neu stellt.[493] Dies ist bei der Umnutzung eines bislang ungenutzten Gebäudeteils in eine Paintball-Halle zu bejahen. Damit sind die §§ 30 bis 37 BauGB anwendbar.

Klausurtipp: Dass es sich bei der Paintballhalle um eine bauliche Anlage i.S.d. § 29 Abs. 1 BauGB handelt, ist unproblematisch und hier nicht näher zu erörtern. Maßgeblich sind die Merkmale des Bauens und der bodenrechtlichen Relevanz. Bei dem Begriff des Bauens wird eine Anlage gefordert, die mit einer gewissen Dauerhaftigkeit mit dem Erdboden verbunden ist. Das Merkmal der bodenrechtlichen Relevanz liegt vor, sofern das Vorhaben die in § 1 Abs. 5 und 6 BauGB genannten Belange in einer Weise berührt oder berühren kann, die geeignet ist, das Bedürfnis nach einer ihre Zulässigkeit regelnden verbindlichen Bauleitplanung hervorzurufen (vgl. ÖffR NRW, § 4 Rn. 127ff.).

bb) Vereinbarkeit mit §§ 30ff. BauGB

Mangels Vorliegens eines Bebauungsplans findet die Regelung des § 30 BauGB keine Anwendung, so dass sich die bauplanungsrechtliche Zulässigkeit der Nutzungsänderung zu einer Paintballhalle entweder nach § 34 BauGB oder nach § 35 BauGB richtet. In Betracht kommt zunächst die Regelung des § 34 BauGB. Dessen Anwendbarkeit setzt voraus, dass das Vorhaben innerhalb eines im Zusammenhang bebauten Ortsteils liegt. Der Sachverhalt gibt an, dass die Sportanlage umgeben von baulichen Anlagen mit gewerblicher Nutzung ist; daher ist eine zusammenhängende Bebauung anzunehmen.

Im Anwendungsbereich des § 34 BauGB ist ein Vorhaben nach § 34 Abs. 1 Satz 1 BauGB nur zulässig, wenn es sich nach Art und Maß der baulichen Nutzung, der Bauweise und der Grundstücksfläche, die überbaut werden soll, in die Eigenart der näheren Umgebung einfügt. Entspricht die Eigenart der näheren Umgebung einem der Baugebiete nach den Vorschriften der BauNVO, so bestimmt sich die Zulässigkeit des Vorhabens nach seiner Art alleine nach deren Vorschriften (§ 34 Abs. 2 BauGB). Die Eigenart der näheren Umgebung ist vorliegend durch ein Gewerbegebiet geprägt und entspricht daher der Regelung des § 8 BauNVO. Gemäß § 8 Abs. 2 Nr. 4 BauNVO sind Anlagen für sportliche Zwecke in einem Gewerbegebiet zulässig. Als eine solche ist die vorhandene Anlage einzuordnen. Die Nutzungsänderung in eine Paintballhalle ist daher gemäß § 34 Abs. 2 BauGB i.V.m. § 8 Abs. 2 Nr. 4 BauNVO bauplanungsrechtlich zulässig.

Darüber hinaus muss die Erschließung gesichert sein (§ 34 Abs. 1 Satz 1 BauGB). Dies ist allgemein der Fall, sofern die Gewährleistung einer der geordneten städtebaulichen Entwicklung entsprechenden Benutzbarkeit bebaubarer und bebauter Grundstücke sichergestellt ist.[494] Dies ist hier allein im Hinblick

---

[493] BVerwGE 47, 185 (188).

[494] *Söfker*, in: Ernst/Zinkhahn/Bielenberg/Krautzberger, BauGB (Stand: Januar 2014), § 30 Rn. 40.

auf die wegemäßige Erschließung fraglich. Bauplanungsrechtlich gefordert ist insoweit mindestens ein mit Rücksicht auf die Lage des Baugrundstücks und das konkrete Vorhaben zureichender Anschluss an das öffentliche Wegenetz; insbesondere müssen die vorhandenen Zuwegungen und Straßen in der Lage sein, den durch das Bauvorhaben ausgelösten zusätzlichen Verkehr im Regelfall zu bewältigen.[495] Das könnte hier fraglich sein, weil nur ein eher schmaler Weg das Grundstück mit dem öffentlichen Verkehrsnetz verbindet und laut Sachverhalt mit einem erhöhten Verkehrsaufkommen durch die Zu- und Abfahrt der Vereinsmitglieder zu rechnen ist. Jedoch ergibt sich aus dem Sachverhalt auch, das dieses Verkehrsaufkommen vor allem zu werktäglichen Abendstunden und Wochenendzeiten zu erwarten ist; zu diesen Zeiten ist in dem Gebiet nach den vorhandenen Nutzungen ansonsten kein starkes Verkehrsaufkommen zu erwarten. Im Ergebnis bestehen deshalb hinsichtlich der wegemäßigen Anbindung keine durchschlagenden städtebaulichen Bedenken. Weiterhin muss die Zuwegung auch dauerhaft gesichert sein, was hier zweifelhaft sein könnte, weil die Anbindung an das öffentliche Wegenetz nur über ein anderes Privatgrundstück gegeben ist; wenn diese Anbindung nicht bloß schuldrechtlich vereinbart ist, sondern – wie hier – durch die Eintragung einer Baulast im Baulastenverzeichnis öffentlich-rechtlich gesichert ist, ist das zureichend.[496] Auch die Erschließung genügt somit den bauplanungsrechtlichen Anforderungen.

b) Verstoß gegen bauordnungsrechtliche Vorschriften

Weiterhin kommt ein Verstoß gegen bauordnungsrechtliche Vorschriften in Betracht.

aa) Verstoß gegen § 4 Abs. 1 Nr. 1 BauO NRW

Insofern könnten die Anforderungen des § 4 Abs. 1 Nr. 1 BauO NRW, wonach ein Gebäude nur errichtet werden darf, wenn gesichert ist, dass zum Beginn der Benutzung das Grundstück in angemessener Breite an einer befahrbaren öffentlichen Verkehrsfläche liegt oder das Grundstück eine befahrbare, öffentlich-rechtlich gesicherte Zufahrt zu einer befahrbaren öffentlichen Verkehrsfläche hat, nicht erfüllt sein. Wegen der Hinterliegereigenschaft der bisher ungenutzten Halle könnte hier die zweite Alternative dieser Vorschrift verletzt sein.

Jedoch richten sich die Anforderungen des § 4 Abs. 1 Nr. 1 BauO NRW an die Errichtung von Gebäuden, nicht an die die hier in Rede stehenden Änderung der Nutzung. Zum anderen sind die Anforderungen aber auch erfüllt. Eine befahrbare, öffentlich-rechtlich gesicherte Zufahrt zu der Halle besteht. Das Bedenken der Bauaufsichtsbehörde, die Zufahrt könne das durch die aufgenommene Nutzung erhöhte Verkehrsaufkommen nicht mehr aufnehmen, ist allein bauplanungs-, nicht bauordnungsrechtlich relevant. Bauordnungsrechtlich relevante sicherheitsrechtliche Bedenken, die sich auf die Sicherheit der Zu- und Abfahrt oder die Erreichbarkeit des Grundstücks für Rettungs- und Einsatzfahrzeuge richten könnten, sind angesichts der begrenzten Länge des Weges so-

[495] *Mitschang/Reidt*, in: Battis/Krautzberger/Löhr, BauGB, 12. Aufl. 2014, § 34 Rn. 37.
[496] *Mitschang*, in: Battis/Krautzberger/Löhr, BauGB, 12. Aufl. 2014, § 30 Rn. 26.

wie seiner hinreichenden Breite und vollständigen Einsehbarkeit nicht erkennbar.[497] Ein Verstoß gegen die Regelung des § 4 Abs. 1 Nr. 1 BauO NRW kommt daher nicht in Betracht.

Vertiefung: Sowohl das Bauplanungs- wie auch das Bauordnungsrecht stellen Anforderungen an die wegemäßige Erschließung. Diese sind jedoch – der grundsätzlichen Unterschiedlichkeit der zugrunde liegenden Gesetzgebungskompetenzen und Regelungszwecke entsprechend – zu unterscheiden. Die bauplanungsrechtlichen Anforderungen orientieren sich an dem Zweck, eine geordnete Bodennutzung des einzelnen Grundstücks sicherzustellen. Bauordnungsrechtlich geht es hingegen um gefahrenabwehrrechtliche Anforderungen im Hinblick auf die Sicherheit der Zufahrt zum Grundstück oder die Erreichbarkeit des Grundstücks für Rettungs- und Einsatzfahrzeuge insbesondere im Brandfall.

bb) § 3 Abs. 1 Satz 1 BauO NRW

Das Vorhaben des E könnte schließlich gegen die allgemeinen Anforderungen des § 3 Abs. 1 Satz 1 BauO NRW an die Errichtung, Änderung und Instandhaltung von baulichen Anlagen, die sinngemäß auch bei einer Nutzungsänderung gelten (§ 3 Abs. 4 BauO NRW), verstoßen. Danach darf durch die Nutzungsänderung die öffentliche Sicherheit oder Ordnung nicht gefährdet werden. In Betracht kommt hier eine Gefährdung der öffentlichen Sicherheit: Darunter ist die Unverletzlichkeit der Rechtsordnung, der subjektiven Rechte und Rechtsgüter des Einzelnen sowie der Einrichtungen und Veranstaltungen des Staates und sonstiger Träger der Hoheitsgewalt zu verstehen.[498] Eine Gefahr besteht, wenn eine Sachlage oder ein Verhalten bei ungehindertem Ablauf des objektiv zu erwartenden Geschehens mit hinreichender Wahrscheinlichkeit ein polizeilich geschütztes Rechtsgut schädigen wird.[499] Hier könnte die Gefahr einer Verletzung der öffentlichen Sicherheit in Gestalt des Art. 1 Abs. 1 GG, der zum Schutz der Menschenwürde verpflichtet, durch die Nutzungsänderung, die die Nutzung zum Zweck des Paintballspiels zulässt, bestehen. Die entscheidende Frage ist, ob das Paintballspiel gegen den Schutzauftrag des Art. 1 Abs. 1 GG verstößt.

Das setzt zunächst voraus, dass Art. 1 Abs. 1 GG nicht nur staatliche Beeinträchtigungen der Menschenwürde untersagt, sondern darüber hinaus den Staat zum Schutz der Menschenwürde gegenüber deren Beeinträchtigung durch andere Private verpflichtet, denn das Paintballspiel wird nicht vom Staat veranstaltet, sondern ggf. lediglich zugunsten Privater, nämlich des E bzw. des „Power-Paintball e.V.“ und seiner Mitglieder zugelassen. Art. 1 Abs. 2 GG enthält jedoch die ausdrückliche Verpflichtung aller staatlichen Gewalt, die Menschenwürde nicht nur zu achten, sondern auch zu schützen. Dieser an den Staat gerichtete Schutzauftrag verpflichtet die staatliche Gewalt dazu, Würdeverletzungen durch Priva-

---

[497] Vgl. *Johlen*, in: Gädtke/Czepuck/Johlen/Plietz/Wenzel, BauO NRW, 12. Aufl. 2011, § 4 Rn. 34, dazu, dass es sich hierbei um eine von der Art der Nutzung, dem Umfang des Bauvorhabens und der Einsehbarkeit der Zufahrt abhängige Einzelfallentscheidung handelt.

[498] *Gusy*, Polizei- und Ordnungsrecht, 9. Aufl. 2014, Rn. 79.

[499] *Gusy*, Polizei- und Ordnungsrecht, 9. Aufl. 2014, Rn. 108 m.w.N.

te mittels Ergreifung entsprechender Schutzvorkehrungen zu verhindern.[500] Diesen Schutzauftrag des Art. 1 Abs. 1 GG würde der Staat verletzen, wenn er mit der bauaufsichtlichen Zulassung des Paintballspiels eine Menschenwürdeverletzung durch Private zuließe.

Damit wird zur entscheidenden Frage, ob das Paintballspiel, dessen bauaufsichtliche Zulassung E anstrebt, im Verhältnis der privaten Mitspieler untereinander eine Menschenwürdeverletzung darstellt. Eine Menschenwürdeverletzung soll nach der sog. Objektformel gegeben sein, wenn ein Mensch zum bloßen Objekt staatlichen bzw. fremden Handelns gemacht oder einer Behandlung ausgesetzt wird, die seine Subjektqualität prinzipiell in Frage stellt.[501] Für die Annahme, dass dem beabsichtigten Paintballspiel die Qualität einer solchen Menschenwürde verletzenden Handlung zukommt, könnte sprechen, dass beim Paintballspiel die beiden gegnerischen Mannschaften mit Gewehrattrappen, die mit Farbmunition geladen sind, ausgestattet sind und versuchen, indem sie mit diesen „Waffen" auf die Körper der Gegner schießen, die Eroberung ihrer eigenen Flagge zu verhindern bzw. die Flagge der anderen Mannschaft zu erobern und Punkte zu gewinnen. Das Paintballspiel beinhaltet insofern im Rahmen eines gewerblichen Unterhaltungsspiels den gezielten (simulierten) Abschuss von Teilnehmern. Darin könnte man eine Missachtung der Subjektqualität des anderen sehen und die Gefahr einer Herabsetzung der Hemmschwelle und einer Verharmlosung der Gewalt, darüber hinaus gar einer Verrohung der Gesellschaft erblicken. Gegen die Annahme einer Verletzung der Menschenwürde spricht allerdings, dass bei der regelkonformen Ausübung des Paintballspiels das gezielte Abschießen der gegnerischen Spielteilnehmer nicht der eigentliche Zweck ist und damit das Vergnügen an simulierten Tötungshandlungen auch nicht im Zentrum steht. Vielmehr geht es um eine zeitlich und räumlich eingegrenzte, durch Spielregeln bestimmte und durch einen Schiedsrichter auf Regelkonformität überwachte Spielsituation. Die Teilnahme an dem Paintballspiel beruht auf einer autonomen Entscheidung erwachsener Spielteilnehmer, die sich ohne Einwirkung von Zwang auf gewisse wechselseitige Verhaltensweisen einlassen. Die Spieler stehen sich dabei chancengleich gegenüber, so dass eine entwürdigende Behandlung der Mitspieler untereinander nicht angelegt ist; keiner der Spieler wird im Verhältnis zu den anderen Mitspielern zur bloßen Zielscheibe degradiert. Durch die Umstände wird das Spielerische der Situation im Bewusstsein gehalten: Die Mitspieler dürfen weder Tarnanzüge noch kriegsähnliche Uniformen tragen, und die verwendeten Farbkugeln sind entweder grün oder blau, also namentlich nicht blutrot. Damit bleibt insgesamt die Distanz zum „wirklichen Leben" sichtbar und wird die Gefahr vermindert, dass bei den Spielteilnehmern ein beherrschendes oder menschliches Leben verachtendes Gefühl hervorgerufen, Gewaltbereitschaft gegenüber Mitmenschen gefördert oder gar Tötungslust hervorgerufen wird. Im Verhältnis der Mitspieler untereinander ist deshalb ein menschenunwürdiges Verhalten, bei dem der eine zum bloßen Objekt des Handelns des anderen gemacht und seiner Subjektqualität beraubt würde, nicht zu erkennen. Darüber hinaus ist zu beachten, dass die Sporthalle, in der das Paintballspiel stattfinden soll, von den anderen Nutzungsbereichen

[500] BVerfG, NJW 1952, 297.
[501] BVerfG, NJW 2006, 751 m.w.N.; BayVGH, ZfBR 2013, 271.

räumlich abgetrennt und von außen nicht einsehbar ist, so dass die Spielsituation auf die Beteiligten beschränkt bleibt und Dritte an dem Paintballspiel nicht als Beobachter teilhaben; das schließt die Gefahr aus, dass an dem Paintballspiel selbst unbeteiligte Dritte sich an dem Spiel mit seinen wechselseitigen Tötungshandlungssimulationen in menschenverachtender Weise ergötzen und die Beteiligten auf diese Weise in ihrer Subjektqualität in Frage gestellt werden.

Eine Verletzung der Menschenwürde gemäß Art. 1 Abs. 1 GG ist deshalb nicht anzunehmen, so dass eine Gefahr für die öffentliche Sicherheit nicht in Betracht kommt. Daher ist ein Verstoß gegen § 3 Abs. 1 Nr. 1 BauO NRW zu verneinen.

2. Zwischenergebnis

Da sonstige Verstöße nicht ersichtlich sind, ist das Vorhaben des E mit den öffentlich-rechtliche Vorschriften im Einklang, so dass E gemäß § 75 Abs. 1 Satz 1 BauO NRW einen Anspruch auf Erteilung einer Nutzungsänderungsgenehmigung hat und somit ein Anordnungsanspruch gegeben ist.

II. Anordnungsgrund

Darüber hinaus müsste ein Anordnungsgrund vorliegen. Dies ist der Fall, wenn dem Antragsteller unter Berücksichtigung seiner Interessen, aber auch der öffentlichen Interessen und der Interessen anderer Personen nicht zumutbar ist, die Hauptsacheentscheidung abzuwarten.[502] Maßgeblich ist damit eine Interessenabwägung; abgewogen werden einerseits die Folgen in dem Falle, dass die einstweilige Anordnung nicht ergeht sich in der Hauptsache herausstellt, dass der Antragsteller bzw. Kläger Recht hatte, und andererseits die Folgen in dem umgekehrten Fall, dass dem Antrag im einstweiligen Rechtsschutz stattgegeben wird und die Hauptsache später keinen Erfolg hat. E macht vorliegend geltend, dass ihm ein Abwarten auf die Entscheidung in der Hauptsache wegen der langen Verfahrensdauer bis zur Entscheidung über seine Nutzungsänderungsgenehmigung nicht zuzumuten sei, da er ansonsten finanziell ruiniert wäre. Grundsätzlich scheint fraglich, ob finanzielle Negativauswirkungen eine ausreichende Begründung für den Erlass einer einstweiligen Anordnung sein können. Zu beachten ist aber in diesem Zusammenhang, dass der Antragsteller so lange die leerstehende Halle nicht nutzen kann, bis er die beantragte Nutzungsänderungsgenehmigung erhält. Bis dahin besteht eine nicht unerhebliche Gefahr, dass es bei E zu existenzbedrohlichen finanziellen Umständen wegen der fehlenden zusätzlichen Einnahmen aus der Nutzung der Halle kommt. In dem vorliegenden Fall scheint der Anordnungsgrund für den Erlass einer einstweiligen Anordnung aus den dargestellten Gründen vorzuliegen.

---

[502] *Kopp/Schenke*, VwGO, 20. Aufl. 2014, § 123 Rn. 26.

III. Gerichtliche Entscheidung

Für die gerichtliche Entscheidung über den Antrag auf Erlass einer einstweiligen Anordnung ist § 123 Abs. 1 und 3 VwGO i. V. m. § 938 ZPO maßgeblich.

1. Grundsätzlicher Anspruch auf Erlass einer einstweiligen Anordnung

Aus § 123 Abs. 1 und 3 VwGO i. V. m. § 938 ZPO wird abgeleitet, dass der Antragsteller einen Anspruch auf Erlass einer einstweiligen Anordnung hat, wenn Anordnungsanspruch und Anordnungsgrund vorliegen und die zugrunde liegenden Tatsachen gemäß § 123 Abs. 3 VwGO i. V. m. § 920 Abs. 2 ZPO glaubhaft gemacht sind. Das in § 123 Abs. 1 VwGO begründetet Ermessen des Gerichts bezieht sich nicht auf den Erlass einer einstweiligen Anordnung an sich, sondern nur auf deren Inhalt.[503] Da diese Voraussetzungen hier erfüllt sind, hat E grundsätzlich einen Anspruch auf Erlass der begehrten einstweiligen Anordnung.

2. Verbot der Vorwegnahme der Hauptsache

Dem Erlass einer einstweiligen Anordnung könnte jedoch das von der h.M. angenommene grundsätzliche Verbot der Vorwegnahme der Hauptsache[504] entgegenstehen.

Dieses Verbot wird dem Antrag des Bauherrn, der seinen Anspruch auf Erteilung einer Baugenehmigung im Verfahren gemäß § 123 VwGO sichern will, regelmäßig entgegengehalten. Hier könnte E entgegengehalten werden, dass sein Begehren im Hauptsacheverfahren auf Aufhebung der ablehnenden Entscheidung der Bauaufsichtsbehörde und Verpflichtung der Behörde zur Erteilung der beantragten Nutzungsänderungsgenehmigung zielt und der Antrag auf Erlass der einstweiligen Anordnung auf das gleiche Ziel der (vorläufigen) bauaufsichtlichen Genehmigung der Nutzungsänderung gerichtet ist. Mit der Verwirklichung eines so vorläufig genehmigten Vorhabens könnte, solange die Baurechtmäßigkeit im Klageverfahren noch umstritten ist, die Hauptsache unzulässigerweise vorweggenommen werden.[505]

Das auf Erlass einer Baugenehmigung gerichtete Hauptsachebegehren wird jedoch durch den Erlass einer einstweiligen Anordnung rechtlich nicht vorweggenommen, da diese nicht die Erteilung einer Baugenehmigung beinhaltet; allenfalls faktisch wird die Hauptsacheentscheidung mit der vorläufig zugelassenen Verwirklichung des Vorhabens vorweggenommen. Dieses Bedenken ist jedoch – anders als mit Blick auf die Errichtung von baulichen Anlagen – mit Blick auf Nutzungsänderungen nicht zwingend, da die Nutzungsänderung faktisch leichter wieder zu beenden ist. Deshalb steht jedenfalls dem Erlass von einstweiligen

---

[503] *Kuhla*, in: Posser/Wolff, BeckOK-VwGO, 29 Ed. (Stand: Oktober 2013), § 123 Rn. 140 f.

[504] Vgl. dazu *Hufen*, Verwaltungsprozessrecht, 9. Aufl. 2013, § 33 Rn. 17 f.

[505] Vgl. VGH Kassel, BRS 27 Nr. 150; VGH München, BRS 30 Nr. 130; VGH München, VerwRspr 29 Nr. 44.

Anordnungen, die der vorläufigen Sicherung eines Anspruchs auf bauaufsichtliche Nutzungsänderungsgenehmigung dienen, das Verbot der Vorwegnahme der Hauptsache nicht notwendig entgegen;[506] Vielmehr erscheint hier in Fällen, in denen die Versagung des vorläufigen Rechtsschutzes zu schweren, nicht zumutbaren und irreparablen Ergebnissen und Schäden führen würde, ausnahmsweise der Erlass einer einstweiligen Anordnung möglich.[507] Im vorliegenden Fall würde die bis zur Entscheidung im Hauptsacheverfahren andauernde fehlende Nutzbarkeit der Halle den E existenziell bedrohen; sollte in der Folge Zahlungsunfähigkeit eintreten, wären die Folgen durch die spätere Erteilung einer Nutzungsänderungsgenehmigung nicht mehr abwendbar. Insofern drohen E schwere, unzumutbare und irreparable Schäden, sollte der Antrag auf einstweiligen Rechtsschutz abgelehnt werden und das Hauptsacheverfahren später erfolgreich sein. In diesem Einzelfall steht deshalb das Verbot der Vorwegnahme der Hauptsache ausnahmsweise dem Erlass einer einstweiligen Anordnung nicht entgegen.

Vertiefung: Eine abweichende Beurteilung ist hier gut vertretbar. Das gilt insbesondere mit Blick auf die restriktive einschlägige Rechtsprechung des OVG NRW, das in einer einschlägigen Entscheidung bereits einen Anordnungsanspruch mit der Begründung verneint hat, es gebe keinen materiellen Anspruch auf eine lediglich vorläufige Baugenehmigung (OVG Münster, BauR 2004, 313). Dem ist allerdings überzeugend entgegengehalten worden, dass mit der einstweiligen Anordnung eine solche „vorläufige Genehmigung" im Sinne der Verleihung einer materiellen Rechtsposition nicht begehrt werde, sondern lediglich die einstweilige, auf Prozessrecht beruhende Gestattung zur Wahrnehmung tatsächlicher Interessen, soweit das zur Gewährleistung effektiven Rechtsschutzes notwendig sei (OVG Bremen, NVwZ 1990, 780; NordÖR 2005, 252). Über die Zulässigkeit des Erlasses einer einstweiligen Anordnung ist danach richtigerweise erst unter dem Aspekt der Vorwegnahme der Hauptsache zu entscheiden.

C. Ergebnis

Der Antrag des E auf Erlass einer einstweiligen Anordnung ist zulässig und begründet und hat daher Aussicht auf Erfolg.

---

[506] *Kuhla*, in: Posser/Wolff, BeckOK-VwGO, 29 Ed. (Stand: Oktober 2013), § 123 Rn. 88.1.

[507] So z.B. OVG Bremen, NJW 1990, 780.

Sachverzeichnis

Die fett gedruckten Zahlen kennzeichnen die Klausurnummer,
die mageren Ziffern benennen die betreffende Seitenzahl.